Juristische Fall-Lösungen

Assmann
Fälle zum Zivilprozessrecht

Fälle zum Zivilprozessrecht

Erkenntnisverfahren und Zwangsvollstreckung

von

Dr. Dorothea Assmann

o. Professorin an der Universität Potsdam

2., neu bearbeitete Auflage

Verlag C.H. Beck München 2013

www.beck.de

ISBN 9 78 3 406 653094

© 2013 Verlag C.H.Beck oHG
Wilhelmstraße 9, 80801 München
Druck und Bindung: Nomos Verlagsgesellschaft mbH & Co. KG
In den Lissen 12, D-76547 Sinzheim

Satz: Druckerei C.H.Beck Nördlingen

Gedruckt auf säurefreiem, alterungsbeständigem Papier
(hergestellt aus chlorfrei gebleichtem Zellstoff)

Vorwort

Die Neuauflage berücksichtigt Gesetzgebung, Rechtsprechung und Schrifttum bis Mitte 2013. Einige Fälle wurden ausgetauscht, andere überarbeitet.

Anregungen von aufmerksamen Lesern sind willkommen. Diese können an assmann@uni-potsdam.de gesendet werden.

Für die tatkräftige Unterstützung bei der Aktualisierung und für die Erarbeitung der neuen Fälle bedanke ich mich bei Frau *Dr. Caroline Apelt*, für letzteres auch bei Frau *Erika Meißner* und Herrn *Arne Ziervogel*.

Potsdam, im Juli 2013   *Dorothea Assmann*

Aus dem Vorwort zur 1. Auflage (2009)

Grundkenntnisse des Zivilprozessrechts gehören in allen Bundesländern zum Pflichtstoff der Ersten Juristischen Prüfung. Die Anforderungen variieren lediglich geringfügig im Umfang. Die Studierenden müssen deshalb mit der Bearbeitung von ZPO-Fällen vertraut sein.

Mit der Einführung der anwaltsorientierten Ausbildung und der Einrichtung von Schwerpunktbereichen wurde die Bedeutung des Zivilprozessrechts noch verstärkt. Kenntnisse im Zivilprozessrecht sind zudem eine unerlässliche Voraussetzung für ein erfolgreiches Referendariat.

Diese neue Fallsammlung enthält Fälle aus dem Erkenntnis- und dem Zwangsvollstreckungsverfahren mit ausführlichen Lösungen, vorangestellten Gliederungen und weiterführenden Hinweisen. Bei den Falllösungen wird vor allem Wert auf einen ordentlichen Aufbau gelegt, um die Leser an die richtige Bearbeitung von ZPO-Fällen heranzuführen.

Die Fälle sind hauptsächlich aus meinen Übungen und Vertiefungsveranstaltungen zur ZPO an der Universität Potsdam hervorgegangen.

Für die tatkräftige Unterstützung bei der Erarbeitung der Fälle bedanke ich mich bei den Herren *Dr. Frank Bockhold*, *André Sangs* und *Arne Ziervogel*. Mein Dank für die kritische Durchsicht gilt auch Herrn *Hannes Arndt*, Frau *Caroline Apelt*, Frau *Katharina Fritzsch* und Frau *Irina Heinrich*.

Potsdam, im März 2009   *Dorothea Assmann*

Inhaltsverzeichnis

Abkürzungsverzeichnis

f., ff.	folgende(r)
FamRZ	Zeitschrift für das gesamte Familienrecht
Fn.	Fußnote
FS	Festschrift
GbR	Gesellschaft bürgerlichen Rechts
gem.	gemäß
GenG	Genossenschaftsgesetz
GG	Grundgesetz
GKG	Gerichtskostengesetz
GmbH	Gesellschaft mit beschränkter Haftung
GmbHG	Gesetz betreffend die Gesellschaften mit beschränkter Haftung
GmS-OGB	Gemeinsamer Senat der Obersten Gerichtshöfe des Bundes
GRUR	Gewerblicher Rechtsschutz und Urheberrecht
GS	Großer Senat/Gedächtnisschrift
GVG	Gerichtsverfassungsgesetz
HGB	Handelsgesetzbuch
h.L.	herrschende Lehre
h.M.	herrschende Meinung
Hrsg.	Herausgeber
HS	Halbsatz
i.d.F.	in der Fassung
i.H.v.	in Höhe von
InsO	Insolvenzordnung
InVo	Insolvenz & Vollstreckung
i.S.d.	im Sinne des/der
i.V.m.	in Verbindung mit
JA	Juristische Arbeitsblätter
JR	Juristische Rundschau
Jura	Juristische Ausbildung
JurBüro	Das Juristische Büro
JuS	Juristische Schulung
JZ	Juristenzeitung
KG	Kammergericht/Kommanditgesellschaft
KGR	KG-Report Berlin
LG	Landgericht
Lit.	Literatur
LM	Nachschlagewerk des Bundesgerichtshofs, hrsg. von *Lindenmaier* und *Möhring*
LS	Leitsatz

MDR .... Monatsschrift für Deutsches Recht
m. w. N. .... mit weiteren Nachweisen

n. F. .... neue Fassung
NJOZ .... Neue Juristische Online Zeitschrift
NJW .... Neue Juristische Wochenschrift
NJW-RR .... NJW-Rechtsprechungs-Report Zivilrecht
Nr. .... Nummer
NZA .... Neue Zeitschrift für Arbeitsrecht
NZG .... Neue Zeitschrift für Gesellschaftsrecht

OHG... offene Handelsgesellschaft
OLG .... Oberlandesgericht
OLGR .... OLG-Report
OLGRspr. .... Die Rechtsprechung der Oberlandesgerichte auf
                                            dem Gebiete des Zivilrechts, hrsg. von *Mugdan*
                                            und *Falkmann*

RG .... Reichsgericht
RGZ .... Entscheidungen des Reichsgerichts in Zivil-
                                            sachen
Rn. .... Randnummer(n)
RPflG .... Rechtspflegergesetz
r+s .... Recht und Schaden
Rspr. .... Rechtsprechung

s. .... siehe
S. .... Seite/Satz
SchlHA .... Schleswig-Holsteinische Anzeigen
sog. .... sogenannte(r)
StGB .... Strafgesetzbuch
StVG .... Straßenverkehrsgesetz

TA Lärm .... Technische Anleitung zum Schutz gegen Lärm,
                                            Sechste Allgemeine Verwaltungsvorschrift zum
                                            Bundes-Immissionsschutzgesetz

u. .... und
Urt. .... Urteil
u. U. .... unter Umständen

v. .... vom
VersR .... Versicherungsrecht
vgl. .... vergleiche
VU .... Versäumnisurteil
VVG .... Versicherungsvertragsgesetz
VwGO .... Verwaltungsgerichtsordnung

WM	Wertpapier-Mitteilungen
WuB	Entscheidungssammlung zum Wirtschafts- und Bankrecht
z. B.	zum Beispiel
ZGR	Zeitschrift für Unternehmens- und Gesellschaftsrecht
ZIP	Zeitschrift für Wirtschaftsrecht
ZMR	Zeitschrift für Miet- und Raumrecht
ZPO	Zivilprozessordnung
ZS	Zivilsenat
z. T.	zum Teil
zust.	zustimmend
ZVG	Zwangsversteigerungsgesetz
ZZP	Zeitschrift für Zivilprozess

Literaturverzeichnis

Bamberger/Roth/*Bearbeiter* .... *Bamberger/Roth,* Beck'scher Online-
Kommentar BGB, Edition 27, Stand
1.5.2013

Baumbach/Hopt/*Bearbeiter* .... *Baumbach/Hopt,* Handelsgesetzbuch,
Kommentar, 35. Aufl., 2012

Baumbach/Lauterbach/Albers/
Hartmann .... *Baumbach/Lauterbach/Albers/Hartmann,*
Zivilprozessordnung, Kommentar,
71. Aufl., 2013

Baur/Stürner, Sachenrecht .... *Baur/Stürner,* Sachenrecht, 18. Aufl., 2009

Baur/Stürner/Bruns .... *Baur/Stürner/Bruns,* Zwangsvollstreckungsrecht, 13. Aufl., 2006

Blomeyer .... *A. Blomeyer,* Zivilprozeßrecht, Erkenntnisverfahren, 2. Aufl., 1985

Brox/Walker .... *Brox/Walker,* Zwangsvollstreckungsrecht,
9. Aufl., 2011

Erman/*Bearbeiter* .... *Erman,* Bürgerliches Gesetzbuch, Handkommentar, 13. Aufl., 2011

Foerste .... *Foerste,* Insolvenzrecht, 5. Aufl., 2010

Gaul/Schilken/Becker-Eberhard .... *Gaul/Schilken/Becker-Eberhard,* Zwangsvollstreckungsrecht, 12. Aufl., 2010

Gehrlein .... *Gehrlein,* Zivilprozessrecht, 2. Aufl., 2003

Grunsky .... *Grunsky,* Zivilprozessrecht, 13. Aufl.,
2008

Hartmann .... *Hartmann,* Kostengesetze, Kommentar,
42. Aufl., 2012

Hk-ZPO/*Bearbeiter* .... *Saenger* (Hrsg.), Zivilprozessordnung,
Handkommentar, 5. Aufl., 2013

Jauernig/*Bearbeiter,* BGB .... *Jauernig,* Bürgerliches Gesetzbuch,
Kommentar, 14. Aufl., 2011

Jauernig/Berger .... *Jauernig/Berger,* Zwangsvollstreckungs- und
Insolvenzrecht, 23. Aufl., 2010

Jauernig/Hess .... *Jauernig/Hess,* Zivilprozessrecht,
30. Aufl., 2011

Lackmann .... *Lackmann,* Zwangsvollstreckungsrecht,
10. Aufl., 2013

Lüke .... *Lüke,* Zivilprozessrecht, 10. Aufl., 2011

Medicus/Petersen .... *Medicus/Petersen,* Bürgerliches Recht,
23. Aufl., 2011

MünchKomm-BGB/*Bearbeiter* .... Münchener Kommentar zum Bürgerlichen
Gesetzbuch, Bd. 1–3, 6. Aufl., 2012;
Bd. 5 und 6, 5. Aufl., 2009

MünchKomm-HGB/*Bearbeiter* .... Münchener Kommentar zum Handelsgesetzbuch, 3. Aufl., 2010

MünchKomm-InsO/*Bearbeiter* .... Münchener Kommentar zur Insolvenzordnung, 2. Aufl., 2007 f.

MünchKomm-ZPO/*Bearbeiter* .... Münchener Kommentar zur Zivilprozessordnung, 4. Aufl., 2012 f.

Musielak/*Bearbeiter* .... *Musielak,* Kommentar zur Zivilprozessordnung, 10. Aufl., 2013

Musielak, Grundkurs .... *Musielak,* Grundkurs ZPO, 11. Aufl., 2012

Palandt/*Bearbeiter* .... *Palandt,* Bürgerliches Gesetzbuch, Kommentar, 72. Aufl., 2013

Rosenberg/Schwab/Gottwald .... *Rosenberg/Schwab/Gottwald,* Zivilprozessrecht, 17. Aufl., 2010

Schilken .... *Schilken,* Zivilprozessrecht, 6. Aufl., 2010

Schumann .... *Schumann,* Die ZPO-Klausur, 3. Aufl., 2006

Schumann/Kramer .... *Schumann/Kramer,* Die Berufung in Zivilsachen, 7. Aufl., 2007

Staudinger/*Bearbeiter* .... *v. Staudinger,* Kommentar zum Bürgerlichen Gesetzbuch, 2002 ff.

Stein/Jonas/*Bearbeiter* .... *Stein/Jonas,* Kommentar zur Zivilprozessordnung, 22. Aufl., 2002 ff.

Thomas/Putzo/*Bearbeiter* .... *Thomas/Putzo,* Zivilprozessordnung, Kommentar, 34. Aufl., 2013

Vorwerk/Wolf/*Bearbeiter* .... *Vorwerk/Wolf,* Beck'scher Online-Kommentar ZPO, Edition 9, Stand 1.4.2013

Wieczorek/Schütze/*Bearbeiter* .... *Wieczorek/Schütze,* Zivilprozessordnung und Nebengesetze, Kommentar, Bd. II 4 u. III 1, 3. Aufl., 2004 ff.; Bd. 3 u. 4, 4. Aufl. 2013

Zeiss/Schreiber .... *Zeiss/Schreiber,* Zivilprozessrecht, 11. Aufl., 2009

Zöller/*Bearbeiter* .... *Zöller,* Zivilprozessordnung, Kommentar, 29. Aufl., 2012

Hinweise zur Bearbeitung von ZPO-Fällen

Der Aufbau einer ZPO-Klausur hängt von der Art der Klausur ab. Im Folgenden **1** soll auf den Lösungsaufbau der wichtigsten Klausurarten[1] – Richterklausuren, Anwaltsklausuren, Rechtsmittelklausuren und Rechtsbehelfsklausuren im Zwangsvollstreckungsrecht – kurz eingegangen werden.

A. Die Richterklausur

Um eine Richterklausur handelt es sich, wenn im Bearbeitervermerk nach den Er- **2** folgsaussichten einer bereits erhobenen oder noch zu erhebenden Klage gefragt wird. Der Aufbau einer ZPO-Klausur ist in diesen Fällen zweigeteilt. Es sind die Zulässigkeit und die Begründetheit der Klage zu prüfen. Im Rahmen dieses Fallbuchs wird davon ausgegangen, dass die Studierenden mit dem Aufbau der materiellrechtlichen Prüfung der Begründetheit vertraut sind. Diese unterscheidet sich nicht von den sonstigen materiellrechtlichen Falllösungen. Aus diesem Grund werden an dieser Stelle nur die Besonderheiten der Zulässigkeitsprüfung behandelt.

Eine Klage hat Aussicht auf Erfolg, wenn sie zulässig und begründet ist. Für die **3** Zulässigkeit der Klage müssen folgende Sachurteilsvoraussetzungen vorliegen. Statt des Begriffs „Sachurteilsvoraussetzungen" werden auch die Begriffe „Prozessvoraussetzungen" und „Zulässigkeitsvoraussetzungen" verwendet. Im Folgenden werden sämtliche Sachurteilsvoraussetzungen aufgeführt. Allerdings muss in der Klausurlösung nicht immer auf alle Sachurteilsvoraussetzungen eingegangen werden, sondern nur auf diejenigen, die problematisch sind. Bestimmte Sachurteilsvoraussetzungen müssen jedoch immer geprüft werden, wie z. B. die Zuständigkeit des Gerichts.

I. Gerichtsbezogene Sachurteilsvoraussetzungen

1. Deutsche Gerichtsbarkeit, §§ 18–20 GVG

Die Deutsche Gerichtsbarkeit ist nur zu erörtern, wenn Gerichtsbefreite i.S.d. **4** §§ 18–20 GVG als Kläger oder Beklagte auftreten. Allerdings ist die Zulässigkeit nur dann zu verneinen, wenn sich die Klage gegen einen Gerichtsbefreiten richtet. Dagegen kann ein Gerichtsbefreiter als Kläger auftreten, weil die Klageerhebung als Verzicht auf die Gerichtsbefreiung anzusehen ist.

2. Eröffnung des Zivilrechtswegs, § 13 GVG

Auf die Eröffnung des Zivilrechtswegs ist nur einzugehen, wenn eine Abgrenzung **5** zu anderen Gerichtsbarkeiten erforderlich ist, wenn z. B. problematisch ist, ob es sich um eine bürgerlich-rechtliche oder um eine öffentlich-rechtliche Streitigkeit handelt.

3. Internationale Zuständigkeit

Die internationale Zuständigkeit ist nur dann von Bedeutung, wenn es um eine **6** Rechtsstreitigkeit mit Auslandsbezug geht.

---

[1] Vgl. dazu *Schumann*, Rn. 20 ff.

4. Zuständigkeit des angerufenen Gerichts[2]

7 Die Zuständigkeit des Gerichts ist immer zu prüfen. Dabei sind vor allem die sachliche und die örtliche Zuständigkeit zu erörtern. Bezüglich der örtlichen Zuständigkeit sind sämtliche der in Betracht kommenden Gerichtsstände zu prüfen.[3] Die funktionelle Zuständigkeit ist nur dann von Bedeutung, wenn ein besonderes Rechtspflegeorgan zuständig ist.

a) Sachliche Zuständigkeit, §§ 23, 23a, 71 GVG

b) Funktionelle Zuständigkeit

c) Örtliche Zuständigkeit, §§ 12 ff. ZPO

    aa) Ausschließliche Gerichtsstände, §§ 24, 29a, 29c I 2, 32a, 32b ZPO, SpezialG (z. B. § 6 I UKlaG)

    Ausschließliche Gerichtsstände sind zuerst zu prüfen, da diese den allgemeinen und die besonderen Gerichtsstände ausschließen. Ausschließliche Gerichtsstände sind nur solche, die im Gesetz als ausschließlich bezeichnet sind.

    bb) Allgemeine Gerichtsstände, §§ 12 ff. ZPO

    cc) Besondere Gerichtsstände, §§ 20 ff. ZPO

    dd) Bei mehreren zuständigen Gerichten → freie Wahl des Klägers, § 35 ZPO

d) Gerichtsstandsvereinbarung, § 38 ZPO

e) Gerichtsstand durch rügeloses Verhandeln, § 39 ZPO (beachte § 504 ZPO)

    Ist das angegangene Gericht nicht zuständig, kann die Zuständigkeit durch rügeloses Verhandeln zur Hauptsache begründet werden. § 39 ZPO darf nicht übersehen werden.

f) Gerichtsstand durch Verweisung, § 281 II ZPO

    Ist bereits eine Verweisung an ein anderes Gericht erfolgt, ist dessen Zuständigkeit begründet, da der Verweisungsbeschluss unanfechtbar und für das angewiesene Gericht bindend ist.

II. Parteibezogene Sachurteilsvoraussetzungen

1. Parteifähigkeit, § 50 ZPO

8 Auf die Parteifähigkeit ist nur dann einzugehen, wenn es sich nicht um eine natürliche Person handelt, etwa um eine GmbH oder um eine GbR.

2. Prozessfähigkeit, §§ 51 f. ZPO

9 Dasselbe gilt für die Prozessfähigkeit.

3. Ordnungsgemäße gesetzliche Vertretung, §§ 51 f. ZPO

10 Bei fehlender Prozessfähigkeit einer der Parteien ist die ordnungsgemäße gesetzliche Vertretung zu erörtern.

---

[2] Zu den Zuständigkeiten in der ZPO *Coester-Waltjen,* Jura 2007, 826 ff.

[3] Zu den Gerichtsständen der ZPO *Schreiber,* Jura 2012, 268 ff.

4. Prozessführungsbefugnis, § 51 ZPO

Auf die Prozessführungsbefugnis muss eingegangen werden, wenn eine Partei ein **11** fremdes Recht im eigenen Namen geltend macht. Macht jemand sein eigenes Recht geltend, kann die Prozessführungsbefugnis fehlen, wenn es diesem nach materiellem Recht an der Verfügungsbefugnis mangelt (z. B. § 80 I InsO).
a) Gesetzliche Prozessstandschaft (z. B. § 265 II ZPO)
b) Gewillkürte Prozessstandschaft

III. Streitgegenstandsbezogene Sachurteilsvoraussetzungen

1. Klagbarkeit des Anspruchs (z. B. § 1297 BGB)

Die Klagbarkeit eines Anspruchs ist kraft Gesetzes in ganz seltenen Fällen ausge- **12** schlossen und von der materiellen Undurchsetzbarkeit von Naturalobligationen (z. B. §§ 656, 762, 763 S. 2 BGB) zu unterscheiden. Die Klagbarkeit kann aber durch Vertrag vollständig oder zeitweilig ausgeschlossen werden. Allerdings ist der vertragliche Ausschluss der Klagbarkeit nicht von Amts wegen, sondern nur auf Einrede zu berücksichtigen, so dass es sich um ein Prozesshindernis handelt.

2. Ordnungsgemäße Klageerhebung, § 253 I, II ZPO

Dazu gehören auch die ordnungsgemäße Zustellung gem. §§ 166 ff. ZPO und die **13** Postulationsfähigkeit des Einreichenden gem. § 78 ZPO. Die Postulationsfähigkeit ist keine Sachurteilsvoraussetzung, sondern nur für die wirksame Klageerhebung als Prozesshandlungsvoraussetzung von Bedeutung.

An dieser Stelle ist auch auf den notwendigen Inhalt der Klageschrift einzugehen, wie z. B. den bestimmten Klageantrag, wenn diesbezüglich Probleme bestehen.

3. Keine anderweitige Rechtshängigkeit derselben Sache, § 261 III Nr. 1 ZPO

Darauf muss nur eingegangen werden, wenn ein Rechtsstreit in derselben Sache **14** bereits rechtshängig ist.

4. Keine entgegenstehende Rechtskraft, § 322 ZPO

Dies muss nur erörtert werden, wenn bereits eine rechtskräftige Entscheidung in **15** derselben Sache vorliegt.

5. Allgemeines Rechtsschutzbedürfnis

Das Rechtsschutzbedürfnis liegt in der Regel vor und kann nur in seltenen Aus- **16** nahmefällen abgesprochen werden. Deshalb muss es nur erörtert werden, wenn für ein Fehlen Anhaltspunkte im Sachverhalt vorliegen.

IV. Besondere Sachurteilsvoraussetzungen

Die besonderen Sachurteilsvoraussetzungen müssen nur erörtert werden, wenn ei- **17** ner der nachfolgenden Tatbestände oder eine besondere Klageart vorliegt.

Zum Beispiel bei:
- ggf. § 15a EGZPO i. V. m. LandesG (z. B. § 1 BbgSchlG),
- ggf. Klageausschlussfrist,
- Klage auf künftige Leistung, §§ 257–259 ZPO,
- Widerklage, § 33 ZPO,
- (Zwischen-)Feststellungsklage, § 256 ZPO,
- Urkundenprozess, § 592 ZPO,
- Abänderungsklage, § 323 ZPO,
- Wiederaufnahmeklage, §§ 578 ff. ZPO.

V. Keine Prozesshindernisse

18 Auf Prozesshindernisse muss nur eingegangen werden, wenn diese von einer Partei geltend gemacht worden sind, da sie nur auf Einrede zu berücksichtigen sind.
1. Einrede des Schiedsvertrages, § 1032 ZPO
2. Mangelnde Kostenerstattung, § 269 VI ZPO
3. EU-Ausländersicherheit, §§ 110 ff. ZPO

B. Die Anwaltsklausur

19 Im Gegensatz zum Richtergutachten empfiehlt sich bei Anwaltsklausuren, bei denen meistens nach einem Rat des Anwalts gefragt ist, in der Regel eine umgekehrte Prüfungsreihenfolge. Um das weitere prozessuale Vorgehen zu bestimmen, muss zunächst die materielle Rechtslage festgestellt werden. Man sollte daher zuerst die materielle Rechtslage und dann die prozessualen Möglichkeiten prüfen. Bei anwaltlicher Beratung eines Beklagten ist es dagegen in der Regel angezeigt, zunächst die prozessuale Zulässigkeit des Verhaltens der Gegenseite zu prüfen.

C. Die Rechtsmittelklausur

20 Bei der Rechtsmittelklausur hat bereits ein Verfahren erster oder zweiter Instanz stattgefunden. Im Bearbeitervermerk wird bei einer solchen Klausur meist nach den Erfolgsaussichten oder den Möglichkeiten, gegen diese Entscheidung vorzugehen, gefragt. In diesem Fall muss zunächst geklärt werden, welcher Rechtsbehelf gegen die anzufechtende Entscheidung vom Gesetz vorgesehen ist. Anschließend sind die Zulässigkeit und dann die Begründetheit des Rechtsbehelfs zu prüfen. Im Rahmen der Begründetheit sind wiederum die Zulässigkeit und Begründetheit der angefochtenen Entscheidung zu untersuchen.

21 Wenn es um Rechtsmittel[4] (Berufung, Revision, sofortige Beschwerde oder Rechtsbeschwerde) geht, ist folgender Aufbau zu empfehlen.

I. Zulässigkeit des Rechtsmittels

1. Statthaftigkeit des Rechtsmittels (vgl. §§ 511, 542, 567, 574 ZPO)
2. Beschwer des Rechtsmittelklägers
   a) Formelle Beschwer des Klägers
   Diese ergibt sich aus einem Vergleich zwischen dem rechtskraftfähigen Inhalt der angefochtenen Entscheidung und der vom Rechtsmittelkläger in der

---

[4] Vgl. zu den Rechtsmitteln der ZPO auch *Schreiber,* Jura 2007, 750 ff.

unteren Instanz zuletzt gestellten Anträge. Ergibt dieser Vergleich eine Abweichung zum Nachteil des Rechtsmittelklägers, dann ist die formelle Beschwer zu bejahen.

b) Materielle Beschwer des Beklagten
Danach ist allein entscheidend, ob das Urteil für den Beklagten nachteilig ist und seine Rechtsstellung beeinträchtigt.

3. Bestimmter Wert des Beschwerdegegenstandes (§§ 511 II Nr. 1, 567 II ZPO) oder Zulassung durch das Gericht (§§ 511 II Nr. 2, 543, 574 I Nr. 2 ZPO)

4. Form (§§ 519, 549, 569 II, III, 575 ZPO)
Bei welchem Gericht das Rechtsmittel einzureichen ist, richtet sich nach den §§ 72, 119, 133 GVG (instanzielle Zuständigkeit).

5. Rechtsmittelfrist (§§ 517, 548, 569 I, 575 I 1 ZPO)

6. Rechtsmittelbegründung (§§ 520, 551, 571, 575 III ZPO)

7. Rechtsmittelbegründungsfrist (§§ 520 II, 551 II, 575 II ZPO)

II. Begründetheit des Rechtsmittels

Der Prüfungsumfang unterscheidet sich bei den verschiedenen Rechtsmitteln. Die **22** Berufung ist z. B. begründet, wenn die Entscheidung auf einer Rechtsverletzung beruht (§ 546 ZPO) oder die nach § 529 ZPO zugrunde zu legenden Tatsachen eine andere Entscheidung rechtfertigen, § 513 I ZPO. Das Berufungsgericht hat deshalb von Amts wegen die Zulässigkeit der erstinstanzlichen Klage zu prüfen. Zudem muss die Begründetheit der Klage unter allen rechtlichen Gesichtspunkten geprüft werden.

Zur Revision und zur Rechtsbeschwerde vgl. §§ 545, 576 ZPO.

1. Zulässigkeit der Klage (des Antrags) der vorhergehenden Instanz

Hier ist zu beachten, dass alle Rechtsmittel nicht darauf gestützt werden können, **23** dass das Gericht des ersten Rechtszuges seine Zuständigkeit zu Unrecht angenommen hat (§§ 513 II, 571 II 2 ZPO); bei Revision und Rechtsbeschwerde ist die Nachprüfung auch im Fall einer zu Unrecht verneinten Zuständigkeit ausgeschlossen (§§ 545 II, 576 II ZPO). Damit sind die sachliche (§§ 23 f., 71 GVG) und örtliche (§§ 12 ff. ZPO) Zuständigkeit nicht mehr zu prüfen. Dies gilt nicht für die internationale Zuständigkeit.

Alle weiteren Sachurteilsvoraussetzungen sind wie oben (Rn. 4 ff.) zu prüfen, soweit sie problematisch sind.

2. Begründetheit der Klage

Im Rahmen der Begründetheitsprüfung der Klage ist zu beachten, dass durch das **24** Berufungsgericht eventuell Tatsachen gem. § 529 I Nr. 1 ZPO erneut festgestellt werden müssen oder neue Tatschen sowie neue Angriffs- und Verteidigungsmittel gem. §§ 529 I Nr. 2, 531 II ZPO zu berücksichtigen sind, die eine andere Entscheidung rechtfertigen können.

D. Die Rechtsbehelfsklausur im Zwangsvollstreckungsrecht

25 Die Rechtsbehelfe in der Zwangsvollstreckung müssen zunächst von denjenigen abgegrenzt werden, die es im Verfahren auf Erteilung einer Vollstreckungsklausel gibt, denn das Klauselerteilungsverfahren ist noch zum Erkenntnisverfahren zu rechnen und dem Zwangsvollstreckungsverfahren vorgeschaltet. Die Erinnerung gem. § 732 ZPO oder die Klauselgegenklage gem. § 768 ZPO dürfen also nicht mit der Vollstreckungserinnerung gem. § 766 ZPO oder der Vollstreckungsabwehrklage gem. § 767 ZPO verwechselt werden.

26 Die Schwierigkeit bei den Rechtsbehelfen im Zwangsvollstreckungsrecht besteht darin, den richtigen Rechtsbehelf zu finden. Bei den Rechtsbehelfen im Zwangsvollstreckungsverfahren muss man unterscheiden zwischen denjenigen Rechtsbehelfen, bei denen formelle Einwendungen, und denjenigen, bei denen materielle Einwendungen gegen die Durchführung der Zwangsvollstreckung geltend gemacht werden können.

27 Zu den Rechtsbehelfen, mit denen formelle Einwendungen gegen das Verfahren bei der Zwangsvollstreckung geltend gemacht werden können, zählen die Vollstreckungserinnerung gem. § 766 ZPO, die sofortige Beschwerde gem. § 793 ZPO, die Rechtbehelfe gegen die Entscheidungen des Rechtspflegers gem. § 11 RPflG und die Beschwerde gem. § 71 GBO.

28 Materielle Einwendungen können durchgesetzt werden mit der Vollstreckungsabwehrklage gem. § 767 ZPO, wenn sie sich gegen den titulierten Anspruch wenden, mit der Drittwiderspruchsklage gem. § 771 ZPO, wenn die Unzulässigkeit der Zwangsvollstreckung wegen eines die Veräußerung hindernden Rechts geltend gemacht wird, und mit der Klage auf vorzugsweise Befriedigung gem. § 805 ZPO, wenn dem Kläger ein Pfand- oder Vorzugsrecht zusteht.

29 Bevor man mit der konkreten Prüfung beginnt, muss zuerst der Rechtsbehelf ausgewählt werden, der in Betracht kommt. Anschließend ist dessen Zulässigkeit zu prüfen. Hier besteht die Besonderheit, dass immer zuerst die Statthaftigkeit des Rechtsbehelfs erörtert werden muss. Keinesfalls darf erst in der Statthaftigkeit geklärt werden, welcher Rechtsbehelf der richtige ist, denn die Zulässigkeitsvoraussetzungen der verschiedenen Rechtsbehelfe sind unterschiedlich.

30

Vollstreckungserinnerung gem. § 766 ZPO

I. Zulässigkeit
  1. Statthaftigkeit
    a) Verhalten des Gerichtsvollziehers
    b) Kostenansatz des Gerichtsvollziehers
    c) Anordnungen und Maßnahmen des Vollstreckungsgerichts
  2. Zuständigkeit (§§ 766, 764, 802 ZPO)
  3. Form, Frist
    a) Form (§ 573 I 2 ZPO analog)
    b) keine Frist
  4. Parteifähigkeit, Prozessfähigkeit

5. Erinnerungsbefugnis
6. Rechtsschutzbedürfnis

II. Begründetheit
1. Vorliegen der allgemeinen Verfahrensvoraussetzungen (z. B. Antrag gem. § 753 I ZPO)
2. Vorliegen der allgemeinen (§ 750 ZPO) und besonderen Vollstreckungsvoraussetzungen (z. B. §§ 751, 756, 765 ZPO)
3. Keine Vollstreckungshindernisse
4. Rechtmäßigkeit der Durchführung der konkreten Maßnahme

Drittwiderspruchsklage gem. § 771 ZPO   **31**

I. Zulässigkeit der Klage
1. Statthaftigkeit
2. Zuständigkeit
   a) sachlich: §§ 23, 71 GVG, § 6 ZPO
   b) örtlich: Gericht im Bezirk der Zwangsvollstreckung, §§ 771 I, 802 ZPO
3. Ordnungsgemäßer Klageantrag: „Die Zwangsvollstreckung in den [Vollstreckungsgegenstand] wird für unzulässig erklärt."
4. Parteifähigkeit, Prozessfähigkeit
5. Rechtsschutzbedürfnis

II. Begründetheit der Klage
1. Ein die „Veräußerung hinderndes Recht" des Klägers
2. Keine Einwendungen des beklagten Gläubigers
   a) Unwirksamer Rechtserwerb des Klägers
   b) Duldung der Zwangsvollstreckung durch den Kläger
   c) Haftung des Klägers für die titulierte Forderung

Vollstreckungsabwehrklage gem. § 767 ZPO   **32**

I. Zulässigkeit
1. Statthaftigkeit
2. Zuständigkeit
   a) sachlich: §§ 767 I, 802 ZPO: Prozessgericht des 1. Rechtszuges
   b) örtlich: §§ 767 I, 802 ZPO: Prozessgericht des 1. Rechtszuges
3. Ordnungsgemäßer Klageantrag: „Die Zwangsvollstreckung aus dem [Titel (Az…)] wird für unzulässig erklärt."
4. Parteifähigkeit, Prozessfähigkeit
5. Rechtsschutzbedürfnis

II. Begründetheit
1. Materiellrechtliche Einwendung gegen den titulierten Anspruch

2. Keine Präklusion der Einwendung nach § 767 II ZPO:
   Nur solche Einwendungen sind zulässig, die nach dem Schluss der mündlichen Verhandlung entstanden sind.
3. Keine Präklusion gem. § 767 III ZPO

Fall 1. Die Kraftprobe

Sachverhalt

Der Zimmermann Volker Voll (V) aus Potsdam erbrachte Werkleistungen an einem Gebäude der Kraft-GbR (K-GbR). In dem betroffenen Gebäude in Potsdam hat die Kraft-GbR ihr Büro, von wo aus sie ihre Geschäfte führt. Ferner betreibt die Kraft-GbR dort ein Zentrum für Kraftsport. Für die Arbeiten, die Volker zur Ausbesserung an dem Gebäude vornahm, war mit der Kraft-GbR ein Werklohn in Höhe von 5.000 EUR vereinbart worden. Die Werklohnforderung trat Volker zur Sicherheit für einen Kredit an seine Bank, die Handelsbank Berlin AG (H), ab. In dem Sicherungsvertrag ermächtigte die Bank den Volker zur gerichtlichen Geltendmachung der abgetretenen Forderung im eigenen Namen. Da die Kraft-GbR die Forderung wegen angeblicher – tatsächlich aber nicht bestehender – Mängel bestreitet und nicht zahlen will, reicht Volker beim Amtsgericht Potsdam Klage ein und beantragt, die Kraft-GbR zur Zahlung von 5.000 EUR an sich zu verurteilen. In der Klageschrift gibt er zu erkennen, dass er selbst nicht mehr Inhaber der geltend gemachten Forderung ist und sich auf die prozessuale Ermächtigung durch die Bank stützt. Nach einem richterlichen Hinweis ändert Volker seinen Klageantrag und verlangt Zahlung der 5.000 EUR an die Handelsbank.

Frage 1: Welche Erfolgsaussichten hat die Klage des Volker Voll?

Abwandlung: Während Volker beim Amtsgericht Potsdam den Prozess führt, bekommt die Handelsbank Zweifel an einer ordentlichen Prozessführung durch Volker. Sie teilt Volker daher mit, dass sie ihm die Ermächtigung zur Prozessführung entziehe und erhebt selbst Klage gegen die Kraft-GbR beim Amtsgericht Potsdam.

Frage 2: Ist die Klage der Handelsbank Berlin AG zulässig?

Gliederung

Lösung

Frage 1

1 Die Klage hat Erfolg, wenn sie zulässig und begründet ist.

A. Zulässigkeit der Klageänderung

I. Klageänderung

2 V hat zunächst Zahlung an sich selbst verlangt und dann seinen Antrag auf Zahlung an H umgestellt. Darin könnte eine Klageänderung im Sinne der §§ 263 ff. ZPO liegen. Eine solche liegt vor, wenn der Streitgegenstand, d. h. der Klageantrag oder der Klagegrund oder beides, während eines rechtshängigen Rechtsstreits geändert wird. Hier liegt in der Umstellung auf Zahlung an H eine Änderung des Klageantrags.

3 **Hinweis:** Der Streitgegenstand wird nach dem herrschenden zweigliedrigen Streitgegenstandsbegriff bestimmt durch das allgemeine Rechtsschutzziel und die konkret in Anspruch genommene Rechtsfolge, die sich aus dem Antrag ergeben, sowie durch den Lebenssachverhalt (Klagegrund), aus dem die Rechtsfolge hergeleitet wird.[1]

II. Zulässigkeit

Die Klageänderung müsste zulässig sein. Hier ist zunächst zu prüfen, ob die Ände- **4** rung des Antrags gem. § 264 ZPO nicht als Klageänderung anzusehen ist. Ist § 264 ZPO nicht einschlägig, müssen die Voraussetzungen gem. § 263 ZPO vorliegen.

Hier kommt die Anwendung des § 264 Nr. 2 ZPO in Betracht. Dieser erfasst die- **5** jenigen Erweiterungen oder Beschränkungen des Klageantrags, die nicht mit der Einführung eines anderen Streitgegenstands einhergehen, sondern lediglich den bisherigen Streitgegenstand quantitativ oder qualitativ modifizieren.[2] Da hier der Klagegrund infolge der Umstellung des Antrags auf Leistung an den Zessionar statt an den Zedenten unberührt bleibt, liegt eine qualitative Modifizierung des Antrags vor.[3] Die Antragsumstellung ist daher gem. § 264 Nr. 2 ZPO nicht als Klageände-rung anzusehen, so dass die Voraussetzungen nach § 263 ZPO nicht vorliegen müs-sen.

B. Zulässigkeit der Klage

Die Klage ist zulässig, wenn die Sachurteilsvoraussetzungen vorliegen. **6**

I. Zuständigkeit des Amtsgerichts Potsdam

Da die Klage beim Amtsgericht Potsdam erhoben worden ist, ist dessen Zuständig- **7** keit zu prüfen.

1. Sachliche Zuständigkeit

Die sachliche Zuständigkeit richtet sich gem. § 1 ZPO nach §§ 23, 71 GVG. **8** Gem. § 23 Nr. 1 GVG umfasst die Zuständigkeit der Amtsgerichte, soweit sie nicht ohne Rücksicht auf den Wert des Streitgegenstandes den Landgerichten zugewiesen sind, Streitigkeiten über Ansprüche, deren Gegenstand an Geld oder Geldeswert die Summe von fünftausend Euro nicht übersteigt. Da der Streitwert hier genau 5.000 EUR beträgt und die Streitigkeit nicht den Landgerichten zugewiesen ist, ist das Amtsgericht sachlich zuständig.

2. Örtliche Zuständigkeit[4]

a) Allgemeiner Gerichtsstand gem. §§ 12, 17 I ZPO

Da kein ausschließlicher Gerichtsstand ersichtlich ist, könnte sich die örtliche **9** Zuständigkeit des Amtsgerichts Potsdam aus dem allgemeinen Gerichtsstand der K-GbR ergeben.

---

[1] Vgl. BGHZ 154, 342, 347 f. = NJW 2003, 2317, 2318; *BGH* NJW 2001, 3713; *BGH* NJW 1999, 2118; BGHZ 117, 1, 5 = NJW 1992, 1172, 1173.

[2] Vgl. Zöller/*Greger*, § 264 Rn. 3.

[3] Vgl. *BGH* NJW-RR 1990, 505; Wieczorek/Schütze/*Assmann*, § 264 Rn. 28.

[4] Zu den Gerichtsständen vgl. auch *Schreiber*, Jura 2012, 268 ff.

10 V hat die Klage gegen die K-GbR und nicht gegen die einzelnen Gesellschafter erhoben. Da die Beklagte keine natürliche Person, sondern eine Gesellschaft bürgerlichen Rechts ist, kommt der allgemeine Gerichtsstand juristischer Personen gem. § 17 I ZPO in Betracht. Dazu müsste es sich bei der GbR um eine der in § 17 I ZPO genannten Gesellschaften handeln. Nach früher vertretener Ansicht fällt die GbR nicht unter § 17 ZPO, da sie – nach damaligem Verständnis – keine Rechtsfähigkeit besaß.[5] Nach der neueren Rechtsprechung des *BGH*[6] wird die BGB-(Außen-)Gesellschaft als rechtsfähig angesehen, soweit sie durch Teilnahme am Rechtsverkehr eigene Rechte und Pflichten begründen kann. Deshalb ist auch für die BGB-(Außen-)Gesellschaft ein allgemeiner Gerichtsstand gem. § 17 ZPO anzunehmen, wenn sie einen feststellbaren Sitz hat.[7] Als Sitz gilt gem. § 17 I 2 ZPO, wenn sich nichts anderes ergibt, der Ort, wo die Verwaltung geführt wird. Da es vorliegend an einer ausdrücklichen Festlegung des Sitzes fehlt, ist der Ort, wo die Verwaltung geführt wird (§ 17 I 2 ZPO), zu ermitteln. Dieser bestimmt sich nach dem Tätigkeitsort der Geschäftsführung und der dazu berufenen Vertretungsorgane.[8] Die K-GbR führt ihre Geschäfte aus dem Büro in Potsdam, so dass dort der Verwaltungsort liegt. Gem. § 17 I ZPO ist das Amtsgericht Potsdam zuständig.

b) Besonderer Gerichtsstand

11 Die Zuständigkeit des Amtsgerichts Potsdam könnte sich auch aufgrund eines besonderen Gerichtsstands ergeben.

aa) Besonderer Gerichtsstand der Niederlassung gem. § 21 ZPO

12 Eine Niederlassung i. S. d. § 21 I ZPO liegt vor, wenn die gewerbliche Tätigkeit von einer ständig betriebenen und auf eine gewisse Dauer errichteten Geschäftsstelle ausgeübt wird.[9] Die K-GbR betreibt ihr Gewerbe in dem Gebäude in Potsdam, so dass von einer Niederlassung ausgegangen werden kann. Sinn und Zweck des § 21 ZPO bestehen darin, die Rechtsverfolgung in Streitigkeiten mit Gewerbetreibenden zu erleichtern und einen zusätzlichen besonderen Gerichtsstand neben dem allgemeinen Gerichtsstand zu schaffen.[10] Wenn sich jedoch wie hier der Sitz und die Niederlassung an demselben Ort befinden, hat § 21 ZPO kaum praktische Bedeutung.[11] Aus diesem Grund wird der Begriff der Niederlassung teilweise dahingehend eingeschränkt, dass sich der Ort der Niederlassung von dem des Sitzes unterscheiden muss.[12] Da sich die Niederlassung in manchen Fällen leichter nachweisen lässt als der (Wohn-)Sitz,[13] sollte man eine derartige Einschränkung nicht vornehmen. Erforderlich für die Begründung des Gerichtsstands der Niederlassung ist ferner ein Bezug der Klage zum Geschäftsbetrieb. Dafür genügt es, wenn ein Rechtsgeschäft mit Rücksicht auf den Geschäftsbetrieb der Niederlassung abgeschlossen wurde

---

[5] *RG* JW 1918, 742; *BayObLG* NJW-RR 1990, 742.
[6] BGHZ 146, 341, 343 = NJW 2001, 1056 ff.
[7] *OLG Köln* NJW 2004, 862; Zöller/*Vollkommer*, § 17 Rn. 5; Thomas/Putzo/*Hüßtege*, § 17 Rn. 1.
[8] *BGH* NJW 2009, 1610, 1611; Musielak/*Heinrich*, § 17 Rn. 10.
[9] Musielak/*Heinrich*, § 21 Rn. 2.
[10] MünchKomm-ZPO/*Patzina*, § 21 Rn. 1.
[11] Vorwerk/Wolf/*Toussaint*, § 21 Rn. 2.
[12] Zöller/*Vollkommer*, § 21 Rn. 6; Hk-ZPO/*Bendtsen*, § 21 Rn. 2; a. A. Stein/Jonas/*Roth*, § 21 Rn. 10; wohl auch Thomas/Putzo/*Hüßtege*, § 21 Rn. 2.
[13] Stein/Jonas/*Roth*, § 21 Rn. 10.

oder als dessen Folge erscheint.[14] Hier kann ein solcher Bezug zu dem Geschäftsbetrieb der K-GbR darin gesehen werden, dass V Arbeiten an dem Gebäude vornahm, das den Geschäftsbetrieb erst ermöglicht. Damit ergibt sich die Zuständigkeit des Amtsgericht Potsdam auch aus § 21 I ZPO.

bb) Besonderer Gerichtsstand des Erfüllungsorts gem. § 29 I ZPO

Es handelt sich hier um eine Streitigkeit aus einem Vertragsverhältnis, dem Werk- **13** vertrag zwischen V und der K-GbR (§ 631 BGB), so dass der Gerichtsstand des Erfüllungsorts (§ 29 ZPO) in Betracht kommt. Danach ist das Gericht des Orts zuständig, an dem die streitige Verpflichtung zu erfüllen ist. Der Erfüllungsort im Sinne des § 29 ZPO bestimmt sich grundsätzlich nach dem Leistungsort gem. § 269 BGB.[15] Bei einer Geldschuld ist gem. §§ 270 IV, 269 II BGB Leistungsort (Erfüllungsort) der Ort der Niederlassung des Schuldners. Die K-GbR hat ihre Niederlassung in Potsdam, so dass sich aus § 29 I ZPO die örtliche Zuständigkeit des Amtsgerichts Potsdam ebenfalls ergibt.

II. Partei- und Prozessfähigkeit gem. §§ 50f. ZPO

V ist als natürliche Person gem. § 50 ZPO i.V.m. § 1 BGB rechtsfähig und damit **14** parteifähig sowie gem. § 51 ZPO i.V.m. §§ 2, 104ff. BGB prozessfähig.

Problematisch ist die Parteifähigkeit der K-GbR. Ausgangspunkt ist § 50 I ZPO. **15** Danach ist parteifähig, wer rechtsfähig ist.

Der *BGH*[16] und ihm folgend die Literatur[17] gehen heute davon aus, dass die (Außen-)Gesellschaft bürgerlichen Rechts **Rechtsfähigkeit** besitzt, soweit sie durch Teilnahme am Rechtsverkehr eigene Rechte und Pflichten begründet.

Eine GbR kann jedenfalls dann als (rechtsfähige) Außengesellschaft betrachtet wer- **16** den, wenn folgende Kennzeichen vorliegen:[18]
Die GbR muss eine eigene Identitätsausstattung (Name und Sitz) besitzen. Die K-GbR hat einen eigenen Namen und einen Sitz (vgl. Rn. 10), so dass dieses Merkmal vorliegt.

Außerdem muss sie eine eigene Handlungsorganisation haben. Davon ist hier auszugehen, da sie vertretungsberechtigte Gesellschafter gem. §§ 714, 709 BGB hat.
Zudem muss sie ein Haftungssubstrat besitzen. Auch dies ist anzunehmen, da die Gesellschaft bereits durch die Einlagen ein Vermögen bildet.
Die K-GbR ist damit als rechtsfähig anzusehen.
Die **Parteifähigkeit** der GbR ist die notwendige prozessrechtliche Konsequenz der Anerkennung der Rechtssubjektivität im Verhältnis zu Dritten.[19]

Die K-GbR ist selbst nicht prozessfähig (§ 51 ZPO). Sie wird durch den/die ge- **17** schäftsführungsbefugten Gesellschafter, der/die die Stellung eines gesetzlichen Vertreters hat/haben, vertreten, §§ 714, 709 BGB.

---

[14] *BGH* NJW 2011, 2056, 2057; Zöller/*Vollkommer,* § 21 Rn. 11.
[15] BGHZ 157, 20, 23 = NJW 2004, 54; *Coester-Waltjen,* Jura 2011, 821, 822.
[16] BGHZ 146, 341, 343 = NJW 2001, 1056.
[17] MünchKomm-BGB/*Ulmer,* § 705 Rn. 293ff.; Palandt/*Sprau,* § 705 Rn. 24f.
[18] Vgl. *Ulmer,* ZIP 2001, 585, 593, 599; einschränkend *Wertenbruch,* NJW 2002, 324, 328.
[19] BGHZ 146, 341, 348 = NJW 2001, 1056, 1058.

III. Prozessführungsbefugnis des V

18 Fraglich ist die Prozessführungsbefugnis des V, also die Befugnis, über das behauptete Recht einen Prozess als richtige Partei zu führen.

V ist nach der Abtretung der Forderung an H nicht mehr Inhaber der Forderung. Er klagt diese für H ein und macht daher ein fremdes Recht im eigenen Namen geltend.

1. Gesetzliche Prozessstandschaft

19 Eine gesetzliche Prozessstandschaft ist nicht ersichtlich, insbesondere ist hier nicht § 265 II ZPO einschlägig, da dieser eine Abtretung der geltend gemachten Forderung nach Rechtshängigkeit voraussetzt. V hat die Forderung jedoch bereits vor Klageerhebung (§§ 261 I, 253 I ZPO) an die H abgetreten.

2. Gewillkürte Prozessstandschaft

20 Deshalb kommt allenfalls eine gewillkürte Prozessstandschaft in Betracht. Diese ist heute ganz überwiegend anerkannt,[20] wenn folgende Voraussetzungen vorliegen:

a) Ermächtigung durch den Rechtsinhaber

21 Der Kläger muss durch den Rechtsinhaber zur Prozessführung ermächtigt worden sein.[21] Laut Sachverhalt liegt eine solche Ermächtigung des V durch H vor.

b) Eigenes schutzwürdiges Interesse des Ermächtigten

22 Die herrschende Meinung verlangt darüber hinaus ein eigenes schutzwürdiges Interesse des Ermächtigten an der Geltendmachung des fremden Rechts.[22] Ein solches ist anzunehmen, wenn die begehrte Entscheidung die Rechtslage des Ermächtigten beeinflusst.[23]

Bei der Sicherungszession ist ein schutzwürdiges Eigeninteresse des Abtretenden aufgrund des fiduziarischen Charakters anerkannt.[24] Der Vermögenswert der Forderung dient dem Zessionar hierbei nur zur Sicherung eigener Ansprüche gegen den Zedenten,[25] so dass er im Verhältnis zu dem Zedenten nur nach Maßgabe des Sicherungszwecks über die Forderung verfügen darf.[26] Zudem ergibt sich das Interesse des Zedenten an der Geltendmachung der abgetretenen Forderung daraus, dass ihm für den Fall ihrer Nichteintreibbarkeit im Sicherungsfall die Inanspruchnahme

---

[20] *BGH* NJW 2002, 1038; Musielak/*Weth*, § 51 Rn. 25; Zöller/*Vollkommer*, Vor § 50 Rn. 42 ff.

[21] Vgl. *BGH* NJW 2011, 2581; *BGH* NJW 1989, 1932, 1933; RGZ 73, 306, 308; Thomas/Putzo/*Hüßtege*, § 51 Rn. 33; *Rosenberg/Schwab/Gottwald*, § 46 Rn. 33.

[22] Vgl. *BGH* NJW 2000, 738; Zöller/*Vollkommer*, Vor § 50 Rn. 44 m. w. N.; *Jauernig/Hess*, § 22 Rn. 15.

[23] *BGH* NJW 2009, 1213, 1215; *OLG Celle* NJW 1989, 2477; Zöller/*Vollkommer*, Vor § 50 Rn. 44; *Jauernig/Hess*, § 22 Rn. 16.

[24] *BGH* NJW 1990, 1117; *BGH* NJW 1989, 1932, 9133; MünchKomm-ZPO/*Lindacher*, Vorbem §§ 50 ff. Rn. 63.

[25] MünchKomm-BGB/*Roth*, § 398 Rn. 100.

[26] Palandt/*Grüneberg*, § 398 Rn. 25.

durch den Zessionar zur Befriedigung der gesicherten Forderung droht.[27] Zusätzlich lässt sich für das schutzwürdige Interesse an der Fremdprozessführung anführen, dass dieses Erfordernis seine Ursache im Schutz der Gegenpartei hat, nicht andere als den Rechtsinhaber als Gegner aufgezwängt zu bekommen.[28] Hier war V der ursprüngliche Vertragspartner der K-GbR. Ohne die Sicherungsabtretung an die H-Bank wäre V der allein in Frage kommende Prozessgegner der K-GbR gewesen, so dass er ihr nicht aufgedrängt worden ist.

c) Kein entgegenstehendes schutzwürdiges Interesse des Beklagten

Ein entgegenstehendes schutzwürdiges Interesse des Beklagten liegt vor allem dann **23** vor, wenn der Beklagte durch die gewählte Art der Prozessführung unbillig benachteiligt wird.[29] Dies kann der Fall sein, wenn wegen der Vermögenslosigkeit des Ermächtigten die Realisierung eines Kostenerstattungsanspruchs voraussichtlich nicht möglich ist und ein erkennbarer Missbrauch der gewillkürten Prozessstandschaft vorliegt.[30] Hier sind jedoch keine entgegenstehenden Interessen der K-GbR ersichtlich.

Hinweis: Die vom *BGH*[31] aufgestellten Grundsätze gelten jedoch nicht ausnahmslos. Der *BGH* lässt **24** trotz Vermögenslosigkeit der klagenden Gesellschaft eine gewillkürte Prozessstandschaft zu, sofern der Gegner aufgrund besonderer Umstände nicht unbillig benachteiligt wird. Dies ist etwa angenommen worden, wenn die Vermögenslosigkeit der klagenden GmbH erst während des Prozesses eingetreten ist und kein unmittelbarer zeitlicher Zusammenhang zwischen der Überschuldung, der Offenlegung der Abtretung und der Ermächtigung zur Prozessführung besteht.[32] Besondere Umstände liegen auch vor, wenn bereits bei Begründung der Forderung die Auflösung der klagenden GmbH (Vertragspartner/Zedent) im Handelsregister eingetragen war, da dies dann für den Gegner bereits erkennbar war, und sie mit Erfüllung des geltend gemachten Anspruchs von eigenen Verbindlichkeiten gegenüber dem Zessionar frei wird.[33]

d) Übertragbarkeit des Rechts oder seiner Ausübung

Das durch den Prozessstandschafter geltend gemachte Recht muss übertragbar **25** sein.[34] Dies ist der Fall, da die Werklohnforderung abtretbar ist.

Damit ist die gewillkürte Prozessstandschaft des V zulässig, so dass die Prozessführungsbefugnis des V zu bejahen ist.

IV. Weitere Sachurteilsvoraussetzungen

Von dem Vorliegen der weiteren Sachurteilsvoraussetzungen ist auszugehen, da kei- **26** nerlei Anhaltspunkte im Sachverhalt für ihr Fehlen enthalten sind. Insbesondere musste sich V nicht gem. § 79 I 2 HS 1 ZPO durch einen Rechtsanwalt vertreten lassen, da er eine Forderung einklagt, deren ursprünglicher Gläubiger er ist (§ 79 I 2 HS 2 ZPO).

---

27 Vgl. *Leyendecker*, ZZP 122 (2009), 465, 483.

28 Vgl. MünchKomm-ZPO/*Lindacher*, Vor §§ 50 ff. Rn. 55.

29 *BGH* NJW 1989, 1932, 1933; BGHZ 96, 151, 155 f. = NJW 1986, 850.

30 BGHZ 96, 151, 155 = NJW 1986, 850, 851; *BAG* NZA 2003, 59, 62.

31 BGHZ 96, 151, 152 ff. = NJW 1986, 850 f.

32 Vgl. *BGH* NJW-RR 2011, 1690, 1691; *BGH* NJW 1995, 3186, 3187; *BGH* NJW 1989, 1932, 1933 f.

33 *BGH* NJW 2003, 2231, 2232.

34 Zöller/*Vollkommer*, Vor § 50 Rn. 46.

V. Zwischenergebnis

27 Die Klage des V gegen die K-GbR ist zulässig.

C. Begründetheit der Klage

28 V verlangt nicht Leistung an sich, sondern an H. Somit ist allein die Aktivlegitimation der H entscheidend. Die Klage des V ist daher begründet, wenn der geltend gemachte Zahlungsanspruch der H gegen die K-GbR besteht.

29 Der Anspruch der H gegen die K-GbR könnte sich aus §§ 631 I, 398 BGB ergeben. Mangels gegenteiliger Hinweise ist davon auszugehen, dass V seinen Werklohnanspruch gegen die K-GbR aus § 631 I BGB wirksam an H abgetreten hat. Da die Werkleistung laut Sachverhalt mangelfrei erfolgte, besteht der Anspruch auch in der vereinbarten Höhe. H hat daher gegen die K-GbR einen Anspruch auf Zahlung von 5.000 EUR gem. §§ 631 I, 398 BGB. Die Klage ist begründet.

30 **Hinweis:** Nach der Antragsumstellung auf Leistung an H kam es nur noch auf das Bestehen des Anspruchs der H an. Für eine Leistung an sich selbst entsprechend seinem ursprünglichen Antrag hätte V eine materielle Berechtigung zur Einziehung der Forderung benötigt. Eine solche Berechtigung folgt nicht automatisch aus der Ermächtigung zur Prozessführung im eigenen Namen durch den Zessionar. Vielmehr sind die Prozessführungsermächtigung und die materielle Einziehungsermächtigung zu trennen.[35] Bei der offenen Sicherungsabtretung ist der zur Prozessführung ermächtigte Zedent im Regelfall nur berechtigt, Leistung an den Zessionar zu fordern.[36]

D. Ergebnis

31 Die Klage des V hat Aussicht auf Erfolg, da sie zulässig und begründet ist.

Frage 2
A. Zulässigkeit der Klage

32 Die Klage ist zulässig, wenn die Sachurteilsvoraussetzungen vorliegen.

I. Zuständigkeit des Amtsgerichts Potsdam

33 Hinsichtlich der sachlichen und örtlichen Zuständigkeit kann nach oben (Rn. 8 ff.) verwiesen werden. Das Amtsgericht Potsdam ist danach zuständig.

II. Partei- und Prozessfähigkeit gem. §§ 50 f. ZPO sowie Prozessführungsbefugnis

34 Hinsichtlich der Partei- und Prozessfähigkeit des V bestehen keine Bedenken. Die Parteifähigkeit der H als juristische Person ergibt sich aus § 1 AktG. H wird von ihrem Vorstand gem. § 78 I AktG vertreten. Auch ist H prozessführungsbefugt, da sie selbst Inhaberin der ihr abgetretenen Forderung ist, also ein eigenes Recht geltend macht.

---

[35] Stein/Jonas/*Bork,* Vor § 50 Rn. 63; vgl. aber Musielak/*Weth,* § 51 Rn. 32 (im Zweifel wird beides gewollt sein).
[36] *BGH* NJW 1999, 715, 717; *BGH* NJW 1989, 1932, 1933; *BGH* NJW 1960, 958, 959.

III. Keine anderweitige Rechtshängigkeit derselben Sache, § 261 III Nr. 1 ZPO

Der Klage der H dürfte keine anderweitige Rechtshängigkeit entgegenstehen. Gem. **35** § 261 III Nr. 1 ZPO kann während der Dauer der Rechtshängigkeit die Streitsache von keiner Partei anderweitig anhängig gemacht werden. Fraglich ist hier, ob anderweitige Rechtshängigkeit aufgrund der Klage des V beim Amtsgericht Potsdam besteht.

1. Identität der Parteien

Anderweitige Rechtshängigkeit setzt gem. § 261 III Nr. 1 ZPO Identität der Partei- **36** en beider Klagen voraus. Eine Identität der Parteien liegt nicht vor, da in dem ersten Rechtsstreit V, in dem zweiten H Prozessgegner der K-GbR sind. Der Rechtshängigkeitseinwand gilt aber auch gegenüber Dritten, wenn sich die Rechtskraft des Urteils auf sie erstrecken würde.[37] Die Rechtskraft des Urteils gegen den Prozessstandschafter wirkt auch gegen den Rechtsinhaber,[38] sofern sich der Ermächtigte im Rechtsstreit auf die Ermächtigung gestützt hat.[39] Hier hat V bei seiner Klage die Abtretung der Forderung an H offen gelegt und sich auf die Ermächtigung durch H gestützt.

2. Identischer Streitgegenstand

Die Prozesse müssen sich schließlich auch auf einen identischen Streitgegenstand **37** beziehen.

Hier verfolgen sowohl V als auch H dasselbe Anspruchsziel, nämlich die Verurtei- **38** lung der K-GbR zur Zahlung von 5.000 EUR, das sie jeweils aus demselben Lebenssachverhalt ableiten. Dass sowohl V als auch H Zahlung verlangen, führt nicht dazu, dass es sich um unterschiedliche Streitgegenstände handelt. Zwar gehören zur Individualisierung des Streitgegenstandes auch die Subjekte,[40] zwischen denen der Anspruch streitig ist.[41] Hier ist Inhaber der Forderung jedoch jeweils H, die V lediglich zur gerichtlichen Geltendmachung der Forderung ermächtigt hat. Ein identischer Streitgegenstand liegt daher vor.

Der Klage der H steht gem. § 261 III Nr. 1 ZPO die Rechtshängigkeit der Klage **39** des V entgegen.

B. Ergebnis

Die Klage der H ist unzulässig. **40**

---

[37] Vgl. Wieczorek/Schütze/*Assmann*, § 261 Rn. 75.
[38] MünchKomm-ZPO/*Lindacher*, Vor §§ 50 ff. Rn. 71.
[39] Vgl. *BGH* NJW 1993, 3072, 3073; *BGH* NJW 1980, 2461, 2463; Wieczorek/Schütze/*Assmann*, § 261 Rn. 75.
[40] Zu Recht weist *Henckel*, Parteilehre und Streitgegenstand im Zivilprozeß, 1961, S. 217 darauf hin, dass nicht die Parteien, sondern die Subjekte des geltend gemachten Anspruchs den Streitgegenstand individualisieren.
[41] *OLG Koblenz* AnwBl. 1985, 44.

41 **Hinweis:** Inwiefern für H nach dem Widerruf[42] der Prozessermächtigung die Möglichkeit besteht, den von V geführten Rechtsstreit fortzuführen, ist umstritten. Die Fortführung des Rechtsstreits durch den Rechtsinhaber erfolgt nach Ansicht des *BGH*[43] durch einen gewillkürten Parteiwechsel entsprechend § 263 ZPO. Nach anderer Ansicht hat der Widerruf der Ermächtigung analog § 265 II ZPO grundsätzlich keinen Einfluss auf den schwebenden Prozess.[44] Eine Übernahme des Prozesses wäre nach dieser Ansicht nur analog § 265 II 2 ZPO möglich.

---

[42] Der *BGH* in BGHZ 123, 132, 135 = NJW-RR 1986, 158 lässt einen Widerruf der Prozessermächtigung ohne weiteres zu; nach a. A. soll ein Widerruf nur bis zur Klageerhebung möglich sein, Münch-Komm-ZPO/*Lindacher,* Vor § 50 Rn. 56.

[43] NJW 1993, 3072, 3073.

[44] Stein/Jonas/*Bork,* Vor § 50 Rn. 62; *Leyendecker,* ZZP 122 (2009), 465, 482 ff. für den Fall einer Prozessstandschaft aufgrund eines Sicherungsgeschäfts.

Fall 2. Haus im grünen Bereich

Sachverhalt

Handwerker Bobby (B), der in Fürstenwalde/Spree wohnt und seinen Handwerksbetrieb in Königs Wusterhausen hat, wird regelmäßig von dem Zeitungsverleger Karl (K) aus Berlin beauftragt. Diesmal soll er im Wochenendhaus des Karl in Potsdam die Fenster erneuern. Die Arbeiten führt Bobby unter Mitarbeit seines Auszubildenden Arnold (A) ordnungsgemäß aus. Durch Unachtsamkeit des Arnold wird jedoch während der Montage der neuen Fenster der hochwertige Dielenfußboden des Karl beschädigt. Dies bemerkt Karl erst nach Abnahme der Arbeiten. Er verlangt nun von Bobby Ersatz des Schadens.

Da Bobby sich weigert zu zahlen, verklagt ihn Karl vor dem Landgericht Potsdam auf Schadensersatz in Höhe von 6.000 EUR.

Bobby bestreitet die Höhe der Klageforderung nicht; er müsse für den Schaden jedoch nicht aufkommen, da er selbst diesen nicht verursacht habe. Für das Verhalten des Arnold müsse er nicht einstehen, da er diesen sorgfältig ausgewählt und überwacht habe. Hilfsweise rechnet Bobby mit einer Forderung auf Zahlung des Restwerklohns in Höhe von 7.500 EUR auf. Karl meint, die Aufrechnung sei nicht zulässig, da Bobby – was zutrifft – dieselbe Forderung bereits in einem anderen, beim Landgericht Berlin anhängigen Rechtsstreit im Wege der Klage geltend gemacht habe.

Beide Parteien sind anwaltlich vertreten.

Bearbeitervermerk: Fürstenwalde/Spree hat ein Amtsgericht und liegt im Landgerichtsbezirk Frankfurt/Oder. Königs Wusterhausen hat ebenfalls ein Amtsgericht und liegt im Landgerichtsbezirk Cottbus.

Frage 1: Hat die Klage Aussicht auf Erfolg?

Abwandlung 1: Wie im Grundfall, aber Bobby hat nur noch eine Restwerklohnforderung in Höhe von 2.000 EUR, die er bisher noch nicht gerichtlich geltend gemacht hat. Mit dieser Forderung rechnet er nicht auf, sondern erhebt Widerklage gegen Karl.

Frage 2: Ist die Widerklage zulässig?

Abwandlung 2: Am 4.3.2013 erhebt Bobby durch seinen Rechtsanwalt Klage gegen Karl vor dem Landgericht Berlin auf Zahlung seines Restwerklohns in Höhe von 7.500 EUR. Die Arbeiten des Bobby hatte Karl im Jahr 2009 abgenommen. Im frühen ersten Termin beruft sich der anwaltlich vertretene Karl zutreffend darauf, dass der Anspruch seit dem 1.1.2013 verjährt sei. Daraufhin erklärt der Rechtsanwalt des Bobby den Rechtsstreit in der Hauptsache für erledigt und beantragt, Karl die Kosten aufzuerlegen. Karls Rechtsanwalt verlangt weiterhin Abweisung der Klage als unbegründet. Er ist der Ansicht, Bobby hätte den Ablauf der Verjährungsfrist erkennen und den Eintritt der Verjährung durch eine frühere Klageerhebung selbst verhindern können. Wegen der Rückwirkung der Verjährungseinrede sei die Klage von Anfang an unbegründet gewesen.

Frage 3: Wie wird das Gericht entscheiden?

Gliederung

Lösung

Frage 1

1 Die Klage hat Aussicht auf Erfolg, wenn sie zulässig und begründet ist.

A. Zulässigkeit der Klage

I. Zuständigkeit

1. Sachliche Zuständigkeit

2 Die sachliche Zuständigkeit richtet sich gem. § 1 ZPO nach §§ 71, 23 GVG. Danach gehören vor die Landgerichte alle bürgerlichrechtlichen Streitigkeiten, soweit sie nicht den Amtsgerichten zugewiesen sind. Für Streitigkeiten über Ansprüche, deren Gegenstand an Geld oder Geldeswert die Summe von 5.000 EUR übersteigt (vgl. § 23 Nr. 1 GVG), sind demnach die Landgerichte zuständig. Hier macht K Schadensersatz in Höhe von 6.000 EUR geltend, so dass der Streitwert mehr als 5.000 EUR beträgt und das Landgericht sachlich zuständig ist.

2. Örtliche Zuständigkeit

a) Ausschließlicher Gerichtsstand

Ein ausschließlicher Gerichtsstand ist nicht ersichtlich.   **3**

b) Allgemeiner Gerichtsstand gem. §§ 12, 13 ZPO

Der allgemeine Gerichtsstand gem. § 12 ZPO wird durch den Wohnsitz des Be- **4**
klagten bestimmt (§ 13 ZPO). B wohnt in Fürstenwalde/Spree, also im Landgerichtsbezirk Frankfurt/Oder, so dass sich die örtliche Zuständigkeit des Landgerichts Potsdam aus §§ 12, 13 ZPO nicht ergibt.

c) Besonderer Gerichtsstand der Niederlassung gem. § 21 I ZPO

Da sich der Handwerksbetrieb des B in Königs Wusterhausen befindet, das zum **5**
Landgerichtsbezirk Cottbus gehört, folgt die örtliche Zuständigkeit des Landgerichts Potsdam auch nicht aus § 21 I ZPO.

d) Besonderer Gerichtsstand des Erfüllungsorts gem. § 29 I ZPO

In Betracht kommt der besondere Gerichtsstand des Erfüllungsorts gem. § 29 I **6**
ZPO, da zwischen K und B ein Werkvertrag besteht und sich ein Schadensersatzanspruch aus der Verletzung einer vertraglichen Nebenpflicht gem. §§ 280 I, 241 II
BGB ergeben kann. Danach ist für eine Streitigkeit aus einem Vertragsverhältnis das
Gericht des Ortes zuständig, an dem die streitige Verpflichtung zu erfüllen ist. Geht
es um Schadensersatz wegen Verletzung von Leistungs- oder Nebenpflichten, dann
ist als „streitige Verpflichtung" nicht die Pflicht zum Schadensersatz, sondern die
verletzte Leistungs- oder Nebenpflicht anzusehen.[1] Der Erfüllungsort bestimmt sich
nach materiellem Recht,[2] also nach dem Leistungsort gem. § 269 BGB.[3] Dabei
stimmt der Leistungsort für die verletzte Nebenpflicht im Zweifel mit dem der
Hauptpflicht überein.[4] Leistungsort der Hauptpflicht ist hier der Ort, an dem die
Werkleistung erbracht werden sollte. Danach ist vorliegend Potsdam der Leistungsort, da B hier die Erneuerung der Fenster vornehmen sollte und in diesem Rahmen
auch zur Rücksichtnahme auf die Rechtsgüter des K verpflichtet war. Somit ist
Potsdam auch der Leistungsort (Erfüllungsort) für die Nebenpflicht.[5] Gem. § 29 I
ZPO ist das Landgericht Potsdam also örtlich zuständig.

e) Besonderer Gerichtsstand der unerlaubten Handlung gem. § 32 ZPO

Schließlich könnte sich die örtliche Zuständigkeit des Landgerichts Potsdam auch **7**
aus dem besonderen Gerichtsstand der unerlaubten Handlung gem. § 32 ZPO ergeben. Dafür muss nach schlüssigem Vortrag des Klägers ein deliktischer Anspruch
in Betracht kommen. Nach dem Vortrag des K erscheint hier ein Anspruch aus

---

[1] OLGR Schleswig 2005, 630, 631; Zöller/*Vollkommer*, § 29 Rn. 25 Schadensersatz; vgl. zum Erfüllungsort für die Schadensersatzpflicht auch MünchKomm-BGB/*Krüger*, § 269 Rn. 43.
[2] Vgl. BGHZ 157, 20, 23 = NJW 2004, 54; Musielak/*Heinrich*, § 29 Rn. 15.
[3] *Coester-Waltjen*, Jura 2011, 821, 822.
[4] Zöller/*Vollkommer*, § 29 Rn. 25 Nebenpflicht; Palandt/*Grüneberg*, § 269 Rn. 7.
[5] Vgl. für Aufklärungspflichten *BayObLG* NJW 2002, 2888.

§ 831 BGB möglich. Da hier sowohl Handlungs- als auch Erfolgsort der unerlaubten Handlung (Fußbodenbeschädigung bei der Montage) in dem Haus des K in Potsdam liegen, ist für deliktische Ansprüche des K die örtliche Zuständigkeit des Landgerichts Potsdam gem. § 32 ZPO gegeben.

8 **Hinweis:** Ob ein deliktischer Anspruch im Einzelfall tatsächlich vorliegt, muss für die Zulässigkeit der Klage nicht nachgewiesen werden. Es genügt die schlüssige Darlegung des Anspruchs (Schlüssigkeitstheorie),[6] der Nachweis muss erst im Rahmen der Begründetheit erbracht werden.[7] Es handelt sich hier um eine sog. doppelrelevante Tatsache, da die die Zuständigkeit begründenden Tatsachen zugleich notwendige Tatbestandsmerkmale für den materiellrechtlichen Anspruch und damit für die Begründetheit der Klage von Bedeutung sind.[8]

9 Zudem ist umstritten, ob das Gericht, das nur nach § 32 ZPO örtlich zuständig ist, lediglich deliktische Ansprüche oder auch konkurrierende vertragliche Ansprüche prüfen darf.[9] Nach neuerer Rechtsprechung des *BGH*[10] hat das Gericht den Rechtsstreit unter allen in Betracht kommenden rechtlichen Gesichtspunkten zu entscheiden, sofern ein einheitlicher prozessualer Anspruch geltend gemacht wird. Hierfür spricht vor allem die Neuregelung des § 17 II GVG. Die Beschränkung der Prüfungskompetenz auf deliktische Ansprüche würde zu einem eingeschränkten (hier rein materiellrechtlichen, weil auf die einzelne Anspruchsgrundlage bezogenen) Streitgegenstandsbegriff und damit zu einer eingeschränkten Rechtskraft führen.

II. Ordnungsgemäße Klageerhebung gem. § 253 ZPO

10 Da es sich bei der Klageerhebung um eine Prozesshandlung handelt, muss der Kläger auch postulationsfähig sein. Vor dem Landgericht herrscht Anwaltszwang (§ 78 I ZPO), so dass nur ein zugelassener Rechtsanwalt postulationsfähig ist. K ist anwaltlich vertreten. Die Klage ist deshalb ordnungsgemäß erhoben.

III. Weitere Sachurteilsvoraussetzungen

11 Hinsichtlich der übrigen Sachurteilsvoraussetzungen bestehen keine Bedenken.

IV. Zwischenergebnis

12 Die Klage ist zulässig.

B. Begründetheit der Klage

13 Die Klage ist begründet, wenn K gegen B einen Anspruch auf Zahlung von Schadensersatz in Höhe von 6.000 EUR hat.

---

[6] Vgl. *Ost,* Doppelrelevante Tatsachen im internationalen Zivilverfahrensrecht (2002), S. 21 ff.; a. A. *Würthwein,* ZZP 106 (1993), 51, 64 ff., die auf die Schlüssigkeitsprüfung verzichten will.

[7] BGHZ 124, 237, 240 = NJW 1994, 1413; BGHZ 7, 184, 186 = NJW 1952, 1336; kritisch *Baumbach/Lauterbach/Albers/Hartmann,* Grundz. § 253 Rn. 15.

[8] Vgl. dazu Wieczorek/Schütze/*Assmann,* Vor § 253 Rn. 136.

[9] Hierzu BGHZ 153, 173 = NJW 2003, 828 m. w. N.

[10] BGHZ 153, 173, 176 ff. = NJW 2003, 828, 829 f.; zust. *Kiethe,* NJW 2003, 1294 ff.; ebenso *KG* NJW 2006, 2336, 2337; zur früheren a. A.: *BGH* NJW 1988, 1466, 1467; *BGH* NJW 1986, 2436, 2437; *OLG Hamm* NJW-RR 2002, 1291; *Peglau,* JA 1999, 140, 141 f.; *Spickhoff,* ZZP 109 (1996), 496 ff.; noch immer kritisch Musielak/*Heinrich,* § 32 Rn. 10 f., § 12 Rn. 10 ff.

I. Anspruch gem. §§ 280 I, 241 II BGB

In Betracht kommt ein Schadensersatzanspruch gem. §§ 280 I, 241 II BGB. **14**

1. Schuldverhältnis

Mit dem Werkvertrag gem. § 631 BGB besteht zwischen K und B das gem. § 280 I **15** BGB erforderliche Schuldverhältnis.

2. Pflichtverletzung

Es müsste eine Pflicht aus dem Schuldverhältnis verletzt worden sein. Gem. § 241 **16** II BGB traf den B die Pflicht zur Rücksichtnahme auf die Rechtsgüter des K. Diese Pflicht wurde bei der Montage der Fenster verletzt, indem der Fußboden des K und damit dessen Eigentum beschädigt wurde.

3. Vertretenmüssen

B müsste diese Pflichtverletzung zu vertreten haben. **17**

a) Eigenes Verschulden des B gem. § 276 BGB

B hat den Fußboden des K nicht beschädigt, so dass ihn selbst kein Verschulden **18** trifft (§ 276 BGB).

b) Zurechnung gem. § 278 BGB

B könnte aber das Verschulden des A gem. § 278 BGB zugerechnet werden. B hat **19** sich des A als seinem Auszubildenden zur Erfüllung seiner Verbindlichkeit bedient. Dabei erfasst die Wahrnehmung der Schuldnerpflichten durch die Hilfsperson auch Schutzpflichten.[11] Da A den Fußboden des K infolge einer Unachtsamkeit beschädigt hat, handelte er fahrlässig gem. § 276 II BGB. Dabei wurde A gerade in Erfüllung der Pflichten aus dem Werkvertrag zwischen K und B tätig. Sein Verschulden hat B gem. § 278 BGB in gleichem Umfang zu vertreten wie sein eigenes.

4. Rechtsfolge

Da die Voraussetzungen der §§ 280 I, 241 II BGB vorliegen, kann K Ersatz des **20** durch die Pflichtverletzung entstandenen Schadens gem. §§ 249 ff. BGB verlangen. K ist hier ein Schaden in Höhe von 6.000 EUR entstanden.

5. Zwischenergebnis

Ein Anspruch des K gegen B in Höhe von 6.000 EUR besteht gem. §§ 280 I, 241 **21** II BGB.

II. Schadensersatzanspruch gem. § 823 I BGB

Ein Schadensersatzanspruch gem. § 823 I BGB würde voraussetzen, dass B ein **22** Recht des K verletzt hat. B selbst hat aber nicht gehandelt, so dass es bereits an dieser Voraussetzung fehlt.

---

[11] MünchKomm-BGB/*Grundmann*, § 278 Rn. 21.

III. Anspruch gem. § 831 I BGB

23 Es könnte ferner ein Schadensersatzanspruch des K gegen B gem. § 831 I BGB bestehen.

1. A als Verrichtungsgehilfe

24 Dazu müsste A Verrichtungsgehilfe des B sein. A ist Auszubildender des B. Damit wird er mit Wissen und Wollen in dessen Pflichtenkreis tätig und ist weisungsgebunden, so dass er als Verrichtungsgehilfe des B anzusehen ist.

2. Rechtswidrige unerlaubte Handlung des A

25 A müsste eine rechtswidrige unerlaubte Handlung begangen haben.

a) Zurechenbare Rechtsverletzung

26 Durch das Beschädigen des Fußbodens hat A das Eigentum des K durch eine ihm zurechenbare Handlung verletzt.

b) Rechtswidrigkeit

27 Die Rechtswidrigkeit ist indiziert, da keine Rechtfertigungsgründe ersichtlich sind.

3. In Ausführung der Verrichtung

28 A beschädigte den Fußboden bei der Ausführung der ihm von B aufgetragenen Montagearbeiten und damit in Ausführung der Verrichtung.

4. Keine Exkulpation des B

29 B dürfte sich nicht gem. § 831 I 2 BGB exkulpiert haben. B hat A jedoch sorgfältig ausgewählt und überwacht. Daher gelingt B die Exkulpation.

5. Zwischenergebnis

30 Ein Anspruch des K gegen B gem. § 831 I BGB besteht nicht.

IV. Anspruch erloschen durch Aufrechnung gem. §§ 389, 387 BGB

31 Der Anspruch des K könnte jedoch gem. §§ 389, 387 BGB durch Aufrechnung mit einer Gegenforderung in Höhe von 7.500 EUR erloschen sein.

1. Beachtlichkeit der Aufrechnung

32 Dies setzt voraus, dass die hilfsweise Aufrechnung durch B im Prozess zu berücksichtigen ist. Die Eventualaufrechnung ist allgemein und auch gesetzlich (§ 45 III GKG) anerkannt. Nach überwiegender Ansicht stellt die erstmalige Aufrechnung

im Prozess[12] sowohl eine Prozesshandlung als auch eine materiellrechtliche Willenserklärung dar. Deshalb müssen die Voraussetzungen für die Prozesshandlung sowie
für das materiellrechtliche Rechtsgeschäft vorliegen.

a) Prozesshandlungsvoraussetzungen

Bezüglich der Partei- und Prozessfähigkeit des B bestehen keine Bedenken. Auch **33**
wird er vor dem Landgericht gem. § 78 I ZPO ordnungsgemäß durch einen
Rechtsanwalt vertreten.

b) Prozessuale Zulässigkeit der Bedingung

Fraglich ist jedoch, ob die Aufrechnung als Prozesshandlung hilfsweise, also unter **34**
einer Bedingung erklärt werden kann. Grundsätzlich sind Prozesshandlungen bedingungsfeindlich, soweit es sich um außerprozessuale Bedingungen handelt. Jedoch ist die Eventualaufrechnung im Prozess zulässig, weil es sich insoweit um
eine innerprozessuale Bedingung handelt. Die Aufrechnung wird von einem inner-
prozessualen Ereignis, nämlich davon abhängig gemacht, dass der Beklagte mit
seiner primären Verteidigung gegen das Bestehen der Klageforderung keinen Erfolg
hat.

Die Bedingung ist hier auch eingetreten, da B mit seiner primären Verteidigung **35**
gegen den Schadensersatzanspruch des K nicht <u>durchdringen</u> kann.

成功，实现

c) Zulässiger Rechtsweg für die Aufrechnung

Obwohl die Aufrechnung im Prozess lediglich ein Verteidigungsmittel darstellt, **36**
kann über die zur Aufrechnung gestellte Gegenforderung rechtskräftig entschieden
werden (§ 322 II ZPO). Deshalb stellt sich die Frage, ob zumindest der Zivilrechtsweg für die Gegenforderung eröffnet sein muss. Hier kann diese Frage dahin-
gestellt bleiben, da der Zivilrechtsweg auch für die Gegenforderung eröffnet ist.
Dagegen spielt die sachliche und örtliche Zuständigkeit des entscheidenden Gerichts für die zur Aufrechnung gestellten Forderungen keine Rolle, weil die Aufrechnung als Verteidigungsmittel eine bloße Einrede darstellt.[13]

Hinweis: Es ist umstritten, ob das Gericht auch über rechtswegfremde Gegenforderungen entscheiden **37**
darf, wenn diese streitig bzw. nicht rechtskräftig festgestellt sind, oder in diesen Fällen den Rechtsstreit
aussetzen muss, bis der Beklagte eine rechtskräftige Entscheidung über die Gegenforderung herbeigeführt hat. Seit der Regelung in § 17 II GVG[14] bejahen einige[15] die Zuständigkeit des Zivilgerichts für
eine Entscheidung über rechtswegfremde Gegenforderungen, weil das Gericht durch diese Vorschrift
eine Entscheidungsbefugnis auch über rechtswegfremde rechtliche Gesichtspunkte erlangt habe. Dagegen wird jedoch vorgebracht, dass die Aufrechnung kein „rechtlicher Gesichtspunkt" i.S.d. § 17 II
GVG sei, sondern ein selbständiges Gegenrecht, das dem durch die Klage bestimmten Streitgegenstand

---

[12] Vgl. zur Prozessaufrechnung *Huber*, JuS 2008, 1050 f.; *Wolf*, JA 2008, 673 ff. und 753 ff.

[13] *Rosenberg/Schwab/Gottwald*, § 103 Rn. 24; Stein/Jonas/*Leipold*, § 145 Rn. 32 f. Das deutsche Gericht
muss jedoch hinsichtlich der Gegenforderung international zuständig sein, vgl. *BGH* NJW 1993,
2753; zu den konkreten Erfordernissen BGHZ 149, 120, 127 = NJW 2002, 2182, 2183 f.

[14] Eingefügt durch das 4. VwGO-ÄndG v. 17.12.1990 (BGBl. I S. 2809, 2816), in Kraft getreten am
1.1.1991.

[15] Jauernig/*Stürner*, BGB, § 387 Rn. 23; *Gaa*, NJW 1997, 3343, 3344 ff.; *Kissel*, NZA 1995, 345,
354 f.

einen weiteren selbständigen Gegenstand hinzufügt und deshalb nicht von § 17 II GVG erfasst werde.[16]

d) Bestimmtheit der Gegenforderung[17]

38 Die Aufrechnung ist nur zu beachten, wenn die Gegenforderung bestimmt genug bezeichnet ist. Dies ist hier der Fall.

e) Keine anderweitige Rechtshängigkeit

39 Der Geltendmachung der Aufrechnung könnte jedoch entgegenstehen, dass die Gegenforderung bereits anderweitig rechtshängig ist (vgl. § 261 III Nr. 1 ZPO). Dies würde jedoch voraussetzen, dass die Gegenforderung, die im Wege der Aufrechnung geltend gemacht wird, Streitgegenstand dieses Rechtsstreits und damit rechtshängig werden würde.

40 Nach der h. M.[18] steht die Rechtshängigkeit nicht entgegen, da die Gegenforderung, die einredeweise geltend gemacht wird, nicht zum Streitgegenstand wird, sondern lediglich ein Verteidigungsmittel darstellt. Das Prozessgericht könne den Prozess gem. § 148 ZPO aussetzen, bis über den Aufrechnungseinwand entschieden ist.

41 Nach der Gegenmeinung[19] steht die Rechtshängigkeit entgegen. Die Aufrechnung lasse sich mit einer Widerklage vergleichen, bei der die Rechtshängigkeit der Streitsache unbestritten ist. Dafür spreche auch, dass die Aufrechnung gem. § 204 I Nr. 5 BGB die Verjährung hemmt und den Streitwert gem. § 45 III GKG erhöht. Außerdem erwächst die Entscheidung über die Gegenforderung gem. § 322 II ZPO in Rechtskraft.

42 Da die Ansichten zu verschiedenen Ergebnissen kommen, ist der Streit zu entscheiden. Es ist der h. M. zu folgen, da die Gegenforderung lediglich als Verteidigungsmittel gegen die Klageforderung anzusehen ist und dementsprechend nicht Streitgegenstand ist.

43 **Hinweis:** Dieser Streit wird ebenfalls relevant, wenn der Beklagte mit seiner Gegenforderung bereits in einem anderen Prozess gegen den Kläger aufgerechnet hat.
Bei erneuter Aufrechnung ist es in der Praxis in den meisten Fällen zweckmäßig, den zweiten Prozess auszusetzen, bis im anderen Verfahren entschieden ist.[20] Wird der Prozess nicht ausgesetzt, kommt es darauf an, welches Gericht früher über die Gegenforderung entscheidet. Ein über die Gegenforderung ergehendes Sachurteil befindet gem. § 322 II ZPO rechtskraftfähig auch darüber, ob die aufgerechnete Gegenforderung – bis zur Höhe des Klageanspruchs – nicht oder als durch die Aufrechnung verbraucht nicht mehr besteht.[21] Das später entscheidende Gericht ist dann wegen der materiellen Rechtskraft der Entscheidung über die Gegenforderung an diese gebunden (Präjudizialität).

---

[16] *BAG* NJW 2008, 1020, 1021; *BAG* NJW 2002, 317; *Rosenberg/Schwab/Gottwald,* § 103 Rn. 29; vgl. dazu auch *Musielak,* Grundkurs, Rn. 312; *Rupp,* NJW 1992, 3274f.

[17] *BGH* NJW 2000, 2500; Stein/Jonas/*Leipold,* § 322 Rn. 157.

[18] BGHZ 57, 242, 243ff. = NJW 1972, 450, 451; *Rosenberg/Schwab/Gottwald,* § 103 Rn. 25; *Wolf,* JA 2008, 753, 754f.

[19] *Zeiss/Schreiber,* Rn. 395; *Blomeyer,* § 60 I 1 a.

[20] Vgl. *BGH* NJW-RR 2004, 1000, 1001.

[21] *BGH* NJW-RR 2004, 1000, 1001.

f) Zwischenergebnis

Die Geltendmachung der hilfsweisen Aufrechnung ist im Prozess zu beachten.   **44**

2. Aufrechnungslage

Da die Aufrechnung außerdem eine materiellrechtliche Willenserklärung darstellt,   **45**
ist zu prüfen, ob diese wirksam ist. Das setzt zunächst eine Aufrechnungslage voraus.

a) Gegenseitige, gleichartige Forderungen

Voraussetzung hierfür ist, dass gegenseitige, gleichartige Forderungen bestehen.   **46**

aa) Hauptforderung   *Passivforderung*

K hat gegen B eine Schadensersatzforderung gem. §§ 280 I, 241 II BGB in Höhe   **47**
von 6.000 EUR (Rn. 21).

bb) Gegenforderung   *Aktivforderung*

Ein Anspruch des B gegen K auf Zahlung des Restwerklohns in Höhe von   **48**
7.500 EUR folgt aus § 631 I BGB.

cc) Gegenseitigkeit

Es handelt sich um gegenseitige Forderungen.   **49**

dd) Gleichartigkeit

Die Forderungen sind auch gleichartig, da sie auf Geld gerichtet sind.   **50**

b) Fälligkeit und Durchsetzbarkeit der Gegenforderung

Die Gegenforderung müsste auch fällig und durchsetzbar sein. Fälligkeit der Werk-   **51**
lohnforderung besteht gem. § 641 I 1 BGB erst mit Abnahme des Werkes. Diese ist
hier erfolgt, so dass die Forderung des B fällig und mangels entgegenstehender
Hinweise auch durchsetzbar ist.

c) Erfüllbarkeit der Hauptforderung

Die Hauptforderung des K gegen B ist auch erfüllbar (§ 271 I BGB).   **52**

d) Zwischenergebnis

Eine Aufrechnungslage besteht.   **53**

3. Kein Ausschluss der Aufrechnung

Es besteht kein Aufrechnungsverbot.   **54**

4. Aufrechnungserklärung gem. § 388 BGB

Die Aufrechnung ist von B im Prozess erklärt worden (§ 388 BGB), allerdings nur   **55**
hilfsweise.

Grundsätzlich ist die Aufrechnungserklärung auch materiellrechtlich bedingungsfeindlich (§ 388 S. 2 BGB). Jedoch ist die Eventualaufrechnung im Prozess allgemein anerkannt.[22] Umstritten ist lediglich die dogmatische Begründung dafür. Während die einen das Bestehen der Klageforderung als reine Rechtsbedingung und damit nicht als echte Bedingung i.S.d. § 388 S. 2 BGB ansehen,[23] halten andere die Eventualaufrechnung nicht für eine bedingte Aufrechnung, weil das Gericht die Aufrechnung sowieso nur berücksichtigen dürfe, wenn die Klageforderung bestehe.[24] Teilweise wird § 388 S. 2 BGB im Wege einer teleologischen Reduktion eingeschränkt und die bedingte Prozessaufrechnung für zulässig gehalten, weil § 388 S. 2 BGB vor der Ungewissheit schützen will, ob die Haupt- und die Gegenforderung erloschen sind und diese Frage im Prozess geklärt wird.[25]

5. Wirkung der Aufrechnung gem. § 389 BGB

56 Durch die wirksame Aufrechnung des B erlöschen die Forderungen, soweit sie sich decken, rückwirkend zu dem Zeitpunkt, in dem sie sich zur Aufrechnung geeignet gegenüber getreten sind. Da hier die Gegenforderung die Hauptforderung übersteigt, ist der Anspruch des K gegen B in Höhe von 6.000 EUR vollständig erloschen.

C. Ergebnis

57 Die Klage ist zulässig, aber unbegründet.

Frage 2

A. Zulässigkeit der Widerklage

58 Die Widerklage[26] ist zulässig, wenn die allgemeinen und besonderen Sachurteilsvoraussetzungen vorliegen.

I. Rechtshängigkeit der Klage

59 Eine Widerklage ist nur zulässig, wenn bereits eine Klage rechtshängig ist. Das ist hier der Fall, die Klage des K gegen B ist bereits rechtshängig.

II. Dieselbe Prozessart

60 Klage und Widerklage müssen in derselben Prozessart erhoben worden sein. Beide Klagen sind im ordentlichen Verfahren erhoben.

III. Allgemeine Sachurteilsvoraussetzungen

61 Für die Widerklage müssen die allgemeinen Sachurteilsvoraussetzungen ebenso wie für eine Klage vorliegen.

---

[22] Vgl. *Rosenberg/Schwab/Gottwald*, § 103 Rn. 15 ff.; *Musielak*, Grundkurs, Rn. 299 f.; *Huber*, JuS 2008, 1050.

[23] *Grunsky*, Rn. 135.

[24] *Jauernig/Hess*, § 45 Rn. 7; *Rosenberg/Schwab/Gottwald*, § 103 Rn. 19 ff.

[25] *Musielak*, Grundkurs, Rn. 299 f.; MünchKomm-BGB/*Schlüter*, § 388 Rn. 4.

[26] Vgl. zur Widerklage auch *Koch*, JA 2013, 95 ff.; *Huber*, JuS 2007, 1079.

1. Zuständigkeit des Landgerichts Potsdam

Das Landgericht Potsdam müsste auch für die Widerklage zuständig sein.　　**62**

a) Sachliche Zuständigkeit

Die sachliche Zuständigkeit richtet sich nach dem Streitwert. Der Streitwert der **63** Widerklage beträgt hier 2.000 EUR, so dass gem. §§ 23, 71 GVG das Amtsgericht zuständig wäre. Hier handelt es sich aber um eine Widerklage, so dass möglicherweise die Streitwerte der Klage und der Widerklage zusammenzurechnen sind. Das ist jedoch gem. § 5 HS 2 ZPO zu verneinen, der ausdrücklich bestimmt, dass eine Addition nicht erfolgt. § 506 ZPO regelt den umgekehrten Fall, nämlich dass die Klage vor dem Amtsgericht erhoben worden ist und für die Widerklage das Landgericht zuständig ist. Der vorliegende Fall ist nicht gesetzlich geregelt. Die ganz h. M. sieht jedoch das Landgericht als sachlich zuständig an, sofern nicht das Amtsgericht für die Widerklage ausschließlich zuständig ist, um eine Zersplitterung des Rechtsstreits zu verhindern.[27]

b) Örtliche Zuständigkeit

aa) Ausschließlicher Gerichtsstand

Ein ausschließlicher Gerichtsstand für die Widerklage ist nicht ersichtlich.　　**64**

bb) Allgemeiner Gerichtsstand gem. §§ 12, 13 ZPO

Die örtliche Zuständigkeit des Landgerichts Potsdam könnte sich aus §§ 12, 13 **65** ZPO ergeben. Der allgemeine Gerichtsstand des K wird durch seinen Wohnsitz bestimmt. Dieser ist jedoch in Berlin und nicht in Potsdam, da sich K in Berlin ständig niedergelassen hat (vgl. § 7 I BGB), während er in Potsdam nur ein Wochenendhaus hat.

cc) Besonderer Gerichtsstand des Erfüllungsorts gem. § 29 I ZPO

Es handelt sich hier um eine Streitigkeit aus einem Vertragsverhältnis, dem Werk- **66** vertrag zwischen K und B (§ 631 BGB), so dass der Gerichtsstand des Erfüllungsorts (§ 29 I ZPO) in Betracht kommt. Danach ist das Gericht des Orts zuständig, an dem die streitige Verpflichtung zu erfüllen ist. Der Erfüllungsort bestimmt sich nach materiellem Recht.[28] Bei einer Geldschuld ist gem. §§ 270 IV, 269 I BGB der Wohnsitz des Schuldners Leistungsort (Erfüllungsort).[29] K hat seinen Wohnsitz jedoch in Berlin. Aus § 29 I ZPO ergibt sich folglich die örtliche Zuständigkeit des Landgerichts Potsdam nicht.

---

[27] *Stein/Jonas/Roth*, § 33 Rn. 14; *Koch*, JA 2013, 95, 97; vgl. *Zöller/Vollkommer*, § 33 Rn. 12 mit dem Hinweis auf § 10 ZPO i. d. F. vom 1.1.1964: „Das Urteil eines Landgerichts kann nicht aus dem Grunde angefochten werden, weil die Zuständigkeit des Amtsgerichts begründet gewesen sei." Siehe auch *Mayer*, JuS 1991, 678 f., der allerdings den Verweis auf § 10 ZPO (a. F.) für verfehlt hält und die sachliche Zuständigkeit des Landgerichts für die Widerklage auf prozessökonomische Gründe stützt.

[28] Vgl. BGHZ 157, 20, 23 = NJW 2004, 54; *Musielak/Heinrich*, § 29 Rn. 15; *Einsiedler*, NJW 2001, 1549.

[29] *Coester-Waltjen*, Jura 2011, 821, 825.

dd) Besonderer Gerichtsstand der Widerklage gem. § 33 ZPO

67 Die Widerklage kann bei dem Gericht der Klage erhoben werden, wenn zwischen dem Gegenanspruch und dem mit der Klage geltend gemachten Anspruch ein Zusammenhang besteht. Dabei ist umstritten, ob es sich um einen rechtlichen Zusammenhang handeln muss,[30] oder ob ein wirtschaftlicher Zusammenhang genügt.[31] Ein rechtlicher Zusammenhang besteht, wenn Anspruch und Gegenanspruch aus demselben Lebenssachverhalt hergeleitet werden, oder, soweit sie sich aus verschiedenen Lebenssachverhalten ergeben, diese in einem Bedingungsverhältnis zueinander stehen, oder, wenn sie verschiedenen Rechtsverhältnissen entspringen, diese nach ihrem Zweck und nach der Verkehrsanschauung wirtschaftlich als ein Ganzes, als ein innerlich zusammengehöriges Lebensverhältnis erscheinen.[32] Hier resultieren der Schadensersatzanspruch des K und der Werklohnanspruch des B aus einem innerlich zusammengehörigen Lebensverhältnis, da beide Ansprüche ihren Ursprung in den Werkleistungen des B bei K haben. Da somit bereits nach der engeren Auffassung der erforderliche Zusammenhang gegeben ist, ergibt sich die örtliche Zuständigkeit des Landgerichts Potsdam aus § 33 ZPO.

c) Zwischenergebnis

68 Das Landgericht Potsdam ist für die Widerklage sachlich und örtlich zuständig.

2. Ordnungsgemäße Klageerhebung gem. § 253 ZPO

69 Die Klage ist auch ordnungsgemäß gem. § 253 ZPO, insbesondere von einem Rechtsanwalt (§ 78 I ZPO), erhoben worden.

IV. Identität der Parteien

70 Bei der Widerklage müssen die Parteien der Klage und der Widerklage grundsätzlich identisch sein. Diese Voraussetzung liegt hier vor.

V. Konnexität

71 Umstritten ist, ob der in § 33 ZPO geforderte Zusammenhang zwischen dem Gegenanspruch und dem mit der Klage geltend gemachten Anspruch eine Zulässigkeitsvoraussetzung für die Widerklage darstellt[33] oder lediglich für den besonderen Gerichtsstand erforderlich ist.[34] Der Streit kann hier jedoch dahinstehen, da der Zusammenhang gegeben ist (Rn. 67).

B. Ergebnis

72 Die Widerklage ist zulässig.

---

[30] Musielak/*Heinrich,* § 33 Rn. 2; Stein/Jonas/*Roth,* § 33 Rn. 26.

[31] So Zöller/*Vollkommer,* § 33 Rn. 15; *Rosenberg/Schwab/Gottwald,* § 96 Rn. 18.

[32] So *BGH* NJW 1975, 1228; *BGH* BB 1953, 485.

[33] *BGH* NJW 1975, 1228.

[34] So die h. L.: Zöller/*Vollkommer,* § 33 Rn. 1 m. w. N.; vgl. zum Streit Fall 14 Rn. 18 ff.

Frage 3

Das Gericht gibt der Klage statt, wenn sie zulässig und begründet ist. **73**

A. Zulässigkeit der Klageänderung

Die Erklärung des B, der Rechtsstreit habe sich in der Hauptsache erledigt, ist ein- **74** seitig geblieben, da sich K dieser nicht angeschlossen hat. Darin könnte eine Klage-änderung zu sehen sein, die zulässig sein müsste.

I. Einseitige Erledigungserklärung als Klageänderung

Es ist zunächst umstritten, wie die einseitige Erledigungserklärung einzuordnen **75** ist.[35]

1. Privilegierte Klagerücknahme

Zum Teil[36] wird die einseitige Erledigungserklärung als eine privilegierte Form der **76** Klagerücknahme behandelt, die auch ohne Zustimmung des Beklagten und ohne die Kostenfolge des § 269 III 2 ZPO wirksam sein soll.

2. Institut eigener Art

Andere sehen die einseitige Erledigungserklärung als Institut eigener Art an.[37] Da- **77** nach stellt die Erledigungserklärung eine prozessuale Erwirkungshandlung in Form eines Antrags an das Gericht auf Feststellung der Erledigung dar. Dadurch werde ein besonderer Verfahrensabschnitt eingeleitet, der einen Zwischenstreit in Gang setze.

3. Klageänderungstheorie

Nach der h. M.[38] handelt es sich bei der einseitigen Erledigungserklärung um eine **78** Änderung der Klage in eine Feststellungsklage mit dem Antrag, die Erledigung der Hauptsache festzustellen.

4. Entscheidung

Da die Ansichten zu unterschiedlichen Ergebnissen kommen, ist der Streit zu ent- **79** scheiden. Gegen die Klagerücknahmetheorie spricht, dass die Rechtsfolgen der Kla-gerücknahme auf die einseitige Erledigungserklärung nicht passen. Die zweite An-sicht kommt zwar ebenfalls zu einem vertretbaren Ergebnis. Hier wird jedoch mit der h. M. die einseitige Erledigungserklärung als Klageänderung angesehen, da es dem Kläger letztendlich darum geht, die Erledigung der Hauptsache feststellen zu lassen und die Kosten dem Beklagten aufzubürden.

---

[35] *Rosenberg/Schwab/Gottwald,* § 131 Rn. 21 ff.
[36] *Blomeyer,* § 64 I; *ders.,* JuS 1962, 212, 213.
[37] *Rosenberg/Schwab/Gottwald,* § 131 Rn. 34 ff.
[38] *BGH* NJW 2002, 442; *BGH* NJW 1994, 2363, 2364; Zöller/*Vollkommer,* § 91a Rn. 34 f.; Thomas/
   Putzo/*Hüßtege,* § 91a Rn. 32.

80   **Hinweis:** Auch klausurtaktisch ist es zu empfehlen, der h. M. zu folgen, vor allem weil man nur so zu einer Sachprüfung des eingeklagten Anspruchs kommen kann.

II. Zulässigkeit der Klageänderung gem. §§ 263, 264 ZPO[39]

81   Da nach der h. M. eine Klageänderung vorliegt, muss deren Zulässigkeit geprüft werden.

1. Fall des § 264 Nr. 2 ZPO

82   Zum Teil wird der Feststellungsantrag als eine Beschränkung des Klageantrags in der Hauptsache eingeordnet, so dass er gem. § 264 Nr. 2 ZPO nicht als Klageänderung anzusehen ist.[40]

2. Fall des § 264 Nr. 3 ZPO

83   Andere wenden wegen der durch das erledigende Ereignis eintretenden Veränderung des Klageantrags § 264 Nr. 3 ZPO an, so dass die Änderung des Antrags ebenfalls nicht als Klageänderung anzusehen wäre.[41]

3. § 263 ZPO

84   Zum Teil wird auch die Anwendbarkeit des § 264 ZPO verneint und die Klageänderung gem. § 263 ZPO für zulässig angesehen, da sie sachdienlich sei. Eine Einwilligung des Beklagten wird in diesen Fällen nicht vorliegen.[42]

85   Alle Ansichten kommen zu der Zulässigkeit der Klageänderung, so dass eine Streitentscheidung entbehrlich ist. Die besseren Gründe dürften dafür sprechen, in dem Feststellungsantrag eine Beschränkung des ursprünglichen Klageantrags gem. § 264 Nr. 2 ZPO zu sehen.

B. Zulässigkeit der geänderten Klage

86   Für die geänderte Klage müssten die Sachurteilsvoraussetzungen vorliegen, da § 264 Nr. 2 ZPO nur von den Voraussetzungen des § 263 ZPO befreit.

I. Zuständigkeit

87   Die Prüfung der Zuständigkeit des Landgerichts Potsdam könnte wegen § 261 III Nr. 2 ZPO (perpetuatio fori) entbehrlich sein, wonach die örtliche und sachliche Zuständigkeit des Gerichts durch eine nach Rechtshängigkeit eingetretene Veränderung der sie begründenden Umstände nicht mehr berührt wird. Zwar findet die Vorschrift im Falle der Klageänderung keine Anwendung.[43] Die Änderung des Klageantrags ist jedoch nach überwiegender Ansicht wegen § 264 Nr. 2 ZPO nicht als Klageänderung anzusehen, so dass § 261 III Nr. 2 ZPO jedenfalls bei der Be-

---

[39] Vgl. zur Klageänderung auch *Schlinker*, Jura 2007, 1 ff.
[40] *BGH* NJW 2002, 442; *OLG Nürnberg* NJW-RR 1989, 444; Thomas/Putzo/*Hüßtege*, § 91a Rn. 32.
[41] Stein/Jonas/*Bork*, § 91a Rn. 47.
[42] *OLG Saarbrücken* NJW 1967, 2212, 2213 (sachdienliche Klageänderung nach § 264 ZPO a. F.).
[43] *BGH* NJW 2001, 2477, 2478.

schränkung des Klageantrags Anwendung findet.[44] Deshalb ist die Zuständigkeit des Landgerichts Potsdam nicht mehr zu prüfen.

II. Besondere Voraussetzungen der Feststellungsklage gem. § 256 ZPO

Neben den allgemeinen Sachurteilsvoraussetzungen müssen noch die besonderen **88** Sachurteilsvoraussetzungen für die Feststellungsklage gem. § 256 I ZPO vorliegen.

1. Feststellungsfähiges Rechtsverhältnis

Als feststellungsfähiges Rechtsverhältnis kommt hier das ursprüngliche Prozess- **89** rechtsverhältnis in Betracht, nämlich ob die ursprünglich zulässige und begründete Klage durch ein erledigendes Ereignis nachträglich unzulässig oder unbegründet geworden ist. Dagegen erheben sich Bedenken, da die Erledigung der Hauptsache auch bloße Tatsache sein könnte, die nicht feststellungsfähig ist.[45] Mit der h.M.[46] ist jedoch von einem feststellungsfähigen Rechtsverhältnis auszugehen.

2. Feststellungsinteresse

B hat ein Feststellungsinteresse an dieser Klage, weil er sich nur so von der Kosten- **90** last befreien kann.[47]

III. Ergebnis

Die Klage ist zulässig, da für das Fehlen der weiteren Sachurteilsvoraussetzungen **91** keine Anhaltspunkte im Sachverhalt enthalten sind.

C. Begründetheit der geänderten Klage

Für die Begründetheit der Feststellungsklage kommt es entscheidend darauf an, ob **92** die Erledigung der Hauptsache tatsächlich eingetreten ist. Dies ist der Fall, wenn die Klage ursprünglich zulässig und begründet war und erst durch ein nach Rechtshängigkeit eingetretenes Ereignis unzulässig bzw. unbegründet geworden ist.[48]

I. Ursprüngliche Zulässigkeit der Klage

Die Klage müsste ursprünglich zulässig gewesen sein. **93**

1. Zuständigkeit

a) Sachliche Zuständigkeit

Für den geltend gemachten Anspruch in Höhe von 7.500 EUR ergibt sich die sach- **94** liche Zuständigkeit des Landgerichts aus §§ 71 I, 23 Nr. 1 GVG i.V.m. § 1 ZPO, da der Streitwert 5.000 EUR übersteigt.

---

[44] *BGH* NJW 2001, 2477, 2478; Zöller/*Greger*, § 261 Rn. 12.

[45] Vgl. *Musielak,* Grundkurs, Rn. 272.

[46] Diese nimmt ohne weiteres ein feststellungsfähiges Rechtsverhältnis an, vgl. nur *BGH* BGHR 2006, 199; Zöller/*Vollkommer*, § 91a Rn. 34.

[47] Auch diesbezüglich hat *Musielak,* Grundkurs, Rn. 272 Bedenken.

[48] BGHZ 83, 12, 14 = NJW 1982, 1598.

b) Örtliche Zuständigkeit

aa) Ausschließlicher Gerichtsstand

95   Ein ausschließlicher Gerichtsstand ist nicht ersichtlich.

bb) Allgemeiner Gerichtsstand gem. §§ 12, 13 ZPO

96   Der allgemeine Gerichtsstand gem. § 12 ZPO wird durch den Wohnsitz des Beklagten bestimmt (§ 13 ZPO). K wohnt in Berlin, so dass gem. §§ 12, 13 ZPO das
Landgericht Berlin örtlich zuständig ist.

cc) Besonderer Gerichtsstand des Erfüllungsorts gem. § 29 I ZPO

97   Es handelt sich um eine Streitigkeit aus einem Vertragsverhältnis, dem Werkvertrag
zwischen B und K (§ 631 BGB), so dass der besondere Gerichtsstand des Erfüllungsorts gem. § 29 I ZPO in Betracht kommt. Danach ist das Gericht des Orts
zuständig, an dem die streitige Verpflichtung zu erfüllen ist. Der Erfüllungsort bestimmt sich nach materiellem Recht.[49] Bei einer Geldschuld ist gem. §§ 270 IV,
269 I BGB Leistungsort (Erfüllungsort)[50] der Wohnsitz des Schuldners. Da K in
Berlin wohnt, ergibt sich auch aus § 29 I ZPO die örtliche Zuständigkeit des Landgerichts Berlin.

2. Ordnungsgemäße Klageerhebung gem. § 253 ZPO

98   Die Klage wurde ordnungsgemäß durch einen Rechtsanwalt erhoben, § 78 I ZPO.

3. Weitere Sachurteilsvoraussetzungen

99   Hinsichtlich der übrigen Sachurteilsvoraussetzungen bestehen keine Bedenken.

4. Zwischenergebnis

100   Die Klage war ursprünglich zulässig.

II. Ursprüngliche Begründetheit der Klage

101   Die Klage war ursprünglich begründet. Ein Anspruch des B auf Zahlung des Restwerklohns bestand gem. §§ 631 I, 641 I BGB. Zwar war nach §§ 195, 199 I BGB
bei Klageerhebung am 4.3.2013 Verjährung eingetreten, die Einrede jedoch noch
nicht von K erhoben worden. Zu diesem Zeitpunkt war die Forderung demnach
noch durchsetzbar.

III. Erledigendes Ereignis nach Rechtshängigkeit

102   Außerdem müsste ein erledigendes Ereignis nach Rechtshängigkeit (§§ 261 I, 253 I
ZPO) eingetreten sein, durch das die ursprünglich zulässige und begründete Klage
unzulässig oder unbegründet geworden ist. Als erledigendes Ereignis kommt die
Erhebung der Verjährungseinrede durch K in Betracht.

---

[49] Vgl. BGHZ 157, 20, 23 = NJW 2004, 54; Musielak/*Heinrich,* § 29 Rn. 15; *Einsiedler,* NJW 2001,
1549.
[50] *Coester-Waltjen,* Jura 2011, 821, 825.

Problematisch ist jedoch, ob das erledigende Ereignis erst nach Rechtshängigkeit **103** eingetreten ist. Grundsätzlich war der Anspruch des B bereits seit dem 1.1.2013 und damit vor Klageerhebung verjährt. Die Verjährungseinrede wurde von K jedoch erst nach Klageerhebung erhoben. Der Anspruch wurde damit rückwirkend ab dem Zeitpunkt des Eintrittes der Verjährung nicht mehr durchsetzbar. Der Zeitpunkt der Einredeerhebung und der des Wirkungseintritts fallen somit auseinander.

Es ist umstritten, ob die Einrede der Verjährung als erledigendes Ereignis zu werten **104** ist.

1. Erste Ansicht 不属于

Eine Ansicht differenziert danach, ob der Eintritt der Verjährung vor oder nach **105** Klageerhebung erfolgt ist.[51] Ist die Verjährung bereits vor Klageerhebung eingetreten und die Einrede der Verjährung erst nach Rechtshängigkeit erhoben worden, handelt es sich nach dieser Auffassung nicht um ein erledigendes Ereignis. Dafür werden innerhalb dieser Meinung verschiedene Begründungsansätze vertreten. Zum Teil wird angeführt, dass die Geltendmachung der Einrede im Prozess auf den Zeitpunkt des Verjährungseintritts zurückwirke, so dass die Klage von Anfang an unbegründet gewesen sei.[52] Andere stellen auf den Sinn und Zweck des Instituts der Erledigungserklärung ab, wonach der Kläger vor ungerechtfertigten Nachteilen bewahrt werden soll.[53] Deshalb sollen Umstände, deren Eintritt der Kläger beeinflussen könne, insbesondere solche, die auf einem Verhalten des Klägers selbst beruhten und deren Eintritt er hätte verhindern können, als Erledigungsereignisse außer Betracht bleiben.[54]

保护原告，免遭不利

2. Zweite Ansicht 属于

Nach anderer Auffassung handelt es sich um ein erledigendes Ereignis.[55] Für die **106** Frage, ob eine Erledigung der Hauptsache vorliegt, sei es grundsätzlich ohne Bedeutung, auf welchen Umständen die nachträglich eingetretene Unzulässigkeit oder Unbegründetheit der Klage beruht. Eine Erledigung der Hauptsache könne auch dann eintreten, wenn die Klage aus Gründen unzulässig oder unbegründet wird, die allein im Verantwortungsbereich des Klägers liegen. Für diese Ansicht spricht die Vergleichbarkeit der Verjährungseinrede mit anderen rückwirkenden Gestaltungsrechten, wie z. B. der Aufrechnung.[56] Mit Erhebung der Verjährungseinrede wird der geltend gemachte Anspruch zwar rückwirkend zum Zeitpunkt des Verjährungseintritts undurchsetzbar.[57] Erst die Erhebung der Verjährungseinrede bewirkt aber die Unbegründetheit der Klage.[58]

---

[51] *El-Gayar*, MDR 1998, 698, 699; *Cziupka*, JR 2010, 372.

[52] *El-Gayar*, MDR 1998, 698, 699.

[53] *OLG Schleswig* NJW-RR 1986, 38, 39; *OLG Koblenz* WRP 1982, 657, 658; vgl. auch *OLG Hamm* WRP 1977, 199 f.; *Cziupka*, JR 2010, 372 f.; *Ulrich*, WRP 1990, 651, 655; differenzierend Münch-Komm-ZPO/*Lindacher*, § 91a Rn. 151, der nach Fallgruppen unterscheiden will.

[54] *Cziupka*, JR 2010, 372, 374; *Ulrich*, WRP 1990, 651, 655.

[55] *OLG Frankfurt a.M.* GRUR-RR 2002, 183; *OLG München* WRP 1987, 267, 268; Thomas/Putzo/ *Hüßtege*, § 91a Rn. 5; *Baumbach/Lauterbach/Albers/Hartmann*, § 91a Rn. 59 – „Verjährung".

[56] Vgl. *El-Gayar*, MDR 1998, 698, 699, der jedoch daraus einen anderen Schluss zieht.

[57] Vgl. Staudinger/*Peters/Jacoby*, § 214 Rn. 14.

[58] Staudinger/*Peters/Jacoby*, § 214 Rn. 14; *Cziupka*, JR 2010, 372, 373.

107 Dieser Ansicht ist auch der *BGH*,[59] denn er zieht die Parallele zur Erledigung bei der Aufrechnung, wenn die Aufrechnungslage bereits vor Klageerhebung bestand, die Aufrechnungserklärung jedoch erst nach Klageerhebung erfolgte (vgl. dazu Fall 6 Rn. 63 ff.). <u>Die erstmalige Erhebung der Einrede der Verjährung im Laufe des Verfahrens stelle ein erledigendes Ereignis dar.</u> Dies gelte auch dann, wenn die Verjährung des geltend gemachten Anspruchs bereits vor Rechtshängigkeit eingetreten ist.[60] Denn der Eintritt der Verjährung habe für sich genommen weder Auswirkungen auf das Bestehen noch auf die Durchsetzbarkeit des Anspruchs.[61] Der Schuldner sei ab dem Verjährungseintritt lediglich berechtigt, dauerhaft die Leistung zu verweigern. Ob der Schuldner von der ihm nach Verjährungseintritt zustehenden Einrede der Verjährung Gebrauch macht, stehe in seinem freien Belieben. Erst die Erhebung der Einrede und nicht bereits der Eintritt der Verjährung führe zur sachlichen Erledigung des Rechtsstreits in der Hauptsache. Auf eine eventuelle subjektive Verantwortlichkeit des Klägers und Billigkeitsgesichtspunkte komme es nicht an.[62]

3. Entscheidung

108 Die Ansichten gelangen zu unterschiedlichen Ergebnissen, so dass eine Streitentscheidung erforderlich ist. Die besseren Argumente sprechen für die letzte Ansicht. Die Rückwirkung der Verjährungseinrede ist <u>lediglich eine gesetzliche Fiktion.</u> Erst die Erhebung der Einrede selbst, die im Belieben des Schuldners steht, führt zur sachlichen Erledigung des Rechtsstreits.

109 Es liegt ein erledigendes Ereignis nach Rechtshängigkeit vor.

IV. Nachträgliche Unbegründetheit der Klage

110 Die ursprünglich zulässige und begründete Klage müsste nach Rechtshängigkeit aufgrund der Verjährungseinrede unbegründet geworden sein. Mit der Erhebung der Verjährungseinrede steht K ein dauerhaftes Leistungsverweigerungsrecht zu, so dass der Anspruch nicht durchsetzbar ist. Die Klage ist somit unbegründet geworden.

V. Zwischenergebnis

111 Die geänderte Klage ist begründet.

D. Kosten

112 Die Kosten des Rechtsstreits sind gem. § 91 ZPO K als der unterliegenden Partei aufzuerlegen, da die Feststellungsklage zulässig und begründet ist.

113 Etwas anderes folgt auch nicht daraus, dass B durch die gerichtliche Geltendmachung des verjährten Anspruchs einen wesentlichen Verursachungsbeitrag für die spätere Erledigung des Rechtsstreits gesetzt hat. Denn auf Billigkeitserwägungen

---

[59] *BGH* NJW 2010, 2422, 2423.
[60] *BGH* NJW 2010, 2422, 2424.
[61] *BGH* NJW 2010, 2422, 2424; vgl. BGHZ 156, 269, 271; MünchKomm-BGB/*Grothe*, § 214 Rn. 1.
[62] *BGH* NJW 2010, 2422, 2424.

kommt es im Rahmen von § 91 ZPO nicht an. Zudem hätte es K als Beklagter in der Hand gehabt, eine Kostenentscheidung nach Billigkeitsgesichtspunkten gem. § 91a ZPO herbeizuführen, wenn er sich der Erledigungserklärung angeschlossen hätte.[63]

E. Ergebnis

Die geänderte Klage ist zulässig und begründet. Das Gericht stellt fest, dass sich die **114** Hauptsache erledigt hat und erlegt K die Kosten des Rechtsstreits auf.

[63] Vgl. *BGH* NJW 2010, 2422, 2424.

Fall 3. Wenn's ums Erben geht

Der verwitwete Erwin Eisermann (E) aus Potsdam hat seine in Berlin wohnende Tochter Barbara (B), die er über alles liebte, durch ein formgültiges Testament als Alleinerbin eingesetzt. Um spätere Pflichtteilsansprüche seines in Leipzig wohnenden Sohnes Klaus (K) auszuschließen, übertrug er diesem kurz vor seinem Tode noch schenkweise ein Sparbuch mit einem Guthaben von 25.000 EUR mit der Bestimmung, dass damit spätere Pflichtteilsansprüche abgegolten seien. Klaus, der ständig in Geldschwierigkeiten ist, war damit einverstanden und nahm das Geld an. Weitere Verwandte hat Erwin nicht mehr. Nach Erwins Tod verlangt Klaus, der davon ausgeht, dass der Nachlass mindestens 200.000 EUR wert sei, von Barbara Auskunft über den Nachlass und seinen sich aus der Auskunft ergebenden Pflichtteil. Barbara meint, dass Klaus lieber mal arbeiten gehen solle und dass er mit den 25.000 EUR bereits mehr als genug bekommen habe. Klaus lässt durch seinen Rechtsanwalt am 7.9.2012 Klage gegen Barbara vor dem Landgericht Potsdam erheben mit folgenden Anträgen:

Die Beklagte wird verurteilt:
(1) Auskunft zu erteilen, welchen Bestand der Nachlass des am 1.4.1928 in Breslau geborenen Erwin Eisermann hat, der am 24.2.2012 in Potsdam verstorben ist;
(2) an den Kläger ¹/₄ desjenigen Betrages als Pflichtteil zu zahlen, der sich aus der Auskunft ergeben wird.

Die Klage wird Barbara am 17.9.2012 zugestellt.

Frage 1: Ist die von Klaus erhobene Klage zulässig?

Frage 2: Ist der Klageantrag zu (1) begründet?

Abwandlung 1: Zu Beginn der mündlichen Verhandlung legt Barbaras Rechtsanwalt ein Nachlassverzeichnis vor, das einen effektiven Nachlass von 75.000 EUR ausweist. An der Richtigkeit des Verzeichnisses bestehen keine Zweifel.

Frage 3: Was ist dem Rechtsanwalt des Klaus zu raten?

Abwandlung 2: Der Nachlass hat einen Wert von 100.000 EUR und Barbara sieht ein, dass sie zahlen muss. Jedoch meldet sich während des Prozesses plötzlich die Garanta-Bank (G) und behauptet, Klaus habe ihr sämtliche Pflichtteilsansprüche gegen Barbara bereits am 13.8.2012 abgetreten. Klaus meint, die Abtretung sei unwirksam gewesen, so dass nach wie vor ihm das Geld zustehe.

Frage 4: Was ist Barbara zu raten?

Abwandlung 3: Barbaras Rechtsanwalt erkennt in der mündlichen Verhandlung am 5.11.2012 die Forderung des Klaus an, so dass Barbara zur Zahlung an Klaus durch Anerkenntnisurteil verurteilt wird. Erst nach Rechtskraft des Anerkenntnisurteils meldet sich die Garanta-Bank und behauptet wahrheitsgemäß, Klaus habe sämtliche Pflichtteilsansprüche gegen Barbara bereits am 22.10.2012 an sie wirksam abgetreten. Deshalb ist Barbara unsicher, ob sie an Klaus zahlen kann. Klaus droht nunmehr mit der Zwangsvollstreckung aus dem Urteil. Barbara bittet ihren Rechtsanwalt um Rat, was sie gegen die drohende Zwangsvollstreckung tun könne.

Frage 5: Was wird der Rechtsanwalt Barbara raten?

Gliederung

Lösung

Frage 1

Die Klage ist zulässig, wenn die Sachurteilsvoraussetzungen vorliegen. **1**

A. Zuständigkeit des Landgerichts Potsdam

Die Klage ist bei dem Landgericht Potsdam erhoben worden. Deshalb ist zu prüfen, **2** ob dieses sachlich und örtlich zuständig ist.

I. Sachliche Zuständigkeit

Die sachliche Zuständigkeit des Landgerichts richtet sich nach §§ 71 I, 23 GVG. K **3** macht mit der Stufenklage zwei Ansprüche geltend, nämlich einen Auskunftsanspruch und einen Zahlungsanspruch. Da es sich hierbei um eine objektive Klagenhäufung handelt, müssten für den Zuständigkeitsstreitwert gem. § 5 ZPO die Ansprüche grundsätzlich zusammengerechnet werden. Umstritten ist allerdings, ob der Auskunftsanspruch bei der Stufenklage überhaupt bei der Streitwertbestimmung zu berücksichtigen ist.[1] Dagegen spricht, dass der Kläger wirtschaftlich nur ein Ziel (Zahlung) verfolgt.[2] Für den Gebührenstreitwert bestimmt daher § 44 GKG ausdrücklich, dass nur der höhere, also in der Regel der Leistungsanspruch, maßgeblich ist. Das Gericht setzt den Streitwert des unbestimmten Leistungsanspruchs

---

[1] Für eine Zusammenrechnung *OLG Brandenburg* FamRZ 2002, 1642 f.; *OLG Düsseldorf* OLGR 1992, 294; *Zöller/Herget,* § 5 Rn. 7; *Baumbach/Lauterbach/Albers/Hartmann,* § 5 Rn. 8; *Thomas/Putzo/Hüßtege,* § 5 Rn. 4; *Hartmann,* KostG, § 44 GKG Rn. 3; dagegen Stein/Jonas/*Roth,* § 5 Rn. 20; MünchKomm-ZPO/*Wöstmann,* § 5 Rn. 21; Musielak/*Heinrich,* § 5 Rn. 9; *Assmann,* Das Verfahren der Stufenklage, 1990, S. 132.

[2] Stein/Jonas/*Roth,* § 5 Rn. 20; MünchKomm-ZPO/*Wöstmann,* § 5 Rn. 21; Musielak/*Heinrich,* § 5 Rn. 9.

nach den objektiv zu würdigenden Angaben des Klägers fest.[3] Der Streit kann hier deshalb dahinstehen, da davon auszugehen ist, dass bereits der von K erwartete Zahlungsanspruch höher ist als 5.000 EUR. K nimmt an, dass der effektive Nachlass mindestens 200.000 EUR wert sei und sich in diesem Fall ein Pflichtteilsanspruch des K von über 5.000 EUR ergäbe.

Damit ist das Landgericht gem. §§ 71 I, 23 GVG sachlich zuständig.

II. Örtliche Zuständigkeit

1. Ausschließlicher Gerichtsstand

4 Ein ausschließlicher Gerichtsstand ist nicht ersichtlich.

2. Allgemeiner Gerichtsstand gem. §§ 12, 13 ZPO

5 Die Zuständigkeit des Landgerichts Potsdam ergibt sich nicht aus dem allgemeinen Gerichtsstand der B (§ 13 ZPO), da diese ihren Wohnsitz in Berlin hat (§ 7 BGB).

3. Besonderer Gerichtsstand der Erbschaft gem. § 27 ZPO

6 In Betracht kommt aber der besondere Gerichtsstand der Erbschaft gem. § 27 ZPO. Erbrechtliche Ansprüche können bei dem Gericht erhoben werden, bei dem der Erblasser zur Zeit seines Todes den allgemeinen Gerichtsstand gehabt hat. Der letzte Wohnsitz des E befand sich in Potsdam. K macht gegen B erbrechtliche Ansprüche, insbesondere Pflichtteilsansprüche geltend. § 27 ZPO gilt auch für den erbrechtlichen Auskunftsanspruch.[4]

Damit liegen die Voraussetzungen des § 27 ZPO vor, so dass das Landgericht Potsdam zuständig ist.

4. Wahlrecht gem. § 35 ZPO

7 Unter mehreren Gerichtsständen hat K die Wahl (§ 35 ZPO). Hier hat K Potsdam gewählt.

Damit ist das Landgericht Potsdam sachlich und örtlich zuständig.

B. Ordnungsgemäße Klageerhebung gem. § 253 ZPO

8 Die Klage müsste ordnungsgemäß erhoben worden sein, insbesondere im Hinblick auf den notwendigen Inhalt der Klageschrift gem. § 253 II ZPO.

I. Antrag auf Auskunft

9 In Bezug auf das Auskunftsverlangen bestehen keine Bedenken.

---

[3] Vgl. *Schneider*, MDR 1988, 358.
[4] MünchKomm-ZPO/*Patzina*, § 27 Rn. 11.

II. Antrag auf Herausgabe

Hinsichtlich des Herausgabeanspruchs fehlt jedoch ein bestimmter Antrag i.S.d. **10**
§ 253 II Nr. 2 ZPO, da K (durch seinen Rechtsanwalt) den Anspruch nicht beziffert hat. Jedoch ist dieser Antrag ausnahmsweise gem. § 254 ZPO zulässig, da K im Wege der Stufenklage[5] vorgeht und den Zahlungsanspruch mit dem Anspruch auf Auskunft verbunden hat.[6] § 254 ZPO lässt einen unbestimmten Antrag bezüglich der Leistungen, die der Kläger beansprucht, zu, bis die Auskunft erteilt ist, und stellt insoweit eine Ausnahme von dem Bestimmtheitserfordernis des § 253 II Nr. 2 ZPO dar. Allerdings muss die Bezifferung nachträglich erfolgen, wenn B die verlangte Auskunft erteilt hat.

III. Postulationsfähigkeit

Da es sich bei der Klageerhebung um eine Prozesshandlung handelt, muss der Klä- **11**
ger auch postulationsfähig sein. Vor dem Landgericht herrscht Anwaltszwang (§ 78 I ZPO), so dass nur ein zugelassener Rechtsanwalt postulationsfähig ist. K ist anwaltlich vertreten.

Die Klage ist deshalb ordnungsgemäß erhoben.

C. Voraussetzungen des § 260 ZPO

Fraglich ist, ob bei der Stufenklage für die Verbindung der Auskunftsklage mit der **12**
Herausgabeklage die Voraussetzungen des § 260 ZPO erforderlich sind. Dies ist für die Stufenklage, die einen Sonderfall der objektiven Klagenhäufung darstellt,[7] umstritten.[8] Dieser Streit kann hier jedoch dahinstehen, wenn die Voraussetzungen des § 260 ZPO vorliegen.

I. Mehrere Ansprüche

Es müssten mehrere prozessuale Ansprüche in einer Klage geltend gemacht werden. **13**
Dies ist hier der Fall. Es werden der Auskunfts- und der Zahlungsanspruch geltend gemacht.

II. Identität der Parteien

Diese Ansprüche müssten von demselben Kläger gegen denselben Beklagten erho- **14**
ben werden. Hier macht K beide Ansprüche gegen B geltend.

III. Zuständigkeit desselben Gerichts

Für alle Ansprüche müsste dasselbe Gericht zuständig sein. Das Landgericht Pots- **15**
dam ist sachlich für alle Streitgegenstände zuständig, da sich der Streitwert der Stu-

---

[5] Zur Stufenklage *Schäuble,* JuS 2011, 506.
[6] Vgl. *BGH* NJW 2000, 1645, 1646.
[7] *BGH* NJW 2003, 2748.
[8] Dafür *BGH* NJW 1994, 3102, 3103; *Assmann,* Das Verfahren der Stufenklage, 1990, S. 12ff.; dagegen *OLG Naumburg* NJW-RR 2002, 1704; MünchKomm-ZPO/*Becker-Eberhard,* § 254 Rn. 6; Musielak/*Foerste,* § 254 Rn. 3.

fenklage entweder nach dem Streitwert aller Ansprüche (§ 5 ZPO) oder nach dem höchsten Wert der verschiedenen Ansprüche richtet (Rn. 3). Das Landgericht Potsdam ist gem. § 27 ZPO auch örtlich für alle Ansprüche zuständig (Rn. 6).

IV. Dieselbe Prozessart

16   Außerdem muss für alle Ansprüche dieselbe Prozessart zulässig sein. Hier werden alle Ansprüche im ordentlichen Verfahren erhoben.

17   Da die Voraussetzungen des § 260 ZPO vorliegen, kann der Streit dahinstehen.

D. Ergebnis

18   Die Klage ist zulässig.

Frage 2

19   Der Antrag zu (1) bezüglich des Auskunftsverlangens ist begründet, wenn K gegen B ein Anspruch auf Auskunft zusteht.

A. Anspruch gem. § 260 I BGB

20   Ein solcher Auskunftsanspruch könnte sich aus § 260 I BGB ergeben. § 260 I BGB gewährt jedoch keinen Anspruch auf Auskunft, sondern bestimmt lediglich dessen Inhalt. Die Vorschrift setzt einen bestehenden Auskunftsanspruch voraus.

B. Anspruch gem. § 2314 BGB

21   Nach § 2314 I 1 BGB kann der Pflichtteilsberechtigte von dem Erben über den Bestand des Nachlasses Auskunft verlangen. K müsste also Pflichtteilsberechtigter und B müsste Erbin sein.

I. Pflichtteilsberechtigung des K

22   Ob K Pflichtteilsberechtigter ist, richtet sich nach § 2303 BGB.

1. K als Abkömmling

23   Abkömmlinge sind alle Personen, die mit dem Erblasser in absteigender gerader Linie verwandt sind (vgl. § 1589 BGB).[9] K ist als Sohn Abkömmling des Erblassers E.

2. Ausschluss von der Erbfolge

24   K ist auch durch Verfügung von Todes wegen von der Erbfolge ausgeschlossen, da B durch wirksames Testament als Alleinerbin eingesetzt worden ist (vgl. §§ 1922 I, 1937 BGB).

Damit ist K gem. § 2303 I 1 BGB grundsätzlich Pflichtteilsberechtigter.

---

[9] Bamberger/Roth/*Mayer*, § 2303 Rn. 11.

3. Ausschluss des Pflichtteilsrechts

Allerdings könnte das Pflichtteilsrecht des K aufgrund eines Verzichts gem. § 2346 **25** II BGB nicht mehr bestehen. Der Pflichtteilsverzicht ist Teil des Erbverzichts, vgl. § 2346 I 2 BGB.

Zwar könnte in der Vereinbarung des K mit E ein konkludenter Verzicht des K auf den Pflichtteil gesehen werden. Jedoch wäre dieser Verzicht jedenfalls gem. §§ 2348, 125 BGB formunwirksam, da er nicht notariell beurkundet worden ist.

Ein wirksamer Pflichtteilsverzicht gem. § 2346 II BGB durch Vertrag mit dem Erblasser liegt demnach nicht vor. Damit besteht das Pflichtteilsrecht des K.

II. B als Erbin

Der Auskunftsanspruch besteht gegen den Erben. B ist aufgrund formwirksamen **26** Testaments Alleinerbin des E. Da K selbst nicht Erbe ist, steht ihm ein Auskunftsanspruch gem. § 2314 I 1 BGB gegen B zu. Ob er letztlich auch einen Zahlungsanspruch hat, ist insofern irrelevant. Der Inhalt des Auskunftsanspruchs richtet sich nach § 260 I BGB.

C. Ergebnis

Der Antrag zu (1) ist begründet. **27**

Frage 3

A. Materielle Rechtslage

I. Auskunftsanspruch gem. § 2314 BGB i.V.m. § 260 I BGB

Der Auskunftsanspruch des K gegen B könnte durch Erfüllung gem. § 362 I BGB **28** erloschen sein. B hat durch ihren Rechtsanwalt das Nachlassverzeichnis vorgelegt und damit den Auskunftsanspruch erfüllt.

II. Zahlungsanspruch des K gegen B gem. § 2303 I BGB

Fraglich ist, ob sich gem. § 2303 I BGB für K ein Zahlungsanspruch gegen B er- **29** gibt.

1. Anspruchsvoraussetzungen

Dann müssten die Voraussetzungen des § 2303 I BGB vorliegen. Wie bereits oben **30** (Rn. 22 ff.) festgestellt, ist K als Abkömmling des Erblassers von der Erbfolge ausgeschlossen, so dass er grundsätzlich gegen B als Erbin des E einen Pflichtteilsanspruch hat (§ 2303 I 1 BGB). Der Anspruch besteht dem Grunde nach.

2. Ausschluss des Anspruchs

Der Anspruch ist nicht wegen Verzichts auf den Pflichtteil gem. § 2346 BGB aus- **31** geschlossen (siehe oben Rn. 25).

3. Höhe des Anspruchs (§ 2303 I 2 BGB)

32 Die Höhe des Anspruchs beträgt gem. § 2303 I 2 BGB grundsätzlich die Hälfte des gesetzlichen Erbteils. Der Umfang des gesetzlichen Erbteils bestimmt sich nach § 1924 I, IV BGB. K und B sind Abkömmlinge des E (§ 1924 I BGB). Da es keine weiteren Verwandten gibt, erben beide gem. § 1924 IV BGB zu gleichen Teilen. Danach würde der gesetzliche Erbteil des K 37.500 EUR (½ von 75.000 EUR) betragen. Er hätte demnach einen Pflichtteilsanspruch in Höhe von 18.750 EUR (½ von 37.500 EUR).

4. Anrechnung der 25.000 EUR gem. § 2315 BGB

33 Möglicherweise sind die von K bereits erlangten 25.000 EUR auf den Pflichtteilsanspruch gem. § 2315 I BGB anzurechnen.

a) Voraussetzungen des § 2315 I BGB

34 Dann müssten K die 25.000 EUR von dem Erblasser durch Rechtsgeschäft unter Lebenden mit der Bestimmung zugewendet worden sein, dass sie auf den Pflichtteil angerechnet werden sollen (§ 2315 I BGB). E hat K das Sparbuch mit dem Guthaben von 25.000 EUR durch Rechtsgeschäft unter Lebenden mit der Bestimmung übertragen, dass dadurch spätere Pflichtteilsansprüche abgegolten sind. Damit müssen die 25.000 EUR angerechnet werden.

b) Rechtsfolge gem. § 2315 II BGB

35 Gem. § 2315 II BGB werden die 25.000 EUR zunächst dem Nachlass hinzugerechnet. Damit ergibt sich ein fiktiver Nachlass von 100.000 EUR. Danach bestünde ein Pflichtteilsanspruch des K in Höhe der Hälfte des gesetzlichen Erbteils, also in Höhe von 25.000 EUR (½ von 50.000 EUR). Die empfangenen 25.000 EUR müssen dann von dem Pflichtteilsanspruch abgezogen werden, so dass sich ein Wert von 0 EUR und damit kein Anspruch mehr ergibt.

III. Ergebnis

36 K hat keinen Zahlungsanspruch gegen B.

B. Prozessuale Möglichkeiten

37 Es hat offensichtlich keinen Sinn die Klage weiterzuverfolgen, da keiner der beiden geltend gemachten Ansprüche besteht und daher eine vollumfängliche Klageabweisung mit der Kostenfolge des § 91 I ZPO droht. Ziel der weiteren Vorgehensweise des Rechtsanwalts des K muss es daher sein, den Rechtsstreit möglichst kostengünstig zu beenden. Hierzu bieten sich mehrere prozessuale Möglichkeiten an.

Da es sich bei dem Auskunftsanspruch und dem Zahlungsanspruch um zwei Streitgegenstände handelt, ist für beide die Vorgehensweise getrennt zu prüfen.

I. Auskunftsverlangen

1. Übereinstimmende Erledigungserklärung gem. § 91a ZPO

Der Auskunftsanspruch bestand ursprünglich, ist jedoch mit der Auskunftserteilung **38** im Prozess durch Erfüllung erloschen. Das Begehren des K hat sich insoweit erledigt. Daher kommt hinsichtlich des Auskunftsanspruchs als eigenständiger Streitgegenstand innerhalb der Stufenklage eine Erledigungserklärung in Betracht. Stimmt B dieser zu, dann würde die Rechtshängigkeit enden und das Gericht würde nur noch gem. § 91a ZPO über die Kosten entscheiden. Insoweit würde das Gericht unter Berücksichtigung des bisherigen Sach- und Streitstandes nach billigem Ermessen die Kosten der B auferlegen, da der Klageantrag vor der Auskunftserteilung zulässig und begründet war. Weil aber nur ein Teil der Klage betroffen ist, darf ein eigenständiger Beschluss gemäß dieser Vorschrift nicht ergehen. Es gilt der Grundsatz der Einheitlichkeit der Kostenentscheidung.[10] Deshalb ist erst im Schlussurteil einheitlich über die Kosten der gesamten Stufenklage zu entscheiden. Dabei bildet die h.M.[11] für den Fall, dass dem Auskunftsbegehren stattgegeben wird, jedoch nach der erteilten Auskunft ein Zahlungsanspruch nicht besteht, eine Kostenquote gem. § 92 I ZPO (z. B. ¼ Beklagter und ¾ Kläger), weil es sich bei der Stufenklage um eine Sonderform der Klagenhäufung handelt und der Kläger nur bezüglich eines Streitgegenstandes obsiegt. Im Rahmen dieser einheitlichen Kostenentscheidung wäre die Kostentragung der B gem. § 91a ZPO bezüglich des Auskunftsbegehrens zu berücksichtigen.

2. Einseitige Erledigungserklärung

Wie die einseitige Erledigungserklärung einzuordnen ist, ist umstritten.[12] **39**

Zum Teil[13] wird die einseitige Erledigungserklärung als eine privilegierte Form der **40** Klagerücknahme behandelt, die auch ohne Zustimmung des Beklagten und ohne die Kostenfolge des § 269 III 2 ZPO wirksam sein soll.

Andere sehen die einseitige Erledigungserklärung als Institut eigener Art an.[14] Danach stellt die Erledigungserklärung eine prozessuale Erwirkungshandlung in Form **41** eines Antrags an das Gericht auf Feststellung der Erledigung dar. Dadurch werde ein besonderer Verfahrensabschnitt eingeleitet, der einen Zwischenstreit in Gang setze.

Nach der h. M.[15] handelt es sich bei der einseitigen Erledigungserklärung um eine **42** Änderung der Klage in eine Feststellungsklage mit dem Antrag, die Erledigung der Hauptsache festzustellen.

---

[10] Vgl. *OLG Saarbrücken* FamRZ 2011, 499; *OLG Karlsruhe* FamRZ 2003, 943, 944; *Zöller/Greger*, § 254 Rn. 5; *Rixecker*, MDR 1985, 633 f.

[11] *OLG Saarbrücken* FamRZ 2011, 499; *OLG Karlsruhe* FamRZ 2003, 943, 944; *OLG Düsseldorf* OLGR 1998, 23, 24; *OLG Koblenz* FamRZ 1994, 1607, 1608; *Zöller/Greger*, § 254 Rn. 5; Thomas/Putzo/*Reichold*, § 254 Rn. 11; *Reichel*, ZZP 37 (1908), 49, 56; vgl. auch *Rixecker*, MDR 1985, 633 f.; a. A. *Assmann*, Das Verfahren der Stufenklage, 1990, S. 127 f. (Auskunftsbegehren ist nicht zu berücksichtigen).

[12] *Rosenberg/Schwab/Gottwald*, § 131 Rn. 21 ff.

[13] *Blomeyer*, § 64 I; *ders.*, JuS 1962, 212, 213.

[14] *Rosenberg/Schwab/Gottwald*, § 131 Rn. 34 ff.

[15] *BGH* NJW 2002, 442; *BGH* NJW 1994, 2363, 2364; *Zöller/Vollkommer*, § 91a Rn. 34 f.; Thomas/Putzo/*Hüßtege*, § 91a Rn. 32.

43 Da die Ansichten zu unterschiedlichen Ergebnissen kommen, ist der Streit zu entscheiden. Gegen die Klagerücknahmetheorie spricht, dass die Rechtsfolgen der Klagerücknahme auf die einseitige Erledigungserklärung nicht passen. Die zweite Ansicht kommt zwar ebenfalls zu einem vertretbaren Ergebnis. Hier wird jedoch mit der h. M. die einseitige Erledigungserklärung als Klageänderung angesehen, da es dem Kläger letztendlich darum geht, die Erledigung der Hauptsache feststellen zu lassen und die Kosten dem Beklagten aufzubürden.

44 **Hinweis:** Auch klausurtaktisch ist es zu empfehlen, der h. M. zu folgen, vor allem weil man nur so zu einer Sachprüfung des eingeklagten Anspruchs kommen kann.

45 Stimmt also B der Erledigungserklärung nicht zu, wird die einseitige Erledigungserklärung des K nach der herrschenden Klageänderungstheorie als Änderung der ursprünglichen Klage in eine Klage auf Feststellung der Erledigung aufgefasst.[16] Für die Begründetheit dieser Feststellungsklage käme es darauf an, ob tatsächlich Erledigung eingetreten ist. Dies wäre der Fall, wenn die ursprünglich zulässige und begründete Klage durch ein nach Klageerhebung eintretendes Ereignis unzulässig oder unbegründet geworden wäre. In Bezug auf den Auskunftsanspruch liegt diese Voraussetzung hier vor (siehe oben Fragen 1 und 2). Das Gericht würde daher insoweit die Erledigung feststellen, so dass B als Unterliegende die Kostenlast des Feststellungsstreits gem. § 91 ZPO quotenmäßig im Rahmen der einheitlichen Kostenentscheidung (vgl. Rn. 38) treffen würde.

3. Ergebnis

46 In Bezug auf den Auskunftsanspruch ist K daher zu raten, den Rechtsstreit in der Hauptsache für erledigt zu erklären. So vermeidet er zumindest diesbezüglich eine Klageabweisung und muss insoweit – sofern man den Auskunftsanspruch bei der Kostenquote überhaupt berücksichtigt – keine Kosten tragen.

II. Zahlungsverlangen

47 Da sich aufgrund der Auskunft ergeben hat, dass kein Zahlungsanspruch des K gegen B gem. § 2303 I 2 BGB besteht (Rn. 36), ist auch diesbezüglich zu prüfen, wie K den Rechtsstreit möglichst kostengünstig beenden kann.

1. Übereinstimmende Erledigungserklärung

48 K könnte eventuell auch in Bezug auf den Zahlungsanspruch den Rechtsstreit in der Hauptsache für erledigt erklären.

Stimmt B der Erledigungserklärung zu, dann endet damit – ohne dass es auf das tatsächliche Vorliegen eines erledigenden Ereignisses ankäme – die Rechtshängigkeit der Klage insgesamt und das Gericht entscheidet gem. § 91a ZPO nur noch über die Kosten. Dabei hat das Gericht zu berücksichtigen, dass der Kläger in der Regel erst nach Auskunftserteilung prüfen kann, ob und in welcher Höhe ihm ein Leistungsanspruch zusteht. Hat der Kläger infolge einer zu Unrecht verweigerten bzw. verspätet erteilten Auskunft eine unbegründete Leistungsklage erhoben, sind ihm die Kosten seines Unterliegens daher nach materiellem Recht unter dem Gesichts-

---

[16] *BGH* NJW 2002, 442 m. w. N.; *BGH* NJW 1994, 2363, 2364; *Jauernig/Hess*, § 42 Rn. 17.

punkt des Verzugsschadens gem. §§ 280 I, II, 286 BGB zu ersetzen (Rn. 52 ff.). Diesen Schadensersatzanspruch hat das Gericht im Rahmen der Kostenentscheidung gem. § 91a ZPO zu beachten.[17] Es wird folglich die Kosten zumindest weit überwiegend der B auferlegen.

2. Einseitige Erledigungserklärung

Stimmt B der Erledigungserklärung nicht zu, so wird die einseitige Erledigungserklärung des K nach der herrschenden Klageänderungstheorie[18] als Änderung der ursprünglichen Klage in eine Klage auf Feststellung der Erledigung aufgefasst (siehe oben Rn. 42). Für die Begründetheit dieser Feststellungsklage käme es darauf an, ob tatsächlich Erledigung eingetreten ist. Dies wäre der Fall, wenn die ursprünglich zulässige und begründete Klage durch ein nach Klageerhebung eintretendes Ereignis unzulässig oder unbegründet geworden wäre. Eine Erledigung ist hier jedoch nur in Bezug auf den Auskunftsanspruch eingetreten. Der Zahlungsantrag war von vornherein unbegründet und hat sich daher nicht nachträglich erledigt.[19] Das Gericht würde daher die Feststellungsklage als unbegründet abweisen (vgl. aber die Lösung des *BGH* Rn. 58), so dass K diesbezüglich die Kosten im Rahmen der einheitlichen Kostenentscheidung zu tragen hätte. **49**

3. Klagerücknahme gem. § 269 ZPO

Außerdem kommt eine Klagerücknahme in Betracht. **50**

Eine Klagerücknahme wäre ohne Zustimmung der B möglich, da bei der Stufenklage stufenweise verhandelt wird und zum Zahlungsanspruch noch nicht verhandelt wurde.[20]

Dies hätte aber grundsätzlich zur Folge, dass K gem. § 269 III 2 ZPO die Kosten zu tragen hätte.[21]

Denkbar ist jedoch eine analoge Anwendung des § 269 III 3 ZPO bezüglich des Zahlungsanspruchs, weil der Anlass für die Klage zwar nicht vor Rechtshängigkeit weggefallen ist, aber noch bevor sich das Gericht mit dem Hauptanspruch (auf Zahlung) beschäftigt hat.[22]

4. Klageverzicht gem. § 306 ZPO

K könnte auch auf seinen Hauptanspruch verzichten. Dann würde aufgrund des Verzichts ohne materiellrechtliche Prüfung ein klageabweisendes Verzichtsurteil ergehen. **51**

---

[17] So die wohl h. M. *OLG Brandenburg* NJW-RR 2003, 795; *OLG München* OLGR 1998, 260; vgl. auch *Assmann,* Das Verfahren der Stufenklage, 1990, S. 130.

[18] *BGH* NJW 2002, 442; *BGH* NJW 1994, 2363, 2364; Thomas/Putzo/*Hüßtege,* § 91a Rn. 32.

[19] *BGH* NJW 1994, 2895, der dann jedoch die einseitige Erledigungserklärung als einen Antrag auslegt, die Ersatzpflicht des Beklagten für die nutzlos aufgewendeten Kosten festzustellen; Thomas/Putzo/*Reichold,* § 254 Rn. 6; a.A. *OLG Bamberg* FamRZ 1999, 174, 175: prozessuale Erledigung durch Auskunftserteilung.

[20] *OLG Stuttgart* NJW 1969, 1216, 1217; Stein/Jonas/*Roth,* § 254 Rn. 25.

[21] *OLG Hamm* NJW-RR 1991, 1407; a.A. *OLG Stuttgart* FamRZ 1994, 1595; *OLG Stuttgart* NJW 1969, 1216.

[22] Zöller/*Vollkommer,* § 91a Rn. 58 „Stufenklage"; Musielak/*Foerste,* § 269 Rn. 13b; vgl. Wieczorek/Schütze/*Assmann,* § 254 Rn. 67 m. w. N.

Grundsätzlich müsste K in diesem Fall gem. § 91 I ZPO die Kosten des Verfahrens tragen.

Teilweise wird jedoch bei der Stufenklage § 93 ZPO analog angewandt, wenn der Kläger bei negativem Ergebnis des Informationsanspruchs unter Verwahrung gegen die Kostenlast sofort auf den Hauptanspruch verzichtet.[23]

Der *BGH*[24] lehnt jedoch eine analoge Anwendung des § 93 ZPO ab. Diese Vorschrift sei allein auf das Anerkenntnis durch den Beklagten zugeschnitten, mit dem der vorliegende Fall der Stufenklage nicht vergleichbar sei. Folgt man dem *BGH*, so ist der Klageverzicht für K ebenfalls nicht sinnvoll, weil er so ebenfalls die Kosten tragen müsste.

III. Geltendmachung eines materiellrechtlichen Kostenerstattungsanspruchs

52 B hat mit der Verweigerung der Auskunftserteilung K zur Erhebung der Klage veranlasst. Möglicherweise steht K daher ein materiellrechtlicher Schadensersatzanspruch auf Erstattung der Prozesskosten zu.

1. Bestehen eines Schadensersatzanspruchs

53 Ein solcher Anspruch könnte sich aus §§ 280 I, II, 286 BGB ergeben.

a) Schuldverhältnis

54 Dann müsste zwischen K und B ein Schuldverhältnis bestehen. B war gem. § 2314 BGB zur Auskunft verpflichtet; hierin liegt ein gesetzliches Schuldverhältnis.

b) Pflichtverletzung

55 B müsste eine Pflicht aus dem Schuldverhältnis verletzt haben. Sie hat die Auskunftserteilung verweigert und ist ihrer Pflicht nicht nachgekommen.

c) Zusätzliche Voraussetzungen des § 286 BGB

56 K macht hier einen Verzögerungsschaden geltend. Die Prozesskosten sind nur deshalb entstanden, weil B die Auskunft nicht rechtzeitig erteilt hat. Deshalb müssen gem. § 280 II BGB die Voraussetzungen des § 286 BGB vorliegen.

§ 286 BGB setzt voraus, dass der Schuldner trotz eines fälligen einredefreien Anspruchs und Mahnung nicht leistet.

K hat gegen B einen fälligen einredefreien Anspruch auf Auskunftserteilung gem. § 2314 BGB. Allerdings hat K die B nicht ausdrücklich gemahnt. Die Mahnung könnte jedoch wegen ernsthafter und endgültiger Erfüllungsverweigerung gem. § 286 II Nr. 3 BGB entbehrlich sein. B hat durch ihr Verhalten gegenüber K zum Ausdruck gebracht, dass sie diesen Anspruch nicht erfüllen werde. Deshalb ist die

---

[23] Wieczorek/Schütze/*Assmann*, § 254 Rn. 68; MünchKomm-ZPO/*Becker-Eberhard*, § 254 Rn. 26 f.; *Assmann*, Das Verfahren der Stufenklage, 1990, S. 92 ff.; *Rixecker*, MDR 1985, 633, 635.
[24] *BGH* NJW 1994, 2895 f.

Mahnung entbehrlich. B hat die Auskunft zumindest fahrlässig nicht erteilt (§ 276 II BGB), so dass sie die Nichtleistung auch gem. §§ 280 I 2, 286 IV BGB zu vertreten hat.

Demnach besteht ein Anspruch des K gegen B auf Schadensersatz gem. §§ 280, 286 BGB.

d) Rechtsfolge

B hat deshalb dem K den durch die Verzögerung der Leistung adäquat-kausal ent- **57** standenen Schaden zu ersetzen. Hätte B das Verzeichnis sofort vorgelegt, hätte K keine Klage erhoben, weil sich aus dem Verzeichnis die Erfolglosigkeit einer Zahlungsklage ergeben hätte. K kann auch nicht deshalb ein Verstoß gegen seine Schadensminderungspflicht angelastet werden, weil er nicht den Auskunftsanspruch isoliert eingeklagt, sondern im Wege der Stufenklage sogleich den Zahlungsanspruch geltend gemacht und somit höhere Kosten verursacht hat. Die Erhebung der Stufenklage wird aus Gründen der Prozessökonomie durch das Gesetz gerade für die Fälle der Auskunftsverweigerung zur Verfügung gestellt und ist damit adäquate Folge des säumigen Verhaltens des Auskunftsschuldners.[25] K kann daher die ihm durch den Rechtsstreit entstandenen Kosten gem. §§ 280 I, II, 286 BGB von B ersetzt verlangen.

2. Prozessuale Geltendmachung des Kostenerstattungsanspruchs

Die Geltendmachung des Kostenerstattungsanspruchs erfolgt nach Ansicht des **58** *BGH*[26] im Wege der Klageänderung (§ 263 ZPO), die als sachdienlich anzusehen ist. Der Kläger ändert seine Zahlungsklage in eine Klage auf Feststellung, dass der Beklagte zum Ersatz der Kosten des Rechtsstreits verpflichtet ist. Da die gesamten Kosten noch nicht bezifferbar sind, ist hier auf Feststellung zu klagen. Den Klageänderungsantrag sieht der *BGH* hierbei im Wege der Auslegung bereits in dem schlichten Kostenantrag oder sogar in einer einseitigen Erledigungserklärung.

Welche Möglichkeit wird der Rechtsanwalt des K wählen?

Es sind mehrere Möglichkeiten denkbar, bei denen eine Kostentragung der B zu- **59** mindest in Betracht kommt und auch vertreten wird. Der Rechtsanwalt des K wird vor Gericht jedoch den sichersten Weg gehen und die Lösung des *BGH* wählen, d.h. er wird hinsichtlich des Auskunftsbegehrens den Rechtsstreit in der Hauptsache für erledigt erklären und den Antrag zu (2) in einen Antrag auf Feststellung der Kostentragungspflicht der B ändern.

Frage 4

A. Materielle Rechtslage

Auch hier ist wieder zunächst die materielle Rechtslage zu prüfen. **60**

---

[25] *BGH* NJW 1994, 2895, 2896.
[26] *BGH* NJW 1994, 2895, 2896.

I. Zahlungsanspruch des K gegen B gem. § 2303 I BGB

61 Wie bereits oben festgestellt (Rn. 30 ff.), besteht ein Zahlungsanspruch des K gegen B gem. § 2303 I BGB dem Grunde nach, der auch nicht wegen eines Verzichts auf den Pflichtteil ausgeschlossen ist.

1. Höhe des Anspruchs

62 Allerdings könnte sich an der Höhe des Anspruchs etwas ändern, da der Wert des Nachlasses hier 100.000 EUR beträgt.

a) Grundsatz

63 Grundsätzlich beträgt der Pflichtteilsanspruch die Hälfte des gesetzlichen Erbteils (§ 2303 I 2 BGB). Der gesetzliche Erbteil hätte gem. § 1924 I, IV BGB einen Umfang von 50.000 EUR (½ von 100.000 EUR), so dass K ein Pflichtteilsanspruch in Höhe von 25.000 EUR zustünde.

b) Anrechnung gem. § 2315 BGB

64 Allerdings muss der von K bereits erlangte Betrag von 25.000 EUR gem. § 2315 BGB angerechnet werden (siehe oben Rn. 33 ff.).

Dabei müssen die 25.000 EUR zunächst dem Nachlass hinzugerechnet werden, so dass von einem fiktiven Nachlass im Wert von 125.000 EUR auszugehen ist. Danach bestünde ein Pflichtteilsanspruch des K in Höhe von 31.250 EUR. Anschließend sind die empfangenen 25.000 EUR wieder abzuziehen, so dass sich ein Anspruch des K gegen B in Höhe von 6.250 EUR ergibt.

2. Inhaber des Anspruchs

65 Unklar ist, ob dieser Anspruch auf die G-Bank gem. § 398 I BGB übergegangen ist. Eine Zahlung an K oder an G birgt daher das Risiko in sich, dass B an den falschen Gläubiger leistet und noch einmal leisten muss. Zwar können Zweifel über die Wirksamkeit der Abtretung zur Unkenntnis i. S. d. § 407 I BGB des Schuldners führen.[27] Solche Zweifel haben jedoch nur dann die Unkenntnis zur Folge, wenn sie objektiv begründet sind.[28] K erklärt hier lediglich, dass die Abtretung unwirksam sei, ohne dies durch konkrete Tatsachen zu belegen oder Gründe hierfür anzuführen. Deshalb besteht eine Unsicherheit bezüglich der Anwendung des § 407 I BGB. In solchen Fällen ist der Schuldner zur Hinterlegung gem. § 372 S. 2 BGB berechtigt.[29] Da über die Person des Gläubigers Ungewissheit besteht und B insofern keine Fahrlässigkeit zur Last zu legen ist, kann sie sich von ihrer Zahlungsverpflichtung dadurch befreien, dass sie den Geldbetrag unter Ausschluss der Rücknahme hinterlegt (§§ 372 S. 2, 378 BGB).

---

[27] Vgl. *BGH* NJW-RR 2004, 1145, 1147 f.
[28] Palandt/*Grüneberg*, § 407 Rn. 6.
[29] RGZ 61, 245, 250.

II. Zwischenergebnis

B ist zur Zahlung in Höhe von 6.250 EUR gem. § 2303 I BGB verpflichtet. Unsicher ist jedoch, wer Inhaber des Anspruchs ist und ob B Kenntnis von der Abtretung i.S.d. § 407 I BGB hat. Nur wenn B den geschuldeten Betrag unter Ausschluss der Rücknahme hinterlegt, wird sie mit Sicherheit von ihrer Verbindlichkeit befreit (§§ 372 S. 2, 378 BGB). **66**

B. Prozessuale Vorgehensweise der B

Fraglich ist, welche prozessuale Vorgehensweise der B zu empfehlen ist. **67**

Der Schuldner hat die Wahl: er kann sich auf die Abtretung berufen, er kann den Rechtsstreit ohne Bestreiten der Aktivlegitimation fortführen oder er kann nach §§ 72, 75 ZPO vorgehen.

I. Antrag auf Klageabweisung

B könnte behaupten, dass K nicht Inhaber des Anspruchs sei und Klageabweisung beantragen. So müsste K beweisen, dass ihm der Anspruch tatsächlich zusteht. Da aber unklar ist, ob K oder G Gläubiger der B ist, birgt diese Vorgehensweise das Risiko, dass K dieser Nachweis gelingt und B mit voller Kostenlast (§ 91 ZPO) unterliegt. Das gleiche Risiko birgt der Einwand der Hinterlegung gem. § 378 BGB, da die schuldbefreiende Wirkung der Hinterlegung als Erfüllungssurrogat ein erledigendes Ereignis darstellt. Deshalb wird K, wenn es ihm gelingt nachzuweisen, dass er weiterhin Gläubiger der Forderung ist, im Prozess die Erledigung des Rechtsstreits in der Hauptsache erklären. Der B wären dann die Kosten aufzuerlegen, entweder nach § 91a ZPO bei übereinstimmender Erledigungserklärung oder bei einseitiger Erledigungserklärung, falls sich B nicht anschließt, gem. § 91 ZPO. **68**

II. Anerkenntnis gem. § 307 ZPO

Da B die Zahlungsverpflichtung dem Grunde nach einsieht, käme als kostengünstige Variante ein prozessuales Anerkenntnis gem. § 307 ZPO in Betracht. Die Verfahrensgebühr würde sich auf eine Gebühr beschränken, vgl. Nr. 1211 KV GKG. **69**

§ 93 ZPO findet allerdings keine Anwendung, da B durch die Auskunftsverweigerung Veranlassung zur Stufenklage gegeben hat. **70**

Dies würde jedoch zu einer Verurteilung zur Leistung an K führen, obwohl nicht feststeht, ob K tatsächlich Inhaber des Anspruchs ist. Dann bestünde die Gefahr, dass B aufgrund des Titels an K leisten müsste und zugleich gegenüber G materiell zur Leistung verpflichtet wäre, wenn G Inhaber der Forderung ist. **71**

Ein Schutz der B vor dieser Gefahr könnte sich zunächst aus § 407 II BGB ergeben. § 407 II BGB ist eine Erweiterung des § 325 ZPO zum Zwecke des Schuldnerschutzes.[30] Nach dieser Vorschrift muss der neue Gläubiger ein rechtskräftiges Urteil, das in einem Rechtsstreit zwischen dem Schuldner und dem bisherigen Gläubiger ergangen ist, gegen sich gelten lassen, wenn der Schuldner im Zeitpunkt des **72**

---

[30] BGHZ 52, 150, 152 = NJW 1969, 1479 f.

Eintritts der Rechtshängigkeit von der Zession keine Kenntnis hatte. Der *BGH*[31] geht aufgrund des Wortlauts und des Sinns und Zwecks der Vorschrift davon aus, dass der Zessionar sich nicht auf ein ihm günstiges Urteil berufen kann, sondern die Vorschrift nur dem Schuldnerschutz dient.[32] Das bedeutet, dass sich der neue Gläubiger auf ein positives Urteil, das sein Rechtsvorgänger gegen den Schuldner erstritten hat, nicht berufen kann.

73 Nachdem hier B Kenntnis hinsichtlich der erfolgten Abtretung erst nach Rechtshängigkeit erlangte, kommt § 407 II BGB zur Anwendung. Allerdings bringt dieser Schutz für B nichts, da sie aufgrund des Anerkenntnisses zur Zahlung an K verurteilt werden würde und damit kein für sie günstiges Urteil ergangen ist.

74 Teilweise wird darüber hinausgehend jedoch angenommen, dass die Schuldnerinteressen nur dann gewahrt werden, wenn der Zessionar ein dem Zedenten gegenüber günstiges Urteil gegen sich gelten lassen müsse mit der Folge, dass als Rechtsinhaber gegenüber dem Schuldner der Zedent und nicht der Zessionar angesehen wird. Der Zessionar würde dementsprechend die abgetretene Forderung gem. § 407 II BGB (analog) wieder verlieren.[33]

75 Nach der h.M.[34] ist jedoch eine Rechtskrafterstreckung eines solchen Urteils aus dieser Ausnahmevorschrift des § 407 II BGB weder zugunsten des Zessionars (das Bestehen der Forderung erwächst auch ihm gegenüber in Rechtskraft) noch zu seinen Lasten (die Forderung steht nach dem Urteil dem Zedenten zu, der Zessionar verliert dadurch seine Rechtsinhaberschaft) im Wege des Analogieschlusses herzuleiten. Eine Rechtskraftwirkung bei für den Schuldner ungünstigen Urteilen zu Lasten des Zessionars würde den Schuldner über den Normzweck hinaus nicht nur vor Nachteilen bewahren, sondern darüber hinaus zusätzlich dauerhaft gegen Ansprüche des Zessionars absichern.

Ab Kenntnis der Abtretung kann der Schuldner deshalb gem. § 407 I BGB nicht mehr mit befreiender Wirkung an den alten Gläubiger leisten, unabhängig davon, ob ein Urteil auf Leistung an den Zedenten vorliegt und ob die Abtretung vor oder nach Rechtshängigkeit erfolgt ist.[35] § 407 I BGB wird also weder durch § 407 II BGB noch durch § 325 I ZPO verdrängt.

76 Für den vorliegenden Fall bedeutet diese herrschende Ansicht, dass das Urteil zwischen K und B weder zugunsten noch zulasten der G Rechtskraftwirkung entfalten würde, so dass B trotz des Urteils, das sie zu Leistung an K verurteilt, nicht befreiend an K leisten kann, wenn sie inzwischen hinsichtlich dessen Gläubigereigenschaft bösgläubig i.S.d. § 407 I BGB geworden ist. Hier ist die Frage der Unkenntnis der B zweifelhaft (Rn. 65).

---

[31] BGHZ 52, 150, 152 = NJW 1969, 1479, 1480.

[32] Insoweit zweifelnd aber *Grunsky,* JZ 1969, 604; *Schwab,* GS Bruns, 1980, S. 181, 187 ff.

[33] *Braun,* ZZP 117 (2004), 3, 22 ff.; *ders.,* JZ 2005, 363, 364; *Blomeyer,* NJW 1970, 179, 180.

[34] BGHZ 163, 59 = NJW 2005, 2157, 2158; BGHZ 52, 150, 152 ff. = NJW 1969, 1479, 1480.

[35] BGHZ 86, 337, 340 = NJW 1983, 886, 887; MünchKomm-BGB/*Roth,* § 407 Rn. 26; Palandt/ *Grüneberg,* § 407 Rn. 11.

III. Streitverkündung und Antrag auf Entlassung aus dem Rechtsstreit gem. § 75 ZPO (Prätendentenstreit)

In Betracht kommen jedoch eine Streitverkündung und ein Antrag auf Entlassung 77 aus dem Rechtsstreit gem. § 75 ZPO. B kann der G den Streit verkünden. Diese kann dann dem Rechtsstreit zwischen B und K beitreten. Tut sie dies, was wahrscheinlich ist, dann kann B den Betrag zugunsten der streitenden Gläubiger unter Ausschluss des Rücknahmerechts hinterlegen (§§ 372 S. 2, 378 BGB) und beantragen, gem. § 75 ZPO aus dem Rechtsstreit entlassen zu werden. B wird dann durch Urteil aus dem Rechtsstreit entlassen und trägt nur die durch ihren unbegründeten Widerspruch gegen die Forderung entstandenen Kosten.

C. Ergebnis

B ist wegen der Unsicherheit bezüglich der Forderungsinhaberschaft des K zu raten, 78 der G den Streit zu verkünden und für den Fall des Beitritts den Betrag unter Ausschluss des Rücknahmerechts zu hinterlegen und ihre Entlassung aus dem Rechtsstreit zu beantragen.

Tritt G nicht in den Rechtsstreit ein, entfaltet die Streitverkündung gem. §§ 74, 68 ZPO Interventionswirkung mit der Folge, dass die Feststellungen in dem Rechtsstreit zwischen K und B in einem späteren Prozess zwischen G und B auch gegenüber G wirken. Wird also B zur Zahlung an K verurteilt, ist auch gegenüber G bindend festgestellt, dass K Inhaber der Forderung ist.

Frage 5

A. Materielle Rechtslage

I. Gläubiger der Forderung

Laut Sachverhalt hat K den Pflichtteilsanspruch gem. § 2303 I BGB gegen B wirksam an G abgetreten (§ 398 BGB), so dass jetzt G Inhaberin der Forderung ist. 79

II. Erfüllung der Forderung

Gem. § 362 I BGB erlischt die Forderung nur, wenn die geschuldete Leistung an 80 den richtigen Gläubiger bewirkt wird. Allerdings würde gem. § 407 I BGB zugunsten der B auch die Leistung an K befreiend wirken, wenn sie nicht Kenntnis von der Abtretung vor der Leistung erlangt hätte. Da sie aber Kenntnis von der Abtretung erlangt hat, könnte eine Leistung an K sie nicht mehr von ihrer Schuld gegenüber G befreien.

Deshalb muss sich B gegen die drohende Vollstreckung des K wenden, weil sonst eine nochmalige Inanspruchnahme durch G möglich ist.

B. Prozessuales Gutachten

Es kommt eine Vollstreckungsabwehrklage gem. § 767 I ZPO in Betracht. **81**

I. Zulässigkeit der Vollstreckungsabwehrklage gem. § 767 ZPO

82 Dann müssten die Sachurteilsvoraussetzungen für eine Vollstreckungsabwehrklage vorliegen.

1. Statthaftigkeit

83 Die Vollstreckungsabwehrklage ist statthaft, wenn der Schuldner Einwendungen vorbringen kann, die den durch das Urteil festgestellten Anspruch selbst betreffen. Als Einwendungen gegen den festgestellten Anspruch, auf die sich B berufen kann, kommen die fehlende Aktivlegitimation des K sowie die Erfüllung in Betracht. Die Vollstreckungsabwehrklage ist demnach statthaft.

2. Zuständigkeit

84 Gem. § 767 I ZPO ist das Prozessgericht des ersten Rechtszuges, also das Landgericht Potsdam, sachlich und örtlich zuständig. Dabei handelt es sich um eine ausschließliche Zuständigkeit gem. § 802 ZPO.

3. Klageantrag

85 In der Klageschrift müsste beantragt werden, die Zwangsvollstreckung aus dem Titel (Az ...) für unzulässig zu erklären.

4. Rechtsschutzbedürfnis

86 Zwar hat die Zwangsvollstreckung noch nicht begonnen. Für das Rechtsschutzbedürfnis hinsichtlich einer Vollstreckungsabwehrklage genügt es jedoch, wenn eine Vollstreckung droht. Dies ist hier der Fall.

5. Weitere Sachurteilsvoraussetzungen

87 Bezüglich der weiteren Sachurteilsvoraussetzungen bestehen keine Bedenken.

II. Begründetheit der Vollstreckungsabwehrklage gem. § 767 ZPO

88 Die Klage ist begründet, wenn der Klägerin eine materiellrechtliche Einwendung gegen den im Urteil festgestellten Anspruch zusteht und diese nicht gem. § 767 II ZPO präkludiert ist.

1. Materiellrechtliche Einwendungen

89 In Betracht kommen die fehlende Aktivlegitimation des K und die Erfüllung.

a) Fehlende Aktivlegitimation

90 K ist nicht Gläubiger des in dem Urteil festgestellten Anspruchs. Gläubigerin ist G nach der Abtretung.

b) Erfüllung

91 B hat die Forderung zwar noch nicht erfüllt. Weder eine Leistung an K – diese würde sie nicht von ihrer Schuld befreien – noch eine Leistung an G – diese würde sie nicht von der im Urteil festgestellten Verpflichtung gegenüber K befreien – würde ihr hier weiterhelfen. Sie könnte sich aber von ihrer Schuld durch Hinterlegung gem. §§ 372 S. 2, 378 BGB befreien, indem sie die Rücknahme der hinterlegten Sache ausschließt. Dazu müssten die Voraussetzungen des § 372 S. 2 BGB vorliegen. Hier besteht eine Ungewissheit über die Person des Gläubigers. Es beanspruchen sowohl K als Vollstreckungsgläubiger als auch G als Zessionarin die Forderung.[36] Die Unsicherheit beruht auch nicht auf einer Fahrlässigkeit der B. Würde B das Geld hinterlegen und auf ihr Rücknahmerecht gem. § 376 II Nr. 1 BGB verzichten, wird sie von ihrer Verbindlichkeit in gleicher Weise befreit, wie wenn sie zur Zeit der Hinterlegung an den Gläubiger geleistet hätte (§ 378 BGB).

2. Keine Präklusion der Einwendung nach § 767 II ZPO

Die vorgebrachten Einwendungen dürften jedoch nicht gem. § 767 II ZPO **92** präkludiert sein. Danach sind nur solche Einwendungen zulässig, deren Gründe, auf denen sie beruhen, erst nach dem Schluss der mündlichen Verhandlung im Erstverfahren entstanden sind. Hier ist zwischen den in Betracht kommenden Einwendungen zu unterscheiden.

a) Die fehlende Aktivlegitimation des K

Der Entstehungszeitpunkt der Einwendung lag objektiv vor dem Schluss der letzten **93** mündlichen Verhandlung. G ist als Zessionarin bereits während des Rechtsstreits Gläubigerin der Forderung geworden. B erlangte jedoch erst nachträglich, nach Schluss der letzten mündlichen Verhandlung, Kenntnis hiervon. Fraglich ist, ob es auf die nachträgliche Kenntniserlangung des Schuldners oder allein auf die objektive Rechtslage ankommt. Im ersten Fall wäre B mit ihrer Einwendung nicht präkludiert, im zweiten Fall jedoch schon. Dies ist umstritten.

Nach Ansicht der Rechtsprechung kommt es allein auf die objektive Rechtslage an, **94** nicht darauf, wann die Partei die entsprechenden Tatsachen kannte oder kennen musste.[37] Als Argument wird der Wortlaut des § 767 II ZPO angeführt, der auf die Entstehung der Gründe abstellt und nicht auf die Kenntnis. Im Übrigen gibt § 407 I BGB nur eine Einrede gegenüber dem neuen Gläubiger, nicht gegenüber dem alten Gläubiger, der hier vollstrecken will. Außerdem besteht eine einfachere Möglichkeit des Schutzes für den Schuldner durch Hinterlegung gem. §§ 372 S. 2, 378 BGB.

Eine andere Ansicht macht für die vergleichbare Konstellation bei § 407 I BGB **95** eine Ausnahme von diesem Grundsatz, wenn der Schuldner erst nachträglich Kenntnis von der Zession erlangt.[38] Es komme in diesem Ausnahmefall auf die Kenntniserlangung der entsprechenden Tatsachen an. Hier entstehe nämlich die Einwendung des Schuldners erst mit der Kenntnis der Abtretung der Forderung durch den bisherigen Gläubiger an einen Dritten. Danach würde die nachträgliche Kenntnis des Schuldners von der Zession eine i.S.d. § 767 II ZPO beachtliche Tat-

---

[36] Vgl. MünchKomm-BGB/*Fetzer,* § 372 Rn. 10.

[37] BGHZ 145, 352 = NJW 2001, 231; BGHZ 61, 25, 26 = NJW 1973, 1328; Bedenken hiergegen erhebt *Schlosser,* NJW 1995, 1404, 1405 im Hinblick auf Art. 6 EMRK (Verstoß gegen Verfassungsprinzip der Verfahrensfairness).

[38] RGZ 84, 286, 292; *OLG Koblenz* JurBüro 1989, 704.

sache darstellen, weil der Schuldner dadurch den ihm von § 407 I BGB gewährten Schutz, schuldbefreiend an den alten Gläubiger leisten zu können, verloren habe.

96 Die erste Ansicht überzeugt, da § 407 I BGB den Schuldner nur gegenüber dem neuen Gläubiger schützt und nicht gegenüber dem bisherigen. Außerdem bietet das materielle Recht durch die Hinterlegung hinreichenden Schutz für den Schuldner, so dass B mit der Einwendung der fehlenden Aktivlegitimation gem. § 767 II ZPO präkludiert ist.[39]

b) Erfüllung durch Hinterlegung gem. §§ 372 S. 2, 378 BGB

97 Dementsprechend bleibt B nur die Möglichkeit, das Geld gem. § 372 S. 2 BGB zu Gunsten des K und der G zu hinterlegen und auf ihr Rücknahmerecht gem. § 376 II Nr. 1 BGB zu verzichten. Damit könnte sie die Erfüllung gem. § 378 BGB herbeiführen und diese Einwendung mit der Vollstreckungsabwehrklage geltend machen. Diese Einwendung wäre nicht gem. § 767 II ZPO präkludiert, da die Erfüllungswirkung durch die Hinterlegung erst nach dem Schluss der mündlichen Verhandlung eingetreten ist.

C. Ergebnis

98 Der Rechtsanwalt wird B raten, das Geld unter Verzicht auf ein Rücknahmerecht zu hinterlegen und gleichzeitig Vollstreckungsabwehrklage zu erheben, falls K weiterhin mit der Vollstreckung droht.

---

[39] Vgl. zur Vollstreckungsabwehrklage bei Wegfall der Einwendung aus § 407 I BGB *Brand/Fett*, JuS 2002, 637 ff.

Fall 4. Widerrufsprobleme

Nach BGH NJW 2007, 1460.

Sachverhalt

Der Kläger Konrad (K) erhob am 13.2.2012 vor dem Landgericht Stuttgart Klage auf Zahlung von 10.000 EUR aus einem Kaufvertrag gegen die in Stuttgart lebende Bärbel (B). Die Klage wurde Bärbel am 20.2.2012 zugestellt. Noch vor dem ersten Termin kam es zwischen den Prozessbevollmächtigten der Parteien zu einer Aussprache. Sie kamen überein, dass Bärbel den Kaufgegenstand zurückgeben und Konrad die Klage zurücknehmen werde. In der ersten mündlichen Verhandlung erscheint nur der Rechtsanwalt des Konrad, der den Erlass eines Versäumnisurteils beantragt.

Frage 1: Wird das Landgericht Stuttgart das beantragte Versäumnisurteil erlassen?

Abwandlung 1: Eine vorgerichtliche Einigung findet nicht statt. Die Parteien, vertreten durch ihre Rechtsanwälte, schließen jedoch am 20.4.2012 einen Prozessvergleich vor dem Landgericht, in dem sie vereinbaren, dass Bärbel die Kaufsache zurückgeben und eine Nutzungsentschädigung an Konrad zahlen werde. Im Gegenzug verzichtet Konrad auf seinen Kaufpreisanspruch. Konrad behält sich den Widerruf durch einfachen Schriftsatz an das Gericht, eingehend bis zum 4.5.2012, vor. Es stellt sich heraus, dass die Kaufsache für Konrad nicht mehr so profitabel zu verkaufen und daher der Vergleich für ihn ungünstig ist. Der mit dem Widerruf des Vergleichs beauftragte Rechtsanwalt des Konrad merkt jedoch erst am 5.5.2012, dass die Widerrufsfrist bereits abgelaufen ist.

Frage 2: Kann der Prozessbevollmächtigte des Konrad etwas unternehmen, wenn es seine sonst stets zuverlässige Rechtsanwaltsfachangestellte Rosalinde (R) weisungswidrig versäumt hat, ihn an den Ablauf der Widerrufsfrist zu erinnern?

Frage 3: Wie wäre es, wenn sich die Parteien ohne Einschaltung des Gerichts auf eine Verlängerung der Widerrufsfrist um weitere zwei Wochen geeinigt hätten?

Abwandlung 2: Wie in Abwandlung 1 schließen die Parteien, vertreten durch ihre Rechtsanwälte, vor dem Landgericht einen Prozessvergleich mit demselben Inhalt. Kurze Zeit später erfährt Konrad jedoch, dass Bärbel den Kaufgegenstand bereits vor dem Abschluss des Prozessvergleichs veräußert hat und erhebt daraufhin erneut Klage vor dem Landgericht Stuttgart auf Zahlung des Kaufpreises. In der Klageschrift erklärt er zugleich die Anfechtung des Vergleichs wegen arglistiger Täuschung.

Frage 4: Hat die Klage Aussicht auf Erfolg?

Abwandlung 3: Noch bevor es im Ausgangsfall zur mündlichen Verhandlung kam, teilte der Rechtsanwalt des Konrad dem Gericht am 5.3.2012 schriftlich mit, dass

Bärbel die Kaufpreisforderung am 21.2.2012 bezahlt habe. Aus diesem Grunde werde die Klage zurückgenommen und zugleich beantragt, Bärbel gem. § 269 III 3 ZPO die Kosten des Rechtsstreits aufzuerlegen. Der Rechtsanwalt der Bärbel hingegen ist der Überzeugung, dass Konrad gem. § 269 III 2 ZPO die Kosten des Rechtsstreits zu tragen habe und stellt einen entsprechenden Antrag. Daraufhin widerrief der Rechtsanwalt des Konrad die Klagerücknahme wegen Irrtums und erklärte den Rechtsstreit für erledigt.

Sollte das Gericht den Widerruf nicht zulassen, dann müsse es zumindest die aus Versehen erklärte Klagerücknahme als Erledigungserklärung auslegen oder sie in eine solche umdeuten.

Frage 5: Welche Entscheidung wird das Landgericht Stuttgart treffen?

Gliederung

Lösung

Frage 1

1 Das Landgericht Stuttgart wird ein Versäumnisurteil erlassen, wenn dessen Voraussetzungen vorliegen.[1]

A. Antrag auf Erlass eines Versäumnisurteils gem. § 331 I 1 ZPO

2 Ein Versäumnisurteil gegen die Beklagte setzt zunächst einen dementsprechenden Antrag des Klägers voraus. Der Rechtsanwalt des K hat den Erlass eines Versäumnisurteils beantragt.

3 **Hinweis:** Der *BGH* sieht in dem Antrag des Klägers zur Sache regelmäßig den Antrag eines Versäumnisurteils gegen den Beklagten als Minus mit enthalten.[2]

B. Säumnis der Beklagten gem. § 331 I 1 ZPO

4 Außerdem müsste die Beklagte im Termin zur mündlichen Verhandlung nicht erschienen sein (§ 331 I 1 ZPO). Im Termin zur mündlichen Verhandlung ist kein postulationsfähiger – vor dem Landgericht besteht gem. § 78 I ZPO Anwaltszwang – Rechtsanwalt für B erschienen.

C. Keine Erlasshindernisse gem. § 335 ZPO

5 Ferner darf ein Versäumnisurteil nicht ergehen, wenn eines der in § 335 I ZPO genannten Erlasshindernisse vorliegt.

I. Ordnungsgemäße Ladung gem. § 335 I Nr. 2 ZPO

6 Mangels gegenteiliger Angaben ist von einer ordnungsgemäßen Ladung der B auszugehen.

II. Von Amts wegen zu berücksichtigender Umstand gem. § 335 I Nr. 1 ZPO

7 Möglicherweise stellt das Klagerücknahmeversprechen einen von Amts wegen zu berücksichtigenden Umstand dar, für den ein Nachweis erforderlich ist. Aus dem Versprechen wird jedoch lediglich eine Verpflichtung zur Klagerücknahme hergeleitet. Darin liegt noch nicht die Klagerücknahme selbst. Der Beklagte hat nur das Recht eine „Einrede des Klagerücknahmeversprechens" zu erheben, so dass es nicht von Amts wegen zu berücksichtigen ist.[3] Diese Einrede muss in der mündlichen Verhandlung erhoben werden.

---

[1] Zum Versäumnisurteil gegen den Beklagten vgl. auch *Schreiber,* Jura 2000, 276 ff.
[2] BGHZ 37, 79, 83 = NJW 1962, 1149, 1150; MünchKomm-ZPO/*Prütting,* § 331 Rn. 6.
[3] *Rosenberg/Schwab/Gottwald,* § 129 Rn. 8 (prozessuale Einrede); *BGH* NJW-RR 1989, 802 m. w. N. (Arglisteinrede); vgl. Wieczorek/Schütze/*Assmann,* § 269 Rn. 77.

Hinweis: Es ist umstritten, ob beim Klagerücknahmeversprechen ein materieller oder prozessualer **8** Vertrag vorliegt.[4] Die zweite Ansicht ist vorzugswürdiger, da eine prozessuale Regelung getroffen wird. Beide Ansichten kommen jedoch zur Unzulässigkeit der Klage, die materielle Ansicht über die Arglisteinrede, die prozessuale Ansicht über eine prozessuale Einrede.

Das Gericht hatte hier jedoch keine Kenntnis vom Klagerücknahmeversprechen, so **9** dass schon aus diesem Grund eine Berücksichtigung nicht möglich gewesen wäre.

D. Kein Erlasshindernis des Nichtverschuldens der Säumnis gem. § 337 ZPO

War B ohne ihr Verschulden am Erscheinen verhindert, könnte eine Vertagung von **10** Amts wegen gem. § 337 ZPO in Betracht kommen. Hier ist fraglich, ob B das Nichterscheinen ihres Prozessbevollmächtigten als Verschulden angelastet werden kann. Grundsätzlich haftet die Partei für das Verschulden ihres Rechtsanwalts gem. § 85 II ZPO, so dass eine Vertagung gem. § 337 ZPO ausscheidet.

E. Zulässigkeit der Klage

Außerdem müssen für den Erlass eines Versäumnisurteils die Sachurteilsvorausset **11** zungen der Klage vorliegen.

I. Zuständigkeit des Landgerichts Stuttgart

Dann müsste das Landgericht Stuttgart, bei dem die Klage erhoben worden ist, zu **12** ständig sein.

1. Sachliche Zuständigkeit

Die sachliche Zuständigkeit der Landgerichte richtet sich gem. § 1 ZPO nach **13** §§ 71, 23 GVG. Danach gehören vor die Landgerichte alle bürgerlichrechtlichen Streitigkeiten, soweit sie nicht den Amtsgerichten zugewiesen sind. Für Streitigkeiten über Ansprüche, deren Gegenstand an Geld oder Geldeswert die Summe von fünftausend Euro übersteigt (vgl. § 23 Nr. 1 GVG), sind demnach die Landgerichte zuständig. Hier macht K einen Anspruch gegen B in Höhe von 10.000 EUR geltend, so dass das Landgericht sachlich zuständig ist.

2. Örtliche Zuständigkeit

a) Ausschließlicher Gerichtsstand

Ein ausschließlicher Gerichtsstand ist nicht ersichtlich. **14**

b) Allgemeiner Gerichtsstand gem. §§ 12, 13 ZPO

Der allgemeine Gerichtsstand der B wird gem. § 13 ZPO durch ihren Wohnsitz **15** (§ 7 BGB) bestimmt. B wohnt in Stuttgart, so dass das Landgericht Stuttgart für die gegen sie gerichteten Klagen örtlich zuständig ist.

---

[4] Vgl. Wieczorek/Schütze/*Assmann,* § 269 Rn. 77 m.w.N.

c) Besonderer Gerichtsstand des Erfüllungsorts gem. § 29 I ZPO

16 Es handelt sich hier um eine Streitigkeit aus einem Vertragsverhältnis, dem Kaufvertrag zwischen K und B (§ 433 BGB), so dass der Gerichtsstand des Erfüllungsorts in Betracht kommt. Danach ist das Gericht des Orts zuständig, an dem die streitige Verpflichtung zu erfüllen ist. Der Erfüllungsort bestimmt sich nach materiellem Recht.[5] Bei einer Geldschuld ist gem. §§ 270 IV, 269 I BGB Leistungsort (Erfüllungsort) der Wohnsitz des Schuldners, so dass sich auch aus § 29 I ZPO die örtliche Zuständigkeit des Landgerichts Stuttgart ergibt.

II. Fehlende Rechtshängigkeit gem. § 261 I ZPO

17 Der Erlass eines Versäumnisurteils könnte daran scheitern, dass der Rechtsstreit gem. § 269 III 1 ZPO als nicht mehr anhängig anzusehen ist. Dies würde voraussetzen, dass die Klage von K wirksam zurückgenommen worden ist. Die Vereinbarung zwischen den Prozessbevollmächtigten enthält jedoch nur ein Klagerücknahmeversprechen, das K lediglich zur Klagerücknahme verpflichtet. Gem. § 269 II ZPO ist für eine Klagerücknahme eine Erklärung gegenüber dem Gericht erforderlich. Dies ist noch nicht geschehen. Deshalb ist die Rechtshängigkeit nicht weggefallen, sondern besteht noch.[6]

III. Weitere Sachurteilsvoraussetzungen

18 Hinsichtlich der weiteren Sachurteilsvoraussetzungen bestehen keine Bedenken. Die Klage ist demnach zulässig.

F. Schlüssigkeit der Klage

19 **Hinweis:** Schlüssigkeit der Klage bedeutet, dass die zur Begründung des Klageantrags vorgebrachten Tatsachen den Schluss auf die begehrte Rechtsfolge zulassen.

20 K macht gegen B einen Anspruch auf Zahlung von 10.000 EUR aus dem Kaufvertrag gem. § 433 II BGB geltend. Die Voraussetzungen hierfür – wirksamer Kaufvertrag – sind schlüssig vorgetragen.

G. Ergebnis

21 Der Erlass eines Versäumnisurteils in der vorliegenden Konstellation ist rechtmäßig. Das Landgericht wird das beantragte Versäumnisurteil erlassen.

Frage 2

22 In Betracht kommt vorliegend ein Antrag auf Wiedereinsetzung in den vorigen Stand gem. § 233 ZPO.[7] Das Landgericht Stuttgart wird dem K Wiedereinsetzung

---

[5] Vgl. BGHZ 157, 20, 23 = NJW 2004, 54; Musielak/*Heinrich,* § 29 Rn. 15.

[6] Vgl. *Wagner,* Prozeßverträge, 1998, S. 510 ff.; für einen Wegfall der Rechtshängigkeit durch ein solches Versprechen aber *Schlosser,* Einverständliches Parteihandeln im Zivilprozeß, 1968, S. 71, wenn dies dem Gericht mitgeteilt worden ist.

[7] Vgl. zur Wiedereinsetzung in den vorigen Stand *Schreiber,* Jura 2011, 601 ff.; *Schroeder,* JA 2004, 636 ff.

in den vorigen Stand gewähren, wenn die Voraussetzungen hierfür vorliegen (§ 233 ZPO).

A. Versäumung einer in § 233 ZPO genannten Frist

Eine Wiedereinsetzung in den vorigen Stand ist nur möglich, wenn eine der in **23** § 233 ZPO genannten Fristen versäumt worden ist.

I. Notfrist

Dann müsste es sich bei der Widerrufsfrist um eine Notfrist i.S.v. § 224 I 2 ZPO **24** handeln. Notfristen sind jedoch nur diejenigen Fristen, die im Gesetz als solche bezeichnet sind. Die Widerrufsfrist ist keine solche Frist.

II. Andere Fristen

Bei der Widerrufsfrist handelt es sich auch nicht um eine der anderen in § 233 **25** ZPO genannten Fristen.

III. Analoge Anwendung des § 233 ZPO

Deshalb kommt allenfalls eine analoge Anwendung des § 233 ZPO auf Widerrufs- **26** fristen für Prozessvergleiche in Betracht. Dies setzt eine planwidrige Regelungslücke und eine vergleichbare Rechtslage voraus. Die Widerrufsfrist für Prozessvergleiche ist im Gesetz nicht geregelt. Von einer planwidrigen Regelungslücke kann deshalb ausgegangen werden. Umstritten ist die Vergleichbarkeit der Sachverhalte.

Nach der h.M.[8] sind die Sachverhalte deshalb nicht vergleichbar, weil es sich bei der **27** Widerrufsfrist um eine vertragliche, nicht um eine gesetzliche Frist handelt. Dem Gericht stehe nicht die Disposition über eine solche Parteifrist zu. Den Parteien sei es frei gestellt, Widrigkeiten durch Vereinbarung längerer Fristen vorzubeugen. Deshalb verneint die h.M. eine analoge Anwendung des § 233 ZPO auf die Widerrufsfrist. Eine Wiedereinsetzung bei Versäumung der Widerrufsfrist ist also nach dieser Ansicht nicht möglich.

Nach der Gegenansicht[9] hat der Gesetzgeber die vielfältigen Probleme, die sich aus **28** der verfahrensbeendigenden Wirkung des Prozessvergleichs ergeben, nicht gesehen und konnte sie daher auch nicht regeln. Es bestehe daher eine ausfüllungsbedürftige Regelungslücke. Die Versäumung der Widerrufsfrist habe dieselbe Rechtsfolge wie die Versäumung der in § 233 ZPO genannten Fristen, die endgültige Beendigung des Rechtsstreits. Aus diesem Grund ist eine Wiedereinsetzung nach dieser Ansicht möglich.

Beide Ansichten kommen zu unterschiedlichen Ergebnissen. Deshalb ist der Streit **29** zu entscheiden. Die Argumente der h.M. überzeugen, insbesondere die Begründung, dass es sich um eine vertragliche Frist handelt, die nicht mit den in § 233 ZPO genannten vergleichbar sei.

---

[8] *BGH* NJW 1995, 521, 522; BGHZ 61, 394, 395 ff. m.w.N. = NJW 1974, 107 f.; Hk-ZPO/*Saenger*, § 233 Rn. 4; *Rosenberg/Schwab/Gottwald*, § 69 Rn. 2.
[9] Stein/Jonas/*Roth*, § 233 Rn. 13 m.w.N.

IV. Ergebnis

30 Damit findet § 233 ZPO keine Anwendung. Die Widerrufsfrist ist abgelaufen, so dass der Prozessvergleich nach Ablauf der Widerrufsfrist endgültig wirksam geworden ist.

B. Hilfsgutachten

31 Sollte man die Wiedereinsetzung entgegen der h. M. zulassen, müssen die weiteren Voraussetzungen für die Wiedereinsetzung in den vorigen Stand vorliegen.

Hinweis: Hier muss die weitere Prüfung in einem Hilfsgutachten erfolgen, da ansonsten der Hinweis in der Fallfrage über die zuverlässige Rechtsanwaltsgehilfin in der Bearbeitung nicht berücksichtigt werden würde.

I. Wiedereinsetzungsantrag gem. § 236 ZPO

32 Der Wiedereinsetzungsantrag müsste gem. § 234 I ZPO innerhalb von zwei Wochen durch einfachen Schriftsatz beim Landgericht Stuttgart gestellt werden. Die die Wiedereinsetzung begründenden Tatsachen müssten gem. § 236 II 1 ZPO im Antrag enthalten sein und glaubhaft (§ 294 ZPO) gemacht werden. Außerdem müsste die versäumte Prozesshandlung – Widerruf des Prozessvergleichs – gem. § 236 II 2 ZPO innerhalb der Antragsfrist nachgeholt werden.

II. Wiedereinsetzungsgrund

33 Der Wiedereinsetzungsantrag wäre bei unverschuldeter Fristversäumung begründet. Die Partei hat dabei eigenes Verschulden zu vertreten. Außerdem steht das Verschulden des gesetzlichen Vertreters gem. § 51 II ZPO und das des Prozessbevollmächtigten gem. § 85 II ZPO dem Verschulden der Partei gleich. Dagegen wird ein Verschulden Dritter, wie z. B. des Büropersonals des Prozessbevollmächtigten, der Partei nicht zugerechnet, es sei denn, dass der Prozessbevollmächtigte seine Aufsichts- und Organisationspflichten nicht erfüllt hat und dementsprechend ein eigenes Verschulden des Prozessbevollmächtigten vorliegt.[10] Auf die Erledigung der Anweisung an eine zuverlässige, eingearbeitete und ausreichend überwachte Fachangestellte darf der Rechtsanwalt in der Regel vertrauen.[11] Der Rechtsanwalt des K hatte R angewiesen, ihn an die Widerrufsfrist des Prozessvergleichs zu erinnern. Er durfte darauf vertrauen, dass seine Büroangestellte, die sich bisher als zuverlässig erwiesen hat, die konkrete Einzelanweisung befolgt. Aus diesem Grund ist ein Verschulden des Rechtsanwalts des K zu verneinen, das dem K gem. § 85 II ZPO zugerechnet werden könnte.

III. Ergebnis

34 Sofern man eine entsprechende Anwendung der §§ 233 ff. ZPO auf die Versäumung einer Widerrufsfrist befürwortet, wäre ein form- und fristgerechter Wiedereinsetzungsantrag begründet.

---

[10] Vgl. *BGH* NJW-RR 2001, 1072, 1073 m. w. N.; Stein/Jonas/*Roth,* § 233 Rn. 33: Büroverschulden; Musielak/*Grandel,* § 233 Rn. 3 f. m. w. N.

[11] *BGH* NJW-RR 2003, 935, 936; *BGH* NJW 1988, 1853 (mündliche Anweisung); zur Ausnahme bei Notierung einer Rechtsmittelfrist etwa *BGH* NJW 2003, 435, 436.

Frage 3

Wenn die Verlängerung der Frist wirksam war, könnte für den Rechtsanwalt des K **35** ein Widerruf noch möglich sein.

Fraglich ist jedoch, ob die Parteien ohne Einschaltung des Gerichts eine Verlängerung der Widerrufsfrist vereinbaren konnten. Dies ist umstritten.

Nach einer Ansicht ist für die Verlängerung der Widerrufsfrist keine Anzeige ge- **36** genüber dem Gericht erforderlich.[12] Dies wird damit begründet, dass es sich um eine Parteifrist handelt, über die die Parteien frei disponieren können (vgl. die Argumentation des *BGH* zum Streit in Rn. 27). Beweisschwierigkeiten könnten die Parteien durch Vereinbarung von Anzeigepflichten vermeiden.

Nach der Gegenansicht muss die Verlängerung der Frist innerhalb der Widerrufs- **37** frist dem Gericht angezeigt werden.[13] Ansonsten wäre dem Gericht die Kontrolle solcher Vereinbarungen nicht möglich.

Der zweiten Ansicht ist zu folgen. Auch wenn die Parteien die Dispositionsmög- **38** lichkeit über diese Frist haben, ist eine Anzeigepflicht an das Gericht aus Gründen der Rechtssicherheit erforderlich. Da der Prozessvergleich den Rechtsstreit beendet, muss klar sein, zu welchem Zeitpunkt die Beendigung eintritt.[14]

Nur wenn man sich der erstgenannten Ansicht anschließt, wäre ein fristgerechter **39** Widerruf noch möglich.

Frage 4

Die Klage hat Aussicht auf Erfolg, wenn sie zulässig und begründet ist. **40**

A. Zulässigkeit

I. Zuständigkeit, Partei- und Prozessfähigkeit, Prozessführungsbefugnis

Die Zahlungsklage vor dem Landgericht Stuttgart wäre grundsätzlich zulässig **41** (Rn. 11 ff.).

II. Keine anderweitige Rechtshängigkeit gem. § 261 III Nr. 1 ZPO

Entgegenstehen könnte der erneuten Klage jedoch die anderweitige Rechtshängig- **42** keit des vorhergehenden Verfahrens gem. § 261 III Nr. 1 ZPO. Dies wäre dann der Fall, wenn der ursprüngliche Prozess durch den Prozessvergleich[15] nicht beendet worden wäre.

1. Beendigung des ursprünglichen Verfahrens durch Prozessvergleich

Der Prozessvergleich hat nach h. M. sowohl prozessrechtliche als auch materiell- **43** rechtliche Wirkungen (vgl. § 779 BGB). Er ist Prozesshandlung, weil er den

---

[12] *OLG Karlsruhe* MDR 2005, 1368.
[13] *OLG Hamm* BauR 2001, 833 (obiter dictum).
[14] Vgl. auch *BVerwG* NJW 1993, 2193, 2194 m. w. N. = BVerwGE 92, 29, 31 f.
[15] Vgl. zum Prozessvergleich auch *Schreiber,* Jura 2012, 23 ff.; *Eisenreich,* JuS 1999, 797 ff.

Rechtsstreit beendet, und privatrechtliches Rechtsgeschäft, weil er sachlichrechtlich die Ansprüche und Verbindlichkeiten der Parteien regelt (ganz h. M.: Doppelnatur des Prozessvergleichs[16]). In seiner prozessualen Eigenschaft hat er vor allem verfahrensbeendigende Wirkung, d. h. er beendet den Rechtsstreit und die Rechtshängigkeit.

2. Nichtigkeit des Prozessvergleichs gem. § 142 BGB

44 Möglicherweise ist der Prozessvergleich jedoch infolge Anfechtung gem. § 142 I BGB nichtig und hat damit nicht zur Beendigung des Verfahrens geführt.

45 **Hinweis:** Die Anfechtung des Prozessvergleichs wegen Irrtums ist von der Unwirksamkeit gem. § 779 I BGB zu unterscheiden. Die Vorschrift setzt voraus, dass der von beiden Parteien als Grundlage des Vergleichs angesehene unstreitige Sachverhalt nicht der Wirklichkeit entspricht und der Streit oder die Ungewissheit bei Kenntnis der wahren Sachlage nicht entstanden sein würde. Die Unwirksamkeit gem. § 779 BGB beruht daher auf einem gemeinsamen Grundlagenirrtum der Parteien.[17]

a) Wirksame Anfechtung gem. § 123 I BGB

46 Die wirksame Anfechtung des K setzt voraus, dass ein Anfechtungsgrund besteht und er die Anfechtung innerhalb der Anfechtungsfrist gegenüber dem Vertragspartner erklärt hat. Die B hat durch ihren Vertreter den K arglistig darüber getäuscht, zur Rückgabe der Kaufsache imstande zu sein, und diesen dadurch zum Abschluss eines Prozessvergleichs bestimmt, so dass ein Anfechtungsgrund gem. § 123 BGB besteht. Der Vertreter der B ist nicht als Dritter i. S. d. § 123 II 1 BGB anzusehen.[18] K hat die Anfechtung gegenüber der B (§ 143 I BGB) innerhalb der Anfechtungsfrist erklärt (§ 124 I BGB). Eine materiellrechtliche Erklärung kann auch in der Klageschrift abgegeben werden, die dann gem. § 130 I BGB mit der Zustellung zugeht. Der Prozessvergleich ist deshalb als von Anfang an nichtig anzusehen (§ 142 I BGB).

b) Auswirkungen der materiellrechtlichen Nichtigkeit

47 Fraglich ist allerdings, wie sich die Anfechtung als materiellrechtlicher Mangel auf den Prozessvergleich auswirkt. Dies ist abhängig von der Rechtsnatur des Prozessvergleichs. Aus der Doppelnatur des Prozessvergleichs (Rn. 43) folgt, dass bei einer Nichtigkeit des Vergleichs keine prozessbeendigende Wirkung eintritt. Damit ist der ursprüngliche Rechtsstreit fortzuführen und in diesem Rahmen auch die (Un-) Wirksamkeit des Prozessvergleichs zu klären.[19]

---

[16] Vgl. BGHZ 164, 190, 193 ff. m. w. N. = NJW 2005, 3576, 3577; BGHZ 86, 184, 186 = NJW 1983, 996, 997; BGHZ 28, 171, 172 = NJW 1958, 1970; *Schilken,* Rn. 652; zu den anderen Theorien vgl. *Rosenberg/Schwab/Gottwald,* § 130 Rn. 29 ff.

[17] *BGH* NJW 1959, 2109, 2110: Sonderfall des beiderseitigen Irrtums der Parteien über den dem Vergleich als feststehend zugrunde gelegten Sachverhalt, der außerhalb des Streites der Parteien stand; Staudinger/*Marburger,* § 779 Rn. 73; vgl. aber MünchKomm-BGB/*Habersack,* § 779 Rn. 62 (vertragliche Vereinbarung einer unzutreffenden Vergleichsgrundlage).

[18] MünchKomm-BGB/*Armbrüster,* § 123 Rn. 63 f.

[19] H.M., vgl. BGHZ 142, 253, 254 = NJW 1999, 2903; BGHZ 28, 171, 172 ff. = NJW 1958, 1970 ff.; Zöller/*Stöber,* § 794 Rn. 15a m. w. N.

3. Zwischenergebnis

Der Prozess vor dem Landgericht Stuttgart wurde durch den Vergleich nicht been- **48** det, so dass einer neuen Zahlungsklage die anderweitige Rechtshängigkeit der ursprünglichen Klage entgegensteht (§ 261 III Nr. 1 ZPO).

B. Ergebnis

Die erneute Klage des K ist bereits unzulässig. K muss einen Antrag auf Fortsetzung **49** des alten Verfahrens stellen und sich auf die anfängliche Unwirksamkeit des Vergleichs berufen.[20]

Hinweis: Umstritten sind die Fälle, in denen ein zunächst wirksam zustande gekommener Vergleich **50** nachträglich durch Rücktritt oder Parteivereinbarung beseitigt wird. Während das *BAG*[21] das alte Verfahren fortsetzen will, geht der *BGH*[22] davon aus, dass eine nachträgliche Aufhebung des Vergleichs seine prozessbeendigende Wirkung nicht mehr beseitigen könne und deshalb nur ein neues Verfahren in Betracht komme. Ist der Prozessvergleich wirksam zustande gekommen, dann hat er auch seine prozessbeendigende Wirkung entfaltet. Nach Ansicht des *BGH* können zwar die materiellrechtlichen Wirkungen des Vergleichs durch Parteivereinbarung aufgehoben werden, nicht aber die prozessualen. Dasselbe gilt nach Auffassung des *BGH* für den Rücktritt, der nur zu einer Umwandlung des ursprünglichen Vertragsverhältnisses in ein Rückgewährschuldverhältnis führt, und für den Wegfall der Geschäftsgrundlage. Aus diesem Grund muss ein neuer Prozess eingeleitet werden. Dagegen wendet sich das Schrifttum[23] in Bezug auf den Rücktritt und den Wegfall der Geschäftsgrundlage insbesondere aus prozesswirtschaftlichen Gründen. Das mit dem alten Prozess befasste Gericht kenne bereits den Streit der Parteien und könne über seine Fortsetzung am besten entscheiden.

Frage 5

Die Entscheidung des Landgerichts richtet sich grundsätzlich nach dem letzten An- **51** trag des Klägers. Der Rechtsanwalt des K hat zuletzt den Rechtsstreit in der Hauptsache für erledigt erklärt. Da sich der Rechtsanwalt der B dieser Erledigungserklärung nicht anschließt, würde es sich um eine einseitige Erledigungserklärung handeln, die nach h.M. eine Klageänderung in einen Feststellungsantrag, dass sich die Hauptsache erledigt hat, darstellt.[24] Über diese Feststellungsklage hätte das Landgericht durch Urteil zu befinden.

Problematisch ist jedoch, ob die Erledigungserklärung überhaupt noch möglich ist. **52** Wenn die Klage bereits wirksam zurückgenommen worden ist, ist der Rechtsstreit gem. § 269 III 1 ZPO als nicht anhängig geworden anzusehen, so dass er nicht mehr für erledigt erklärt werden könnte. In diesem Fall müsste das Gericht über die Kostenanträge durch Beschluss entscheiden, vgl. § 269 IV ZPO. Deshalb ist zunächst zu prüfen, ob die Klage wirksam von dem Rechtsanwalt des K zurückgenommen worden ist.

---

[20] *Gehrlein,* § 9 Rn. 41; *Jauernig/Hess,* § 48 Rn. 26.
[21] *BAG* NJW 1983, 2212, 2214 ff.; *BAG* NJW 1957, 1127; *BAG* NJW 1956, 1215, 1216.
[22] BGHZ 41, 310, 312 f. = NJW 1964, 1524, 1525; BGHZ 16, 388, 393 = NJW 1955, 705, 706; vgl. *BGH* NJW 1982, 2072, 2073.
[23] *Rosenberg/Schwab/Gottwald,* § 130 Rn. 58, 61.
[24] *BGH* NJW 1994, 2363, 2364 m.w.N.

A. Wirksame Klagerücknahme[25]

I. Klagerücknahmeerklärung

53 Gem. § 269 II 1 ZPO ist die Klagerücknahme gegenüber dem Gericht zu erklären. Im Schriftsatz vom 5.3.2012 erklärte der postulationsfähige Rechtsanwalt des K dem Gericht, dass die Klage wegen der Zahlung der B zurückgenommen werde. Aus dem gleichzeitig gestellten Antrag des Rechtsanwalts, B gem. § 269 III 3 ZPO die Kosten des Rechtsstreits aufzuerlegen, geht hervor, dass der Rechtsanwalt von einer Zahlung der B vor Rechtshängigkeit, also vor Zustellung der Klageschrift (§§ 261 I, 253 I ZPO) ausgegangen ist und deshalb die Klagerücknahme erklärt hat. Tatsächlich ist der Anlass zur Klage erst nach Rechtshängigkeit weggefallen, so dass eine Klagerücknahme mit der günstigen Kostenfolge des § 269 III 3 ZPO nicht mehr möglich ist. Vielmehr wäre in diesem Fall eine Erledigungserklärung die richtige Vorgehensweise gewesen.

1. Auslegung als Erledigungserklärung gem. §§ 133, 157 BGB analog

54 Deshalb ist zu prüfen, ob die Erklärung des Rechtsanwalts des K vom 5.3.2012 vom Gericht als Erledigungserklärung ausgelegt werden könnte. Grundsätzlich sind auch Prozesshandlungen entsprechend §§ 133, 157 BGB auslegungsfähig. Voraussetzung hierfür ist jedoch, dass der Inhalt der Erklärung nicht eindeutig und daher auslegungsbedürftig ist. Eine Auslegung scheidet demnach aus, wenn die Erklärung nach ihrem Wortlaut und Zweck den Willen des Erklärenden unmissverständlich zum Ausdruck bringt.[26] Vorliegend hat der Rechtsanwalt des K ausdrücklich die Klagerücknahme erklärt. Neben dem Wortlaut dieser Erklärung kommt der eindeutige Wille zur Klagerücknahme auch im Kostenantrag des K gem. § 269 III 3 ZPO zum Ausdruck, der die Rücknahme der Klage zwingend voraussetzt. Die Klagerücknahmeerklärung kann daher aufgrund ihres unmissverständlichen Inhalts nicht als Erledigungserklärung ausgelegt werden.

2. Umdeutung in Erledigungserklärung gem. § 140 BGB analog

55 Möglicherweise kommt aber eine Umdeutung der Klagerücknahmeerklärung in eine Erledigungserklärung in Betracht. Eine Umdeutung von einer unwirksamen in eine zulässige, wirksame und vergleichbare Prozesshandlung analog § 140 BGB ist nach h.M. grundsätzlich möglich, wenn deren Voraussetzungen eingehalten sind, die Umdeutung dem mutmaßlichen Parteiwillen entspricht und kein schutzwürdiges Interesse des Gegners entgegensteht.[27] Voraussetzung ist aber, dass die umzudeutende Prozesshandlung unwirksam ist. Vor Beginn der mündlichen Verhandlung ist eine Klagerücknahme jedoch ohne weiteres, insbesondere ohne Zustimmung des Beklagten zulässig (§ 269 I ZPO). Außerdem erfolgte die Rücknahme durch den postulationsfähigen Rechtsanwalt des K. Der Antrag des Rechtsanwalts des K, B die Kosten des Rechtsstreits gem. § 269 III 3 ZPO aufzuerlegen, lässt die Wirksamkeit der Klagerücknahme unberührt. Der Antrag ist lediglich unbegründet. Aus diesem Grund besteht keine Möglichkeit der Umdeutung.

---

[25] Zur Klagerücknahme vgl. auch *Brammsen/Leible,* JuS 1997, 54 ff.

[26] *BGH* NJW 2007, 1460; BGHZ 25, 318, 319.

[27] *BGH* NJW 2001, 1217, 1218 m.w.N.

3. Anfechtbarkeit der Klagerücknahmeerklärung gem. §§ 119 ff. BGB analog

Der Rechtsanwalt des K hat die Klagerücknahmeerklärung jedoch wegen Irrtums **56** widerrufen.

Da der Rechtsanwalt des K hier dem Irrtum unterlag, dass die Zahlung durch B bereits vor Rechtshängigkeit stattfand, käme eventuell eine Anfechtung entsprechend §§ 119 ff. BGB in Betracht. Das Zivilprozessrecht enthält keine den §§ 119 ff. BGB entsprechenden Vorschriften für Prozesshandlungen. Nach der h. M.[28] können die für Willenserklärungen geltenden Regelungen zur Nichtigkeit oder Anfechtung wegen Willensmängeln auch nicht analog auf Prozesshandlungen übertragen werden, da das Verfahrensrecht solche Unsicherheiten für die Beteiligten verhindern will.[29] Der Irrtum des Erklärenden lässt die Wirksamkeit seiner Prozesshandlung daher grundsätzlich unberührt.

4. Widerruf nach § 290 ZPO analog

Beim Widerruf von Prozesshandlungen ist zwischen Erwirkungs- und Bewirkungs- **57** handlungen zu unterscheiden.[30] Handelt es sich um eine Erwirkungshandlung, die das Gericht zu einer bestimmten Entscheidung veranlassen soll, ist ein Widerruf möglich, solange durch sie noch keine für den Gegner vorteilhafte Prozesssituation aufgrund einer neuen Verfahrenslage geschaffen worden ist.[31] Liegt dagegen eine Bewirkungshandlung vor, die eine bestimmte prozessuale Wirkung im Verfahren unmittelbar herbeiführt, ist ein Widerruf grundsätzlich nicht möglich.[32] Die Klagerücknahme stellt eine Bewirkungshandlung dar,[33] so dass ein Widerruf in der Regel ausscheidet. Nur in gesetzlich geregelten Ausnahmefällen kommt ein Widerruf in Betracht. Die Zivilprozessordnung lässt in § 290 ZPO den Widerruf eines Geständnisses zu, das durch einen Irrtum veranlasst wurde. Eine direkte Anwendung der Vorschrift scheidet vorliegend aus, da es nicht um den Widerruf eines Geständnisses geht. Deshalb kommt allenfalls eine analoge Anwendung auf den Widerruf der Klagerücknahmeerklärung in Betracht. Dies setzt eine planwidrige Lücke im Gesetz und die Feststellung einer vergleichbaren Interessenlage zwischen geregeltem und ungeregeltem Tatbestand voraus.

Bereits das Vorliegen einer planwidrigen Regelungslücke ist fraglich. Wenn der Ge- **58** setzgeber den Widerruf nur für bestimmte Erklärungen zulässt, ist eher davon auszugehen, dass er in den anderen Fällen eine solche Regelung nicht treffen wollte. Daher ist bereits die Analogiefähigkeit der Vorschrift im Hinblick auf ihren Ausnahmecharakter zweifelhaft.

Zudem fehlt es an einer vergleichbaren Interessenlage. Das Geständnis betrifft den **59** tatsächlichen Streitstoff, auf dem die Sachentscheidung beruht. Dem trägt die Vorschrift des § 290 ZPO Rechnung, indem sie ein Geständnis, das durch einen Irr-

---

[28] BGHZ 80, 389, 392 = NJW 1981, 2193, 2194; *Rosenberg/Schwab/Gottwald*, § 65 Rn. 46; *Lüke*, Rn. 215.

[29] *BGH* NJW 1981, 2193, 2194.

[30] Vgl. zur Unterscheidung von Erwirkungs- und Bewirkungshandlungen *Rosenberg/Schwab/Gottwald*, § 64.

[31] Vgl. MünchKomm-ZPO/*Rauscher*, Einleitung Rn. 406; *Zöller/Greger*, Vor § 128 Rn. 23.

[32] MünchKomm-ZPO/*Rauscher*, Einleitung Rn. 406.

[33] MünchKomm-ZPO/*Rauscher*, Einleitung Rn. 394; Musielak/*Musielak*, Einleitung Rn. 61.

tum veranlasst wurde und nicht der Wahrheit entspricht, nicht zur Grundlage der Sachentscheidung machen will. Dieser Gesichtspunkt kommt hingegen bei der Klagerücknahme, die ohne Rücksicht auf den tatsächlichen Streitstoff zur Beendigung der Rechtshängigkeit des Rechtsstreits führt, nicht zum Tragen.[34] Letztlich würde bei Anwendbarkeit des § 290 ZPO schon ein bloßer Motivirrtum zur Anfechtung berechtigen.[35] Folglich findet § 290 ZPO auf die irrtumsbedingte Abgabe einer Prozesshandlung keine analoge Anwendung.

5. Vorliegen eines Restitutionsgrundes

60 Der Widerruf einer Prozesshandlung kommt nach h. M.[36] außerdem dann in Betracht, soweit ein Grund zur Wiederaufnahmeklage gegen ein rechtskräftiges Urteil i. S. d. § 580 ZPO gegeben wäre. In diesem Fall wäre es widersinnig, erst die Rechtskraft des Urteils eintreten zu lassen, um dann die Wiederaufnahmeklage erheben zu können.[37]

Die Voraussetzungen eines Restitutionsgrundes i. S. d. § 580 ZPO liegen jedoch nicht vor.

Die Klagrücknahmeerklärung kann somit nicht widerrufen werden; sie bleibt wirksam.

II. Zustimmung der Beklagten

61 Eine Zustimmung der Beklagten ist nicht erforderlich, da die Klage vor der mündlichen Verhandlung zurückgenommen worden ist (§ 269 I ZPO).

III. Ergebnis

62 Damit hat der Rechtsanwalt des K die Klage wirksam zurückgenommen, so dass er die Erledigung des Rechtsstreits nicht mehr erklären konnte.

B. Kostenantrag des K gem. § 269 III 3 ZPO

63 Es ist daher über den ursprünglichen Antrag des Rechtsanwalts des K gem. § 269 III 3 ZPO zu entscheiden. Dieser müsste zulässig und begründet sein.

I. Zulässigkeit des Antrags gem. § 269 IV ZPO

64 Der Antrag gem. § 269 IV ZPO ist von einem postulationsfähigen Rechtsanwalt wirksam gestellt worden.

II. Begründetheit des Antrags

65 Der Antrag ist begründet, wenn die Klagerücknahme wirksam war und die Voraussetzungen des § 269 III 3 ZPO vorliegen.

---

[34] Vgl. BGHZ 80, 389, 393f. = NJW 1981, 2193, 2194 für das Anerkenntnis.

[35] BGHZ 80, 389, 394 = NJW 1981, 2193, 2194.

[36] BGHZ 80, 389, 394 = NJW 1981, 2193, 2194; *Rosenberg/Schwab/Gottwald*, § 65 Rn. 45.

[37] *Jauernig/Heß*, § 30 Rn. 30; *Lüke*, Rn. 215.

1. Wirksamkeit der Klagerücknahme

Die Klage ist vom Rechtsanwalt des K wirksam zurückgenommen worden (vgl. **66** Rn. 62).

2. Voraussetzungen des § 269 III 3 ZPO

Gem. § 269 III 3 ZPO kann unter Berücksichtigung des bisherigen Sach- und **67** Streitstandes nach billigem Ermessen über die Kostentragungspflicht entschieden werden, wenn der Anlass zur Einreichung der Klage vor Rechtshängigkeit weggefallen ist und die Klage daraufhin zurückgenommen wird. Die Klage wurde B am 20.2.2012 zugestellt, so dass sie zu diesem Zeitpunkt rechtshängig geworden ist (vgl. §§ 261 I, 253 I ZPO). Die Zahlung des Kaufpreises erfolgte aber erst am 21.2.2012, also nach Rechtshängigkeit. Auf diesen Fall findet § 269 III 3 ZPO keine Anwendung.

III. Ergebnis

Der Antrag des Rechtsanwalts des K, eine Kostenentscheidung gem. § 269 III 3 **68** ZPO zu treffen und B die Kosten aufzuerlegen, ist unbegründet und dementsprechend abzuweisen.

C. Kostenantrag der B gem. § 269 III 2 ZPO

Das Landgericht Stuttgart wird dem Antrag des Prozessbevollmächtigten der B, K **69** die Kosten des Rechtsstreits nach § 269 III 2 ZPO aufzuerlegen, entsprechen, wenn der Antrag zulässig und begründet ist.

I. Zulässigkeit des Antrags gem. § 269 IV ZPO

Der Antrag des Rechtsanwalts der B, K die Kosten des Rechtsstreits gem. § 269 **70** III 2 ZPO aufzuerlegen, ist gem. § 269 IV ZPO zulässig.

II. Begründetheit des Antrags

Der Antrag ist begründet, wenn die Klage durch den Rechtsanwalt des K wirksam **71** zurückgenommen worden ist und die Voraussetzungen des § 269 III 2 ZPO vorliegen.

1. Wirksame Klagerücknahme

Die Klage ist vom Rechtsanwalt des K wirksam zurückgenommen worden (vgl. **72** Rn. 62).

2. Voraussetzungen des § 269 III 2 ZPO

Da über die Kosten des Rechtsstreits nicht anderweitig rechtskräftig erkannt ist und **73** diese dem Beklagten auch nicht aus einem anderen Grund aufzuerlegen sind, hat der Kläger gem. § 269 III 2 ZPO die Kosten des Rechtsstreits zu tragen.

III. Ergebnis

74 K hat die Klage wirksam zurückgenommen, so dass das Landgericht K die Kosten des Rechtsstreits nach § 269 III 2 ZPO auferlegen wird. Das Gericht wird dem Antrag des Rechtsanwalts der B stattgeben und durch Beschluss entscheiden, dass K die Kosten des Rechtsstreits zu tragen hat.

Fall 5. Gute Freunde

Sachverhalt

Der in Weimar wohnende Benjamin Blume (B) hat bei einem von ihm verschuldeten Verkehrsunfall am 13.1.2010 vor seinem Haus den PKW seines damaligen Freundes Karl Kurz (K) beschädigt. Hierdurch ist dem Karl ein Schaden in Höhe von 10.000 EUR entstanden. Da Benjamin seinerzeit knapp bei Kasse war und der wohlhabende Karl die Freundschaft nicht belasten wollte, hatte Karl dem Benjamin mit schriftlicher Erklärung vom 28.1.2010 „alle Ansprüche aus dem Verkehrsunfall vom 13.1.2010" bis zum 31.12.2012 gestundet. Nachdem sich das Verhältnis zwischen Benjamin und Karl deutlich verschlechtert hat, erhebt Karl gegen Benjamin am 15.9.2010 Klage vor dem Amtsgericht Weimar auf Zahlung von Schadensersatz in dem Wissen, dass Benjamin die Stundungserklärung ohne sein Verschulden abhanden gekommen ist. Weil Karl jedoch damit rechnet, dass Benjamin die Erklärung möglicherweise doch noch findet, klagt er zur Verringerung des Kostenrisikos zunächst nur 2.000 EUR ein und erwähnt auch nicht, dass sein Schaden in Wirklichkeit 10.000 EUR beträgt. Im Falle des Obsiegens will er die verbleibenden 8.000 EUR später nachfordern. Im Termin zur mündlichen Verhandlung am 20.12.2010 bringt Benjamin wider Erwarten die Stundungserklärung, die er zwischenzeitlich wieder aufgefunden hat, mit. Karl erklärt daraufhin – um Kosten zu sparen – gegenüber dem Gericht, dass er keinen Antrag stelle. Auf Antrag des Benjamin weist das Gericht die Klage durch Versäumnisurteil ab. Karl legt hiergegen keinen Einspruch ein.

Am 3.1.2013 erhebt Karl, vertreten durch seinen Rechtsanwalt, gegen Benjamin Klage vor dem Landgericht Erfurt auf Zahlung von 10.000 EUR. Im Termin erscheinen der Rechtsanwalt des Karl und Benjamin. Benjamin ist der Ansicht, der Klage stünde die Rechtskraft des Urteils des Amtsgerichts Weimar entgegen. Der Rechtsanwalt des Karl meint, dass das Vorbringen des Benjamin belanglos sei, weil er nicht anwaltlich vertreten sei. Außerdem ist er der Ansicht, das Urteil des Amtsgerichts Weimar stehe der erneuten Klage nicht entgegen. Erstens habe Karl nur 2.000 EUR eingeklagt und zweitens sei die Stundungsfrist jetzt abgelaufen, so dass der Anspruch insgesamt erst jetzt fällig geworden sei. Er stellt den Antrag aus der Klageschrift sowie einen Antrag auf Erlass eines Versäumnisurteils gegen Benjamin. Benjamin beantragt Klageabweisung.

Frage 1: Wie wird das Landgericht entscheiden?

Abwandlung 1: Im Termin zur mündlichen Verhandlung vor dem Amtsgericht Weimar bringt Benjamin die Stundungserklärung nicht mit, weil er sie unverschuldet immer noch nicht aufgefunden hat. Nachdem das Gericht zu verstehen gibt, dass Benjamin, da er die behauptete Stundung nicht beweisen könne, den Prozess wohl verlieren werde und ein Anerkenntnisurteil die kostengünstigste Variante wäre, erkennt Benjamin den Anspruch in der mündlichen Verhandlung an. Daraufhin ergeht noch in der Sitzung ein Anerkenntnisurteil gegen Benjamin, durch das er zur Zahlung der 2.000 EUR verurteilt wird.

Zwei Wochen später findet Benjamin die Stundungserklärung doch noch und fragt seinen Rechtsanwalt Dr. B. Rago, was er denn jetzt wegen der 2.000 EUR noch tun könne.

Frage 2: Was wird Rechtsanwalt Dr. B. Rago Benjamin raten?

Abwandlung 2: Am 26.1.2013 erweitert Karl seine ursprüngliche Klage und verlangt weitere 6.000 EUR. Er trägt vor, dass er Benjamin im Jahre 2010 ein Darlehen in Höhe von 20.000 EUR gewährt habe, dessen Rückzahlung nunmehr fällig sei. Aus Kostengründen klagt er vorerst nur 6.000 EUR ein. Der anwaltlich vertretene Benjamin beantragt auch insoweit die Klage abzuweisen, und behauptet, dass Karl ihm das Geld geschenkt habe.

Frage 3: Ist die Klageerweiterung zulässig?

Frage 4: Was kann Benjamin unternehmen, um zu verhindern, dass Karl, wenn dieser den Prozess verliert, in einem weiteren Prozess die übrigen 14.000 EUR einklagt?

Bearbeitervermerk: Weimar liegt im Gerichtsbezirk des Amtsgerichts Weimar und des Landgerichts Erfurt.

Gliederung

Lösung

Frage 1

1 Das Landgericht Erfurt wird ein Versäumnisurteil erlassen, wenn dessen Voraussetzungen vorliegen.

A. Antrag auf Erlass eines Versäumnisurteils gem. § 331 I 1 ZPO

2 Ein Versäumnisurteil gegen den Beklagten setzt zunächst einen dementsprechenden Antrag des Klägers voraus. Der Rechtsanwalt des K hat den Erlass eines Versäumnisurteils beantragt.

B. Säumnis des Beklagten gem. § 331 I 1 ZPO

3 Außerdem müsste der Beklagte im Termin zur mündlichen Verhandlung nicht erschienen sein (§ 331 I 1 ZPO). B ist zwar in der mündlichen Verhandlung erschienen. Jedoch besteht vor dem Landgericht gem. § 78 I 1 ZPO Anwaltszwang. Da B nicht anwaltlich vertreten ist, ist er nicht postulationsfähig und kann daher keine Anträge stellen, also nicht verhandeln. Er ist daher gem. § 333 ZPO als nicht erschienen anzusehen.

C. Keine Erlasshindernisse gem. § 335 ZPO

4 Ferner darf ein Versäumnisurteil nicht ergehen, wenn eines der in § 335 I ZPO genannten Erlasshindernisse vorliegt. Mangels gegenteiliger Angaben im Sachverhalt liegen keine Erlasshindernisse vor.

D. Kein Erlasshindernis des Nichtverschuldens der Säumnis gem. § 337 ZPO

5 Eine Vertagung von Amts wegen gem. § 337 ZPO kommt nicht in Betracht, da nicht ersichtlich ist, dass der Rechtsanwalt des B unverschuldet den Termin versäumt hat und das Verschulden des Rechtsanwalts dem Verschulden der Partei gem. § 85 II ZPO gleichsteht.

E. Zulässigkeit der Klage

6 Außerdem müssen für den Erlass eines Versäumnisurteils die Sachurteilsvoraussetzungen vorliegen.

I. Zuständigkeit des Landgerichts Erfurt

Dann müsste das Landgericht Erfurt, bei dem die Klage erhoben worden ist, zu- 7
ständig sein.

1. Sachliche Zuständigkeit gem. §§ 71 I, 23 GVG

Die sachliche Zuständigkeit der Landgerichte richtet sich gem. § 1 ZPO nach 8
§§ 71, 23 GVG. Danach gehören vor die Landgerichte alle bürgerlichrechtlichen
Streitigkeiten, soweit sie nicht den Amtsgerichten zugewiesen sind. Für Streitigkeiten über Ansprüche, deren Gegenstand an Geld oder Geldeswert die Summe von
fünftausend Euro übersteigt (vgl. § 23 Nr. 1 GVG), sind demnach die Landgerichte
zuständig. Hier macht K einen Anspruch gegen B in Höhe von 10.000 EUR geltend, so dass das Landgericht sachlich zuständig ist.

2. Örtliche Zuständigkeit

a) Ausschließlicher Gerichtsstand

Ein ausschließlicher Gerichtsstand ist nicht ersichtlich. 9

b) Allgemeiner Gerichtsstand gem. §§ 12, 13 ZPO

Der allgemeine Gerichtsstand des B wird gem. § 13 ZPO durch seinen Wohnsitz 10
(§ 7 BGB) bestimmt. B wohnt in Weimar, das zum Landgerichtsbezirk Erfurt gehört, so dass das Landgericht Erfurt für die gegen ihn gerichteten Klagen örtlich
zuständig ist.

c) Besonderer Gerichtsstand der unerlaubten Handlung gem. § 32 ZPO

Da der von B verursachte Verkehrsunfall eine unerlaubte Handlung darstellt, 11
kommt auch der Gerichtsstand der unerlaubten Handlung gem. § 32 ZPO in Betracht. Der Unfall passierte vor dem Haus des B, also in Weimar, so dass das Landgericht Erfurt auch gem. § 32 ZPO örtlich zuständig ist.

II. Keine entgegenstehende Rechtskraft des Urteils des Amtsgerichts Weimar

Der Klage des K könnte das rechtskräftige Urteil des Amtsgerichts Weimar (§ 322 I 12
ZPO) entgegenstehen.[1] Dies ist von Amts wegen zu prüfen. Daher greift der Einwand des Rechtsanwalts des K nicht, dass sich B wegen fehlender Postulationsfähigkeit (vgl. § 78 ZPO) auf eine entgegenstehende Rechtskraft nicht berufen könne. Im Übrigen hat sich K selbst dazu geäußert.

Die Rechtskraft steht nur dann entgegen, wenn über denselben Streitgegenstand
bereits ein rechtskräftiges Urteil vorliegt.

---

[1] Vgl. zur Rechtskraft *Schreiber,* Jura 2008, 121 ff.

1. Rechtskräftiges Urteil

13 Das Versäumnisurteil des Amtsgerichts Weimar ist mit Ablauf der Einspruchsfrist formell rechtskräftig geworden (§ 705 ZPO).

2. Umfang der Rechtskraft

14 Fraglich ist jedoch, inwieweit die materielle Rechtskraft dieses Urteils den Streitgegenstand der jetzigen Klage des K erfasst. Eine neue Klage wäre unzulässig, wenn sie denselben Streitgegenstand betreffen würde. Der Streitgegenstand setzt sich nach dem herrschenden prozessualen zweigliedrigen Streitgegenstandsbegriff aus dem Antrag und dem zu seiner Begründung vorgetragenen Lebenssachverhalt zusammen.[2]

a) In Höhe von 2.000 EUR

15 Hier ist der Antrag in Höhe der 2.000 EUR identisch. Auch der Lebenssachverhalt ist identisch, weil derselbe Schaden aus demselben Verkehrsunfall geltend gemacht wird.

16 Es besteht jedoch die Besonderheit, dass sich ein neuer entscheidender Umstand nach der letzten mündlichen Tatsachenverhandlung ergeben hat, nämlich die nach der Rechtskraft des Urteils eingetretene Fälligkeit des Anspruchs. Insoweit könnte man annehmen, dass sich der zugrunde liegende Lebenssachverhalt durch die nachträglich eintretende Fälligkeit in einem entscheidenden Punkt geändert hat, so dass die Rechtskraft des Urteils der neuen Klage nicht entgegenstünde. Dies ist anerkannt, wenn die Klage durch streitiges Urteil als „derzeit unbegründet" abgewiesen wird, weil der Anspruch zwar dem Grunde nach besteht, jedoch im Zeitpunkt der letzten mündlichen Verhandlung noch nicht fällig ist.

17 Hier wurde die Klage jedoch nicht mangels Fälligkeit als „derzeit unbegründet", sondern durch Versäumnisurteil ohne Sachprüfung abgewiesen. Ob in einem solchen Fall die Rechtskraft des Versäumnisurteils einer nach Eintritt der Fälligkeit erhobenen Klage entgegensteht, ist umstritten.[3]

aa) Herrschende Meinung

18 Nach der h.M.[4] ist eine erneute Klage wegen entgegenstehender Rechtskraft grundsätzlich unzulässig. Dafür spricht vor allem die Rechtssicherheit. Der Beklagte hat ein berechtigtes Interesse daran, eine endgültige Entscheidung in der Sache zu erlangen und nicht erneut vor Gericht gezogen zu werden. Insofern unterscheidet sich der Fall auch von dem der Klageabweisung als „derzeit unbegründet"; das Gericht prüft den Anspruch in der Sache, so dass über die Verpflichtung des Beklagten Klarheit besteht. In der vorliegenden Konstellation ist es dem Beklagten, sofern eine Entscheidung nach Lage der Akten nicht in Betracht kommt, jedoch nicht möglich, eine endgültige Entscheidung in der Sache herbeizuführen. Daher ist es dem Kläger zumutbar, eine Klageabweisung als „derzeit unbegründet" hinzunehmen, um eine

---

[2] Zum Streitgegenstandsbegriff vgl. *Horn,* JuS 1992, 680 ff.

[3] Vgl. hierzu *Hau,* JuS 2003, 1157 ff.

[4] BGHZ 153, 239, 242 ff. = NJW 2003, 1044 f. m. w. N.; insoweit zustimmend *Hau,* JuS 2003, 1157, 1158.

endgültige Entscheidung herbeizuführen. Dass dies zu einer ungünstigeren Kostenentscheidung für den Kläger führt, steht dem nicht entgegen. Er hat es schließlich selbst zu verantworten, dass er den Beklagten verfrüht mit einer Klage überzogen und diese auch nicht zurückgenommen hat. Die Flucht in die Säumnis kann ihm deshalb nicht helfen.

Nach dieser Ansicht steht die Rechtskraft des Versäumnisurteils der Klage des K entgegen.

Hinweis: Die Entscheidung des *BGH*[5] betrifft insofern einen Sonderfall, als das Versäumnisurteil hier **19** erst in der Berufungsinstanz ergangen ist, nachdem das Berufungsgericht auf die Berufung des Klägers signalisierte, dass es den Anspruch ebenfalls als derzeit unbegründet ansieht. In diesem Fall ist das Argument der Rechtssicherheit abgeschwächt, weil der Beklagte es wegen der Möglichkeit der Anschlussberufung selbst in der Hand hat, eine endgültige Entscheidung herbeizuführen.[6]

bb) Gegenansicht

Nach der Gegenansicht[7] steht die Rechtskraft des Versäumnisurteils der erneuten **20** Geltendmachung des Anspruchs nicht entgegen, wenn der Kläger darlegen kann, dass ein während des Erstprozesses bestehendes Hindernis nachträglich weggefallen ist. Dafür spreche zunächst schon, dass sich durch die nachträglich eingetretene Fälligkeit der Sachverhalt geändert habe. Außerdem finde bei einem Versäumnisurteil eine Sachprüfung nicht statt. Deshalb sei es zumindest nicht ausgeschlossen, dass der Kläger nur aus dem Grund die „Flucht in die Säumnis" angetreten habe, weil er nachträglich erkannt hat, dass sein Anspruch noch nicht fällig ist. Kann er darlegen, dass die Gründe für die Flucht in die Säumnis nachträglich weggefallen sind, so muss ihm eine erneute Klageerhebung möglich sein.

Nach dieser Ansicht steht die Rechtskraft des Versäumnisurteils der Klage des K nicht entgegen.

cc) Entscheidung

Beide Ansichten kommen zu einem unterschiedlichen Ergebnis, so dass der Streit **21** zu entscheiden ist. Die h. M. hat die besseren Argumente für sich. Der Beklagte, der mit einer verfrühten Klage überzogen wird, erscheint hier schutzwürdiger als der Kläger. Aus diesen Gründen ist der h. M. zu folgen.

Die Klage des K ist in Höhe von 2.000 EUR wegen entgegenstehender Rechtskraft unzulässig.

b) In Höhe von 8.000 EUR

In der ersten Klage des K, die durch das Versäumnisurteil rechtskräftig entschieden **22** wurde, hatte dieser lediglich 2.000 EUR, also nur einen Teil seines Schadens geltend gemacht. Es handelte sich also um eine Teilklage und zwar um eine verdeckte Teilklage, da nur ein Teil des teilbaren Geldanspruchs geltend gemacht worden ist, ohne erkennen zu geben, dass dies nur ein Teil des Gesamtanspruchs ist. Deshalb stellt sich das Problem, inwieweit sich die Rechtskraft bei Teilklagen auf den gesamten Anspruch erstreckt.[8]

---

5 BGHZ 153, 239 = NJW 2003, 1044.
6 *Hau,* JuS 2003, 1157, 1158 f.; kritisch auch *Just,* NJW 2003, 2289.
7 Musielak/*Musielak,* § 322 Rn. 54 ff. m. w. N.
8 Hierzu instruktiv *Brötel,* JuS 2003, 429 ff.

aa) Erste Ansicht

23 Früher wurde in der Literatur wegen der Identität des Streitgegenstands eine umfassende Rechtskrafterstreckung bei der verdeckten Teilklage angenommen. Das Gericht entscheide, wenn sich aus Tatbestand und Entscheidungsgründen nichts anderes ergebe, über den ganzen Anspruch. Die Klageerhebung beinhalte bei fehlendem Vorbehalt konkludent die Erklärung, dass dem Kläger nicht weniger, aber auch nicht mehr als der eingeklagte Anspruch zustehe. Die Gegenansicht widerspreche auch dem Grundsatz der prozessualen Waffengleichheit, weil nämlich dann die Rechtskraft nur zugunsten des siegreichen Klägers wirke und sich der Beklagte mangels Erkennbarkeit nicht mit der negativen Feststellungswiderklage gegen eine spätere Nachforderung verteidigen könne. Außerdem spreche für die Rechtskrafterstreckung die Prozessökonomie, da der Rechtsstreit so umfassend erledigt werde.

Nach dieser Ansicht steht die Rechtskraft der Teilklage der Nachforderungsklage bezüglich des Restanspruchs entgegen.

bb) Zweite Ansicht

24 Nach der h. M.[9] erfolgt keine Rechtskrafterstreckung, unabhängig davon, ob und weshalb die Klage abgewiesen oder ihr stattgegeben wurde und ob es sich um eine offene oder verdeckte Teilklage handelt. Dafür spricht vor allem, dass die Rechtskraft gem. §§ 308 I, 322 I ZPO nur den Teil des Anspruchs ergreift, der Gegenstand der Teilklage ist, auch wenn der Anspruchsgrund insgesamt erörtert und verneint wurde. Über den vom Kläger festgelegten Streitgegenstand darf das Gericht bei seiner Entscheidung nicht hinausgehen. Der Kläger legt den Streitgegenstand fest und nicht das Gericht. Er erklärt mit seiner Bezifferung aber nur, dass er in diesem Prozess einen bestimmten Betrag fordert, nicht aber, dass der Beklagte nicht mehr und nicht weniger schulde. Das Gericht kann nicht etwas abweisen, was es nicht auch positiv zusprechen könnte. Andernfalls wäre das Verlustrisiko des Klägers höher als seine Gewinnchance. Auch ein klageabweisendes Urteil enthalte nur die Feststellung, dass dem Kläger der von ihm geltend gemachte (§ 308 I ZPO) prozessuale Anspruch nicht zusteht. Außerdem ergebe sich aus § 322 ZPO, dass vorgreifliche Rechtsverhältnisse nicht in Rechtskraft erwachsen. Insoweit gehe die Prüfungspflicht des Gerichts über den Entscheidungsgegenstand hinaus. Schließlich sei auch der Grundsatz der Waffengleichheit nicht verletzt. Vielmehr wäre andernfalls sogar der Kläger benachteiligt, wenn er von der weitergehenden Forderung keine Kenntnis hat. Das Gericht kann ihm nämlich wegen § 308 I ZPO nicht mehr als beantragt zusprechen, so dass der weitere Teil der Forderung endgültig verloren wäre. Auch Gründe der Prozessökonomie sprächen nicht für eine Rechtskrafterstreckung auf den nicht eingeklagten Teil, weil der Beklagte die Nachforderung erfüllen und so einen weiteren Prozess verhindern könne.

Nach dieser Ansicht steht die Rechtskraft des Versäumnisurteils der weitergehenden Klage nicht entgegen.

cc) Dritte Ansicht

25 Nach einer weiteren Ansicht[10] tritt Rechtskrafterstreckung nur ein bei Klageabweisung aus materiellrechtlichen Gründen, also bei Verneinung des Anspruchsgrundes.

---

[9] Vgl. insb. BGHZ 135, 178, 181 = NJW 1997, 1990.
[10] Z. B. Musielak/*Musielak,* § 322 Rn. 71 f.

Umstritten ist innerhalb dieser Ansicht wiederum, ob dies nur für die verdeckte oder auch für die offene Teilklage gilt. Für diese Ansicht spricht § 322 I ZPO. Das klageabweisende Urteil entscheidet anders als das stattgebende Urteil notwendig über den Anspruch im Ganzen. Die Abweisung beinhaltet die Feststellung, dass im Rahmen des Streitgegenstands eine Leistungspflicht des Beklagten gegenüber dem Kläger nicht existiert. Dogmatisch wird die Nachforderungsklage überwiegend wegen entgegenstehender Rechtskraft als unzulässig,[11] teilweise aber wegen Präjudizialität der rechtskräftigen Entscheidung als unbegründet angesehen.[12]

Nach dieser Ansicht würde hier die Rechtskraft trotz klageabweisendem Urteil nicht entgegenstehen, weil es sich um ein Versäumnisurteil handelt und eine materiellrechtliche Prüfung des Anspruchs gerade nicht stattgefunden hat.

dd) Vierte Ansicht

Außerdem wird vertreten, dass der Kläger mit seinem Vortrag, ihm stünde ein hö- **26** herer Anspruch zu als der bereits beschiedene, präkludiert ist, wenn er diesen im Erstprozess schuldhaft nicht geltend gemacht hat. Es handelt sich insoweit um eine rechtskraftfremde Präklusion analog § 767 III ZPO und § 145 PatG.[13]

ee) Entscheidung

Die erste Ansicht ist abzulehnen, da sie gegen den Dispositionsgrundsatz verstößt. **27** Es liegt allein in der Hand des Klägers, in welcher Höhe er einen Anspruch geltend macht. Ein quantitativ bezifferter Klageanspruch begrenzt den Streit- und Urteilsgegenstand auf den geltend gemachten Anspruch in dieser Höhe, so dass das Gericht dem Kläger auch nicht mehr zusprechen, aber auch nicht mehr absprechen kann (§§ 253 II Nr. 2, 308, 322 ZPO). Gegen die vierte Ansicht spricht, dass die Zivilprozessordnung keine rechtskraftfremde Präklusion kennt und auch nicht vorsieht, dass ein Anspruch wegen fahrlässiger Nichtgeltendmachung verloren geht. Eine Entscheidung zwischen Ansichten zwei und drei ist entbehrlich, da beide hier zu demselben Ergebnis kommen, dass die Rechtskraft des Versäumnisurteils über die 2.000 EUR der Klage bezüglich des weitergehenden Anspruchs in Höhe von 8.000 EUR nicht entgegensteht. Diesem Ergebnis ist zuzustimmen, insbesondere überzeugen die Argumente der h. M.

Damit ist die Klage in Höhe von 2.000 EUR wegen der entgegenstehenden Rechts- **28** kraft unzulässig, im Übrigen zulässig, da weitere Bedenken gegen die Zulässigkeit nicht bestehen.

F. Schlüssigkeit der Klage

Die Klage ist schlüssig, wenn das Gericht die vom Kläger vorgetragenen Tatsachen **29** ohne weitere tatsächliche Überprüfung im Sinne des Klageantrags unter eine Anspruchsgrundlage subsumieren kann.[14]

Hinweis: Der Kläger muss also die anspruchsbegründenden Tatsachen vortragen. Tatsachen, die zu **30** einer rechtshindernden oder rechtsvernichtenden Einwendung führen, darf er dagegen nicht vorgetra-

---

[11] *Jauernig/Hess*, § 63 Rn. 12 für die verdeckte Teilklage.
[12] *Musielak*, Grundkurs, Rn. 587.
[13] *Marburger*, GS Knobbe-Keuk, 1997, S. 187, 197 f.
[14] Musielak/*Stadler*, § 331 Rn. 7.

gen haben, ohne diese gleichzeitig zu entkräften. Trägt der Kläger Tatsachen vor, die eine Einrede begründen würden, ergeht trotzdem ein Versäumnisurteil, weil der Beklagte die Einrede nicht erhoben hat und diese nicht von Amts wegen zu prüfen ist, es sei denn, der Kläger referiert die Erhebung der Einrede durch den Beklagten und führt dies in die mündliche Verhandlung ein.[15]

31 Allerdings wird auch die Ansicht[16] vertreten, dass der Anwaltszwang und der Beibringungsgrundsatz es nicht verbieten, im Anwaltsprozess bei Säumnis wegen der fehlenden Postulationsfähigkeit des anwesenden Beklagten eine von diesem eingereichte Urkunde bei der Prüfung der Schlüssigkeit des Klägervorbringens gem. § 331 ZPO zu berücksichtigen. Dies gelte insbesondere dann, wenn sich aus dieser Urkunde erhebliche Zweifel an der Wahrheit des Tatsachenvorbringens des Klägers ergeben.

32 Gem. § 331 I 1 ZPO wird das tatsächliche Vorbringen des Klägers als zugestanden fingiert. Die Geständnisfiktion erstreckt sich nicht auf Rechtsfragen; in der rechtlichen Würdigung bleibt das Gericht frei, vgl. auch § 331 II ZPO.

I. Vortrag anspruchsbegründender Tatsachen durch K

33 Der Rechtsanwalt des K hat die anspruchsbegründenden Tatsachen vorgetragen. Nach dem vorgetragenen Sachverhalt steht K ein Schadensersatzanspruch zumindest aus § 823 I BGB (evtl. auch aus §§ 7 I, 18 StVG) in Höhe von 10.000 EUR zu.

II. Vortrag einer Einrede des B durch K

34 Der Rechtsanwalt des K trägt weiter vor, dass die Stundungsfrist abgelaufen ist und damit auch, dass eine Stundung gewährt wurde. Allerdings greift die Stundungseinrede nicht, da die Forderung nur bis zum 31.12.2012 gestundet wurde.

III. Verwirkung gem. § 242 BGB

35 K trägt vor, dass er bereits (verdeckt) 2.000 EUR vor dem Amtsgericht Weimar eingeklagt hat. Dies könnte das Gericht bei seiner rechtlichen Beurteilung eventuell als Verwirkungstatbestand ansehen (§ 242 BGB). Verwirkung kommt in Betracht, wenn der Kläger sein Recht verspätet geltend macht (Zeitmoment) und zu dem Zeitablauf besondere, auf dem Verhalten des Berechtigten beruhende Umstände hinzutreten, die das Vertrauen des Verpflichteten rechtfertigen, der Berechtigte werde seinen Anspruch nicht mehr erheben (Umstandsmoment). Die schlichte Erhebung einer verdeckten Teilklage reicht hierfür nicht aus. Weitere eine Verwirkung rechtfertigende Umstände lassen sich dem Vortrag des Klägers nicht entnehmen.

G. Ergebnis

36 Die Klage des K gegen B ist in Höhe von 8.000 EUR zulässig und schlüssig. Das Gericht wird B durch Versäumnisurteil zur Zahlung von 8.000 EUR verurteilen und die Klage im Übrigen durch Prozessurteil als unzulässig abweisen.

---

[15] *BGH* NJW 1999, 2120, 2123 m.w.N.
[16] *OLG Brandenburg* NJW-RR 1995, 1471.

Frage 2

Es kommt die Einlegung einer Berufung in Betracht. **37**

Diese hätte Aussicht auf Erfolg, wenn sie zulässig und begründet ist.

A. Zulässigkeit der Berufung

Die Berufung ist zulässig, wenn deren Voraussetzungen vorliegen (§ 522 I ZPO).[17] **38**

I. Statthaftigkeit der Berufung

Die Berufung ist gegen die im ersten Rechtszug erlassenen Endurteile statthaft **39** (§ 511 I ZPO).

Bei der Entscheidung, gegen die B Berufung einlegen will, handelt es sich um ein erstinstanzliches Endurteil des Amtsgerichts Weimar.

II. Beschwer des Berufungsklägers

Die Beschwer als Zulässigkeitsvoraussetzung für jedes Rechtsmittel wird für den **40** Kläger und den Beklagten der 1. Instanz unterschiedlich festgestellt.[18]

Für den Beklagten gilt nach der überwiegenden Meinung[19] der Grundsatz der ma- **41** teriellen Beschwer. Danach ist allein entscheidend, ob das Urteil für den Beklagten nachteilig ist und seine Rechtsstellung beeinträchtigt. Seine zur Sache gestellten Anträge seien unerheblich, weil darüber nicht entschieden werde, sondern nur über die Klageanträge. Da B durch das Anerkenntnisurteil zur Leistung an K verpflichtet worden ist, ist er materiell beschwert, obwohl er seinem Anerkenntnis gemäß verurteilt worden ist.

Nach der Gegenansicht kommt es auch für den Beklagten auf die formelle Be- **42** schwer an, soweit er einen Antrag gestellt hat.[20] Danach ist er nur dann beschwert, wenn der Inhalt der Entscheidung zu seinem Nachteil von dem von ihm gestellten Antrag abweicht. Deshalb wäre der anerkennende Beklagte durch das Anerkenntnisurteil grundsätzlich nicht formell beschwert.[21] Jedoch kann er das Anerkenntnisurteil auch nach dieser Ansicht mit der Begründung anfechten, dass ein wirksames Anerkenntnis nicht vorgelegen habe oder ein Widerrufsgrund besteht.[22]

Da beide Ansichten zu demselben Ergebnis kommen, ist eine Streitentscheidung **43** nicht erforderlich. Die Beschwer der B ist zu bejahen.

Hinweis: Für den Kläger gilt dagegen der Grundsatz der formellen Beschwer.[23] Diese ergibt sich aus **44** einem Vergleich zwischen dem rechtskraftfähigen Inhalt dieser Entscheidung und der vom Rechtsmittelkläger in der unteren Instanz zuletzt gestellten Anträge. Ergibt dieser Vergleich eine Abweichung zum Nachteil des Rechtsmittelklägers, dann ist die formelle Beschwer zu bejahen.

---

[17] Vgl. zu den Rechtsmitteln der ZPO *Schreiber,* Jura 2007, 750 ff.

[18] *Schumann/Kramer,* Rn. 253 ff.

[19] *BGH* NJW 1955, 545, 546; *OLG Koblenz* NJW-RR 1993, 462.

[20] *Rosenberg/Schwab/Gottwald,* § 135 Rn. 9, 22.

[21] MünchKomm-ZPO/*Rimmelspacher,* Vor § 511 Rn. 29.

[22] *Rosenberg/Schwab/Gottwald,* § 135 Rn. 9.

[23] *BGH* NJW-RR 2007, 138, 139 m.w.N.

III. Bestimmter Wert des Beschwerdegegenstandes oder Zulassung durch das Gericht

45 Gem. § 511 II ZPO ist die Berufung nur zulässig, wenn der Wert des Beschwerdegegenstandes 600 EUR übersteigt oder das Gericht des ersten Rechtszuges die Berufung im Urteil zugelassen hat. Da eine Zulassung durch das Landgericht im Urteil nicht erfolgt ist, muss der Wert des Beschwerdegegenstandes 600 EUR übersteigen.

46 Der Antrag des B in der Berufungsinstanz legt den Wert des Beschwerdegegenstandes in den Grenzen der Beschwer fest (§ 528 ZPO).

47 Hier liegt der Wert des Beschwerdegegenstandes bei 2.000 EUR, weil B unter Beseitigung seines Anerkenntnisses die vollständige Aufhebung des erstinstanzlichen Urteils begehrt. Es handelt sich damit um eine Streitwertberufung gem. § 511 II Nr. 1 ZPO.

IV. Form gem. § 519 ZPO

48 Die Berufungsschrift ist mit dem Inhalt des § 519 II ZPO durch einen Rechtsanwalt (§ 78 I 1 ZPO) beim zuständigen Berufungsgericht gem. § 519 I ZPO einzureichen. Für die Entscheidung über die Berufung gegen die Entscheidung des Amtsgerichts Weimar ist das Landgericht Erfurt gem. § 72 I GVG zuständig.

Hier kann B durch seinen Rechtsanwalt laut Sachverhalt formgemäß die Berufung beim Landgericht Erfurt einreichen.

V. Berufungsfrist gem. § 517 ZPO

49 Die Berufung ist gem. § 517 ZPO innerhalb eines Monats ab Zustellung des Urteils einzulegen. Laut Sachverhalt hat B die Stundungserklärung zwei Wochen nach Erlass des Anerkenntnisurteils aufgefunden, so dass die Einlegung der Berufung fristgemäß erfolgen kann.

VI. Berufungsbegründung innerhalb der Frist gem. § 520 ZPO

50 Die Berufung muss innerhalb von zwei Monaten ab Zustellung des Urteils gem. § 520 II ZPO ordnungsgemäß mit dem Inhalt des § 520 III ZPO begründet werden.

VII. Zwischenergebnis

51 Die Berufung wäre zulässig.

B. Begründetheit

52 Die Berufung ist begründet, wenn die erstinstanzliche Entscheidung auf einer Rechtsverletzung beruht (§ 546 ZPO) oder nach § 529 ZPO zugrunde zu legende Tatsachen eine andere Entscheidung rechtfertigen (§ 513 I ZPO).

Das Berufungsgericht hat deshalb von Amts wegen die Zulässigkeit der erstinstanzlichen Klage zu prüfen. Zudem muss die Begründetheit der Klage unter allen rechtlichen Gesichtspunkten geprüft werden.

I. Zulässigkeit der Klage erster Instanz

Die Klage ist zulässig, wenn die Sachurteilsvoraussetzungen vorliegen. **53**

1. Zuständigkeit des Amtsgerichts Weimar

Die Klage ist von dem Amtsgericht Weimar entschieden worden. Da gem. § 513 II **54** ZPO die Berufung nicht darauf gestützt werden kann, dass das Gericht des ersten Rechtszuges seine Zuständigkeit zu Unrecht angenommen hat, ist die sachliche (§§ 23 Nr. 1, 71 I GVG) und örtliche (§§ 12 ff. ZPO) Zuständigkeit nicht mehr zu prüfen.

Hinweis: § 513 II ZPO erfasst die örtliche, sachliche und instanzielle Zuständigkeit, nicht aber die **55** internationale Zuständigkeit.[24]

2. Weitere Sachurteilsvoraussetzungen

Von dem Vorliegen der weiteren Sachurteilsvoraussetzungen ist auszugehen, da im **56** Sachverhalt keine Anhaltspunkte für ihr Fehlen enthalten sind.

II. Begründetheit der Klage

Bei dem angegriffenen Urteil des Amtsgerichts Weimar handelt es sich um ein An- **57** erkenntnisurteil. Das Amtsgericht hatte nach Erklärung des Anerkenntnisses nur über die Prozessvoraussetzungen und die Wirksamkeit des Anerkenntnisses zu befinden, nicht jedoch über die Begründetheit der Klage des K.[25] Auch das Berufungsgericht ist grundsätzlich an dieses Anerkenntnis gem. § 529 I Nr. 1 ZPO gebunden und dürfte keine Begründetheitsprüfung vornehmen, wenn es nicht neue Tatsachen gem. §§ 529 I Nr. 2, 531 II ZPO berücksichtigen muss. Eine solche neue Tatsache könnte die Unwirksamkeit des Anerkenntnisses aufgrund des Widerrufs durch B darstellen. Wenn das Anerkenntnis von B wirksam widerrufen worden ist und dieser Widerruf gem. § 531 II ZPO zuzulassen ist, kann dies eine andere Entscheidung rechtfertigen.

Deshalb ist zu prüfen, ob das Anerkenntnis selbst und damit die Grundlage für das **58** Anerkenntnisurteil beseitigt werden kann.

1. Wirksamer Widerruf des Anerkenntnisses

Dies setzt zunächst voraus, dass überhaupt ein wirksames Anerkenntnis vorliegt. **59**

a) Wirksames Anerkenntnis

B hat den geltend gemachten prozessualen Anspruch in der mündlichen Verhand- **60** lung vollständig anerkannt.

Das Anerkenntnis ist als Prozesshandlung nur wirksam, wenn die Prozesshandlungsvoraussetzungen, also die Partei-, Prozess- und Postulationsfähigkeit vorliegen. Da es sich um einen Parteiprozess handelt, ist B postulationsfähig (§ 79 I 1 ZPO). Auch von der Partei- und Prozessfähigkeit des B gem. §§ 50 f. ZPO ist auszugehen.

Damit liegt ein wirksames Anerkenntnis vor. **61**

---

[24] BGHZ 157, 224, 227 = NJW 2004, 1456.
[25] Vgl. Thomas/Putzo/*Reichold*, § 307 Rn. 10.

b) Anfechtung gem. §§ 119ff. BGB analog

62 Möglicherweise kommt eine Anfechtung des Anerkenntnisses gem. §§ 119ff. BGB in Betracht. Das von dem materiellrechtlichen Schuldanerkenntnis streng zu trennende Anerkenntnis im Sinne des § 307 ZPO stellt eine Prozesshandlung dar und keine Willenserklärung, so dass die §§ 119ff. BGB nicht anwendbar sind. Auch eine analoge Anwendung scheidet mangels vergleichbarer Interessenlage aus.[26] Die Möglichkeit der Anfechtung von Prozesshandlungen und insbesondere auch des prozessualen Anerkenntnisses würde erhebliche Rechtsunsicherheit mit sich bringen.

c) Beseitigung gem. §§ 313 I, III, 346 BGB

63 Auch eine Beseitigung des Anerkenntnisses gemäß oder analog §§ 313 I, III, 346 BGB kommt aus denselben Gründen wie bei der Anfechtung nicht in Betracht. Die unterschiedliche Interessenlage und vor allem die Rechtssicherheit verbieten eine analoge Anwendung dieser Vorschriften auf das Anerkenntnis.

d) Widerruf des Anerkenntnisses

64 Möglicherweise könnte B das Anerkenntnis widerrufen. Jedoch sind Prozesshandlungen, die – wie das Anerkenntnis – einen Prozessvorgang endgültig feststellen sollen, grundsätzlich unwiderruflich.[27] Allerdings ist in Ausnahmefällen ein Widerruf möglich.

aa) Zustimmung des Gegners

65 Ein Widerruf wäre eventuell möglich, wenn der Gegner zustimmt,[28] was hier jedoch nicht der Fall ist.

bb) § 290 ZPO analog

66 § 290 ZPO regelt ausdrücklich den Widerruf einer Prozesshandlung, nämlich des Geständnisses. Ob die Vorschrift auf das Anerkenntnis analog anwendbar ist, ist umstritten und wird von der herrschenden Meinung abgelehnt.[29] Der Streit kann jedoch vorliegend dahinstehen, weil die Voraussetzungen des § 290 ZPO nicht vorliegen. Das Anerkenntnis des B war nicht durch einen Irrtum veranlasst, da B den Anspruch in Kenntnis der entgegenstehenden Stundungseinrede anerkannt hat.

cc) § 323 ZPO analog

67 Anerkannt ist aber die analoge Anwendbarkeit des § 323 ZPO auf das Anerkenntnis bei Dauerschuldverhältnissen, so dass ein Widerruf in Betracht kommt, wenn ein Abänderungsgrund vorliegt.[30] Hier liegt jedoch keine Verurteilung zu einer wiederkehrenden Leistung und keine Änderung der tatsächlichen Verhältnisse vor, so dass ein Widerruf des Anerkenntnisses analog § 323 ZPO ebenfalls nicht in Betracht kommt. Das Auffinden der Stundungserklärung stellt demnach keinen Abänderungsgrund dar.

---

[26] BGHZ 80, 389, 392 = NJW 1981, 2193, 2194; *Jauernig/Hess,* § 47 Rn. 11; *Schilken,* Rn. 590; a.A. *Lüke,* Rn. 235.

[27] *Baumbach/Lauterbach/Albers/Hartmann,* Grdz. § 128 Rn. 58f.

[28] Thomas/Putzo/*Reichold,* § 307 Rn. 8.

[29] *Musielak,* Grundkurs, Rn. 245.

[30] *BGH* NJW 2002, 436, 438; Zöller/*Vollkommer,* Vor §§ 306, 307 Rn. 6.

dd) § 580 ZPO analog

In Betracht kommt jedoch ein Widerruf entsprechend § 580 Nr. 7b ZPO. Direkt **68** findet die Vorschrift keine Anwendung, da durch die Wiederaufnahme nur ein rechtskräftiges Urteil, nicht aber eine dem Urteil zugrunde liegende Anerkenntniserklärung beseitigt werden kann. Allerdings kann die Vorschrift auf das Anerkenntnis analog angewendet werden.[31] Wenn in den Fällen des § 580 ZPO selbst das rechtskräftige Urteil beseitigt werden könnte, dann muss dies erst recht für die Beseitigung einer Prozesshandlung gelten. Dem steht auch nicht die Rechtssicherheit entgegen, da § 580 ZPO gerade die Wertung zugrunde liegt, dass in den dort geregelten Fällen der materiellen Gerechtigkeit Vorrang vor der Rechtssicherheit zu gewähren ist.

Die von B wieder gefundene Stundungserklärung stellt eine Urkunde dar, die eine **69** ihm günstigere Entscheidung, nämlich die Klageabweisung als derzeit unbegründet, herbeigeführt haben würde, wenn er sie schon im Prozess hätte vorlegen können. B kann daher das Anerkenntnis analog § 580 Nr. 7b ZPO widerrufen.

2. Zulassung des neuen Verteidigungsmittels gem. § 531 II Nr. 3 ZPO

Der Widerruf des Anerkenntnisses kann gem. § 531 II Nr. 3 ZPO berücksichtigt **70** werden, wenn B diesen im ersten Rechtszug nicht geltend gemacht hat, ohne dass dies auf seiner Nachlässigkeit beruht. B konnte im ersten Rechtszug den Widerruf nicht geltend machen, da er zu diesem Zeitpunkt unverschuldet die Urkunde noch nicht gefunden hatte. Der Widerruf muss deshalb berücksichtigt werden.

Damit ist der Weg für das Berufungsgericht zur Prüfung der Begründetheit der Klage frei.

3. Eigene Entscheidung und Beweiserhebung

Gem. § 313b I ZPO bedarf es beim Anerkenntnisurteil, da es lediglich auf dem **71** Anerkenntnis beruht, keines Tatbestands und keiner Entscheidungsgründe. Entsprechend kann das Berufungsgericht in diesem Fall nicht den Bindungen des § 529 ZPO unterliegen. Soweit im Urteil kein Vortrag festgestellt wurde, ist der Berufungsrichter frei.[32]

Das Landgericht Erfurt hat somit gem. § 538 I ZPO den Rechtsstreit selbst zu entscheiden und erforderliche Beweise auch selbst zu erheben.

Hinweis: Um zu vermeiden, dass den Parteien die Möglichkeit genommen wird, zu allen Streitpunkten **72** erstinstanzlich zu verhandeln, besteht für das Berufungsgericht die Möglichkeit bei entsprechendem Antrag einer Partei gem. § 538 II Nr. 6 ZPO analog[33] den Rechtsstreit an das Amtsgericht Weimar zurückzuverweisen.

Die Klage des K ist begründet, wenn der klageweise geltend gemachte Schadenser **73** satzanspruch entstanden und durchsetzbar ist.

---

[31] *BGH* NJW 2002, 436, 438 m. w. N.
[32] Vgl. Wieczorek/Schütze/*Gerken,* § 529 Rn. 12.
[33] Vgl. *KG* NJW-RR 1995, 958; *OLG München* MDR 1991, 795 (beide zu § 538 I Nr. 5 ZPO a. F.);
MünchKomm-ZPO/*Rimmelspacher,* § 538 Rn. 63.

a) Anspruch aus § 823 I BGB

74 K steht ein Schadensersatzanspruch aus § 823 I BGB (u. U. auch aus §§ 7 I, 18 StVG) in Höhe von 10.000 EUR gegen B zu, da dieser rechtswidrig und schuldhaft das Eigentum des K verletzt hat. Hiervon macht K lediglich einen Teilbetrag in Höhe von 2.000 EUR klageweise geltend.

b) Einrede der Stundungsvereinbarung

75 K und B haben jedoch eine Stundungsvereinbarung getroffen und damit den Fälligkeitszeitpunkt für die Schadensersatzforderung auf den 1.1.2013 hinausgeschoben (§ 271 II BGB).[34]

Diese Vereinbarung kann B einredeweise geltend machen und im Bestreitensfall durch Urkundenbeweis gem. §§ 415 ff. ZPO nachweisen, indem er die Stundungsvereinbarung gem. § 420 ZPO vorlegt, wenn die Einrede gem. § 531 II ZPO zuzulassen ist. Die Einrede wäre gem. § 531 II Nr. 3 ZPO zuzulassen, da die nicht erfolgte Vorlegung der Stundungsvereinbarung in erster Instanz nicht auf der Nachlässigkeit des B beruhte. Da die Stundungsfrist zum Zeitpunkt des Erlasses der Berufungsentscheidung[35] noch nicht abgelaufen ist, ist die Klage zurzeit unbegründet.

4. Ergebnis

76 B muss innerhalb eines Monats nach Zustellung des Urteils die Berufung einlegen und innerhalb eines weiteren Monats in der Berufungsbegründungsschrift das Anerkenntnis als Prozesshandlung analog § 580 ZPO widerrufen. Die Berufung wäre dann begründet, da B im Zeitpunkt der Berufungsentscheidung nicht zur Zahlung an K verpflichtet ist. Soweit nicht B oder K die Zurückverweisung beantragen, würde das Landgericht Erfurt unter Abänderung des Anerkenntnisurteils des Amtsgerichts Weimar die Klage des K als „derzeit unbegründet" abweisen.

Frage 3

77 K macht neben dem mit der Klage erhobenen Anspruch einen völlig neuen Anspruch geltend und bringt einen neuen Streitgegenstand in den Prozess ein. Aus § 261 II ZPO ergibt sich, dass ein Anspruch auch erst im Laufe des Prozesses erhoben werden kann. Da K einen weiteren Klageanspruch geltend macht, handelt es sich um eine nachträgliche objektive Klagenhäufung. Umstritten ist jedoch, welche Voraussetzungen hierfür vorliegen müssen, die Voraussetzungen des § 260 ZPO oder die Voraussetzungen der Klageänderung gem. § 263 ZPO.

A. Voraussetzungen des § 260 ZPO

78 Nach einer Ansicht[36] müssen für eine solche nachträgliche Klagenhäufung ebenso wie bei der anfänglichen Klagenhäufung die Voraussetzungen des § 260 ZPO vorliegen. Dagegen fänden die Vorschriften über die Klageänderung keine entspre-

---

[34] Vgl. *BGH* NJW 1998, 2060, 2061; MünchKomm-BGB/*Krüger*, § 271 Rn. 21.

[35] Vgl. Wieczorek/Schütze/*Assmann*, Vor §§ 257–259 Rn. 15.

[36] Wieczorek/Schütze/*Assmann*, § 263 Rn. 36 m. w. N.

chende Anwendung, da der ursprüngliche Antrag aufrechterhalten wird und lediglich ein weiterer hinzutritt. Der Beklagte müsse also seine ursprüngliche Verteidigung nicht aufgeben, wovor § 263 ZPO schützen soll. Er stehe nicht anders da, als wenn K seinen Anspruch in einer neuen Klage erhoben hätte.

Deshalb genügt es nach dieser Ansicht, wenn die Voraussetzungen des § 260 ZPO vorliegen und K beide Ansprüche bereits von Anfang an in einer Klage hätte geltend machen können.

I. Mehrere Ansprüche

K macht hier mehrere Ansprüche, den Schadensersatzanspruch aus dem Verkehrsunfall und den Anspruch aus dem Darlehensvertrag geltend. Dabei handelt es sich um verschiedene Streitgegenstände, da ihnen völlig unterschiedliche Lebenssachverhalte zugrunde liegen. **79**

II. Identität der Parteien

K macht beide Ansprüche gegen B geltend. **80**

III. Zuständigkeit des Landgerichts Erfurt

Das Landgericht Erfurt müsste auch für den neuen Anspruch sachlich und örtlich zuständig sein. Bezüglich der sachlichen Zuständigkeit werden sämtliche Ansprüche gem. § 5 ZPO zusammengerechnet, so dass das Landgericht Erfurt gem. §§ 71 I, 23 GVG sachlich zuständig ist. Im Übrigen liegt der Streitwert des neu erhobenen Anspruchs auch über 5.000 EUR. **81**

Die örtliche Zuständigkeit ergibt sich aus dem allgemeinen Gerichtsstand des B gem. §§ 12, 13 ZPO (vgl. Rn. 10).

IV. Dieselbe Prozessart

Beide Ansprüche werden im ordentlichen Verfahren, also in derselben Prozessart, geltend gemacht. **82**

Damit liegen die Voraussetzungen für eine Klagenhäufung gem. § 260 ZPO vor. Die Klageerweiterung wäre zulässig. **83**

B. Voraussetzungen der §§ 263 ff. ZPO

Nach der h.M.[37] finden auf die nachträgliche Klagenhäufung die Vorschriften der §§ 263 ff. ZPO über die Klageänderung analoge Anwendung, da die Verteidigung erschwert, die Erledigung verzögert und die Befassung mit dem nachträglich eingeführten Anspruch u.U. nicht sachdienlich ist.[38] **84**

Danach sind die Voraussetzungen der Klageänderung zu prüfen.

---

[37] *BGH* NJW 1996, 2869 f.; *BGH* NJW-RR 1987, 58; *BGH* NJW 1985, 1841, 1842 m.w.N.
[38] MünchKomm-ZPO/*Becker-Eberhard*, § 263 Rn. 21.

I. Zulässigkeit der Klageänderung gem. § 264 ZPO

85 Es kommt die Anwendung des § 264 Nr. 2 ZPO in Betracht, da die Klage erweitert wird. Jedoch erfasst § 264 Nr. 2 ZPO nur diejenigen Erweiterungen oder Beschränkungen des Klageantrags, die nicht mit der Einführung eines anderen Streitgegenstands einhergehen, sondern lediglich den bisherigen Streitgegenstand quantitativ oder qualitativ modifizieren.[39] Hier wird aber ein völlig neuer Lebenssachverhalt in den Rechtsstreit eingebracht, so dass keine bloße Erweiterung i.S.d. § 264 Nr. 2 ZPO vorliegt.

II. Zulässigkeit der Klageänderung gem. § 263 ZPO

86 Daher müssen die Voraussetzungen des § 263 ZPO vorliegen.

1. Ausdrückliche Einwilligung des B

87 B hat nicht ausdrücklich in die Klageänderung eingewilligt.

2. Mutmaßliche Einwilligung gem. § 267 ZPO

88 Die Einwilligung kann jedoch gem. § 267 ZPO angenommen werden, da sich B sachlich in der mündlichen Verhandlung auf die erweiterte Klage eingelassen hat, ohne dieser zu widersprechen.

89 Nach dieser Ansicht wären die Klageänderung und damit die Erhebung des weiteren Anspruchs ebenfalls zulässig.

C. Ergebnis

90 Da beide Ansichten zu demselben Ergebnis kommen, ist eine Streitentscheidung nicht erforderlich. Die Klageerweiterung ist nach beiden Ansichten zulässig.

Frage 4

A. Zwischenfeststellungswiderklage gem. § 256 II ZPO

91 B kann eine Zwischenfeststellungsklage gem. § 256 II ZPO im Wege einer Widerklage erheben mit dem Antrag festzustellen, dass der Darlehensvertrag nicht besteht.

B. Negative Feststellungswiderklage gem. § 256 I ZPO

92 B kann auch eine negative Feststellungswiderklage erheben mit dem Antrag festzustellen, dass K auch über den mit der Teilklage geltend gemachten Anspruchsteil ein Darlehensanspruch nicht zusteht. Mit einem stattgebenden Urteil würde das Nichtbestehen des Anspruchs insgesamt rechtskräftig festgestellt und K könnte nicht noch einmal aus dem Darlehen klagen.

---

[39] Vgl. Zöller/*Greger*, § 264 Rn. 3.

Sollte der allgemeine Gerichtsstand des K nicht beim Landgericht Erfurt sein, so ist **93** dieses zumindest nach § 33 ZPO zuständig, da Klage und Widerklage im Zusammenhang stehen. Auf die streitige Frage (vgl. Fall 14 Rn. 19 ff.), ob § 33 ZPO eine Zulässigkeitsvoraussetzung für die Widerklage ist (so der *BGH*[40]) oder lediglich einen besonderen Gerichtsstand regelt (so die h. L.[41]), kommt es hier nicht an, da die Voraussetzungen des § 33 ZPO vorliegen.

---

[40] *BGH* NJW 1975, 1228; BGHZ 40, 185, 187 = NJW 1964, 44 f.

[41] Stein/Jonas/*Roth,* § 33 Rn. 3; Thomas/Putzo/*Hüßtege,* § 33 Rn. 1; vgl. auch *Huber,* JuS 2007, 1079, 1080.

Fall 6. Geliebtes Erbstück

Sachverhalt

Der in Kiel wohnende Junggeselle Klaus Kohler (K) hat gegen die von ihm begehrte Beatrix Bechtel (B) noch eine fällige Darlehensforderung in Höhe von 1.000 EUR, die er, als sie seine Avancen nicht erwidert, im März 2012 von ihr zurückverlangt. Beatrix wendet ein, auch ihr stehe eine Forderung gegen Klaus zu. Sie habe ihm einen wertvollen Ring, den sie von ihrem geliebten Großvater geerbt hat, leihweise überlassen und Klaus sei nunmehr nicht in der Lage, diesen Ring zurückzugeben. Sie beziffert den Wert des Schmuckstücks auf 1.000 EUR und rechnet, nachdem sie Klaus erfolglos im August 2012 eine zweiwöchige Frist zur Rückgabe des Rings gesetzt hatte, gegen den Anspruch des Klaus auf. Klaus behauptet, den Ring längst zurückgegeben zu haben.

Beatrix will sich dies nicht gefallen lassen und klagt am 22.9.2012 vor dem Amtsgericht Kiel 1.000 EUR ein. Das Gericht weist jedoch die Klage der Beatrix ab, weil es zwar davon überzeugt ist, dass Klaus den Ring noch nicht zurückgegeben habe, die Forderung der Beatrix jedoch durch Aufrechnung erloschen sei.

Klaus will der Beatrix nunmehr eine weitere Niederlage zufügen und verklagt sie an ihrem Wohnort vor dem Amtsgericht Flensburg auf Rückzahlung der Darlehenssumme. Beatrix ist empört und weist den Richter darauf hin, dass diese Forderung schon wegen des inzwischen rechtskräftigen, ihre Klage abweisenden Urteils des Amtsgerichts Kiel nicht mehr zugesprochen werden könne, weil sich aus diesem Urteil die Wirksamkeit der Aufrechnung und damit das Erlöschen der Darlehensforderung des Klaus ergebe.

Frage 1: Ist die Klage des Klaus zulässig?

Abwandlung: Wie im Ausgangsfall, aber Beatrix hat vorprozessual noch nicht mit ihrer Forderung aufgerechnet bzw. diese noch nicht eingeklagt. Es erhebt Klaus als Erster Klage auf Zahlung von 1.000 EUR aus dem Darlehensvertrag.

Hiergegen wendet sich Beatrix und rechnet im Prozess mit ihrer Schadensersatzforderung wegen der unterbliebenen Herausgabe des geerbten Rings in Höhe von 1.000 EUR auf. Daraufhin erklärt Klaus auf Rat seines Sohnes, der kurz vor dem Ersten Juristischen Examen steht, den Rechtsstreit in der Hauptsache für erledigt. Das hält Beatrix für unzulässig und beantragt Klageabweisung.

Das Gericht ist zu der Auffassung gelangt, dass der von Beatrix vorgebrachte Vortrag zutreffend ist.

Frage 2: Beurteilen Sie die Erfolgsaussichten der Klage des Klaus!

Frage 3: Die Einwendung der Aufrechnung durch Beatrix wird vom Prozessgericht als verspätet (§ 296 I ZPO) zurückgewiesen. Sie wird rechtskräftig zur Zahlung von 1.000 EUR verurteilt. Kann Beatrix in einem erneuten Rechtsstreit die Schadensersatzforderung mit Erfolg einklagen, obwohl sie die Aufrechnung der Schadensersatzforderung

a) im Prozess (wie Abwandlung)
b) vor dem Prozess erklärt hat,
c) noch in einem zweiten, noch rechtshängigen Prozess gegen Klaus als Einwendung geltend gemacht hat?

Gliederung

Lösung

Frage 1

Die Klage des K ist zulässig, wenn die Sachurteilsvoraussetzungen vorliegen.　　**1**

A. Zuständigkeit des Amtsgerichts Flensburg

Die Klage wurde beim Amtsgericht Flensburg eingereicht. Es ist deshalb zu prüfen, **2** ob das Amtsgericht Flensburg sachlich und örtlich zuständig ist.

I. Sachliche Zuständigkeit

Die sachliche Zuständigkeit der Amtsgerichte richtet sich gem. § 1 ZPO nach § 23 **3** GVG. Danach umfasst die Zuständigkeit der Amtsgerichte, soweit sie nicht ohne Rücksicht auf den Wert des Streitgegenstandes den Landgerichten zugewiesen sind, Streitigkeiten über Ansprüche, deren Gegenstand an Geld oder Geldeswert die Summe von fünftausend Euro nicht übersteigt (§ 23 Nr. 1 GVG). Hier macht K einen Anspruch in Höhe von 1.000 EUR geltend, so dass das Amtsgericht sachlich zuständig ist.

II. Örtliche Zuständigkeit

1. Ausschließlicher Gerichtsstand

Ein ausschließlicher Gerichtsstand ist nicht ersichtlich.　　**4**

2. Allgemeiner Gerichtsstand gem. §§ 12, 13 ZPO

Der allgemeine Gerichtsstand gem. § 12 ZPO wird durch den Wohnsitz des Be- **5** klagten bestimmt (§ 13 ZPO). B wohnt in Flensburg, so dass das Amtsgericht Flensburg örtlich zuständig ist.

3. Besonderer Gerichtsstand des Erfüllungsorts gem. § 29 I ZPO

Außerdem kommt der besondere Gerichtsstand des Erfüllungsorts in Betracht (§ 29 I **6** ZPO). Es geht hier um eine Streitigkeit aus einem Vertragsverhältnis, dem Darlehensvertrag. Der Erfüllungsort bestimmt sich nach materiellem Recht.[1] Leistungsort (Erfüllungsort) für den Rückzahlungsanspruch ist der Wohnort der B (§ 269 I BGB), also Flensburg. Dies gilt auch für eine Geldschuld, da § 270 BGB keine Regelung zum Leistungsort enthält (§ 270 IV BGB).[2]

Damit ist das Amtsgericht Flensburg sachlich und örtlich zuständig.　　**7**

B. Keine entgegenstehende Rechtskraft des Urteils des Amtsgerichts Kiel

Der Zulässigkeit der Klage des K könnte die Rechtskraft des Urteils des Amtsge- **8** richts Kiel entgegenstehen. Dies setzt voraus, dass in diesem Urteil bereits rechts-

---

[1] Vgl. BGHZ 157, 20, 23 = NJW 2004, 54; Musielak/*Heinrich,* § 29 Rn. 15.
[2] Musielak/*Heinrich,* § 29 Rn. 22.

kräftig über den Streitgegenstand der jetzigen Klage entschieden worden ist. Urteile sind der Rechtskraft nur insoweit fähig, als über den durch Klage oder Widerklage erhobenen Anspruch entschieden ist (§ 322 I ZPO). Die Entscheidungsgründe werden grundsätzlich von der Rechtskraft nicht erfasst. Hier hat das Ersturteil verbindlich nur über das Nichtbestehen der Forderung der B entschieden. Allerdings besteht eine Ausnahme bezüglich der Aufrechnungseinrede gem. § 322 II ZPO. Danach erstreckt sich die Rechtskraft auch auf die Entscheidung über das Nichtbestehen der Gegenforderung, wenn der Beklagte die Aufrechnung einer Gegenforderung geltend gemacht hat. Fraglich ist, ob § 322 II ZPO auf den hier vorliegenden Fall anzuwenden ist.

I. § 322 II ZPO direkt

9 Vom Wortlaut her könnte man zunächst eine Beschränkung des § 322 II ZPO auf die Fälle annehmen, bei denen der Beklagte die Aufrechnung einer Gegenforderung geltend gemacht und das Gericht festgestellt hat, dass diese Forderung nicht besteht. Nach allgemeiner Auffassung gilt die Vorschrift jedoch auch dann, wenn die Gegenforderung bestanden hat und lediglich gem. § 389 BGB durch die Aufrechnung erloschen ist.[3]

10 Eine direkte Anwendung des § 322 II ZPO scheidet jedoch aus, da der Beklagte des Erstprozesses nicht mit einer Gegenforderung aufgerechnet hat. Vielmehr hat die Klägerin selbst als Gläubigerin der eingeklagten Forderung bezüglich der streitgegenständlichen Forderung außerprozessual die Aufrechnung erklärt.

II. § 322 II ZPO analog

11 Fraglich ist, ob § 322 II ZPO auf diese Konstellation entsprechend angewendet werden kann. Dies setzt eine planwidrige Regelungslücke und eine vergleichbare Interessenlage voraus. Von einer planwidrigen Regelungslücke kann ausgegangen werden, da der Gesetzgeber diese Konstellation wohl kaum bedacht hat. Umstritten ist die Vergleichbarkeit der Sachverhalte.

12 Nach einer Ansicht[4] kann § 322 II ZPO auf diesen Fall analog angewendet werden. § 322 II ZPO sei seinem Wortlaut nach nicht auf den Schutz einer bestimmten Partei ausgerichtet. Es mache keinen Unterschied, ob es um den rechtskräftigen Ausschluss einer erneuten Verhandlung über eine Gegenforderung oder über eine Hauptforderung geht. Die Möglichkeit, eine Zwischenfeststellungsklage zu erheben, ist in der vorliegenden Konstellation äußerst unpraktikabel, weil sonst der Kläger im Vorprozess zugleich immer präventiv den Klageantrag stellen müsste, das Nichtmehrbestehen der gegnerischen Forderung festzustellen.

Danach würde die Rechtskraft des Urteils des Amtsgerichts Kiel auch die Gegenforderung erfassen und der Zulässigkeit der jetzigen Klage des K entgegenstehen.

13 Nach der Gegenansicht[5] entfaltet das Urteil keine Rechtskraft bezüglich einer von einem vormaligen Kläger erklärten Aufrechnung. § 322 II ZPO gelte ausweislich

---

3 Vgl. BGHZ 36, 316, 319.

4 *Schilken*, Rn. 442; *Foerste*, NJW 1993, 1183; *Zeuner*, NJW 1992, 2870; vgl. auch *Rosenberg/Schwab/Gottwald*, § 153 Rn. 18.

5 *BGH* NJW 1992, 982, 983; BGHZ 89, 349, 352 = NJW 1984, 1356, 1357; *Tiedtke*, NJW 1992, 1473, 1474f.; zweifelnd *Wolf*, JA 2008, 753, 756.

seines Wortlauts nur für Aufrechnungshandlungen des Beklagten. Eine entsprechende Anwendung des § 322 II ZPO komme nur dann in Betracht, wenn sich der Kläger ähnlich wie ein Beklagter gegen die Klageforderung zur Wehr setzt, wie das bei der Vollstreckungsabwehrklage gem. § 767 ZPO oder der negativen Feststellungsklage gem. § 256 I ZPO der Fall ist. Entscheidend für die entsprechende Anwendung sei, dass der Aufrechnende Schuldner der Forderung ist, die den Gegenstand des Streits bildet. § 322 II ZPO beabsichtige nur den Schutz des Aufrechnungsgegners vor einer erneuten Inanspruchnahme. Diese Lösung passe besser zu der generell eng eingegrenzten Rechtskraftwirkung des deutschen Rechts.

Hier hat B die Aufrechnung im Vorprozess aus der Position der Gläubigerin erklärt. **14** Vor einer erneuten Inanspruchnahme mit der Aufrechnungsforderung ist der Beklagte bereits durch die Abweisung im Vorprozess geschützt. Deshalb steht nach dieser Ansicht die Rechtskraft nicht entgegen.

Beide Ansichten kommen zu unterschiedlichen Ergebnissen. Deshalb ist der Streit **15** zu entscheiden. Eine analoge Anwendung des § 322 II ZPO auf diesen Fall ist zu verneinen. Die zweite Ansicht hat die besseren Argumente für sich. B ist in dieser Konstellation nicht schützenswert. Sie hätte den Erstprozess überhaupt nicht führen müssen, da sie ihrer Ansicht nach wirksam aufgerechnet hat und damit ihre Forderung sowie die Gegenforderung des K erloschen waren. Hätte sie die Klage des K abgewartet und dann die Aufrechnung im Prozess geltend gemacht, wäre rechtskräftig über beide Forderungen entschieden worden. Die Verjährung der Forderung der B würde einer Aufrechnung wegen § 215 BGB nicht entgegenstehen. Im Übrigen hätte sie im Ausgangsprozess mit einer zumindest hilfsweisen Erhebung einer negativen Feststellungsklage gem. § 256 I ZPO den Untergang des Anspruchs des K rechtskräftig feststellen lassen können.

C. Ergebnis

§ 322 II ZPO findet keine entsprechende Anwendung, so dass es an einer rechts- **16** kräftigen Entscheidung über die Forderung des K fehlt. Die Klage des K ist deshalb zulässig, da keinerlei Anhaltspunkte für das Fehlen der weiteren Sachurteilsvoraussetzungen vorhanden sind.

Frage 2

Die Klage hat Aussicht auf Erfolg, wenn sie zulässig und begründet ist. **17**

A. Zulässigkeit der Klageänderung

K hat den Rechtsstreit in der Hauptsache für erledigt erklärt.[6] B hat sich dieser Er- **18** ledigungserklärung nicht angeschlossen, sondern weiterhin Klageabweisung beantragt. Es handelt sich deshalb um eine einseitige Erledigungserklärung. Darin könnte eine Klageänderung zu sehen sein, die zulässig sein müsste.

---

[6] Zur Erledigung im Zivil- und Verwaltungsprozess vgl. *Bremkamp*, JA 2010, 207.

I. Einseitige Erledigungserklärung als Klageänderung

19 Wie die einseitige Erledigungserklärung einzuordnen ist, ist umstritten.[7]

1. Privilegierte Klagerücknahme[8]

20 Zum Teil wird die einseitige Erledigungserklärung als eine privilegierte Form der Klagerücknahme behandelt, die auch ohne Zustimmung des Beklagten und ohne die Kostenfolge des § 269 III 2 ZPO wirksam sein soll. Danach würde in der Erklärung keine Klageänderung liegen.

2. Institut eigener Art

21 Andere sehen die einseitige Erledigungserklärung als Institut eigener Art an.[9] Danach stellt die Erledigungserklärung eine prozessuale Erwirkungshandlung in Form eines Antrags an das Gericht auf Feststellung der Erledigung dar. Dadurch werde ein besonderer Verfahrensabschnitt eingeleitet, der einen Zwischenstreit in Gang setze.

3. Klageänderungstheorie

22 Nach der h. M.[10] handelt es sich bei der einseitigen Erledigungserklärung um eine Änderung der Klage in eine Feststellungsklage mit dem Antrag, die Erledigung der Hauptsache festzustellen.

4. Entscheidung

23 Da die Ansichten zu unterschiedlichen Ergebnissen kommen, ist der Streit zu entscheiden. Gegen die Klagerücknahmetheorie spricht, dass die Rechtsfolgen der Klagerücknahme auf die einseitige Erledigungserklärung nicht passen. Die zweite Ansicht kommt zwar ebenfalls zu einem vertretbaren Ergebnis. Hier wird jedoch mit der h. M. die einseitige Erledigungserklärung als Klageänderung angesehen, da es dem Kläger letztendlich darum geht, die Erledigung der Hauptsache feststellen zu lassen und die Kosten dem Beklagten aufzubürden.

24 **Hinweis:** Auch klausurtaktisch ist es zu empfehlen, der h. M. zu folgen, vor allem weil man nur so zu einer Sachprüfung des eingeklagten Anspruchs kommen kann.

II. Zulässigkeit der Klageänderung gem. §§ 263, 264 ZPO[11]

25 Da nach der h. M. eine Klageänderung vorliegt, muss deren Zulässigkeit geprüft werden.

---

[7] *Rosenberg/Schwab/Gottwald,* § 131 Rn. 21 ff.

[8] *Blomeyer,* § 64 I; *ders.,* JuS 1962, 212, 213.

[9] *Rosenberg/Schwab/Gottwald,* § 131 Rn. 34 ff.

[10] *BGH* NJW 2002, 442; *BGH* NJW 1994, 2363, 2364; Zöller/*Vollkommer,* § 91a Rn. 34 f.; Thomas/Putzo/*Hüßtege,* § 91a Rn. 32.

[11] Vgl. zur Klageänderung auch *Schlinker,* Jura 2007, 1 ff.

1. Fall des § 264 Nr. 2 ZPO

Zum Teil wird der Feststellungsantrag als eine Beschränkung des Klageantrags in der Hauptsache angesehen, so dass er gem. § 264 Nr. 2 ZPO nicht als Klageänderung anzusehen ist.[12]   **26**

2. Fall des § 264 Nr. 3 ZPO

Andere wenden wegen der durch das erledigende Ereignis eintretenden Veränderung des Klageantrags § 264 Nr. 3 ZPO an, so dass die Änderung des Antrags ebenfalls nicht als Klageänderung anzusehen wäre.[13]   **27**

3. § 263 ZPO

Zum Teil wird die Anwendbarkeit des § 264 ZPO verneint und die Klageänderung gem. § 263 ZPO für zulässig angesehen, da sie sachdienlich sei. Eine Einwilligung des Beklagten wird in diesen Fällen nicht vorliegen.[14]   **28**

4. Zwischenergebnis

Alle Ansichten kommen zu der Zulässigkeit der Klageänderung, so dass eine Streitentscheidung entbehrlich ist. Die besseren Gründe dürften dafür sprechen, in dem Feststellungsantrag eine Beschränkung des ursprünglichen Klageantrags gem. § 264 Nr. 2 ZPO zu sehen.   **29**

B. Zulässigkeit der geänderten Klage

Da hier der Klageantrag geändert worden ist, handelt es sich zwar tatsächlich um eine Klageänderung, weil jede Änderung des Klageantrags eine Änderung des Streitgegenstands nach sich zieht. Diese ist jedoch gem. § 264 Nr. 2 ZPO nicht als Klageänderung anzusehen. Dennoch müssen für die geänderte Klage die Sachurteilsvoraussetzungen vorliegen, da § 264 Nr. 2 ZPO nur von den Voraussetzungen des § 263 ZPO befreit.   **30**

I. Zuständigkeit des Amtsgerichts Flensburg

Die Prüfung der Zuständigkeit des Amtsgerichts Flensburg könnte wegen § 261 III Nr. 2 ZPO (perpetuatio fori) entbehrlich sein, wonach die örtliche und sachliche Zuständigkeit des Gerichts durch eine nach Rechtshängigkeit eingetretene Veränderung der sie begründenden Umstände nicht mehr berührt wird. Zwar findet die Vorschrift im Falle der Klageänderung keine Anwendung.[15] Die Änderung des Klageantrags ist jedoch nach überwiegender Ansicht wegen § 264 Nr. 2 ZPO nicht als Klageänderung anzusehen, so dass § 261 III Nr. 2 ZPO jedenfalls bei der Beschränkung des Klageantrags Anwendung findet.[16] Deshalb ist die Zuständigkeit des Amtsgerichts Flensburg nicht mehr zu prüfen.   **31**

---

[12] *BGH* NJW 2002, 442; *OLG Nürnberg* NJW-RR 1989, 444; Thomas/Putzo/*Hüßtege,* § 91a Rn. 32.
[13] Stein/Jonas/*Bork,* § 91a Rn. 47.
[14] *OLG Saarbrücken* NJW 1967, 2212, 2213 (sachliche Klageänderung nach § 264 ZPO a. F.).
[15] *BGH* NJW 2001, 2477, 2478.
[16] *BGH* NJW 2001, 2477, 2478; Zöller/*Greger,* § 261 Rn. 12.

II. Besondere Voraussetzungen der Feststellungsklage gem. § 256 ZPO

32 Neben den allgemeinen Sachurteilsvoraussetzungen müssen noch die besonderen Sachurteilsvoraussetzungen für die Feststellungsklage gem. § 256 I ZPO vorliegen.

1. Feststellungsfähiges Rechtsverhältnis

33 Als feststellungsfähiges Rechtsverhältnis kommt hier das ursprüngliche Prozessrechtsverhältnis in Betracht, nämlich ob die ursprüngliche zulässige und begründete Klage durch ein erledigendes Ereignis nachträglich unzulässig oder unbegründet geworden ist. Dagegen erheben sich Bedenken, da die Erledigung der Hauptsache auch bloße Tatsache sein könnte, die nicht feststellungsfähig ist.[17] Mit der h.M.[18] ist jedoch von einem feststellungsfähigen Rechtsverhältnis auszugehen.

2. Feststellungsinteresse

34 K hat ein rechtliches Interesse an der alsbaldigen Feststellung, weil er sich nur so von der Kostenlast befreien kann.[19]

III. Ergebnis

35 Die Klage ist zulässig, da für das Fehlen der weiteren Sachurteilsvoraussetzungen keine Anhaltspunkte im Sachverhalt enthalten sind.

C. Begründetheit der geänderten Klage

36 Für die Begründetheit der Feststellungsklage kommt es entscheidend darauf an, ob die Erledigung der Hauptsache tatsächlich eingetreten ist. Dies ist der Fall, wenn die Klage ursprünglich zulässig und begründet war und erst durch ein nach Rechtshängigkeit eintretendes Ereignis unzulässig bzw. unbegründet geworden ist.[20]

I. Ursprüngliche Zulässigkeit der Klage

37 Die ursprüngliche Klage des K auf Rückzahlung der 1.000 EUR müsste zulässig gewesen sein.

1. Zuständigkeit des Amtsgerichts Flensburg

a) Sachliche Zuständigkeit

38 Die sachliche Zuständigkeit richtet sich nach dem Streitwert. Da dieser bei 1.000 EUR liegt, ist das Amtsgericht gem. § 23 Nr. 1 GVG sachlich zuständig.

b) Örtliche Zuständigkeit

aa) Ausschließlicher Gerichtsstand

39 Ein ausschließlicher Gerichtsstand ist nicht ersichtlich.

---

[17] Vgl. *Musielak,* Grundkurs, Rn. 272.

[18] Diese geht ohne weiteres von einem feststellungsfähigen Rechtsverhältnis aus, vgl. nur *BGH* BGHR 2006, 199; Zöller/*Vollkommer,* § 91a Rn. 34.

[19] Auch diesbezüglich hat *Musielak,* Grundkurs, Rn. 272 Bedenken.

[20] BGHZ 83, 12, 14 = NJW 1982, 1598.

bb) Allgemeiner Gerichtsstand gem. §§ 12, 13 ZPO

Der allgemeine Gerichtsstand der B wird durch ihren Wohnsitz (§ 7 BGB) be- **40** stimmt, so dass das Amtsgericht Flensburg örtlich zuständig ist (§§ 12, 13 ZPO).

cc) Besonderer Gerichtsstand des Erfüllungsorts gem. § 29 I ZPO

Außerdem kommt der besondere Gerichtsstand des Erfüllungsorts in Betracht **41** (§ 29 I ZPO). Es geht hier um eine Streitigkeit aus einem Vertragsverhältnis, dem Darlehensvertrag. Der Erfüllungsort bestimmt sich nach materiellem Recht.[21] Leistungsort (Erfüllungsort) für den Rückzahlungsanspruch ist der Wohnort der B (§ 269 I BGB), also Flensburg. Dies gilt auch für eine Geldschuld, da § 270 BGB keine Regelung zum Leistungsort enthält (§ 270 IV BGB).[22] Aus § 29 I ZPO ergibt sich daher ebenfalls die örtliche Zuständigkeit des Amtsgerichts Flensburg.

c) Zwischenergebnis

Damit ist das Amtsgericht Flensburg sachlich und örtlich zuständig. **42**

2. Weitere Sachurteilsvoraussetzungen

Bezüglich der weiteren Sachurteilsvoraussetzungen bestehen keine Bedenken, so **43** dass die ursprüngliche Klage zulässig war.

II. Ursprüngliche Begründetheit der Klage

K hatte gegen B einen Rückforderungsanspruch aus dem Darlehensvertrag in Höhe **44** von 1.000 EUR gem. § 488 I 2 BGB, so dass die Klage ursprünglich begründet war.

III. Erledigendes Ereignis nach Rechtshängigkeit

Außerdem müsste ein erledigendes Ereignis nach Rechtshängigkeit eingetreten sein, **45** durch das die ursprünglich zulässige und begründete Klage unzulässig oder unbegründet geworden ist. Als erledigendes Ereignis kommt die Aufrechnung durch B in Betracht. Durch die wirksame Aufrechnung mit einer Gegenforderung würde die Klageforderung gem. §§ 387, 389 BGB erlöschen.

1. Beachtlichkeit der Aufrechnung

Dies setzt voraus, dass die Aufrechnung durch B im Prozess überhaupt zu berück- **46** sichtigen ist. Bei der Geltendmachung der Aufrechnung im Prozess handelt es sich um eine Prozesshandlung, so dass deren Voraussetzungen vorliegen müssen.

a) Prozesshandlungsvoraussetzungen (Parteifähigkeit, Prozessfähigkeit, Postulationsfähigkeit)

Bezüglich der Parteifähigkeit und der Prozessfähigkeit sowie der Postulationsfähig- **47** keit der B bestehen keine Bedenken, so dass die Prozesshandlungsvoraussetzungen vorliegen.

---

[21] Vgl. BGHZ 157, 20, 23 = NJW 2004, 54; Musielak/*Heinrich*, § 29 Rn. 15.
[22] Musielak/*Heinrich*, § 29 Rn. 22.

b) Zulässigkeit des Zivilrechtswegs für die Aufrechnung

48 Obwohl die Aufrechnung im Prozess lediglich ein Verteidigungsmittel darstellt, kann über die zur Aufrechnung gestellte Gegenforderung rechtskräftig entschieden werden (§ 322 II ZPO). Deshalb stellt sich die Frage, ob zumindest der Zivilrechtsweg (§ 13 GVG) für die Gegenforderung eröffnet sein muss. Dies kann hier dahin gestellt bleiben, da der Zivilrechtsweg auch für die Schadensersatzforderung der B eröffnet ist.

c) Bestimmtheit der Gegenforderung

49 Die Aufrechnung ist nur zu beachten, wenn die Gegenforderung bestimmt genug bezeichnet ist, da auch die Entscheidung über die Gegenforderung gem. § 322 II ZPO in Rechtskraft erwächst. Dies ist hier der Fall.

2. Aufrechnungslage

50 Da die Aufrechnung außerdem eine materiellrechtliche Willenserklärung darstellt, ist zu prüfen, ob diese wirksam ist. Dies setzt zunächst eine Aufrechnungslage voraus (§ 387 BGB).

a) Gegenseitige, gleichartige Forderungen

51 Voraussetzung hierfür ist zunächst, dass gegenseitige, gleichartige Forderungen bestehen.

aa) Hauptforderung

52 K hat gegen B einen Rückzahlungsanspruch in Höhe von 1.000 EUR aus dem Darlehensvertrag gem. § 488 I 2 BGB.

bb) Gegenforderung

53 B könnte gegen K einen Schadensersatzanspruch gem. §§ 280 I, III, 281 I BGB haben. Dann müssten zunächst die Voraussetzungen gem. § 280 I BGB vorliegen.

Zwischen B und K besteht ein Schuldverhältnis, nämlich ein Leihvertrag gem. § 598 BGB. Indem K den Leihgegenstand nicht zurückgegeben hat, hat er möglicherweise seine Rückgabepflicht gem. § 604 BGB verletzt. Da B gem. § 604 III BGB den Ring jederzeit zurückverlangen konnte, war K zur Rückgabe verpflichtet. Es ist davon auszugehen, dass K den Ring noch nicht zurückgegeben und dementsprechend die Rückgabepflicht verletzt hat. Dem K ist zumindest Fahrlässigkeit zur Last zu legen (§ 276 II BGB). Jedenfalls bringt K nichts vor, was ihn entlasten könnte, § 280 I 2 BGB, so dass er die Nichtleistung zu vertreten hat.

54 Da es sich bei der Rückgabepflicht um eine Leistungspflicht handelt, sind zusätzlich die Voraussetzungen des § 280 III i.V.m. § 281 BGB zu prüfen. B hat K eine angemessene Frist zur Rückgabe gesetzt, die K verstreichen hat lassen. Durch die Nichtrückgabe ist B ein Schaden in Höhe des Wertes des Rings entstanden. Der Wert des Rings beträgt 1.000 EUR, so dass B in dieser Höhe ein Schadensersatzanspruch gem. §§ 280 I, III, 281 I BGB zusteht.

cc) Gegenseitigkeit

55 Es handelt sich dabei um gegenseitige Forderungen.

dd) Gleichartigkeit

Die Forderungen sind auch gleichartig, da sie auf Geld gerichtet sind.   **56**

b) Fälligkeit und Durchsetzbarkeit der Gegenforderung

Die Gegenforderung der B war mit Geltendmachung des Schadensersatzanspruchs   **57**
fällig und ist durchsetzbar (§ 390 BGB).

c) Erfüllbarkeit der Hauptforderung

Die Hauptforderung des K ist auch erfüllbar (§ 271 I BGB).   **58**

Damit besteht eine Aufrechnungslage gem. § 387 BGB.   **59**

3. Kein Ausschluss der Aufrechnung

Ein Ausschlussgrund für die Aufrechnung ist nicht ersichtlich.   **60**

4. Aufrechnungserklärung

Die Aufrechnung ist von B im Prozess erklärt worden (§ 388 BGB).   **61**

5. Wirkung der Aufrechnung gem. § 389 BGB

Da die Aufrechnung durch B mit ihrer Gegenforderung wirksam ist, ist die Forde-   **62**
rung des K i.H.v. 1.000 EUR gem. § 389 BGB erloschen und damit ein erledigendes Ereignis eingetreten.

6. Nach Rechtshängigkeit

Problematisch ist jedoch, ob das erledigende Ereignis erst nach Rechtshängigkeit   **63**
eingetreten ist. Hier standen sich Forderung und Gegenforderung bereits vor
Rechtshängigkeit der Klage zur Aufrechnung geeignet einander gegenüber. Es stellt
sich deshalb die Frage, ob es für die Erledigung auf den Zeitpunkt der Aufrechnungslage oder auf denjenigen der Aufrechnungserklärung ankommt. Dies ist umstritten.[23]

Nach einer Ansicht tritt die Erledigung in diesem Fall bereits vor Rechtshängigkeit   **64**
ein, wenn die Aufrechnungslage vorher bestand.[24] § 389 BGB ordne eindeutig eine
Rückwirkung an, so dass das erledigende Ereignis schon zu dem Zeitpunkt eintritt,
in dem sich die Forderungen erstmalig aufrechenbar gegenüberstanden.

Nach der Gegenansicht tritt die Erledigung erst mit Erklärung der Aufrechnung   **65**
ein.[25]

Erst die Aufrechnungserklärung als solche bewirke die Erledigung der Hauptsache.
§ 389 BGB lasse die Forderung, gegen die aufgerechnet wird, erst mit „Bewirken"

---

[23] Zur Aufrechnung im Prozess vgl. auch *Feser,* JA 2008, 525, 526 ff.

[24] Bamberger/Roth/*Dennhardt,* § 389 Rn. 4; differenzierend MünchKomm-ZPO/*Lindacher,* § 91a
Rn. 135.

[25] BGHZ 155, 392, 397 ff. = NJW 2003, 3134, 3135 f.; Stein/Jonas/*Bork,* § 91a Rn. 6; Thomas/Putzo/
Hüßtege, § 91a Rn. 4 a.

der Aufrechnungserklärung, wenn auch rückwirkend, erlöschen. Die Aufrechnungslage allein führe jedoch noch nicht zu einem Erlöschen der Forderung.

66 Da beide Ansichten zu einem anderen Ergebnis kommen, ist der Streit zu entscheiden. Es ist der Gegenansicht zu folgen, da sie dem Gedanken der Rechtsprechung zur Erledigung, denjenigen vor Kosten zu schützen, der mit dem erledigenden Ereignis nicht rechnen muss, besser entspricht. Danach ist die Erledigung erst nach Rechtshängigkeit mit der Aufrechnungserklärung eingetreten.

IV. Nachträgliche Unbegründetheit der Klage

67 Die ursprünglich zulässige und begründete Klage wurde nach Rechtshängigkeit aufgrund der Aufrechnung unbegründet. Damit liegen die Voraussetzungen für die Erledigung der Hauptsache vor. Die geänderte Klage des K ist begründet.

D. Ergebnis

68 Die Klage ist zulässig und begründet. Der geänderten Klage des K ist stattzugeben. Es ist festzustellen, dass die Hauptsache erledigt ist.

Frage 3a und 3b

69 B hätte mit einer Klage Erfolg, wenn diese zulässig und begründet ist.

A. Zulässigkeit der neuen Klage

70 Eine neue Klage bezüglich der Schadensersatzforderung ist zulässig, wenn die Sachurteilsvoraussetzungen vorliegen.

I. Zuständigkeit

71 Zu prüfen ist, welches Gericht für die Klage der B gegen K zuständig ist.

1. Sachliche Zuständigkeit

72 Die sachliche Zuständigkeit richtet sich in der Regel nach dem Streitwert (§§ 23 Nr. 1, 71 GVG). Hier macht B eine Schadensersatzforderung in Höhe von 1.000 EUR geltend. Da die Streitigkeit nicht ohne Rücksicht auf den Streitwert den Landgerichten zugewiesen ist, ist das Amtsgericht gem. § 23 Nr. 1 GVG sachlich zuständig.

2. Örtliche Zuständigkeit

a) Ausschließlicher Gerichtsstand

73 Ein ausschließlicher Gerichtsstand ist nicht ersichtlich.

b) Allgemeiner Gerichtsstand gem. §§ 12, 13 ZPO

74 Der allgemeine Gerichtsstand gem. § 12 ZPO wird durch den Wohnsitz des Beklagten bestimmt (§ 13 ZPO). K wohnt in Kiel, so dass das Amtsgericht Kiel örtlich zuständig ist.

c) Besonderer Gerichtsstand des Erfüllungsorts gem. § 29 I ZPO

Außerdem kommt der besondere Gerichtsstand des Erfüllungsorts in Betracht (§ 29 **75** I ZPO). Es geht hier um eine Streitigkeit aus einem Vertragsverhältnis, dem Leihvertrag. Der Erfüllungsort bestimmt sich nach materiellem Recht.[26] Leistungsort (Erfüllungsort) für den Schadensersatzanspruch ist derjenige der verletzten Leistungspflicht.[27] Für die Rückgabe einer Leihsache ist der Natur des Schuldverhältnisses (§ 269 I BGB) in der Regel zu entnehmen, dass diese am Wohnsitz des Verleihers zu erfolgen hat.[28] Da B in Flensburg wohnt, ist gem. § 29 I ZPO das Amtsgericht Flensburg zuständig.

Gem. § 35 ZPO kann B zwischen den in Betracht kommenden Gerichtsständen wählen.

II. Entgegenstehende Rechtskraft

Möglicherweise steht der Klage die Rechtskraft des Urteils des Amtsgerichts Flens- **76** burg entgegen. Dann müsste über die Schadensersatzforderung der B bereits rechtskräftig vom Amtsgericht Flensburg entschieden worden sein.

Grundsätzlich erwachsen Urteile nur soweit in Rechtskraft, als über den durch Kla- **77** ge oder Widerklage erhobenen Anspruch entschieden wird (§ 322 I ZPO). Eine Ausnahme besteht gem. § 322 II ZPO bezüglich der Entscheidung, dass bei einer Aufrechnung durch den Beklagten die Gegenforderung nicht besteht.

Hier wurde über die Gegenforderung der B jedoch noch nicht rechtskräftig ent- **78** schieden (§ 322 II ZPO),[29] denn B wurde mit ihrem Verteidigungsmittel nicht gehört. Die Einwendung der Aufrechnung wurde gem. § 296 I ZPO als verspätet zurückgewiesen. Die Rechtskraft des Urteils des Amtsgerichts Flensburg steht somit nicht entgegen.

III. Weitere Sachurteilsvoraussetzungen

Bezüglich der weiteren Sachurteilsvoraussetzungen bestehen keine Bedenken. **79**

IV. Ergebnis

Die Klage der B ist zulässig. **80**

B. Begründetheit der Klage

Die Klage ist begründet, wenn B gegen K ein Schadensersatzanspruch gem. §§ 280 **81** I, III, 281 BGB zusteht und dieser noch nicht erloschen ist.

I. Entstehung des Anspruchs gem. §§ 280 I, III, 281 I BGB

Ein Schadensersatzanspruch der B gegen K ist entstanden (Rn. 53 f.). **82**

---

[26] Vgl. BGHZ 157, 20, 23 = NJW 2004, 54; Musielak/*Heinrich*, § 29 Rn. 15.
[27] Zöller/*Vollkommer*, § 29 Rn. 25 (Schadensersatz).
[28] *BGH* NJW-RR 2002, 1027, 1028; MünchKomm-BGB/*Häublein*, § 604 Rn. 6.
[29] Vgl. BGHZ 16, 124, 140 = NJW 1955, 497, 498.

II. Erlöschen des Anspruchs gem. § 389 BGB

83 B hat im Prozess die Aufrechnung erklärt. Dabei handelt es sich sowohl um eine Prozesshandlung als auch um eine materiellrechtliche Erklärung. Die Voraussetzungen für die Aufrechnung gem. § 387 BGB lagen auch vor (Rn. 50 ff.), so dass die zur Aufrechnung gestellte Gegenforderung gem. § 389 BGB grundsätzlich erloschen wäre.

84 Fraglich ist jedoch, ob die Aufrechnung trotz Zurückweisung im Prozess materiellrechtliche Wirkungen entfaltet. Wäre dies zu bejahen, dann hätte die Beklagte ihre Forderung verloren, müsste aber aufgrund des Urteils trotzdem die Forderung des Klägers noch erfüllen.

85 **Hinweis:** Die Aufrechnung kann aus verschiedenen Gründen prozessual unzulässig sein: (1) Parteierklärung im Anwaltsprozess, Präklusion gem. § 296 I, II ZPO; (2) Fehlende Voraussetzungen des § 533 ZPO in der Berufungsinstanz; (3) Präklusion gem. § 767 II ZPO; (4) Unzulässigkeit der Aufrechnungseinrede im Betragsverfahren, weil die Aufrechnung schon bei der Verhandlung über den Grund möglich war; (5) Aufrechnung mit rechtswegfremder Gegenforderung (siehe Fall 2 Rn. 37).

86 Für die Lösung des Problems kommen verschiedene Ansätze in Betracht.

87 Die einen[30] unterscheiden zwischen der Prozessaufrechnung, also wenn die materiellrechtliche Aufrechnung erstmalig im Prozess erklärt wird, und der vor- oder außerprozessualen Aufrechnung. Bei der Prozessaufrechnung **(Frage a)** als sog. Doppeltatbestand seien die materiellrechtliche Aufrechnungserklärung und die Geltendmachung der Aufrechnung nach ihrem Inhalt und Zweck als eine Einheit anzusehen. Aus diesem Grund könne der Rechtsgedanke des § 139 BGB angewendet werden. Wenn die Berufung auf die Aufrechnung als prozessual unzulässig zurückgewiesen wird, sollte nach dem Willen des Aufrechnenden auch die materiellrechtliche Aufrechnung nicht wirksam sein. Wird also die Aufrechnungseinrede zurückgewiesen, dann ist die Aufrechnung auch materiellrechtlich nicht wirksam.

88 Handelt es sich aber um keine Prozessaufrechnung, sondern ist die Aufrechnung außerhalb des Prozesses erklärt worden und wird sie erst später im Prozess geltend gemacht **(Frage b),** komme eine Anwendung des § 139 BGB nicht in Betracht.[31] Dies hat zur Folge, dass der Beklagte seine Gegenforderung durch die materiellrechtlich wirksame Aufrechnung gem. § 389 BGB verliert, obwohl dies im Prozess nicht mehr berücksichtigt wird. Dieses Ergebnis wird damit gerechtfertigt, dass kein Anlass bestehe, den Beklagten, der wegen seiner eigenen Nachlässigkeit mit seinem Aufrechnungseinwand ausgeschlossen ist, gegenüber anderen präkludierten Verteidigungsmitteln, etwa einer verspätet vorgebrachten Zahlung, zu privilegieren.

89 Wegen dieses Ergebnisses wird eine andere Konstruktion vorgeschlagen, nämlich die stillschweigende Bedingung des Beklagten, dass die materiellrechtliche Aufrechnung nur gelten solle, wenn das Gericht den Aufrechnungseinwand nicht aus prozessualen Gründen zurückweist. Dasselbe gelte, wenn eine Aufrechnung gegenüber einer rechtshängig gewordenen Forderung außerhalb der mündlichen Verhandlung erklärt wird.[32]

---

[30] *Rosenberg/Schwab/Gottwald,* § 103 Rn. 44 ff.; vgl. Musielak/*Huber,* § 296 Rn. 37; Zöller/*Greger,* § 145 Rn. 15; *Wolf,* JA 2008, 753 f.

[31] Zöller/*Greger,* § 145 Rn. 15; Musielak/*Huber,* § 296 Rn. 37; *Rosenberg/Schwab/Gottwald,* § 103 Rn. 48 f.

[32] *Musielak,* Grundkurs, Rn. 301.

Da die Ansichten zu verschiedenen Ergebnissen kommen, ist der Streit zu entschei- **90** den. Es ist der erstgenannten Ansicht zu folgen, die § 139 BGB entsprechend anwendet. Eine unterschiedliche Behandlung der Prozessaufrechnung und der vorprozessualen Aufrechnung erscheint gerechtfertigt, da ansonsten derjenige, der die außerprozessuale Aufrechnung verspätet geltend macht, gegenüber demjenigen, der einen anderen Erlöschensgrund verspätet vorträgt, ohne Grund bevorzugt werden würde.

C. Ergebnis

Dies bedeutet für die **Frage a,** dass die Forderung nicht durch die unberücksichtigte **91** Aufrechnung im Vorprozess untergegangen ist, da diese gem. § 139 BGB analog keine materiellrechtlichen Wirkungen ausgelöst hat. Die Klage hätte deshalb Aussicht auf Erfolg.

Bei **Frage b** ist die Aufrechnung bereits vorprozessual erklärt worden. Dies hat nach **92** der hier vertretenen Ansicht zur Folge, dass die Forderung der B gem. § 389 BGB erloschen ist. Die Klage wäre deshalb unbegründet und hätte keine Aussicht auf Erfolg. Damit muss B, weil sie zur Zahlung verurteilt worden ist, an K zahlen und kann wegen der vorprozessualen Aufrechnung ihre Forderung nicht mehr geltend machen.

Frage 3c

Im Unterschied zu den Fragen a und b ist hier noch im Rahmen der Zulässigkeit **93** problematisch, ob die Rechtshängigkeit[33] des zweiten Prozesses gegen K, in dem B die Aufrechnung als Verteidigungsmittel vorgebracht hat, der Geltendmachung der Schadensersatzforderung in der erneuten Klage entgegensteht. Alle anderen Prüfungspunkte stimmen mit den oben genannten überein.

A. Zulässigkeit

I. Keine anderweitige Rechtshängigkeit gem. § 261 III Nr. 1 ZPO

Die anderweitige Rechtshängigkeit steht entgegen, wenn es sich bei der erneuten **94** Klage um denselben Streitgegenstand handelt.

Nach der h.M.[34] steht die Rechtshängigkeit nicht entgegen, da die Gegenforde- **95** rung, die einredeweise geltend gemacht wird, nicht zum Streitgegenstand wird, sondern lediglich ein Verteidigungsmittel darstellt. Das Prozessgericht könne den Prozess gem. § 148 ZPO aussetzen, bis über den Aufrechnungseinwand entschieden ist.

Nach der Gegenmeinung[35] steht die Rechtshängigkeit entgegen. Die Aufrechnung **96** lasse sich mit einer Widerklage vergleichen, bei der die Rechtshängigkeit der Streit-

---

[33] Vgl. zur Rechtshängigkeit im Zivilprozess *Kleinbauer,* JA 2007, 416 f.
[34] BGHZ 57, 242, 243 ff. = NJW 1972, 450 f.; *Rosenberg/Schwab/Gottwald,* § 103 Rn. 25; *Wolf,* JA 2008, 753, 754 f.
[35] *Zeiss/Schreiber,* Rn. 395; *Blomeyer,* § 60 I 1 a.

sache unbestritten ist. Dafür spreche auch, dass die Aufrechnung gem. § 204 I Nr. 5 BGB die Verjährung hemmt und den Streitwert gem. § 45 III GKG erhöht. Außerdem erwächst die Entscheidung über die Gegenforderung gem. § 322 II ZPO in Rechtskraft.

97 Da die Ansichten zu verschiedenen Ergebnissen kommen, ist der Streit zu entscheiden. Es ist der h.M. zu folgen, da die Gegenforderung lediglich als Verteidigungsmittel anzusehen ist und dementsprechend nicht Streitgegenstand ist.

II. Weitere Sachurteilsvoraussetzungen

98 Bezüglich der weiteren Sachurteilsvoraussetzungen kann auf oben zu Frage a und b verwiesen werden (Rn. 70 ff.).

B. Begründetheit

99 Hinsichtlich der Begründetheit ergeben sich ebenfalls keine Änderungen zu Frage a und b (Rn. 81 ff.).

Fall 7. Kampfhund Bert

Sachverhalt

Gustav Ganther (G), wohnhaft in Stralsund, betreibt in Greifswald einen Gebrauchtwagenhandel. Dort verkauft er am 19.12.2009 an Alfred Aal (A) aus Greifswald einen PKW für 5.000 EUR. Den Kaufpreis sollte Alfred, der noch auf die Auszahlung einer Versicherung wartete, spätestens am 1.3.2010 bezahlen. Bis dahin behielt sich Gustav das Eigentum vor. Kurz vor der Übergabe der Autoschlüssel wird Alfred von dem Kampfhund Bert, der dem Gustav gehört, angefallen und so schwer verletzt, dass er mit dem Krankenwagen sofort in das Krankenhaus gebracht werden musste. Gustav nimmt Bert tagsüber in seinen Betrieb mit, da er ihn nicht allein auf seinem Hausgrundstück lassen will. Bert war aus seinem Zwinger ausgebrochen. Der bisher stets zuverlässige Siegfried Schlender (S) aus Stralsund, Inhaber eines kleinen Bewachungsbetriebes, hatte den Zwinger grob fahrlässig nicht verschlossen, obwohl dies zu seinen regelmäßigen Verpflichtungen aus dem Bewachungsvertrag mit Gustav gehörte.

Nachdem Alfred zwei Wochen später aus dem Krankenhaus entlassen wird, meldet er sich telefonisch bei Gustav und meint, dass er an dem PKW jetzt nicht mehr interessiert sei und daher auch den Kaufpreis nicht zahlen werde. Außerdem macht er Schadensersatz für die wegen des Hundebisses entstandenen Heilungskosten sowie ein angemessenes Schmerzensgeld geltend. Gustav verwahrt sich gegen diese Forderungen, verlangt von Alfred weiterhin die pünktliche Zahlung des Kaufpreises gegen Übergabe des Pkw und droht mit sofortiger Klage.

Gustav übergibt die Sache seinem Rechtsanwalt Dr. Wichtig (W), der am 11.1. 2010 eine Klageerhebung vor dem Amtsgericht Greifswald anstrebt. Da Dr. Wichtig ein großer Freund der neuen Medien ist, versieht er den in seinem Computer gespeicherten Schriftsatz mit einer eingescannten Unterschrift und versendet ihn direkt aus seinem Computer an das Faxgerät der Geschäftsstelle des Amtsgerichts, wo das Fax am 11.1.2010 eingeht. Rechtsanwalt Dr. Wichtig beantragt darin Verurteilung des Alfred zur Zahlung des Kaufpreises in Höhe von 5.000 EUR zum 1.3.2010, wobei er den Abschluss des Kaufvertrags, den Zeitpunkt der Fälligkeit der Kaufpreisforderung und die endgültige Zahlungsverweigerung des A darlegt. Die Klageschrift wird am 13.1.2010 nebst einer Ladung zum frühen ersten Termin am 29.1.2010 der mit Alfred zusammenwohnenden Lebensgefährtin Traudel Traurig (T) zugestellt. Alfred selbst hat zwei Tage zuvor eine zehnwöchige Geschäftsreise in die USA angetreten. Da Traudel prinzipiell nicht die Post des Alfred öffnet und Alfred auch nicht über das Schriftstück unterrichtet, erfährt dieser nichts von der Klage und erscheint demzufolge auch nicht zum angesetzten Termin. Rechtsanwalt Dr. Wichtig beantragt im Termin den Erlass eines Versäumnisurteils.

Frage 1: Wie wird das Gericht entscheiden?

Alfred erhebt am 1.4.2010 Klage gegen Gustav vor dem Amtsgericht Greifswald auf Erstattung der ärztlichen Behandlungskosten in Höhe von 3.000 EUR und Zahlung eines angemessenen Schmerzensgeldes von mindestens 1.000 EUR. Gustavs Rechtsanwalt Dr. Wichtig widerspricht der Klage und wendet gegen die geltend gemachten Behandlungskosten ein, dass Alfred – was zutrifft – von seiner Krankenversicherung, der Ultraviolett Private Krankenversicherung AG (U), die Behandlungskosten in voller Höhe bereits vor der Klageerhebung erstattet bekommen habe und ihm insoweit gar kein Schaden entstanden sei.

Frage 2: Beurteilen Sie die Erfolgsaussichten der Klage!

Frage 3: Die Ultraviolett AG erfährt von der Klageerhebung des A und möchte den Prozess mit Zustimmung des A zu Beginn der ersten mündlichen Verhandlung bezüglich der Erstattung der Behandlungskosten übernehmen. Besteht für die Ultraviolett AG die Möglichkeit, in den Prozess einzutreten, wenn Gustav nicht zustimmt?

Abwandlung: Nicht Alfred, sondern die Ultraviolett AG, die private Krankenversicherung des Alfred, klagt den Anspruch wegen der Erstattung der Behandlungskosten ein. Weil Gustav gegen die Ultraviolett AG eine Niederlage befürchtet, verkündet er Siegfried den Streit. Siegfried wird die Streitverkündung zu Beginn des Prozesses gegen die Ultraviolett AG am 3.5.2010 zugestellt. Er verzichtet jedoch auf einen Beitritt als Streithelfer. Gustav wird verurteilt, an die Ultraviolett AG 3.000 EUR zu zahlen. Nach Rechtskraft des Urteils am 23.6.2010 kommt Gustav seiner Verpflichtung aus dem Urteil nach und zahlt an die Ultraviolett AG. Mit der bei dem Amtsgericht Greifswald erhobenen Klage verlangt Gustav Rückerstattung dieses Betrags von Siegfried. Die Klage geht Siegfried am 11.1.2013 zu, der sich jedoch wahrheitsgemäß damit verteidigt, Alfred habe Kampfhund Bert zum Angriff provoziert und trage daher ein Mitverschulden. Weiterhin erhebt Siegfried die Einrede der Verjährung.

Frage 4: Beurteilen Sie die Erfolgsaussichten der Klage des Gustav gegen Siegfried!

Bearbeitervermerk: Greifswald liegt im Bezirk des Amtsgerichts Greifswald und des Landgerichts Stralsund.

Gliederung

Lösung

Frage 1

In Betracht kommt der Erlass eines Versäumnisurteils, wenn dessen Voraussetzun- **1** gen vorliegen.

A. Antrag auf Erlass eines Versäumnisurteils

Voraussetzung für den Erlass eines Versäumnisurteils ist zunächst ein dementspre- **2** chender Antrag des Klägers (§ 331 I 1 ZPO). Hier hat W, der Rechtsanwalt des G, den Erlass eines Versäumnisurteils in der mündlichen Verhandlung beantragt.

B. Säumnis des Beklagten

A müsste im Termin zur mündlichen Verhandlung nicht erschienen sein (§ 331 I 1 **3** ZPO). Weder A noch ein Vertreter sind im Termin erschienen.

C. Kein Erlasshindernis gem. § 335 ZPO

I. Ordnungsgemäße Ladung gem. § 335 I Nr. 2 ZPO

Möglicherweise muss der Antrag auf Erlass eines Versäumnisurteils gem. § 335 I **4** Nr. 2 ZPO zurückgewiesen werden, wenn A nicht ordnungsgemäß geladen war.

Die Ladung zum Termin wurde gem. § 214 ZPO von Amts wegen veranlasst, die Zustellung erfolgte ebenfalls von Amts wegen gem. § 166 ZPO.

1. Ordnungsgemäße Zustellung

5 Fraglich ist, ob die Zustellung[1] ordnungsgemäß war.

a) Zustellung an A persönlich

6 An A persönlich wurde nicht zugestellt.

b) Ersatzzustellung an T gem. § 178 ZPO

7 Es könnte aber eine ordnungsgemäße Ersatzzustellung gem. § 178 I Nr. 1 ZPO an T vorgenommen worden sein.

aa) Nichtantreffen des A

8 Diese ist zulässig, wenn die Person, der zugestellt werden soll, in ihrer Wohnung nicht angetroffen wird. A befand sich zur Zeit der Zustellung im Ausland und war dementsprechend nicht anwesend.

bb) Zustellung an eine in § 178 I Nr. 1 ZPO genannte Person

9 Die Ladung zum Termin wurde T zugestellt. T könnte als nichteheliche Lebensgefährtin nach Sinn und Zweck des § 178 I Nr. 1 ZPO als Familienangehörige angesehen werden.[2] Sie ist jedenfalls eine erwachsene ständige Mitbewohnerin i. S. d. § 178 I Nr. 1 ZPO, so dass die Ersatzzustellung ordnungsgemäß war.

2. Fristgerecht gem. § 217 und § 274 III ZPO

10 Außerdem müssten die Ladungs- und die Einlassungsfrist gem. §§ 217, 274 III ZPO eingehalten worden sein. Da zwischen der Zustellung der Ladung und dem Termin mehr als drei Tage liegen, ist die Ladungsfrist gem. § 217 ZPO eingehalten. Auch die Einlassungsfrist ist gewahrt. Zwischen der Zustellung der Klageschrift und dem Termin zur mündlichen Verhandlung lagen genau zwei Wochen (§ 274 III ZPO).

II. Keine anderweitigen Erlasshindernisse gem. § 335 ZPO

11 Weitere Erlasshindernisse i. S. d. § 335 ZPO sind nicht ersichtlich.

D. Keine Vertagung von Amts wegen gem. § 337 ZPO

12 Eine Vertagung käme allenfalls in Betracht, wenn A ohne sein Verschulden am Erscheinen verhindert war. Hier ist A jedoch verschuldet am Erscheinen verhindert gewesen, weil er eine so lange Geschäftsreise ohne jegliche Vorkehrungen angetreten hat, obwohl G mit einer Klage gedroht hat.

---

[1] Vgl. zur Zustellung *Stackmann,* JuS 2007, 634 ff.
[2] Vgl. BGHZ 111, 1, 4 ff. = NJW 1990, 1666 f.

E. Zulässigkeit der Klage

Für den Erlass eines Versäumnisurteils müssen außerdem die Sachurteilsvorausset- **13**
zungen vorliegen.

I. Zuständigkeit des Amtsgerichts Greifswald

Die Klage ist beim Amtsgericht Greifswald erhoben worden, so dass dessen sachli- **14**
che und örtliche Zuständigkeit zu prüfen ist.

1. Sachliche Zuständigkeit gem. §§ 23 Nr. 1, 71 GVG

Die sachliche Zuständigkeit der Amtsgerichte richtet sich in der Regel nach dem **15**
Streitwert. Gem. § 23 Nr. 1 GVG umfasst die Zuständigkeit der Amtsgerichte, soweit sie nicht ohne Rücksicht auf den Wert des Streitgegenstands den Landgerichten zugewiesen sind, Streitigkeiten über Ansprüche, deren Gegenstand an Geld
oder Geldeswert die Summe von fünftausend Euro nicht übersteigt. Da der Streitwert hier genau 5.000 EUR beträgt und die Streitigkeit nicht den Landgerichten
zugewiesen ist, ist das Amtsgericht sachlich zuständig.

2. Örtliche Zuständigkeit

a) Allgemeiner Gerichtsstand gem. §§ 12, 13 ZPO

Da ein ausschließlicher Gerichtsstand nicht ersichtlich ist, könnte das Amtsgericht **16**
Greifswald gem. §§ 12, 13 ZPO örtlich zuständig sein. Danach ist das Gericht, bei
dem eine Person ihren allgemeinen Gerichtsstand hat, für alle gegen sie zu erhebenden Klagen zuständig. Der allgemeine Gerichtsstand wird nach dem Wohnsitz bestimmt (§ 13 ZPO). A wohnt in Greifswald, so dass das Amtsgericht Greifswald
auch örtlich zuständig ist.

b) Besonderer Gerichtsstand des Erfüllungsorts gem. § 29 I ZPO

Die Zuständigkeit des Amtsgerichts Greifswald könnte sich auch aus § 29 I ZPO **17**
ergeben. Es handelt sich hier um eine Streitigkeit aus einem Vertragsverhältnis, dem
Kaufvertrag, so dass das Gericht des Erfüllungsorts zuständig ist. Der Erfüllungsort
bestimmt sich nach materiellem Recht.[3] Leistungsort (Erfüllungsort) ist gem. § 269
I BGB grundsätzlich der Wohnort des Schuldners, also wieder Greifswald, so dass
das Amtsgericht Greifswald auch gem. § 29 I ZPO örtlich zuständig ist.

II. Ordnungsgemäße Klageerhebung gem. § 253 ZPO

Die Klage müsste auch ordnungsgemäß erhoben worden sein. **18**

1. Inhalt der Klageschrift gem. § 253 II Nr. 2 ZPO

Bezüglich des Inhalts der Klageschrift gem. § 253 II Nr. 2 ZPO bestehen keine Be- **19**
denken.

---

[3] Vgl. BGHZ 157, 20, 23 = NJW 2004, 54; Musielak/*Heinrich,* § 29 Rn. 15.

2. Form der Klageschrift gem. §§ 253 IV, 130 Nr. 6 ZPO

20 Fraglich ist jedoch, ob die Klageschrift auch formgerecht eingereicht worden ist. Gem. § 253 IV ZPO sind die allgemeinen Vorschriften über vorbereitende Schriftsätze auf die Klageschrift anzuwenden, so dass § 130 ZPO zu beachten ist. Gem. § 130 Nr. 6 ZPO soll der Schriftsatz die Unterschrift der Person, die den Schriftsatz verantwortet, enthalten. W hat den in seinem Computer gespeicherten Schriftsatz lediglich mit einer eingescannten Unterschrift versehen und diesen direkt aus dem Computer an das Faxgerät des Gerichts versendet. Eine eigenhändige Unterschrift fehlt demnach. Dies könnte jedoch unschädlich sein, da § 130 ZPO lediglich eine Sollvorschrift ist.

§ 130 Nr. 6 ZPO wird jedoch von der Rechtsprechung entgegen dem Wortlaut des § 130 ZPO als Mussvorschrift angesehen.[4] Bei bestimmenden Schriftsätzen wie der Klageschrift müsse klargestellt sein, dass es sich nicht um einen Entwurf, sondern um eine prozessuale Erklärung handelt, diese von dem Unterzeichner herrührt und dieser die Verantwortung für ihren Inhalt übernimmt.[5]

21 Jedoch ist eine Übermittlung der Klageschrift per Telefax und Telekopie zulässig. Hier reicht gem. § 130 Nr. 6 ZPO die Wiedergabe der Unterschrift in Kopie. Allerdings handelt es sich hier um ein Computerfax, bei dem keine unterschriftsfähige Vorlage wie beim normalen Telefax existiert.

22 Ob ein Computerfax der Form genügt, war umstritten.[6] Mit der Entscheidung des Gemeinsamen Senats der obersten Gerichte des Bundes *(GmS-OGB)*[7] wurde der Streit in der Rechtsprechung dahingehend entschieden, dass ein Computerfax ausreichend ist.

23 Auch der Gesetzgeber ging in der Gesetzesbegründung bei der Neufassung des § 130 Nr. 6 ZPO unter Bezugnahme auf die Entscheidung des *GmS-OGB* von der Zulässigkeit des Computerfax als Telekopie aus.[8]

24 Damit ist die Form der Klageschrift gewahrt.

III. Besondere Sachurteilsvoraussetzungen

25 Hier besteht die Besonderheit, dass G keine fällige Leistung, sondern eine zukünftige Leistung zum 1.3.2010 fordert. Dies würde grundsätzlich dazu führen, dass die Klage als zurzeit unbegründet abgewiesen wird. Ausnahmsweise kann gem. §§ 257–259 ZPO jedoch bereits eine künftige Leistung eingeklagt werden, wenn die besonderen Voraussetzungen der §§ 257 ff. ZPO vorliegen.

1. § 257 ZPO

26 Gem. § 257 ZPO kann eine Klage auf künftige Zahlung erhoben werden, wenn es sich um eine Geldforderung handelt, deren Geltendmachung an den Eintritt eines Kalendertages geknüpft ist und die nicht von einer Gegenleistung abhängig ist.

---

[4] BGHZ 92, 251, 254 = NJW 1985, 328, 329; BGHZ 65, 46, 47 = NJW 1975, 1704; a. A. Zöller/*Greger*, § 130 Rn. 21 f.

[5] *BGH* NJW 2005, 2086, 2087; RGZ 151, 82, 84.

[6] Vgl. die Nachweise in BGHZ 144, 160, 162 ff. = NJW 2000, 2340, 2341.

[7] BGHZ 144, 160, 162 ff. = NJW 2000, 2340, 2341.

[8] Vgl BT-Drucks. 14/4987 S. 23.

a) Leistung an Kalendertag geknüpft

Zwar ist die Leistung an einen Kalendertag geknüpft, da A spätestens am 1.3.2010 **27** den Kaufpreis zahlen sollte.

b) Leistung unabhängig von Gegenleistung

Die Leistung dürfte jedoch nicht von einer Gegenleistung abhängig sein. Hier ist **28** die gem. § 433 I 1 BGB erforderliche Übergabe des Pkw noch nicht erfolgt. Damit ist die Kaufpreiszahlung noch von einer Gegenleistung abhängig.

2. § 258 ZPO

Eine Klage auf künftige Leistung gem. § 258 ZPO kommt nicht in Betracht, da es **29** sich hier nicht um wiederkehrende Leistungen handelt.

3. § 259 ZPO

Möglicherweise ist die Klage auf künftige Leistung gem. § 259 ZPO zulässig. Dies **30** setzt voraus, dass bei einer künftigen Leistung den Umständen nach die Besorgnis gerechtfertigt ist, dass der Schuldner sich der rechtzeitigen Leistung entziehen werde.

Hier handelt es sich um eine künftige Leistung, da die Kaufpreiszahlung erst am 1.3.2010 fällig ist. Eine Besorgnis der Entziehung der rechtzeitigen Leistung kann hier angenommen werden, da A den Anspruch ernsthaft bestreitet.[9] Ein Verschulden ist nicht erforderlich.

Zumindest gem. § 259 ZPO ist die Klage auf künftige Leistung zulässig.

IV. Zwischenergebnis

Die erhobene Klage ist zulässig, da bezüglich der weiteren Sachurteilsvoraussetzun- **31** gen keine Bedenken bestehen.

F. Schlüssigkeit der Klage gem. § 331 II ZPO

Außerdem müsste die Klage nach dem Vorbringen des G schlüssig sein (§ 331 II **32** ZPO). Die Klage ist schlüssig, wenn die vorgebrachten Tatsachen in Verbindung mit einem Rechtssatz den Klageantrag sachlich rechtfertigen.[10] Hier besteht wegen des Kaufvertrags ein Anspruch auf Kaufpreiszahlung gem. § 433 II BGB, der am 1.3.2010 fällig ist. Die diesen Anspruch begründenden Tatsachen hat W als Prozessbevollmächtigter des G in der Klageschrift dargelegt. Zwar wäre im Rahmen der Schlüssigkeitsprüfung auch dem Kläger ungünstiges Klagevorbringen zu berücksichtigen,[11] so dass ein eventueller Rücktritt des A der Schlüssigkeit entgegenstehen könnte. Jedoch hat W zulässigerweise in der Klageschrift nichts hierzu vorgetragen.

Damit ist von der Schlüssigkeit der Klage auszugehen.

---

[9] Vgl. Wieczorek/Schütze/*Assmann*, § 259 Rn. 17 ff.
[10] *BGH* NJW 1984, 2888, 2889.
[11] Zöller/*Greger,* Vor § 253 Rn. 23.

G. Ergebnis

33 Das Gericht wird ein Versäumnisurteil erlassen und den A zur Zahlung des Kaufpreises an G zum 1.3.2010 verurteilen.

Frage 2

34 Die Klage des A gegen G hat Aussicht auf Erfolg, wenn sie zulässig und begründet ist.

A. Zulässigkeit

35 Die Klage ist zulässig, wenn die Sachurteilsvoraussetzungen vorliegen.

I. Zuständigkeit des Amtsgerichts Greifswald

36 Da die Klage beim Amtsgericht Greifswald eingelegt worden ist, ist dessen Zuständigkeit zu prüfen.

1. Sachliche Zuständigkeit

37 Die sachliche Zuständigkeit der Amtsgerichte richtet sich nach § 23 GVG. Danach umfasst die Zuständigkeit der Amtsgerichte, soweit sie nicht ohne Rücksicht auf den Wert des Streitgegenstands den Landgerichten zugewiesen sind, Streitigkeiten über Ansprüche, deren Gegenstand an Geld oder Geldeswert die Summe von fünftausend Euro nicht übersteigt (§ 23 Nr. 1 GVG). Hier macht A zwei prozessuale Ansprüche (Streitgegenstände) geltend, ärztliche Behandlungskosten in Höhe von 3.000 EUR und Schmerzensgeld von mindestens 1.000 EUR. Mehrere in einer Klage geltend gemachten Ansprüche werden gem. § 5 ZPO zusammengerechnet, so dass der Streitwert ca. 4.000 EUR beträgt und damit das Amtsgericht sachlich zuständig ist.

2. Örtliche Zuständigkeit

a) Ausschließlicher Gerichtsstand

38 Ein ausschließlicher Gerichtsstand ist nicht ersichtlich.

b) Allgemeiner Gerichtsstand gem. §§ 12, 13 ZPO

39 Der allgemeine Gerichtsstand gem. § 12 ZPO wird durch den Wohnsitz des Beklagten gem. § 7 BGB bestimmt (§ 13 ZPO). G wohnt in Stralsund, so dass sich daraus die örtliche Zuständigkeit des Amtsgerichts Stralsund, jedoch nicht des Amtsgerichts Greifswald ergibt.

c) Besonderer Gerichtsstand der Niederlassung gem. § 21 ZPO

40 Die örtliche Zuständigkeit des Amtsgerichts Greifswald könnte sich jedoch aus dem besonderen Gerichtsstand der Niederlassung gem. § 21 I ZPO ergeben. Eine Niederlassung liegt vor, wenn eine gewerbliche Tätigkeit von einer ständig betriebenen und auf eine gewisse Dauer errichteten Geschäftsstelle ausgeübt wird.[12] Hier hat G in Greifswald einen Gebrauchtwagenhandel, also eine Niederlassung, von der aus unmittelbar Geschäfte geschlossen werden. Gem. § 21 I ZPO können alle Klagen gegen ihn, die Beziehung zum Geschäftsbetrieb haben, am Ort der Niederlassung erhoben werden. Hier handelt es sich zwar nicht unmittelbar um einen aus einem Geschäftsabschluss resultierenden Anspruch, aber um einen Anspruch anlässlich eines Geschäftsabschlusses. Der Anspruch kann sich auch aus einer vertraglichen Pflichtverletzung ergeben (§ 280 I BGB), so dass ein Bezug zum Geschäftsbetrieb der Niederlassung vorliegt. Danach lässt sich die Zuständigkeit des Amtsgerichts Greifswald aus § 21 I ZPO herleiten.

d) Besonderer Gerichtsstand des Erfüllungsorts gem. § 29 I ZPO

In Betracht kommt ferner der besondere Gerichtsstand des Erfüllungsorts gem. **41** § 29 I ZPO, da zwischen G und A ein Kaufvertrag besteht und sich ein Schadensersatzanspruch aus der Verletzung einer vertraglichen Nebenpflicht gem. §§ 280 I, 241 II BGB ergeben kann. Danach ist für eine Streitigkeit aus einem Vertragsverhältnis das Gericht des Ortes zuständig, an dem die streitige Verpflichtung zu erfüllen ist. Geht es um Schadensersatz wegen Verletzung von Leistungs- oder Nebenpflichten, dann ist die „streitige Verpflichtung" nicht die Pflicht zum Schadensersatz, sondern die verletzte Leistungs- oder Nebenpflicht.[13] Der Erfüllungsort bestimmt sich nach materiellem Recht,[14] also nach § 269 BGB. Dabei stimmt der Leistungsort (Erfüllungsort) für die verletzte Nebenpflicht im Zweifel mit dem der Hauptpflicht überein.[15] Leistungsort der Hauptpflicht ist Greifswald, da hier die Kaufsache übergeben werden sollte. Da G in diesem Rahmen auch zur Rücksichtnahme auf die Rechtsgüter des A verpflichtet war, ist Greifswald auch der Leistungsort für die Nebenpflicht.[16] Gem. § 29 I ZPO ist das Amtsgericht Greifswald örtlich zuständig.

e) Besonderer Gerichtsstand der unerlaubten Handlung gem. § 32 ZPO

Außerdem kommt der Gerichtsstand der unerlaubten Handlung gem. § 32 ZPO in **42** Betracht. Da A Ansprüche aus einer unerlaubten Handlung gem. §§ 823 I, 831, 833 BGB geltend macht, die in Greifswald begangen wurde, ist das Amtsgericht Greifswald auch gem. § 32 ZPO örtlich zuständig.

3. Zwischenergebnis

Das Amtsgericht Greifswald ist sachlich und örtlich zuständig. **43**

II. Ordnungsgemäße Klageerhebung gem. § 253 ZPO

A verlangt neben den Heilungskosten ein angemessenes Schmerzensgeld von min- **44** destens 1.000 EUR. Fraglich ist, ob dieser Antrag bestimmt i.S.d. § 253 II Nr. 2

---

[12] Musielak/*Heinrich*, § 21 Rn. 2.

[13] OLGR Schleswig 2005, 630, 631; Zöller/*Vollkommer*, § 29 Rn. 25 (Schadensersatz); vgl. zum Erfüllungsort für die Schadensersatzpflicht auch MünchKomm-BGB/*Krüger*, § 269 Rn. 43.

[14] Vgl. BGHZ 157, 20, 23 = NJW 2004, 54; Musielak/*Heinrich*, § 29 Rn. 15.

[15] Zöller/*Vollkommer*, § 29 Rn. 25 (Nebenpflicht); Palandt/*Grüneberg*, § 269 Rn. 7.

[16] Vgl. für Aufklärungspflichten *BayObLG* NJW 2002, 2888.

ZPO ist. In der Regel muss der Geldbetrag, zu dem verurteilt werden soll, ziffern-mäßig bestimmt sein.[17] Wegen der Mindestangabe fehlt hier eine genaue Bezifferung, so dass der Antrag nicht bestimmt ist. Allerdings besteht in Bezug auf Schmerzensgeldansprüche eine Ausnahme vom Grundsatz des § 253 II Nr. 2 ZPO. Der Anspruch gem. § 253 II BGB ist nicht genau bezifferbar, da eine „billige Ent-schädigung" in Geld gefordert werden kann. Die Höhe steht im Ermessen des Ge-richts (vgl. § 287 ZPO). Müsste der Anspruch genau beziffert werden, wäre eine Ermessensausübung nicht mehr möglich. Daher ist in diesen Fällen eine genaue Bezifferung entbehrlich. Der Kläger kann einen unbestimmten Antrag auf Zahlung eines angemessenen Schmerzensgeldes stellen.

A hat einen solchen Antrag gestellt und darüber hinaus auch einen Mindestbetrag angegeben.[18]

Damit ist die Klage ordnungsgemäß erhoben.

III. Weitere Sachurteilsvoraussetzungen

45 Vom Vorliegen der weiteren Sachurteilsvoraussetzungen ist mangels entgegenste-hender Angaben im Sachverhalt auszugehen.

B. Objektive Klagenhäufung gem. § 260 ZPO

46 Da A hier mehrere prozessuale Ansprüche (Streitgegenstände) in einer Klage gel-tend macht, handelt es sich um eine objektive Klagenhäufung. Es sind deshalb de-ren Voraussetzungen gem. § 260 ZPO zu prüfen.

I. Mehrere Ansprüche

47 A macht mehrere prozessuale Ansprüche, den Anspruch auf Erstattung der Behand-lungskosten und den Anspruch auf Schmerzensgeld, geltend. Dabei handelt es sich um verschiedene Streitgegenstände, da es nicht nur um Rechnungsposten eines ein-heitlichen Anspruchs geht.[19]

II. Identität der Parteien

48 A macht beide Ansprüche gegen G geltend.

III. Zuständigkeit des Amtsgerichts Greifswald

49 Das Amtsgericht Greifswald ist für beide Ansprüche sachlich und örtlich zuständig (vgl. Rn. 36 ff.).

---

[17] *Rosenberg/Schwab/Gottwald,* § 95 Rn. 27.

[18] Die Angabe einer bestimmten Größenordnung ist wohl nach neuerer Rechtsprechung (BGHZ 140, 335, 341 = NJW 1999, 1339, 1340) keine Zulässigkeitsvoraussetzung mehr, vgl. *Rosenberg/Schwab/Gottwald,* § 95 Rn. 39, und hat nur noch Bedeutung für die Beschwer.

[19] Vgl. BGHZ 30, 7, 18 = NJW 1959, 1269, 1272; vgl. RGZ 158, 34, 36.

IV. Dieselbe Prozessart

Beide Ansprüche werden im ordentlichen Verfahren, also in derselben Prozessart, **50** geltend gemacht.

Damit liegen die Voraussetzungen für eine objektive Klagenhäufung gem. § 260 **51** ZPO vor.

C. Begründetheit

Die Klage ist begründet, wenn A die geltend gemachten Ansprüche gegen G zuste- **52** hen.

I. Anspruch aus §§ 280 I, 241 II BGB

In Betracht kommt ein Anspruch des A gegen G auf Schadensersatz gem. §§ 280 I, **53** 241 II BGB.

1. Schuldverhältnis

Dieser setzt ein bestehendes Schuldverhältnis zwischen A und G voraus. A und G **54** haben einen wirksamen Kaufvertrag über den Pkw geschlossen.

2. Pflichtverletzung

Außerdem müsste G eine Pflicht aus dem Schuldverhältnis verletzt haben. Hier hat **55** G möglicherweise eine Nebenpflicht i.S.d. § 241 II BGB verletzt. Gem. § 241 II BGB ist jeder Teil verpflichtet, auf die Rechtsgüter des anderen Teils Rücksicht zu nehmen. Diese Pflicht hat G hier verletzt, da er den A auf seinem Verkaufsgelände Gefahren ausgesetzt hat, indem sein Hund Bert nicht im Zwinger eingeschlossen war. Dieser konnte dadurch den A schwer verletzen.

3. Vertretenmüssen gem. §§ 276, 278 BGB

Zwar ist dem G ein eigenes Verschulden gem. § 276 BGB nicht anzulasten, da er **56** nicht selbst den Zwinger offen gelassen hat.

Ihm könnte jedoch das Verschulden des S gem. § 278 BGB zugerechnet werden. S **57** ist nach dem Bewachungsvertrag mit G verpflichtet, den Zwinger zu verschließen. G bedient sich daher zur Erfüllung seiner Schutzpflichten gegenüber seinen Kunden des S, so dass dieser als Erfüllungsgehilfe anzusehen ist. Da S hier grob fahrlässig den Zwinger nicht verschlossen hat, hat G dieses Verschulden gem. § 278 BGB wie eigenes Verschulden zu vertreten.

4. Rechtsfolge: Schadensersatz gem. §§ 249 ff. BGB

Durch diese Pflichtverletzung müsste A auch ein Schaden entstanden sein, den G **58** gem. §§ 249 ff. BGB zu ersetzen hätte.

a) Heilungskosten

Fraglich ist, ob die Behandlungskosten einen Schaden des A darstellen, da sie ihm **59** von seiner Versicherung erstattet worden sind. Bei Leistungen Dritter aufgrund vertraglicher Verpflichtungen, wie hier der Privaten Krankenversicherung des A, entlastet die Erstattung der Behandlungskosten den Schädiger nicht. Dies ergibt sich bereits daraus, dass der Schadensersatzanspruch des Versicherungsnehmers gem. §§ 194 I 1, 86 I 1 VVG auf den Versicherer kraft Gesetzes übergeht, da die Behandlungskosten nach den Grundsätzen der Schadensversicherung gewährt werden.[20] Der Einwand des G, dass kein Schaden des A vorliege, wendet sich deshalb nicht gegen die Entstehung des Anspruchs selbst, sondern ist rechtlich so auszulegen, dass A nicht mehr Inhaber des Anspruchs ist. Damit ist dem A hinsichtlich der Heilungskosten ein Schaden entstanden (zur Frage der Aktivlegitimation vgl. Rn. 61), der von G gem. § 249 II 1 BGB zu ersetzen ist.

b) Schmerzensgeld

60 Beim Schmerzensgeld handelt es sich um den Ersatz eines immateriellen Schadens. Hierfür kann nur eine Entschädigung in Geld gewährt werden, wenn dies im Gesetz ausdrücklich bestimmt ist (§ 253 I BGB). Gem. § 253 II BGB kann wegen einer Körperverletzung auch wegen des Nichtvermögensschadens eine billige Entschädigung in Geld verlangt werden. A ist am Körper verletzt worden, so dass eine billige Entschädigung in Höhe von 1.000 EUR bei einem zweiwöchigen Krankenhausaufenthalt wohl angemessen ist.

5. Verlust der Aktivlegitimation bezüglich der Heilungskosten

61 Der Schadensersatzanspruch bezüglich der Heilungskosten stand zunächst dem A zu. Allerdings ist der Anspruch mit vollständiger Erstattung der ärztlichen Behandlungskosten durch U kraft Gesetzes gem. §§ 194 I 1, 86 I 1 VVG auf den Versicherer U übergegangen. Da U bereits vor der Klageerhebung die Behandlungskosten erstattet hat, war A zum Zeitpunkt der Klageerhebung nicht mehr Inhaber der Forderung, so dass ihm diesbezüglich die Aktivlegitimation fehlt.

62 Letztendlich steht ihm lediglich der Anspruch auf Schmerzensgeld gem. §§ 280 I, 241 II, 253 II BGB gegen G zu.

II. § 823 I BGB

63 A ist durch den Hundebiss an seinem Körper verletzt worden. Diese Rechtsgutsverletzung müsste dem G zurechenbar sein.

64 Hier hat es jedoch nicht G, sondern S unterlassen, den Zwinger ordnungsgemäß zu verschließen, so dass der Hund A angreifen konnte. Andererseits hat G die Gefahrenquelle eröffnet, indem er dem A den Zutritt zu seinem Grundstück gewährte. Er hat deshalb grundsätzlich dafür zu sorgen, dass sein Grundstück für Dritte ohne Gefahren für deren Leib und Leben ist. Es ist allerdings zulässig, deliktische Sorgfaltspflichten zur Ausführung auf einen Dritten zu übertragen. In diesem Fall trifft den Dritten im Außenverhältnis eine selbständige deliktische Verantwortung.[21] Die zulässige Delegation von deliktischen Sorgfaltspflichten führt jedoch nicht zu einer vollständigen Haftungsbefreiung des Übertragenden.[22] Diesen treffen vielmehr

---

[20] Vgl. *BGH* NJW 1969, 2284, 2286 zu § 67 I VVG a. F.
[21] *BGH* NJW 1975, 533, 534; MünchKomm-BGB/*Wagner*, § 823 Rn. 297 m. w. N.
[22] MünchKomm-BGB/*Wagner*, § 823 Rn. 300; Staudinger/*Hager*, § 823 BGB Rn. E 60.

i.R.d. § 823 I BGB fortbestehende Sorgfaltspflichten in Form von Auswahl-, Instruktions- und Überwachungspflichten.[23] Der Sachverhalt liefert jedoch keine Anhaltspunkte dafür, dass G entsprechende Pflichten verletzt hätte. Vielmehr hatte er keine Hinweise auf Nachlässigkeiten des S, der sich bisher stets zuverlässig verhalten hatte. In diesem Fall durfte G grundsätzlich darauf vertrauen, dass S die ihm übertragenen Aufgaben auch weiterhin ordnungsgemäß verrichtet.[24] Das gilt vor allem deshalb, weil S als Betreiber eines Bewachungsgewerbes selbst die erforderliche Sachkunde mitbringt und sich in diesen Fällen die Beaufsichtigung durch den Auftraggeber regelmäßig erübrigt.[25]

Ein Anspruch aus § 823 I BGB scheidet demnach aus. **65**

III. § 831 BGB

Auch ein Anspruch aus § 831 I BGB kommt nicht in Betracht, da S mangels Wei- **66** sungsgebundenheit kein Verrichtungsgehilfe des G ist.

IV. § 833 S. 1 BGB

A könnte jedoch einen Anspruch gegen G gem. § 833 S. 1 BGB haben. **67**

1. Körperverletzung durch ein Tier

Dies setzt voraus, dass der Körper eines Menschen durch ein Tier verletzt worden **68** ist. Hier ist A durch den Biss des Kampfhundes Bert verletzt worden. Dadurch hat sich die Tiergefahr verwirklicht.

2. Tierhaltereigenschaft des G

Außerdem müsste der Anspruchsgegner der Halter des Tieres sein. G ist Halter des **69** Kampfhundes Bert.

3. Kein Ausschluss der Haftung gem. § 833 S. 2 BGB

Die Tierhalterhaftung dürfte jedoch nicht gem. § 833 S. 2 BGB ausgeschlossen **70** sein. Dies würde voraussetzen, dass der Schaden durch ein Haustier verursacht worden ist, das dem Beruf, der Erwerbstätigkeit oder dem Unterhalt des Halters zu dienen bestimmt ist und der Tierhalter bei der Beaufsichtigung des Tieres die erforderliche Sorgfalt beobachtet hat oder der Schaden auch bei Anwendung dieser Sorgfalt entstanden wäre. Bei dem Kampfhund Bert handelt es sich um ein Haustier. Jedoch ist der Hund weder dem Beruf noch der Erwerbstätigkeit des G zu dienen bestimmt und trägt auch nicht zu dessen Unterhalt bei. Vor allem wird er nicht zur Bewachung des Betriebsgeländes eingesetzt, sondern von G lediglich zur Unterbringung regelmäßig auf das Betriebsgelände mitgenommen. Daher greift § 833 S. 2 BGB nicht ein. G hat verschuldensunabhängig für den vom Kampfhund Bert verursachten Schaden einzustehen.

---

[23] Vgl. BGHZ 110, 114, 121 = NJW 1990, 1361, 1363 m.w.N.; *BGH* NJW 1985, 270, 271.
[24] *BGH* NJW 1985, 270, 271.
[25] Vgl. *BGH* NJW 1971, 2308; Staudinger/*Hager,* § 823 BGB Rn. E 61.

4. Rechtsfolge

71 Bezüglich des Umfangs des Schadensersatzes kann auf oben (Rn. 58 ff.) verwiesen werden. Ein etwaiges Mitverschulden des A gem. § 254 BGB wäre auch im Rahmen der Gefährdungshaftung nach § 833 S. 1 BGB zu berücksichtigen gewesen.[26] Zum provozierenden Verhalten des A gegenüber dem Hund wurde jedoch im Prozess nichts vorgetragen. Dies kann somit nicht der Entscheidung zugrunde gelegt werden.[27]

Dem A steht gegen G ein Anspruch auf Zahlung einer billigen Entschädigung auch gem. §§ 833, 253 II BGB zu, während er bezüglich der Heilungskosten nicht mehr Inhaber des Anspruchs ist (Rn. 61).

V. Ergebnis

72 Die Klage des A ist hinsichtlich des Schmerzensgeldes begründet, hinsichtlich der Heilungskosten unbegründet. Sie hat also nur teilweise Aussicht auf Erfolg.

Frage 3

73 Wie bei Frage 2 (Rn. 61) festgestellt, steht U und nicht A der Anspruch gegen G bezüglich der Behandlungskosten kraft gesetzlichen Forderungsübergangs gem. §§ 194 I 1, 86 I 1 VVG zu. Deshalb ist zu prüfen, ob U den Prozess diesbezüglich übernehmen kann.

74 In Betracht kommen ein Parteiwechsel und eine Parteierweiterung.[28]

A. Gewillkürter Parteiwechsel auf Klägerseite

75 Bei einem gewillkürten Parteiwechsel auf der Klägerseite tritt ein neuer Kläger an die Stelle des ausscheidenden ursprünglichen Klägers. Hier will U bezüglich des einen prozessualen Anspruchs des A, der Erstattung der Behandlungskosten, anstelle des A den Prozess übernehmen. A wird diesbezüglich aus dem Prozess ausscheiden. Insoweit läge ein gewillkürter Parteiwechsel vor.

B. Gewillkürte Parteierweiterung auf Klägerseite

76 Eine gewillkürte Parteierweiterung auf der Klägerseite liegt vor, wenn eine neue Partei an der Seite der bisherigen den Prozess führt. Hier bleibt A bezüglich des Schmerzensgeldes weiter Partei des Prozesses, während U bezüglich der Erstattung der Behandlungskosten neben den A als Partei in den Prozess tritt.

C. Mischform

77 Im vorliegenden Fall handelt es sich um eine Mischform. U übernimmt den Antrag wegen der Heilungskosten und tritt insoweit an die Stelle des A; A bleibt aber im

---

[26] Vgl. Palandt/*Sprau*, § 833 Rn. 13.
[27] Vgl. Thomas/Putzo/*Reichold*, § 128 Rn. 6.
[28] Vgl. hierzu *Musielak*, Grundkurs, Rn. 210 ff.

Prozess, weil er den Antrag bezüglich des Schmerzensgeldes weiter selbst geltend macht, so dass U insoweit dem Prozess des A lediglich beitritt.

Aus diesem Grund sind die Voraussetzungen für Parteiwechsel und Parteibeitritt zu prüfen.

I. Voraussetzungen für den Parteiwechsel auf Klägerseite

Unter welchen Voraussetzungen ein Parteiwechsel auf der Klägerseite zulässig ist, ist **78** umstritten.

Der *BGH*[29] und ein Teil der Literatur[30] wenden bei einem gewillkürten Parteiwech- **79** sel auf der Klägerseite in der ersten Instanz die Vorschriften über die Klageänderung entsprechend an (Klageänderungstheorie), so dass deren Voraussetzungen vorliegen müssen.

Dagegen handelt es sich nach der h.L.[31] um ein gewohnheitsrechtliches Institut **80** eigener Art.

1. Zustimmung des alten und des neuen Klägers

Nach allen Ansichten[32] sind jedoch die Zustimmung des alten und des neuen Klä- **81** gers erforderlich, da grundsätzlich niemand gezwungen werden kann, seine Klage aufzugeben bzw. eine Klage zu erheben.[33] Die Zustimmung des A liegt vor.

2. Zustimmung des Beklagten

Die Ansichten gehen jedoch bei der Frage auseinander, ob der Beklagte zustimmen **82** muss.

Nach der h.L.[34] ist die Zustimmung des Beklagten entsprechend § 269 I ZPO nur **83** erforderlich, wenn der Parteiwechsel nach Beginn der mündlichen Verhandlung (Grenze: Rechtsmissbrauch) erfolgt. Danach wäre hier analog § 269 I ZPO die Zustimmung des G entbehrlich, da der Parteiwechsel vor der mündlichen Verhandlung erfolgen soll.

Dagegen unterscheiden der *BGH*[35] und ein Teil der Literatur[36] nicht zwischen ei- **84** nem Parteiwechsel vor oder nach der mündlichen Verhandlung. Es muss gem. § 263 ZPO entweder die Einwilligung des Beklagten oder Sachdienlichkeit vorlie- gen. Hier fehlt es an der nach dieser Ansicht gem. § 263 ZPO erforderlichen Ein- willigung des G, es wäre jedoch Sachdienlichkeit gegeben.

---

[29] Vgl. BGHZ 17, 340, 342 = NJW 1955, 1393; BGHZ 65, 264, 268 = NJW 1976, 239, 240.

[30] *Schilken,* Rn. 763.

[31] Hk-ZPO/*Saenger,* § 263 Rn. 17; Zöller/*Greger,* § 263 Rn. 3; *Musielak,* Grundkurs, Rn. 219; *Rosen-berg/Schwab/Gottwald,* § 42 Rn. 20 ff.

[32] *BGH* GRUR 1996, 865, 866; *Rosenberg/Schwab/Gottwald,* § 42 Rn. 23.

[33] *Musielak,* Grundkurs, Rn. 217.

[34] Hk-ZPO/*Saenger,* § 263 Rn. 30; Zöller/*Greger,* § 263 Rn. 30; *Rosenberg/Schwab/Gottwald,* § 42 Rn. 23.

[35] *BGH* NJW 1988, 128; BGHZ 65, 264, 268 = NJW 1976, 239, 240; BGHZ 17, 340, 342 = NJW 1955, 1393.

[36] *Schilken,* Rn. 763.

85 Da beide Ansichten zu demselben Ergebnis kommen, ist die Streitentscheidung nicht erforderlich. Die Voraussetzungen für den Parteiwechsel liegen nach beiden Ansichten vor, so dass der Parteiwechsel auf der Klägerseite zulässig wäre.

II. Voraussetzungen für den Parteibeitritt auf Klägerseite

86 Auch hier ist umstritten, unter welchen Voraussetzungen ein gewillkürter Parteibeitritt zulässig ist.

87 Während die h. M.[37] den gewillkürten Parteibeitritt genauso behandelt wie den gewillkürten Parteiwechsel, also entsprechend den Klageänderungsvorschriften gem. § 263 ZPO, wendet die Gegenansicht[38] die Vorschriften über die subjektive Klagenhäufung (§§ 59 ff. ZPO) an.

1. Zustimmung des bisherigen Klägers

88 Nach allen Ansichten ist auch für einen Parteibeitritt die Zustimmung des ursprünglichen Klägers (A) erforderlich.[39] A hat ausdrücklich zugestimmt.

2. Zustimmung des Beklagten

89 Nach der Klageänderungstheorie sind in 1. Instanz außerdem wieder die Voraussetzungen der Klageänderung (§ 263 ZPO) zu prüfen, also die Zustimmung des Beklagten oder die Sachdienlichkeit. Hier liegt zwar keine Zustimmung des G vor, es wäre aber Sachdienlichkeit gegeben.

90 Nach der Gegenansicht ist die Zustimmung des Beklagten bzw. Sachdienlichkeit nicht erforderlich,[40] da jeder mit einer Klage gegen sich rechnen muss.

3. Voraussetzungen gem. §§ 59 ff. ZPO

91 Durch den Parteibeitritt entsteht eine Streitgenossenschaft, so dass nach der Gegenansicht statt der Sachdienlichkeit die Voraussetzungen der §§ 59 ff. ZPO zu prüfen sind.

Hier handelt es sich um eine einfache Streitgenossenschaft gem. § 59 ZPO, da die Ansprüche von A und U auf demselben tatsächlichen Grund, dem Hundebiss, beruhen.

92 Nach allen Ansichten liegen demnach die Voraussetzungen auch für einen Parteibeitritt vor, so dass eine Streitentscheidung nicht erforderlich ist.

93 Eine Übernahme der Klage durch U wäre demnach zulässig.

Frage 4

94 Die Klage des G gegen S hat Aussicht auf Erfolg, wenn sie zulässig und begründet ist.

---

[37] BGHZ 65, 264, 268 f. = NJW 1976, 239, 240; MünchKomm-ZPO/*Becker-Eberhard*, § 263 Rn. 84.
[38] *Rosenberg/Schwab/Gottwald*, § 42 Rn. 22.
[39] *Rosenberg/Schwab/Gottwald*, § 42 Rn. 22.
[40] *Rosenberg/Schwab/Gottwald*, § 42 Rn. 22.

A. Zulässigkeit der Klage

Die Klage ist zulässig, wenn die Sachurteilsvoraussetzungen vorliegen. **95**

I. Zuständigkeit des Amtsgerichts Greifswald

Das Amtsgericht Greifswald müsste sachlich und örtlich zuständig sein. **96**

1. Sachliche Zuständigkeit

Die sachliche Zuständigkeit richtet sich nach dem Streitwert. Da G eine Geldforde- **97** rung in Höhe von 3.000 EUR geltend macht, ist das Amtsgericht gem. § 23 Nr. 1 GVG sachlich zuständig.

2. Örtliche Zuständigkeit

a) Ausschließlicher Gerichtsstand

Ein ausschließlicher Gerichtsstand ist nicht ersichtlich. **98**

b) Allgemeiner Gerichtsstand gem. §§ 12, 13 ZPO

Die Zuständigkeit des Amtsgerichts Greifswald ergibt sich nicht aus dem allgemei- **99** nen Gerichtsstand des S, da dieser seinen Wohnsitz in Stralsund hat und deshalb gem. §§ 12, 13 ZPO das Amtsgericht Stralsund zuständig wäre.

c) Besonderer Gerichtsstand des Erfüllungsorts gem. § 29 I ZPO

Es geht hier um eine Streitigkeit aus einem Vertragsverhältnis, nämlich dem Bewa- **100** chungsvertrag. Erfüllungsort für die Verpflichtungen des S aus dem Bewachungs- vertrag ist der Ort, an dem die Dienstleistung zu erbringen ist. S hat in Greifswald die Bewachung durchzuführen, so dass das Amtsgericht Greifswald örtlich zustän- dig ist.

d) Besonderer Gerichtsstand der unerlaubten Handlung gem. § 32 ZPO

Im Rahmen des § 426 II BGB wird der kraft Gesetzes übergegangene Anspruch aus **101** § 823 I BGB geltend gemacht. Da die unerlaubte Handlung in Greifswald began- gen wurde, ist das Amtsgericht Greifswald gem. § 32 ZPO örtlich zuständig.

II. Zwischenergebnis

Die weiteren Sachurteilsvoraussetzungen (Partei-, Prozessfähigkeit, ordnungsgemä- **102** ße Klageerhebung, Rechtsschutzbedürfnis) liegen vor, da keine Anhaltspunkte für deren Fehlen im Sachverhalt enthalten sind. Die Klage des G ist zulässig.

B. Begründetheit der Klage

Die Klage ist begründet, wenn ein Anspruch des G gegen S auf Zahlung von **103** 3.000 EUR besteht.

I. Anspruch aus §§ 280 I, 611 BGB

104 Es kommt ein Schadensersatzanspruch gem. §§ 280 I, 611 BGB in Betracht.

1. Schuldverhältnis

105 Voraussetzung für den Anspruch ist zunächst ein bestehendes Schuldverhältnis. Zwischen G und S besteht ein wirksamer Bewachungsvertrag, der als Dienstvertrag gem. § 611 I BGB zu qualifizieren ist.

2. Pflichtverletzung

106 Außerdem müsste S eine Pflicht aus dem Dienstvertrag verletzt haben. S hat den Zwinger nicht ordnungsgemäß verschlossen, so dass er seine Pflicht aus dem Dienstvertrag, zu der auch das Einschließen des Kampfhundes gehört, verletzt hat.

3. Vertretenmüssen

107 S hat hier laut Sachverhalt grob fahrlässig gehandelt. Er hat daher die Pflichtverletzung gem. § 276 II BGB zu vertreten.

4. Schaden des G

108 Der Schaden besteht darin, dass G aufgrund des am 23.6.2010 rechtskräftig gewordenen Urteils einen Betrag von 3.000 EUR an U gezahlt hat.

5. Mitverschulden gem. § 254 BGB

a) Mitverschulden bei der Schadensentstehung gem. § 254 I BGB

109 Ein Mitverschulden des A lässt sich unter dieser Anspruchsgrundlage nicht diskutieren, weil hier nur jenes Mitverschulden zu berücksichtigen ist, das dem G zuzurechnen ist.

b) Mitverschulden bei der Schadensminderung gem. § 254 II BGB

110 Man könnte dem G jedoch insoweit einen Verstoß gegen seine Schadensminderungspflicht aufgrund seiner nachlässigen Prozessführung zur Last legen, weil er im Prozess der U gegen ihn das Mitverschulden des A nicht eingewendet hat.

Da es hier um das Mitverschulden des G geht, das nicht Gegenstand des Erstprozesses war, greift die Interventionswirkung des § 68 HS 1 ZPO nicht ein. Allerdings kann S wegen § 68 HS 2 ZPO die mangelhafte Prozessführung des G nicht mehr einwenden, weil er dem Erstprozess zu einer Zeit hätte beitreten können, zu der er das Mitverschulden des A wirksam hätte einwenden können.[41] Würde man dem S den Einwand der mangelhaften Prozessführung zugestehen, würde man die Interventionswirkung des § 68 ZPO aushöhlen. Letztlich kann S daher dem G nicht das vorwerfen, was er selbst hätte verhindern können.

---

[41] Vgl. Stein/Jonas/*Bork,* § 68 Rn. 14.

6. Einrede der Verjährung

S könnte eventuell die Einrede der Verjährung erheben. Die regelmäßige Verjäh- **111** rungsfrist beträgt drei Jahre (§ 195 BGB). Die Pflichtverletzung des S erfolgte am 19.12.2009. Hiervon hatte G auch Kenntnis, so dass die Verjährung gem. § 199 I BGB mit dem Schluss des Jahres 2009 begonnen hat und am 31.12.2012 um 24:00 Uhr abgelaufen wäre.

Allerdings hat G dem S am 3.5.2010 den Streit verkündet. Gem. § 204 I Nr. 6 **112** BGB wird die Verjährung durch die Zustellung der Streitverkündung gehemmt. Die Hemmung endet gem. § 204 II BGB sechs Monate nach der rechtskräftigen Entscheidung, also am 23.12.2010. Der Zeitraum der Hemmung wird gem. § 209 BGB nicht in die Verjährungsfrist mit eingerechnet, so dass sich diese um den Hemmungszeitraum verlängert. Damit ist eine Verjährung zum Zeitpunkt der Klageerhebung am 11.1.2013 noch nicht eingetreten.

G hat gegen S einen durchsetzbaren Anspruch aus §§ 280 I, 611 BGB in Höhe von **113** 3.000 EUR.

II. Anspruch aus § 426 I BGB

G könnte gegen S auch ein Anspruch aus § 426 I BGB zustehen. **114**

1. Gesamtschuld von G und S

Dieser setzt eine Gesamtschuld von G und S voraus. G haftet gegenüber U gem. **115** §§ 280 I, 241 II BGB und § 833 BGB. S haftet nach § 823 I BGB (Rn. 123). Beide sind für den aus einer unerlaubten Handlung entstandenen Schaden verantwortlich, so dass sie gem. § 840 I BGB Gesamtschuldner sind.

Der Einwand, dass eine Gesamtschuld in dieser Höhe wegen eines etwaigen Mitver- **116** schuldens des A nicht besteht, ist dem S wegen § 68 ZPO (Rn. 124 ff.) verwehrt.

2. Rechtsfolge

Gem. § 426 I 1 BGB sind bei einer Gesamtschuld die Gesamtschuldner grundsätz- **117** lich zu gleichen Anteilen verpflichtet, soweit nicht ein anderes bestimmt ist. Hier ist die Haftung im Innenverhältnis in § 840 II, III BGB anders geregelt. Im Innenverhältnis haftet danach S allein, weil G lediglich gem. § 833 BGB verantwortlich ist. Bezüglich der Haftung des G aus §§ 280 I, 241 II BGB ist ebenfalls von der Alleinhaftung des S im Innenverhältnis auszugehen, da wegen der alleinigen Verursachung des Schadens durch S gem. § 254 I BGB analog etwas anderes als die Haftung zu gleichen Anteilen bestimmt ist (vgl. § 426 I 1 HS 2 BGB).

S ist daher im Verhältnis zu G allein verpflichtet. **118**

3. Verjährung

Möglicherweise ist der Anspruch bereits verjährt. Dies ist jedoch zu verneinen, da **119** der Ausgleichsanspruch erst mit Erfüllung des Anspruchs durch einen der Gesamtschuldner entsteht. G hat den Anspruch nach dem 23.6.2010 erfüllt, so dass die Verjährung erst mit dem Schluss des Jahres 2010 beginnt (vgl. § 199 BGB). Damit ist die Verjährungsfrist von drei Jahren (§ 195 BGB) Anfang 2013 noch nicht abgelaufen.

120 G hat gegen S einen Anspruch auf Zahlung von 3.000 EUR gem. § 426 I BGB.

III. Anspruch gem. § 426 II BGB aus dem abgeleiteten Recht

1. Voraussetzungen gem. § 426 II BGB

121 Soweit ein Gesamtschuldner den Gläubiger befriedigt und von dem anderen Gesamtgläubiger Ausgleich verlangen kann, geht gem. § 426 II BGB die Forderung des Gläubigers gegen den anderen Gesamtschuldner auf ihn über.

G hat U bezüglich der Heilungskosten in Höhe von 3.000 EUR voll befriedigt und kann gem. §§ 426 I, 840 II BGB Ausgleich von S verlangen, so dass der Anspruch der U gegen S in dieser Höhe kraft Gesetzes auf ihn übergeht.

2. Anspruch der U gegen S

122 Es ist deshalb zu prüfen, ob U gegen S ein Anspruch zusteht. Auf U ist wiederum der Anspruch des A gegen S gem. §§ 194 I 1, 86 I VVG übergegangen (Rn. 61), so dass letztendlich der Anspruch des A gegen S zu prüfen ist.

3. Anspruch des A gegen S

a) Voraussetzungen gem. § 823 I BGB

123 A ist durch den Hundebiss an seinem Körper verletzt worden. Zwar resultiert die Verletzung nicht aus einem aktiven Tun des S, sondern daraus, dass er den Hundezwinger nicht ordnungsgemäß geschlossen hatte. Jedoch steht das Unterlassen einem aktiven Tun gleich, wenn S eine Pflicht zum Handeln hatte. S war nach dem Bewachungsvertrag mit G zur Überwachung des Hundes und zum Verschließen des Zwingers verpflichtet. Ihn traf daher eine Verkehrssicherungspflicht. Soweit ein Dritter die deliktischen Sorgfaltspflichten eines anderen, hier des Hundehalters G, eigenverantwortlich übernimmt, trifft ihn im Außenverhältnis eine selbständige deliktische Verantwortung.[42] Hier hat S durch den Bewachungsvertrag mit G eine Überwachungspflicht auch gegenüber den Kunden des G, so dass eine solche Pflicht besteht. Auch die Rechtswidrigkeit und ein Verschulden des S liegen vor. Somit steht A gegen S ein Anspruch gem. § 823 I BGB auf Schadensersatz bezüglich der Behandlungskosten zu (§ 249 BGB).

b) Mitverschulden des A gem. § 254 I BGB

124 Allerdings trifft A ein Mitverschulden an dem ihm entstandenen Schaden, da er den Kampfhund durch sein Verhalten zum Angriff provoziert hatte. Fraglich ist jedoch, ob S das Mitverschulden des A gem. § 254 I BGB noch einwenden kann. Dem könnte die Rechtskraft des Urteils zwischen G und U entgegenstehen.

---

[42] *BGH* NJW 1975, 533, 534; MünchKomm-BGB/*Wagner,* § 823 Rn. 297 m. w. N.

aa) Ausschluss der Einwendung wegen der Rechtskraft des Urteils zwischen G und U

Fraglich ist, ob über die Frage des Mitverschuldens des A in dem Urteil zwischen G **125** und U rechtskräftig entschieden worden ist.

Dies ist aus zwei Gründen zu verneinen. Zum einen ist die Rechtskraft subjektiv auf die Prozessparteien (vgl. § 325 ZPO) und zum anderen objektiv auf den Entscheidungsausspruch (vgl. § 322 I ZPO) beschränkt. Es liegt auch kein Fall der sog. Präjudizialität (Vorgreiflichkeit) vor, da die Frage des Mitverschuldens nicht zum Entscheidungsausspruch, sondern lediglich zur Entscheidungsgrundlage gehört.

Hinweis: Das Gericht eines nachfolgenden Prozesses wäre an die Entscheidung eines Vorprozesses auch **126** dann gebunden, wenn die dort rechtskräftig festgestellte Rechtsfolge eine Voraussetzung für den zweiten Prozess darstellen würde. In diesem Fall muss das Gericht die rechtskräftige Entscheidung seinem Urteil zugrunde legen. Allerdings ist diese Bindungswirkung nur auf die Entscheidung über den prozessualen Anspruch beschränkt und umfasst nicht die Entscheidungsgrundlagen.[43]

bb) Ausschluss wegen der Interventionswirkung gem. §§ 74, 68 ZPO

(1) Wirksame Streitverkündung

Voraussetzung für den Eintritt der Interventionswirkung ist, dass eine wirksame **127** Streitverkündung vorliegt.[44] Dies erfordert einen Streitverkündungsgrund gem. § 72 I ZPO und eine ordnungsgemäße Streitverkündung gem. § 73 ZPO. Als Streitverkündungsgrund kommt hier ein Regressanspruch des G gegen S in Betracht, der diesem eventuell für den Fall des negativen Ausgangs des Rechtsstreits zwischen ihm und U zusteht. Die Form der Streitverkündung gem. § 73 ZPO ist ebenfalls gewahrt, da die Streitverkündungsschrift, von deren ordnungsgemäßen Inhalt auszugehen ist, dem S zugestellt worden ist.

Damit liegt eine wirksame Streitverkündung gem. §§ 72, 73 ZPO vor. **128**

(2) Rechtsfolge der Streitverkündung

Rechtsfolge einer wirksamen Streitverkündung ist gem. § 74 III ZPO die Interven- **129** tionswirkung gem. § 68 HS 1 ZPO unabhängig davon, ob der Dritte dem Streit beigetreten ist oder nicht. Danach wird der Dritte im Verhältnis zu dem Streitverkünder mit der Behauptung nicht mehr gehört, dass der vorhergehende Rechtsstreit unrichtig entschieden sei. Dabei umfasst die Bindungswirkung auch die den Ausspruch tragenden tatsächlichen und rechtlichen Grundlagen in den Entscheidungsgründen,[45] und zwar gegen den Empfänger der Streitverkündung. Mit der umfassenden Verurteilung des G ist zugleich die Verneinung eines Mitverschuldens des A von der Interventionswirkung umfasst, so dass dies für den S nicht mehr angreifbar ist.

Die Interventionswirkung könnte S eventuell wieder beseitigen, soweit er mit der **130** Einrede der mangelhaften Prozessführung gem. § 68 HS 2 ZPO durchdringt.[46] S könnte vortragen, dass G im Prozess des A nicht die Provokation des Hundes durch A eingewandt hat, so dass ein Mitverschulden im Ausgangsprozess keine Be-

---

[43] Vgl. *BGH* NJW 2003, 3058, 3059.
[44] Vgl. zur Beteiligung Dritter am Rechtsstreit *Haertlein,* JA 2007, 10 ff.
[45] Vgl. BGHZ 85, 252, 255 = NJW 1983, 820, 821.
[46] Vgl. Stein/Jonas/*Bork,* § 68 Rn. 13; Thomas/Putzo/*Hüßtege,* § 68 Rn. 9.

rücksichtigung fand. Die Einrede der mangelhaften Prozessführung ist jedoch nur möglich, wenn eine der Fallgruppen des § 68 HS 2 ZPO vorliegt. Hier wäre S jedoch seinerzeit nicht gehindert gewesen, dem Rechtsstreit auf Seiten des G beizutreten und das Mitverschulden des A wirksam einzuwenden.

131 **Hinweis:** Feststellungen des Erstgerichts, auf denen sein Urteil nicht beruht (sog. überschießende Feststellungen), kommt keine Interventionswirkung zu.[47] Außerdem treten die Wirkungen der Streitverkündung nur zu Gunsten des Streitverkünders ein.[48]

4. Verjährung

132 Da es hier um den Anspruch des A gegen S aus unerlaubter Handlung gem. § 823 I BGB geht, ist die Verjährung dieses Anspruchs zu untersuchen. Die Verjährung ist wegen der Streitverkündung gehemmt worden,[49] so dass sie Anfang 2013 noch nicht abgelaufen war. Bezüglich der Berechnung kann auf den Anspruch von G gegen S aus § 280 I BGB verwiesen werden (Rn. 111 f.).

133 Damit bestehen keine Einwendungen des S.

IV. Ergebnis

134 Die Klage des G gegen S ist auch begründet und hat demnach Aussicht auf Erfolg.

---

[47] BGHZ 157, 97, 99.
[48] BGHZ 100, 257, 260 ff. = NJW 1987, 1894, 1895.
[49] Vgl. Staudinger/*Peters/Jacoby,* § 204 Rn. 81.

Fall 8. Kaltes Klima

Nach BGHZ 175, 253 = NJW 2008, 1810.

Sachverhalt

Moritz Mayer (M) ist Eigentümer des Flurstücks Nr. 290/2 in der oberbayerischen Gemeinde Pfaffenhofen. Eigentümerin des angrenzenden Flurstücks Nr. 289/15 war bis März 2012 die 68-jährige Kauffrau Nadja Schulz (N). Sie errichtete auf ihrem Grundstück eine Halle, in der sie Kühlaggregate für den auf ihrem Grundstück von ihr selbständig betriebenen Supermarkt aufstellte. Später baute Moritz ein Mehrfamilienhaus auf seinem Grundstück.

Moritz verlangt mit der beim zuständigen Landgericht Ingolstadt eingereichten und am 13.2.2012 zugestellten Klage von Nadja die Durchführung von Maßnahmen, die verhindern, dass der von den Kühlaggregaten ausgehende Lärm innerhalb der Wohn- und Schlafräume seines Hauses den Richtwert von 25 dB (A) gem. Punkt 6.2 TA-Lärm während der Nachtzeit ständig übersteigt. Nadja ging zu Unrecht davon aus, dass dieser zulässige Höchstwert nicht überschritten werde. Im März 2012 übertrug sie, wie schon lange geplant, ihr Grundstück an ihren Sohn Jochen (J), der den Supermarkt weiterführte. Dieser wusste von dem Rechtsstreit mit Moritz nichts, da Nadja die Klage wegen der von ihr angenommenen Unbegründetheit des Klageanspruchs schon wieder vergessen hatte.

Frage 1: Kann Moritz weiter mit Aussicht auf Erfolg gegen Nadja klagen?

Am 15.6.2012 erlässt das Landgericht Ingolstadt ein stattgebendes Versäumnisurteil gegen Nadja. Dieses ist am 7.7.2012 rechtskräftig geworden.

Moritz hatte am 9.7.2012 seinerseits das ihm gehörende Grundstück gewinnbringend an die Immobiliengesellschaft Bayerische Bau und Boden AG (B) veräußert. Nach formwirksamer Auflassung wurde die Immobiliengesellschaft am 8.9.2012 im Grundbuch als Eigentümerin eingetragen.

Da Moritz und die Immobiliengesellschaft vereinbarten, dass sich Moritz um die Mangelfreiheit des Grundstücks unter besonderer Beachtung der Lärmimmissionen durch das Nachbargrundstück kümmern werde, will dieser nun noch persönlich gegen den Jochen vollstrecken.

Frage 2: Könnte sich Jochen gegen die Vollstreckung durch Moritz wehren, wenn dieser eine Titelumschreibung gegen Jochen erwirkt?

Frage 3: Kann Jochen im Vollstreckungsverfahren nach § 887 ZPO einwenden, er habe bereits alle Kühlanlagen gegen leisere Geräte ausgetauscht, nachdem er von der Sache erfahren habe? Moritz bezweifelt den Austausch der Kühlaggregate zwar nicht, beruft sich jedoch auf die immer noch zu hohen Lärmwerte.

Gliederung

Lösung

Frage 1

A. Zulässigkeit der Klage des M gegen N

Die Klage des M ist zulässig, wenn die Sachurteilsvoraussetzungen vorliegen. **1**

I. Zuständigkeit des Landgerichts Ingolstadt

1. Sachliche Zuständigkeit

Die sachliche Zuständigkeit richtet sich nach §§ 23, 71 GVG. Laut Sachverhalt ist **2** das Landgericht sachlich zuständig.

2. Örtliche Zuständigkeit

Das Landgericht Ingolstadt ist laut Sachverhalt auch örtlich zuständig. Es handelt **3** sich insoweit um eine ausschließliche Zuständigkeit gem. § 24 I ZPO. Die Klage auf Beseitigung von Beeinträchtigungen gem. § 1004 BGB stellt eine Eigentumsklage i. S. d. § 24 ZPO dar, da es hier um eine Klage aus dem Eigentum geht.[1] Während § 24 ZPO auf die Stellung des Klägers abstellt, ist für § 26 ZPO die Stellung des Beklagten als Eigentümer entscheidend. Hier liegen zwar die Voraussetzungen für beide Vorschriften vor, § 24 ZPO verdrängt jedoch als ausschließlicher Gerichtsstand den besonderen Gerichtsstand gem. § 26 ZPO.

Hinweis: § 24 ZPO ist ein ausschließlicher Gerichtsstand für dingliche Klagen und wird durch § 25 **4** ZPO als unselbständiger Gerichtsstand auf damit zusammenhängende persönliche Klagen erweitert. § 26 ZPO ist demgegenüber ein selbständiger, nicht ausschließlicher Gerichtsstand für persönliche Klagen gegen den Eigentümer oder Besitzer einer unbeweglichen Sache.

---

[1] MünchKomm-ZPO/*Patzina*, § 24 Rn. 7; Zöller/*Vollkommer*, § 24 Rn. 8.

II. Prozessführungsbefugnis der N

5 N hat während des Prozesses das Grundstück auf ihren Sohn J übertragen, so dass sie nicht mehr Eigentümerin des störenden Grundstücks ist. Fraglich ist, ob dies einen Einfluss auf ihre Parteistellung hat.

6 Dies wäre zu verneinen, wenn § 265 ZPO auf diesen Fall Anwendung finden würde. Gem. § 265 I ZPO schließt die Rechtshängigkeit das Recht der Parteien nicht aus, die streitbefangene Sache zu veräußern. Außerdem hat die Veräußerung auf den Prozess gem. § 265 II 1 ZPO keinen Einfluss, so dass der Prozess weiter gegen den Rechtsvorgänger geführt werden kann. Tatsächlich führt der Rechtsvorgänger den Rechtsstreit über ein fremdes Recht, da er dieses während des Prozesses veräußert hat. Deshalb muss er prozessführungsbefugt sein. Die Prozessführungsbefugnis ergibt sich aus dem Gesetz (§ 265 II I ZPO). In diesem Fall führt der Rechtsvorgänger den Prozess – hier als Beklagter – im eigenen Namen weiter und ist gesetzlicher Prozessstandschafter.[2]

7 **Hinweis:** Hier ist zwischen der Prozessführungsbefugnis und der Sachlegitimation zu unterscheiden.[3] Die Prozessführungsbefugnis ist das Recht, einen Prozess im eigenen Namen über ein eigenes oder ein fremdes Recht zu führen. Sie ist eine Voraussetzung für die Zulässigkeit der Klage. Dagegen ist die Sachlegitimation eine Frage der Begründetheit. Die Aktivlegitimation besagt, ob dem Kläger der Klageanspruch materiellrechtlich zusteht, die Passivlegitimation, ob der Klageanspruch materiellrechtlich gegen den Beklagten besteht. Bei fehlender Prozessführungsbefugnis ist die Klage demnach als unzulässig, bei fehlender Sachlegitimation als unbegründet abzuweisen.[4]

8 § 265 ZPO setzt die Veräußerung der in Streit befangenen Sache nach Rechtshängigkeit voraus.

1. Veräußerung nach Rechtshängigkeit

9 N hat das Eigentum an dem Grundstück an ihren Sohn J gem. §§ 873, 925 BGB wirksam nach Eintritt der Rechtshängigkeit (§§ 261 I, 253 I ZPO) übertragen.

2. In Streit befangene Sache

10 In Streit befangen ist eine Sache dann, wenn ihr Besitz oder Eigentum streitig ist oder wenn hinsichtlich ihrer ein dingliches oder ein sich gegen den jeweiligen Eigentümer oder Besitzer als solchen gerichtetes persönliches Recht geltend gemacht wird.[5] In Streit befangen ist letztendlich jeder Gegenstand, dessen Übertragung zum Wegfall der Sachlegitimation führt. Bei Klagen aus dinglichen Rechten ist der Gegenstand des Rechts streitbefangen. Dies ist unproblematisch bei einer Beseitigungsklage gem. § 1004 BGB, wenn die Rechtsänderung auf Seiten des Klägers erfolgt. Fraglich ist dies jedoch, wenn der Anspruch aus § 1004 BGB wegen einer vom Grundstück des Beklagten ausgehenden Eigentumsbeeinträchtigung geltend gemacht und dieses Grundstück während des Prozesses veräußert wird.

---

[2] Vgl. zur Veräußerung der streitbefangenen Sache auch *Gottwald,* JA 1999, 486 ff. und *Stadler/Bensching,* Jura 2001, 433 ff.

[3] Vgl. *Rosenberg/Schwab/Gottwald,* § 46 Rn. 3.

[4] *Zöller/Greger,* Vor § 253 Rn. 25.

[5] *Wieczorek/Schütze/Assmann,* § 265 Rn. 35.

Die ältere, wohl heute nicht mehr vertretene Ansicht[6] verneint die Anwendbarkeit **11** des § 265 ZPO in diesem Fall, weil es sich bei dem Beseitigungsanspruch lediglich um einen persönlichen Anspruch gegen den Störer handle, der mit dem Besitz der Sache nicht verknüpft sei. Dies hätte zur Folge, dass die Klage als unzulässig zurückgewiesen werden müsste.

Nach der neueren Ansicht findet § 265 ZPO im Fall der Beseitigungsklage gegen **12** den Eigentümer des beeinträchtigenden Grundstücks nur bei der Zustandsstörung Anwendung.[7] In diesem Fall würde die Veräußerung des Grundstücks zum Wegfall der Passivlegitimation führen, da sich die Haftung allein aus dem Eigentum ergibt, so dass das Grundstück als streitbefangen angesehen werden kann.

Hier handelt es sich um einen Beseitigungsanspruch aus § 1004 BGB gegen den Grundstückseigentümer als Zustandsstörer. Nach dieser Ansicht wäre also § 265 ZPO anwendbar.

Nach der Ansicht des *BGH*[8] ist es unerheblich, ob man das emittierende Grund- **13** stück in diesem Fall als streitbefangen i.S.d. § 265 I ZPO ansieht. Die Anwendung des § 265 II 1 ZPO ergebe sich vielmehr aus § 266 I ZPO. Diese Vorschrift erfasse auch Streitigkeiten über nachbarrechtliche Rechte und Pflichten, wie sie sich zum Beispiel aus § 906 BGB ergeben.[9] Das lässt sich damit begründen, dass in diesem Fall „bildlich gesprochen das Grundstück als das berechtigte oder verpflichtete Subjekt und der jeweilige Eigentümer nur als dessen Vertreter erscheint."[10] Im Anwendungsbereich von § 906 I BGB müssen die Einwirkungen, die gegebenenfalls nach § 1004 I BGB abgewehrt werden können, auf einer bestimmten Nutzung oder auf dem eigentumsbeeinträchtigenden Zustand eines Grundstücks beruhen.[11] Basieren die Einwirkungen dagegen auf einer Handlung, fallen sie nicht unter § 906 BGB. Die Zustandshaftung ist deshalb als eine Verpflichtung, die auf dem Grundstück ruht, anzusehen. § 266 I ZPO findet damit Anwendung.

Hier handelt es sich um eine Streitigkeit über nachbarrechtliche Pflichten in dem oben genannten Sinn. Es geht um eine Zustandshaftung, so dass § 266 I ZPO einschlägig ist.

§ 266 I ZPO enthält eine spezielle Regelung gegenüber § 265 II ZPO. Danach ist **14** der Rechtsnachfolger des veräußernden Grundstückseigentümers anders als bei § 265 II 1 ZPO berechtigt, den Rechtsstreit zu übernehmen. Macht er von dieser Berechtigung keinen Gebrauch und ist er mangels Antrags des Prozessgegners auch nicht zur Übernahme verpflichtet (§ 266 I ZPO), führt der Rechtsvorgänger den Rechtsstreit nach § 265 II ZPO weiter.[12] Auf diesem Weg kommt der *BGH* über § 266 ZPO zu § 265 II ZPO.

---

6 *OLG Schleswig* SchlHA 1962, 130, 131; vgl. *OLG Hamm* OLGRspr. 15, 274, 275.

7 *KGR* 2000, 56f.; Stein/Jonas/*Roth*, § 265 Rn. 9 m.w.N.; *Rosenberg/Schwab/Gottwald*, § 100 Rn. 5; *Stadler/Bensching*, Jura 2001, 433.

8 BGHZ 175, 253ff. = NJW 2008, 1810ff.

9 MünchKomm-ZPO/*Becker-Eberhard*, § 266 Rn. 9; Musielak/*Foerste*, § 266 Rn. 3; Hk-ZPO/*Saenger*, § 266 Rn. 4; Thomas/Putzo/*Reichold*, § 266 Rn. 1.

10 RGZ 40, 333, 337 unter Hinweis auf *Hahn/Mugdan*, Die gesamten Materialien zu den Reichs-Justizgesetzen, Bd. 2, Abt. 1, 1881 (Neudruck 1983) S. 262.

11 BGHZ 175, 253, 257 = NJW 2008, 1810; *BGH* WM 2001, 208, 209.

12 Wieczorek/Schütze/*Assmann*, § 266 Rn. 19; MünchKomm-ZPO/*Becker-Eberhard*, § 266 Rn. 15.

Hier ist J Rechtsnachfolger der N, so dass ein Eintrittsrecht grundsätzlich besteht. J hat jedoch von seiner Berechtigung zur Übernahme des Rechtsstreits keinen Gebrauch gemacht und M hat keinen Antrag auf Übernahme des Rechtsstreits durch J gestellt, so dass der Rechtsstreit zwischen den ursprünglichen Parteien weitergeführt wird. N fungiert insoweit als Prozessstandschafterin kraft Gesetzes (§ 265 II ZPO).

15 Da die Ansicht 1 einerseits und die Ansichten 2 und 3 andererseits zu unterschiedlichen Ergebnissen kommen, ist der Streit zu entscheiden. Der zweiten und der dritten Ansicht ist zu folgen, da sich hier die Haftung des Grundstückseigentümers bei der Zustandsstörung aus dem Eigentum ergibt. N ist damit gem. § 265 II 1 ZPO prozessführungsbefugt.

III. Weitere Sachurteilsvoraussetzungen

16 Von dem Vorliegen der weiteren Sachurteilsvoraussetzungen (ordnungsgemäße Klageerhebung, Partei-, Prozessfähigkeit, Rechtsschutzbedürfnis) ist auszugehen, da keine entgegenstehenden Anhaltspunkte im Sachverhalt enthalten sind.

17 Die Klage gegen N ist zulässig.

B. Begründetheit der Klage gegen N

18 Die Klage des M gegen N ist begründet, wenn M gegen N ein Anspruch gem. § 1004 I BGB zusteht.

I. Beeinträchtigung des Eigentums in anderer Weise als durch Entziehung oder Vorenthaltung des Besitzes

19 Durch die Lärmimmission, die den zulässigen Richtwert in der Nacht ständig überschreitet, wird das Eigentum des M an seinem Grundstück beeinträchtigt.

II. Aktivlegitimation des M

20 Der Anspruch steht dem Eigentümer des beeinträchtigten Grundstücks zu. M ist zum Zeitpunkt des Erlasses des Urteils auch noch Eigentümer des Grundstücks. Er ist deshalb aktivlegitimiert.

III. Passivlegitimation der N

21 Der Anspruch richtet sich gegen den Störer. Hier kommt lediglich eine Zustandshaftung in Betracht, da die Lärmimmission von einer Anlage des Grundstücks ausgeht. In der Regel ist bei einer Zustandshaftung der Eigentümer des emittierenden Grundstücks der richtige Anspruchsgegner, obwohl die Störung dem Eigentümer nicht allein wegen des Eigentums zugerechnet werden kann. Dazu kommen muss, dass die Beeinträchtigung zumindest mittelbar auf dem Willen des Eigentümers beruht. Hier ist davon auszugehen, dass die Aufstellung der Kühlaggregate und die damit einhergehende Beeinträchtigung mittelbar auch auf den Willen der N zurückzuführen sind. N hat jedoch ihr Eigentum auf J übertragen und hat dementsprechend keine Einwirkungsmöglichkeiten auf das Grundstück mehr. Bei einer Veräußerung des beeinträchtigenden Grundstücks ist der neue Eigentümer als Zustandsstörer anzusehen, wenn die Störung mit seinem maßgebenden Willen aufrechterhalten wird. Infolge des Eigentumserwerbs hat er nun die Herrschaft über die störenden Sachen übernommen.[13] Hier betreibt J den Supermarkt einschließlich der lärmverursachenden Kühlaggregate auf seinem Grundstück weiter, hat also über den gegenwärtigen störenden Zustand die rechtliche Herrschaft. J ist dementsprechend als Zustandsstörer gem. § 1004 I BGB zur Beseitigung verpflichtet und damit passiv legitimiert.

Allerdings hat gem. § 265 II 1 ZPO die Veräußerung keinen Einfluss auf den Prozess. Dies bedeutet, dass die Veräußerung nicht berücksichtigt wird. Einwendungen, die sich auf die fehlende Passivlegitimation stützen, sind demnach durch § 265 ZPO ausgeschlossen.[14] Eine Umstellung des Klageantrags auf den neuen Eigentümer ist bei einer Rechtsnachfolge auf der Beklagtenseite nach der allgemein vertretenen Irrelevanztheorie[15] nicht möglich, da sich das Urteil ansonsten gegen einen am Prozess nicht beteiligten Dritten richten würde. **22**

Hinweis: Anders ist dies bei einer Rechtsnachfolge auf der Klägerseite. Hier muss der prozessführungsbefugte Kläger nach der herrschenden Relevanztheorie den Antrag auf Leistung an den Rechtsnachfolger umstellen.[16] Nach dem Sinn und Zweck des § 265 ZPO soll der Gegner des Veräußerers vor prozessualen Nachteilen geschützt werden. Die Vorschrift soll hingegen nicht zu einem sachlich unrichtigen Urteil führen, so dass der Klageantrag entsprechend der geänderten Rechtslage umzustellen ist.[17] **23**

IV. Duldungspflicht gem. § 1004 II BGB

Eine Duldungspflicht des M könnte sich aus § 906 I BGB ergeben. Dann müsste es sich bei der Lärmimmission um eine unwesentliche Beeinträchtigung der Benutzung des Grundstücks handeln. Da hier jedoch die in einer Verwaltungsvorschrift (TA-Lärm), die nach § 48 BImSchG erlassen worden ist, festgelegten Richtwerte überschritten werden, ist die Beeinträchtigung nicht als unwesentlich anzusehen (§ 906 I 3 BGB). § 906 II 1 BGB ist ebenfalls nicht einschlägig, da die Beeinträchtigung durch wirtschaftlich zumutbare Maßnahmen verhindert werden kann. Damit besteht keine Duldungspflicht des M gem. § 1004 II BGB. **24**

C. Ergebnis

Die Klage des M gegen N ist zulässig und begründet. Sie hat damit Aussicht auf Erfolg. M kann also nach h.M. gegen N ein Urteil auf Beseitigung erwirken, obwohl diese nicht mehr passiv legitimiert ist (Irrelevanztheorie). Ob das Urteil auch gegen J in Rechtskraft erwächst, ist eine Frage des § 325 ZPO. **25**

Frage 2

Für J kommen verschiedene Rechtsbehelfe in Betracht. **26**

---

[13] Vgl. *BGH* NJW 2007, 2182, 2183.
[14] Wieczorek/Schütze/*Assmann*, § 265 Rn. 93.
[15] MünchKomm-ZPO/*Becker-Eberhard*, § 265 Rn. 91; *Stadler/Bensching*, Jura 2001, 433, 440.
[16] BGHZ 158, 295, 303 = NJW 2004, 2152, 2154; Wieczorek/Schütze/*Assmann*, § 265 Rn. 85.
[17] Stein/Jonas/*Roth*, § 265 Rn. 21.

Er könnte sich zum einen dagegen wenden, dass M eine vollstreckbare Ausfertigung des Urteils gegen ihn erteilt worden ist (vgl. § 727 I ZPO). Diese Einwendung könnte er mit der Klauselerinnerung gem. § 732 ZPO geltend machen.[18]

A. Klauselerinnerung gem. § 732 ZPO

27 Die Klauselerinnerung hat Erfolg, wenn sie zulässig und begründet ist.

I. Zulässigkeit

1. Statthaftigkeit

28 Die Klauselerinnerung ist statthaft bei Einwendungen des Schuldners, die die Zulässigkeit der Vollstreckungsklausel betreffen. Es können sowohl formelle als auch materielle Einwendungen vorgebracht werden. Hier ist M eine titelumschreibende Vollstreckungsklausel gegen J gem. § 727 I ZPO erteilt worden. J könnte die Einwendung erheben, dass das Urteil des M gegen N nicht gem. § 325 ZPO gegen ihn wirksam ist und damit die Voraussetzungen für eine titelumschreibende Vollstreckungsklausel gem. § 727 I ZPO nicht vorliegen. Damit handelt es sich um eine Einwendung gegen die Erteilung der Vollstreckungsklausel, so dass die Klauselerinnerung statthaft ist.

29 Obwohl für die Erteilung der titelumschreibenden Vollstreckungsklausel (§ 727 ZPO) der Rechtspfleger gem. § 20 Nr. 12 RPflG zuständig ist, scheidet ein Rechtsbehelf gem. § 11 RPflG aus, da § 732 I ZPO eine Spezialregelung enthält.[19]

2. Zuständiges Gericht

30 Gem. § 732 I ZPO ist das Gericht zuständig, dessen Geschäftsstelle die Vollstreckungsklausel erteilt hat. Hier wäre also das Landgericht Ingolstadt zuständig, da der Rechtspfleger des Landgerichts für die Erteilung der Vollstreckungsklausel zuständig ist (§§ 20 Nr. 12, 26 RPflG) und mangels anderer Angaben im Sachverhalt davon auszugehen ist, dass das zuständige Organ gehandelt hat.

3. Form und Frist

31 Die Klauselerinnerung ist entsprechend § 573 I 2 ZPO schriftlich oder zu Protokoll der Geschäftsstelle einzulegen.

32 Eine Frist ist nicht einzuhalten, da die Klauselerinnerung nicht als fristgebundener Rechtsbehelf ausgestaltet ist.

4. Rechtsschutzbedürfnis

33 Das Rechtsschutzbedürfnis für die Erinnerung besteht vom Zeitpunkt der Klauselerteilung bis zur Beendigung der Zwangsvollstreckung. Hier ist dem M die Vollstre-

---

[18] Zu den Rechtsbehelfen während des Klauselerteilungsverfahrens *Hoffmann,* Jura 1995, 411 ff. sowie *Jäckel,* JuS 2005, 610 ff.

[19] *OLG Naumburg* FamRZ 2003, 695; *Baur/Stürner/Bruns,* Rn. 18.9; *Brox/Walker,* Rn. 136 m.w.N.; Thomas/Putzo/*Seiler,* § 732 Rn. 1; a.A. § 732 ZPO findet über den Verweis des § 11 I RPflG Anwendung: MünchKomm-ZPO/*Wolfsteiner,* § 732 Rn. 8; Musielak/*Lackmann,* § 732 Rn. 2; *Gaul/ Schilken/Becker-Eberhard,* § 39 Rn. 6.

ckungsklausel gegen J erteilt worden und die Zwangsvollstreckung noch nicht beendet.

II. Begründetheit

Die Klauselerinnerung ist begründet, wenn die qualifizierte Vollstreckungsklausel **34** gem. § 727 ZPO nicht hätte erteilt werden dürfen. Es ist deshalb das Verfahren der Erteilung auf formelle und materielle Fehler zu überprüfen.

1. Formelle Voraussetzungen

a) Antrag des Gläubigers auf Umschreibung des Titels

Erforderlich ist ein formloser Antrag, der gem. § 78 III ZPO nicht dem Anwalts- **35** zwang unterliegt.[20] Davon ist hier auszugehen.

b) Zuständigkeit

Da es sich um eine titelumschreibende Vollstreckungsklausel und nicht nur um eine **36** einfache Vollstreckungsklausel handelt, ist gem. § 20 Nr. 12 RPflG der Rechtspfleger für die Erteilung zuständig.

c) Wirksamer vollstreckbarer Titel

Außerdem muss ein wirksamer vollstreckbarer Titel vorliegen. M hat hier ein **37** rechtskräftiges Versäumnisurteil gegen N mit einem vollstreckungsfähigen Inhalt erlangt.

2. Materielle Voraussetzungen des § 727 I ZPO

Die Erteilung einer vollstreckbaren Ausfertigung gegen den Rechtsnachfolger setzt **38** voraus, dass das Urteil auch gegen den Rechtsnachfolger gem. § 325 ZPO wirksam ist.

a) Rechtskrafterstreckung gem. § 325 I ZPO

Das rechtskräftige Urteil wirkt gem. § 325 I ZPO auch gegen die Personen, die **39** nach dem Eintritt der Rechtshängigkeit Rechtsnachfolger der Parteien geworden sind. N hat das Grundstück während des Rechtsstreits an J übertragen, so dass dieser Rechtsnachfolger der N nach Eintritt der Rechtshängigkeit geworden ist. Dementsprechend würde das Urteil auch ihm gegenüber wirksam sein.

b) Ausnahme gem. § 325 II ZPO

Jedoch gelten gem. § 325 II ZPO die Vorschriften des Bürgerlichen Rechts über **40** den gutgläubigen Erwerb entsprechend. Da J von der Rechtshängigkeit des Rechtsstreits keine Kenntnis hatte, könnte das Urteil eventuell ihm gegenüber gem. § 325 II ZPO keine Wirksamkeit entfalten. Fraglich ist jedoch, ob hier § 325 II ZPO eingreift.[21] Es ist umstritten, ob § 325 II ZPO nur auf den Erwerb vom Nichtberechtigten oder auch auf den Erwerb vom Berechtigten Anwendung findet.

---

[20] Hk-ZPO/*Kindl*, § 724 Rn. 4.
[21] Zum Problem *Musielak*, Grundkurs, Rn. 213; *v. Olshausen*, JZ 1988, 584, 585 ff.

41 Nach der h.M.[22] ist § 325 II ZPO nur dann anwendbar, wenn der Rechtsnachfolger von einem Nichtberechtigten erworben hat. Sinn und Zweck des § 325 II ZPO sei es, dass das materielle Recht mit dem prozessualen in Einklang zu bringen ist. § 325 II ZPO soll verhindern, dass der Erwerb vom Nichtberechtigten, der nach materiellem Recht möglich ist, durch die Rechtskrafterstreckung vereitelt würde. Wenn also der Rechtsnachfolger nach materiellem Recht gutgläubig erworben hat, erstreckt sich die Rechtskraft eines Urteils, das dem Rechtsvorgänger die Berechtigung abspricht, nicht auf ihn, wenn er auch bezüglich der Rechtshängigkeit des Rechtsstreits gutgläubig war. § 325 II ZPO erfordert deshalb eine doppelte Gutgläubigkeit sowohl bezüglich der fehlenden Berechtigung des Rechtsvorgängers als auch bezüglich der Rechtshängigkeit des Rechtsstreits.[23] Letztendlich werden die Anforderungen an den gutgläubigen Erwerb lediglich erhöht.[24] Allerdings könnte man zu diesem Ergebnis, jedenfalls wenn Bösgläubigkeit bereits bei grober Fahrlässigkeit vorliegt, auch über das materielle Recht kommen. Wenn nämlich der Rechtsnachfolger Kenntnis von der Rechtshängigkeit des Rechtsstreits hat, ist er zumindest grob fahrlässig, was die Berechtigung des Rechtsvorgängers angeht, so dass schon nach materiellem Recht ein gutgläubiger Erwerb ausscheidet. Hätte der Gesetzgeber bereits bei Gutgläubigkeit bezüglich der Rechtshängigkeit des Rechtsstreits die Rechtskrafterstreckung nicht gewollt, wäre eine Verweisung auf die Vorschriften des bürgerlichen Rechts nicht sinnvoll. Es wäre nicht gerechtfertigt, die Fälle, in denen ein gutgläubiger Erwerb vom Nichtberechtigten nach materiellem Recht möglich wäre, anders zu behandeln als die Fälle, in denen ein gutgläubiger Erwerb nicht möglich ist. Dann würde sich z.B. beim Forderungserwerb trotz Gutgläubigkeit bezüglich der Rechtshängigkeit die Rechtskraft des Urteils auf den Rechtsnachfolger erstrecken, während dies beim Erwerb einer Sache nicht der Fall wäre. Hätte der Gesetzgeber eine solche Regelung gewollt, hätte er dies ausdrücklich ohne Verweis auf das materielle Recht regeln können.[25]

Nach dieser Ansicht findet § 325 II ZPO hier keine Anwendung, weil J von der Berechtigten erworben hat.

42 Nach der Gegenansicht ist § 325 II ZPO auch beim Erwerb vom Berechtigten anwendbar.[26] Diese Ansicht wird damit begründet, dass der Erwerber vom Berechtigten nicht schlechter gestellt sein dürfe als der Erwerber vom Nichtberechtigten. Der Fall eines Fehlurteils gegen den Rechtsvorgänger, das ihm zu Unrecht seine Berechtigung abspricht, werde nach der h.M. von § 325 II ZPO nicht erfasst, da der Rechtsnachfolger tatsächlich vom Berechtigten erworben hat.[27]

Eine Form gutgläubigen Erwerbs muss allerdings auch nach dieser Ansicht denkbar sein.[28] Für die Freiheit des Grundstücks von einem Anspruch aus § 1004 BGB gibt es im materiellen Recht jedoch keine Gutglaubensvorschrift. §§ 892 ff. BGB finden

---

[22] BGHZ 4, 283, 285; Stein/Jonas/*Leipold*, § 325 Rn. 40; MünchKomm-ZPO/*Gottwald*, § 325 Rn. 99, 103; Musielak/*Musielak*, § 325 Rn. 23 f.; *Rosenberg/Schwab/Gottwald*, § 156 Rn. 11.

[23] Musielak/*Musielak*, § 325 Rn. 24.

[24] Zöller/*Vollkommer*, § 325 Rn. 46.

[25] MünchKomm-ZPO/*Gottwald*, § 325 Rn. 99.

[26] *Baumbach/Lauterbach/Albers/Hartmann*, § 325 Rn. 9; Thomas/Putzo/*Reichold*, § 325 Rn. 8; *Jauernig/Hess*, § 63 Rn. 35; *Stadler/Bensching*, Jura 2001, 433, 438 f.

[27] *Jauernig/Hess*, § 63 Rn. 36.

[28] *Jauernig/Hess*, § 63 Rn. 36; vgl. *Zeiss/Schreiber*, Rn. 364.

darauf keine Anwendung. Aus diesem Grund scheidet die Anwendung des § 325 II ZPO auch nach dieser Ansicht im vorliegenden Fall aus.

Da beide Ansichten zu demselben Ergebnis kommen, ist der Streit nicht zu ent- **43** scheiden.

Danach greift die Ausnahme des § 325 II ZPO nicht ein, so dass das Urteil des M **44** gegen N gem. § 325 I ZPO auch gegen J wirkt.

Damit liegen die materiellrechtlichen Voraussetzungen für die Titelumschreibung gem. § 727 ZPO vor.

3. Offenkundigkeit oder Nachweis der Rechtsnachfolge

Außerdem müsste die Rechtsnachfolge entweder bei dem Gericht offenkundig sein **45** oder durch öffentliche oder öffentlich beglaubigte Urkunden nachgewiesen werden. Mangels entgegenstehender Angaben im Sachverhalt ist von einem Nachweis aus- zugehen.

Damit hat der Rechtspfleger die titelumschreibende Vollstreckungsklausel zu Recht **46** erteilt.

III. Ergebnis

Die Klauselerinnerung ist unbegründet, weil die Erteilung der titelumschreibenden **47** Vollstreckungsklausel gem. § 727 ZPO zulässig war.

B. Klauselgegenklage gem. § 768 ZPO

Außerdem kommt eine Klage gegen die Vollstreckungsklausel gem. § 768 ZPO in **48** Betracht. Diese müsste zulässig und begründet sein.

I. Zulässigkeit

1. Statthaftigkeit

Die Klage gegen die Vollstreckungsklausel ist statthaft, wenn materiellrechtliche **49** Einwendungen gegen eine qualifizierte Vollstreckungsklausel geltend gemacht wer- den. Formelle Einwendungen können dagegen mit der Klauselgegenklage nicht vorgebracht werden. Hier könnte J die Einwendung geltend machen, dass das Ur- teil des M gegen N nicht gegen ihn gem. § 325 I ZPO wirksam ist und damit die materiellrechtlichen Voraussetzungen des § 727 ZPO nicht vorliegen.

2. Zuständigkeit

Gem. §§ 768, 767 I ZPO ist das Prozessgericht des ersten Rechtszugs sachlich und **50** örtlich zuständig, also das Landgericht Ingolstadt. Hierbei handelt es sich um eine ausschließliche Zuständigkeit gem. § 802 ZPO.

3. Rechtsschutzbedürfnis

51 Das Rechtsschutzbedürfnis besteht vom Zeitpunkt der Klauselerteilung bis zur Beendigung der Zwangsvollstreckung. Hier ist M die Vollstreckungsklausel gegen J erteilt worden und die Zwangsvollstreckung noch nicht beendet.

52 Fraglich ist, ob das Klageziel nicht auf einem einfacheren und billigeren Weg erreicht werden kann, da die Einwendung auch mit der Klauselerinnerung geltend gemacht werden kann. Nach ganz h. M. hat jedoch der Schuldner die freie Wahl, ob er gegen die Erteilung mit der Klauselerinnerung oder mit der Klauselgegenklage vorgeht. Auch eine kumulative Geltendmachung ist möglich,[29] da die Erinnerung ein eher summarisches Verfahren darstellt.[30] Außerdem erwächst die Entscheidung über die Klauselerinnerung nicht in Rechtskraft und würde nur die Wirksamkeit der erteilten Klausel betreffen.[31]

53 Die Klage ist demnach zulässig.

II. Begründetheit

54 Die Klage gegen die Vollstreckungsklausel ist begründet, wenn die materiellrechtlichen Voraussetzungen für die Erteilung einer qualifizierten Vollstreckungsklausel nicht vorliegen. Wie bereits festgestellt (vgl. Rn. 39 ff.), liegen die Voraussetzungen des § 727 ZPO für die Erteilung einer titelumschreibenden Vollstreckungsklausel vor, so dass die Klage gem. § 768 ZPO ebenfalls unbegründet ist.

C. Vollstreckungsabwehrklage gem. § 767 I ZPO

55 Außerdem könnte J geltend machen, dass die Zwangsvollstreckung aus dem Urteil unzulässig ist, da M nicht mehr aktiv legitimiert ist, weil er sein Eigentum am Grundstück nach Rechtskraft des Versäumnisurteils an B übertragen hat. Insoweit kommt die Vollstreckungsabwehrklage gem. § 767 ZPO in Betracht. Diese müsste zulässig und begründet sein.

I. Zulässigkeit

56 Die Vollstreckungsabwehrklage gem. § 767 I ZPO ist zulässig, wenn deren Sachurteilsvoraussetzungen vorliegen.

1. Statthaftigkeit

57 Die Vollstreckungsabwehrklage ist statthaft bei Einwendungen, die den durch das Urteil festgestellten Anspruch selbst betreffen. Hier kann J geltend machen, dass M nicht mehr Eigentümer des beeinträchtigten Grundstücks ist und ihm demnach der Anspruch aus § 1004 I BGB nicht mehr zusteht. Es handelt sich um eine materiellrechtliche Einwendung gegen den titulierten Anspruch selbst, so dass die Vollstreckungsabwehrklage statthaft ist.

---

[29] MünchKomm-ZPO/*K. Schmidt/Brinkmann,* § 768 Rn. 4.
[30] *Baur/Stürner/Bruns,* Rn. 18.25.
[31] *Maihold,* JA 2000, 841, 842.

2. Zuständigkeit

Gem. § 767 I ZPO ist das Prozessgericht des ersten Rechtzuges sachlich und örtlich **58** zuständig, also das Landgericht Ingolstadt. Hierbei handelt es sich um eine ausschließliche Zuständigkeit gem. § 802 ZPO.

3. Klageantrag

Der Klageantrag muss dahingehend lauten, dass die Zwangsvollstreckung aus dem **59** Urteil des Landgerichts Ingolstadt von M gegen J für unzulässig erklärt wird.

4. Rechtsschutzbedürfnis

Das Rechtsschutzbedürfnis besteht, sobald die Zwangsvollstreckung droht bis zu **60** dem Zeitpunkt, in dem sie beendet ist. Hier droht die Zwangsvollstreckung gegen J aus dem rechtskräftigen Urteil, so dass das Rechtsschutzbedürfnis vorliegt.

Die Vollstreckungsabwehrklage ist demnach zulässig. **61**

II. Begründetheit

Die Klage ist begründet, wenn J eine materiellrechtliche Einwendung gegen den **62** Titel zusteht und diese nicht gem. § 767 II, III ZPO ausgeschlossen ist.

Hier kommt die Einwendung der fehlenden Aktivlegitimation des M in Betracht.

1. Keine Präklusion der Einwendung nach § 767 II ZPO

Die Einwendung der fehlenden Aktivlegitimation wäre nicht gem. § 767 II ZPO **63** präkludiert, da M das Eigentum erst nach der Rechtskraft des Versäumnisurteils auf B übertragen hat. Sie ist demnach erst nach der letzten mündlichen Tatsachenverhandlung entstanden.

2. Wegfall der Aktivlegitimation

M hat das Eigentum an dem Grundstück nach Rechtskraft des Urteils gem. §§ 873, **64** 925 BGB wirksam auf B übertragen und somit die Aktivlegitimation für den Beseitigungsanspruch aus § 1004 BGB, der dem Eigentümer des beeinträchtigten Grundstücks zusteht, verloren. Diese Einwendung richtet sich gegen den im Titel festgestellten materiellen Anspruch.

Allerdings haben B und M vereinbart, dass sich M um die Beseitigung der Lärm- **65** immissionen kümmern werde. Darin könnte eine materiellrechtliche Ermächtigung des M durch B zur Durchsetzung des Anspruchs liegen. Davon ist hier auszugehen, da B selbst den Anspruch nicht durchsetzen wollte.

Umstritten ist, ob der ursprüngliche Titelgläubiger aufgrund einer Ermächtigung **66** des Rechtsnachfolgers die Vollstreckung durchführen kann.

Dieses Problem wird zum Teil unter der Problematik der Vollstreckungsstandschaft **67** erörtert.[32]

---

[32] Zur Vollstreckungsstandschaft vgl. auch *Maihold,* JA 2000, 841 ff.

68 So gab der *V. Senat des BGH*[33] einer Vollstreckungsabwehrklage statt, bei der der Altberechtigte für den Neuberechtigten vollstreckte, obwohl Titel (vollstreckbare Urkunde) und Klausel auf den Altberechtigten lauteten und der Neuberechtigte mit der Vollstreckung des Altberechtigten einverstanden war. Dies begründete er damit, dass der Anerkennung einer Vollstreckungsstandschaft jedenfalls in den Fällen, in denen der Gläubiger des titulierten Anspruchs aus dem Titel nicht hervorgeht und der Rechtsvorgänger im Titel als Gläubiger aufgeführt ist, die der Rechtssicherheit und Rechtsklarheit dienende Formenstrenge entgegenstehe.

69 Dagegen hat der *VIII. Senat des BGH*[34] entschieden, dass in Fällen der materiellen Rückermächtigung einer Vollstreckungsabwehrklage des Schuldners der Erfolg versagt bleiben müsse. Allerdings hat er eindeutig darauf hingewiesen, dass diese Entscheidung seiner bisherigen Rechtsprechung nicht entgegenstehe, da in dem vorerwähnten Fall keine materielle Ermächtigung, sondern nur eine Vollstreckungsermächtigung erfolgt war.

70 Letzteres erscheint jedoch sehr zweifelhaft, wenn die Bank, wie in dem vom *V. Senat* entschiedenen Fall dem Rechtsvorgänger die vollstreckbare Urkunde zum Zwecke der Vollstreckung zurückgibt. Darin liegt auch eine konkludente materielle Einziehungsermächtigung. Eine Vollstreckungsermächtigung war nicht erforderlich, da der Altgläubiger Titelgläubiger war.

71 Es handelt sich hier jedoch nicht um einen Fall der Vollstreckungsstandschaft,[35] da Grundlage für die Zwangsvollstreckung allein der Titel und nicht das materielle Recht ist. Das bedeutet, dass die Befugnis zur Vollstreckung nicht dem materiell Berechtigten, sondern dem Titelgläubiger zusteht. Anknüpfungspunkt für die Vollstreckungsstandschaft kann deshalb nur die Stellung als Titelgläubiger sein, so dass bei einer Vollstreckung durch den Titelgläubiger nicht von einer Vollstreckungsstandschaft gesprochen werden kann.[36] Eine Vollstreckungsstandschaft liegt dementsprechend nur dann vor, wenn eine nicht im Titel genannte Partei die Vollstreckung durchführt. Dies wird allerdings in Rechtsprechung und Literatur nicht berücksichtigt. Meist wird dann von einer Vollstreckungsstandschaft ausgegangen, wenn ein Rechtsfremder, dem das materielle Recht nicht zusteht, im eigenen Namen die Vollstreckung betreibt.

72 Zu unterscheiden sind die Vollstreckungsbefugnis und die Sachlegitimation. Die Vollstreckungsbefugnis steht dem Titelgläubiger oder einer Person zu, auf die die Vollstreckungsklausel umgeschrieben werden kann. Dagegen richtet sich die Sachbefugnis nach materiellem Recht. Ob trotz fehlender Sachlegitimation die Vollstreckung noch zulässig ist, ist deshalb allein nach materiellem Recht zu entscheiden.

---

[33] *BGH* NJW-RR 1992, 61; BGHZ 92, 347, 348 ff. = NJW 1985, 809, 810; vgl. auch *KG* FamRZ 1989, 417, 418.

[34] BGHZ 120, 387, 391 ff. = NJW 1993, 1396, 1397 ff.

[35] Zu dem Problem *Kirsten Schmidt*, Vollstreckung im eigenen Namen durch Rechtsfremde (2001); *Petersen,* ZZP 114 (2001), 485 ff.

[36] *Kirsten Schmidt*, Vollstreckung im eigenen Namen durch Rechtsfremde (2001), S. 18, 93 f.; anders *Münzberg*, NJW 1992, 1867, der gerade diese Fälle, in denen der formell zur Zwangsvollstreckung berechtigte Titelgläubiger materiell nicht mehr berechtigt ist, als Vollstreckungsstandschaft bezeichnen will. Die vom *BGH* bezeichnete „isolierte" Vollstreckungsstandschaft, bei der der Titelgläubiger einen Dritten ermächtigt, den titulierten Anspruch im eigenen Namen zu vollstrecken, hält er wegen § 750 ZPO zu Recht für gesetzeswidrig.

Hier liegt eine materiellrechtliche Ermächtigung der B vor. Eine solche Ermächti- 73
gung durch den Rechtsinhaber ist nach h.M.[37] zulässig, so dass M materiellrechtlich befugt ist, den Anspruch durchzusetzen.

Damit kann J gegenüber M nicht dessen fehlende Aktivlegitimation geltend ma- 74
chen. Die Vollstreckungsabwehrklage ist unbegründet.

Frage 3

A. Anwendbarkeit des § 887 ZPO

Es geht hier um die Vollstreckung zur Erwirkung einer Handlung gem. §§ 883 ff. 75
ZPO. Fraglich ist, ob es sich um eine vertretbare oder nicht vertretbare Handlung
handelt.

Dies hängt davon ab, ob der gleiche wirtschaftliche und rechtliche Erfolg aus Sicht 76
des Gläubigers anstatt vom Schuldner auch durch einen Dritten herbeigeführt werden kann.[38] Ist dies der Fall, handelt es sich um eine vertretbare Handlung. Unerheblich ist nach überwiegender Auffassung hierbei, wenn der geschuldete Erfolg auf
mehrfache, unterschiedliche Weise erbracht werden kann und der Schuldner nach
dem Titel insoweit eine Wahlmöglichkeit hat.[39] Um dem Gläubiger das Risiko zu
nehmen, eine technisch unzureichende Maßnahme zu verlangen, muss der Antrag
nach § 887 ZPO in diesem Fall auch nicht konkreter als die zugrunde liegende Ur-
teilsformel sein, zumindest wenn eine genaue Bezeichnung nicht möglich ist. Der
Gläubiger darf sich vielmehr auf die Fachkunde eines Dritten bei der Ausführung
verlassen.[40] § 887 ZPO gilt deshalb in der Regel auch für die Beseitigung von Störungen.[41]

Teilweise wird jedoch eine vertretbare Handlung verneint, wenn der Schuldner 77
nicht zur Vornahme einer bestimmten Maßnahme, sondern lediglich zur Herbeiführung eines bestimmten oder zumindest bestimmbaren Erfolgs verpflichtet ist.[42]
Da der Schuldner die Wahl zwischen den verschiedenen Möglichkeiten der Erfüllung habe, handle es sich um eine nicht vertretbare Handlung i.S.d. § 888 ZPO.

J ist durch das Urteil zur Verringerung der Lärmimmissionen verpflichtet, ohne dass
die hierzu erforderlichen Maßnahmen konkret benannt sind. Deshalb läge nach
dieser Ansicht eine nicht vertretbare Handlung vor, die nach § 888 ZPO zu vollstrecken wäre.

Hier geht es um die Beseitigung von Lärmimmissionen. Die Ergreifung von Maß- 78
nahmen zur Verminderung der Lärmimmission auf das zulässige Maß kann auch
durch einen Dritten herbeigeführt werden. Dass hierzu das Grundstück und der
Supermarkt des J betreten werden müssen, steht der Vertretbarkeit der Handlung
nicht entgegen (vgl. § 892 ZPO). Möglicherweise spricht gegen die Anwendbarkeit

---

[37] BGHZ 4, 153, 164 f.; vgl. auch Palandt/*Grüneberg*, § 398 Rn. 32 m.w.N.
[38] Musielak/*Lackmann*, § 887 Rn. 8; *Baur/Stürner/Bruns*, Rn. 40.2; *Brox/Walker*, Rn. 1066.
[39] MünchKomm-ZPO/*Gruber*, § 887 Rn. 9 m.w.N.
[40] *OLG München* NJW-RR 1988, 22 m.w.N.
[41] MünchKomm-ZPO/*Gruber*, § 887 Rn. 13; Musielak/*Lackmann*, § 887 Rn. 12.
[42] *OLG Düsseldorf* NJW-RR 1988, 63 f.

des § 887 ZPO, dass es sich um eine komplexe Handlung handelt, bei der sich der konkrete Umfang der notwendigen Arbeiten erst im Verlauf des Tätigwerdens zeigt und bei der die Gefahr von Eingriffen in sonstige Rechtsgüter des Schuldners zu befürchten ist.[43] Der vorliegende Sachverhalt gibt jedoch keinen Anlass zu der Annahme, dass die Beseitigung der Lärmimmission beispielsweise durch Isolierung oder das Wechseln der Kühlaggregate einen für J unzumutbaren Umfang bedeuten würde und zu einer Beeinträchtigung weiterer Rechtsgüter des J führen würde. § 887 ZPO ist deshalb mit der h. M. anwendbar.

B. Durchführung der Vollstreckung gem. § 887 ZPO

I. Antrag des Gläubigers auf Ersatzvornahme

79 Von einem Antrag des Gläubigers auf Ersatzvornahme gem. § 887 ZPO ist auszugehen.

II. Zuständigkeit

80 Ausschließlich (§ 802 ZPO) zuständig ist gem. § 887 I ZPO das Prozessgericht erster Instanz, also das Landgericht Ingolstadt.

III. Berücksichtigung des Erfüllungseinwands im Vollstreckungsverfahren?

81 J erhebt hier den Einwand, dass er den Beseitigungsanspruch bereits durch den Austausch der Kühlaggregate erfüllt habe, was von M bestritten wird.

Fraglich ist, ob der Einwand der Erfüllung bereits im Vollstreckungsverfahren für die Ermächtigung gem. § 887 ZPO zu berücksichtigen ist oder mit der Vollstreckungsabwehrklage gem. § 767 ZPO geltend gemacht werden muss. Diese Frage ist umstritten.

82 **Hinweis:** Die Problematik wäre auch dann zu erörtern gewesen, wenn man sich gegen eine vertretbare Handlung und damit für eine Vollstreckung nach § 888 ZPO entschieden hat.[44]

83 Nach einer Ansicht muss der Schuldner den Erfüllungseinwand im Wege der Vollstreckungsabwehrklage nach § 767 ZPO geltend machen.[45] Zur Begründung wird angeführt, dass § 767 ZPO der vom Gesetzgeber vorgesehene Weg sei, materielle Einwendungen wie die Erfüllung im Zwangsvollstreckungsverfahren geltend zu machen. Dies ergebe sich aus dem Wortlaut des § 767 I ZPO („sind"). Das Zwangsvollstreckungsverfahren sei stark formalisiert, die Erfüllung gehöre, wie § 775 Nr. 4 und Nr. 5 ZPO zeigen, nur eingeschränkt in die Prüfungskompetenz des Vollstreckungsorgans. Die Entscheidung über den Erfüllungseinwand im Vollstreckungsverfahren erwachse nicht in Rechtskraft. Schließlich bestünde auch die Gefahr prozessunökonomischer Doppelprüfungen und widersprechender Entscheidungen, wenn der Schuldner im Vollstreckungsverfahren unterliege und danach die Vollstreckungsabwehrklage erhebe. Außerdem könne der Schuldner mit immer wieder

---

[43] Vgl. *OLG München* NJW-RR 1992, 768.
[44] MünchKomm-ZPO/*Gruber,* § 888 Rn. 11.
[45] *OLG München* InVo 2001, 33 f.; *OLG Celle* OLGR 1994, 297; *OLG Koblenz* MDR 1991, 547.

neuen Behauptungen das Vollstreckungsverfahren ohne eine Vorschussleistung in die Länge ziehen. Nach dieser Ansicht ist der Einwand des J im Verfahren gem. § 887 ZPO nicht zu beachten.

Eine vermittelnde Ansicht will den Erfüllungseinwand im Vollstreckungsverfahren **84** zwar ebenfalls grundsätzlich nicht berücksichtigen. Jedoch sei der Erfüllungseinwand dem Vollstreckungsverfahren damit nicht generell entzogen. Vielmehr setze § 887 ZPO die Nichterfüllung durch den Schuldner voraus, was der Gläubiger folglich nachvollziehbar und in sich schlüssig behaupten muss. Die unstreitige oder offenkundige Erfüllung könne demnach auch im Vollstreckungsverfahren berücksichtigt werden, da dem Gläubiger in diesen Fällen das Rechtsschutzbedürfnis fehle.[46] Bei Notwendigkeit einer Beweisaufnahme hingegen nehme man dem Gläubiger den Vorteil des vollstreckbaren Titels.

Teilweise soll der Erfüllungseinwand darüber hinaus auch dann berücksichtigt wer- **85** den, wenn er mit präsenten Beweismitteln festzustellen ist.[47] § 775 Nr. 4 und Nr. 5 ZPO würden zeigen, dass auch im Zwangsvollstreckungsverfahren bestimmte Beweismittel zu beachten seien.

Danach wäre der Erfüllungseinwand ebenfalls nicht zu beachten, da A die Verringerung der Lärmimmissionen anzweifelt und damit die Nichterfüllung behauptet.

Nach einer weiteren vermittelnden Ansicht soll der Einwand der Erfüllung nur **86** dann zu berücksichtigen sein, wenn der Schuldner unstreitig eine auf Erfüllung gerichtete Handlung vorgenommen hat und allein streitig ist, ob diese den Anforderungen des Vollstreckungstitels genügt.[48] Der Antrag des Gläubigers sei in diesen Fällen darauf gerichtet, im Wege der Zwangsvollstreckung vom Schuldner über die bereits vorgenommene Handlung hinaus weitere Leistungen zu erzwingen. Deshalb müsse das Vollstreckungsgericht prüfen, ob der Gläubiger nicht mehr verlangt, als ihm nach dem Schuldtitel zusteht. Danach wäre zu berücksichtigen, dass J unstreitig die Kühlaggregate gewechselt hat, und vom Gericht zu prüfen, ob bereits dadurch die Erfüllung des Beseitigungsanspruchs eingetreten ist.

Nach überwiegender Auffassung[49] ist der Einwand der Erfüllung grundsätzlich im **87** Verfahren nach § 887 ZPO zu berücksichtigen. Das gelte unabhängig davon, ob die Beteiligten darum streiten, welche Handlung nach dem Titel erforderlich ist oder ob die vorgenommene Handlung den Anforderungen des Titels entspricht und zur ordnungsgemäßen Erfüllung geführt hat. Dies ergebe sich schon aus dem Wortlaut des § 887 ZPO. Die Nichterfüllung sei danach tatbestandliche Voraussetzung für die Ermächtigung des Gläubigers zur Ersatzvornahme. Der Schuldner habe ein schutzwürdiges Interesse daran, dass die Erfüllungswirkung seiner Handlungen geprüft werde, bevor der Gläubiger zu möglicherweise unsinnigen und kostspieligen

---

[46] *OLG Köln* NJW-RR 1988, 1212 f.; *OLG München* NJW-RR 1988, 22 f. (unstreitig); MünchKomm-ZPO/*Gruber*, § 887 Rn. 17; *Guntau*, JuS 1983, 687, 689.

[47] *OLG Köln* NJW-RR 1990, 1087; *KG* NJW-RR 1987, 840, 841; wohl auch *Baur/Stürner/Bruns*, Rn. 40.9.

[48] RGZ 167, 328, 334 zu § 888 ZPO; *KG* NJW 1972, 2093, 2094; *OLG Köln* OLGR 1993; 95; *Schneider*, MDR 1975, 279, 281; *Schuschke*, EWiR 1994, 935, 936.

[49] BGHZ 161, 67, 71 f. = NJW 2005, 367, 369; *OLG Köln* NJW-RR 1996, 100; *OLG Nürnberg* NJW-RR 1995, 63 f.; Stein/Jonas/*Brehm*, § 887 Rn. 25 f.; Zöller/*Stöber*, § 887 Rn. 7; *Bischoff*, NJW 1988, 1957, 1958.

Ersatzvornahmen ermächtigt werde oder durch (erneute) Vornahme der Handlung für den Schuldner den Beweis der Erfüllung vereitle. Nach dieser Ansicht ist der Einwand zu berücksichtigen und Beweis darüber zu erheben, ob die Lärmimmission den Richtwerten entspricht. Obwohl die Nichterfüllung Tatbestandsvoraussetzung ist, muss der Schuldner die Erfüllung darlegen und beweisen.[50]

88 Die Auffassungen kommen zu unterschiedlichen Ergebnissen, so dass der Streit entschieden werden muss. Die Argumente der letzten Ansicht überzeugen. Für diese spricht auch die Prozessökonomie. Zuständig ist in beiden Fällen das Prozessgericht, vor dem, wenn man den Einwand nicht im Verfahren gem. § 887 ZPO berücksichtigt, ein neues Verfahren mit demselben Prozessstoff notwendig würde. Das Prozessgericht hat im Verfahren nach § 887 ZPO alle zivilprozessualen Möglichkeiten der Sachverhaltsaufklärung. Die Vollstreckungsabwehrklage verursacht hingegen neue Kosten und ist gegenüber dem Verfahren nach § 887 ZPO schwerfälliger.

89 Der Einwand des J ist deshalb bereits in dem Verfahren gem. § 887 ZPO zu berücksichtigen.

---

[50] *Kannowski/Distler,* NJW 2005, 865, 868 m. w. N.; vgl. auch BGHZ 161, 67, 72 = NJW 2005, 367, 369.

Fall 9. Kurzschluss

Nach BGHZ 166, 227 = NJW 2006, 1741.

Sachverhalt

Die klagende Feuerversicherung Kolonia AG (K) mit Sitz in Bonn begehrt von ihrem Versicherungsnehmer Bernd Breitner (B) Rückzahlung von Versicherungsleistungen in Höhe von 30.000 EUR. Die Kolonia hat aufgrund eines Brandes in Bernds Mehrfamilienhaus in Königswinter an Bernd eine Versicherungsleistung in Höhe von 60.000 EUR gezahlt und verlangt nunmehr 50% der Leistung zurück. Die Kolonia trägt vor, Bernd habe den Brand in seinem Haus grob fahrlässig verursacht und sei daher verpflichtet, die Versicherungsleistungen anteilig zur Hälfte zurückzuerstatten. Bernd habe Elektroleitungen in einem Versorgungsschacht selbst unsachgemäß installiert und zudem die Elektroanlage in seinem Haus im Anschluss nicht durch einen Elektromeister überprüfen lassen und so einen Kurzschluss verursacht. Während die nicht fachgerechte Installation durch den Bernd unstreitig ist, behauptet Bernd, er habe den Elektromeister Erwin Elta (E) bei der Installation und Abschlussprüfung eingeschaltet. Dieser streitet das in der Verhandlung vor dem Landgericht Bonn jedoch vehement ab, weil er Regressansprüche fürchtet. Daraufhin benennt der Rechtsanwalt des Bernd zur Beurteilung der Glaubhaftigkeit der Aussage des Erwin verschiedene Zeugen als Beweismittel.

Es handelt sich dabei um:
a) die Zeugin X, die bei der Übergabe eines bestimmten Geldbetrags von Bernd an Erwin zur Bezahlung der Installationsarbeiten anwesend war und die der Rechtsanwalt des Bernd erst im Termin und nicht schon innerhalb der Klageerwiderungsfrist des schriftlichen Vorverfahrens benennt;
b) den Vater des Bernd, Y, der während eines Telefonats zwischen Bernd und Erwin das Gespräch, in dem Bernd den Erwin darum bat, die Installation und Abschlussprüfung vorzunehmen, bei Bernd mitgehört hat. Dieser hatte die Mithöreinrichtung eingeschaltet, aber dem Erwin davon nichts erzählt.

Die Vernehmung der Zeugin X erfordert einen neuen Termin. Die fristgemäße Nennung der X hätte aber ebenfalls einen neuen Termin erforderlich gemacht.

Das Landgericht weist die Verteidigungsmittel des Bernd zurück. Es gibt der Klage der Kolonia AG statt und verurteilt Bernd, an die Kolonia AG 30.000 EUR zu zahlen.

Bernd legt daraufhin beim Oberlandesgericht Köln durch seinen Rechtsanwalt frist- und formgerecht Berufung ein. Bernds Rechtsanwalt nennt in der Berufungsbegründung erneut die Zeugen X und Y und beruft sich zusätzlich auf das Zeugnis der Ehefrau des Bernd, Z, die er in der ersten Instanz nicht benannte, weil er sich sicher war, diese für den Beweisantritt nicht zu benötigen. Außerdem benennt er noch Bernds Freund Quirin (Q) als Zeugen, von dem Bernd nach Schluss der erstinstanzlichen mündlichen Verhandlung zufällig erfahren habe, dass dieser den Erwin bei Elektroarbeiten im Haus des Bernd gesehen hat. Der zuständige Zivilsenat des Oberlandesgerichts hört den Handwerker Quirin als Zeugen an. Dieser bestätigt, dass Erwin im Haus des Bernd gearbeitet hat. Die Aussage stuft das Gericht wegen des gewonnenen persönlichen Eindrucks aber als unglaubhaft ein.

Beurteilen Sie die Erfolgsaussichten der Berufung!

Gliederung

Lösung

Die Berufung hat Aussicht auf Erfolg, wenn sie zulässig und begründet ist. **1**

A. Zulässigkeit der Berufung

Die Berufung ist zulässig, wenn die Zulässigkeitsvoraussetzungen vorliegen (§ 522 I **2** ZPO).[1]

I. Statthaftigkeit der Berufung

Die Berufung ist gegen die im ersten Rechtszug erlassenen Endurteile statthaft **3** (§ 511 I ZPO).

Bei der Entscheidung, gegen die B Berufung eingelegt hat, handelt es sich um ein **4** erstinstanzliches Endurteil des Landgerichts Bonn.

II. Beschwer des Berufungsklägers

B ist durch das erstinstanzliche Urteil in Höhe von 30.000 EUR beschwert, da er **5** zur Zahlung in dieser Höhe an K verurteilt worden ist.[2]

III. Bestimmter Wert des Beschwerdegegenstandes oder Zulassung durch das Gericht

Gem. § 511 II ZPO ist die Berufung nur zulässig, wenn der Wert des Beschwerde- **6** gegenstandes 600 EUR übersteigt oder das Gericht des ersten Rechtszuges die Berufung im Urteil zugelassen hat. Da eine Zulassung durch das Landgericht Bonn im Urteil nicht erfolgt ist, muss der Wert des Beschwerdegegenstandes 600 EUR übersteigen.

Der Antrag des B in der Berufungsinstanz legt den Wert des Beschwerdegegenstandes innerhalb der Grenzen der Beschwer fest (§ 528 ZPO). Hier liegt der Wert des Beschwerdegegenstandes bei 30.000 EUR, weil B die vollständige Aufhebung des erstinstanzlichen Urteils begehrt. Es handelt sich damit um eine Streitwertberufung gem. § 511 II Nr. 1 ZPO.

IV. Form gem. § 519 ZPO

Die Berufungsschrift ist mit dem Inhalt des § 519 II ZPO durch einen Rechtsan- **7** walt (§ 78 I 1 ZPO) beim zuständigen Berufungsgericht gem. § 519 I ZPO einzu-

---

[1] Vgl. zu den Rechtsmitteln der ZPO *Schreiber*, Jura 2007, 750 ff.
[2] Zur Beschwer des Beklagten vgl. Fall 5 Rn. 41 f.

reichen. Für die Entscheidung über die Berufung gegen die Entscheidung des Landgerichts Bonn ist das Oberlandesgericht Köln gem. § 119 I Nr. 2 GVG zuständig.

Hier hat B durch seinen Rechtsanwalt laut Sachverhalt formgemäß die Berufung beim Oberlandesgericht Köln eingereicht.

V. Berufungsfrist gem. § 517 ZPO

8 Die Berufung ist gem. § 517 ZPO innerhalb eines Monats ab Zustellung des Urteils einzulegen. Laut Sachverhalt hat der Rechtsanwalt des B die Berufung fristgemäß eingelegt.

VI. Berufungsbegründung innerhalb der Frist gem. § 520 ZPO

9 Die Berufung muss innerhalb von zwei Monaten ab Zustellung des Urteils gem. § 520 II ZPO ordnungsgemäß mit dem Inhalt des § 520 III ZPO begründet werden. Laut Sachverhalt ist davon auszugehen.

VII. Zwischenergebnis

10 Die Berufung ist zulässig.

B. Begründetheit der Berufung

11 Die Berufung ist begründet, wenn die Entscheidung auf einer Rechtsverletzung beruht (§ 546 ZPO) oder die nach § 529 ZPO zugrunde zu legenden Tatsachen eine andere Entscheidung rechtfertigen, § 513 I ZPO. Das Berufungsgericht hat deshalb von Amts wegen die Zulässigkeit der erstinstanzlichen Klage zu prüfen. Zudem muss die Begründetheit der Klage unter allen rechtlichen Gesichtspunkten untersucht werden.

I. Zulässigkeit der Klage erster Instanz

12 Die Klage ist zulässig, wenn die Sachurteilsvoraussetzungen vorliegen.

1. Zuständigkeit des Landgerichts Bonn

13 Die Klage ist von dem Landgericht Bonn entschieden worden. Da gem. § 513 II ZPO die Berufung nicht darauf gestützt werden kann, dass das Gericht des ersten Rechtszuges seine Zuständigkeit zu Unrecht angenommen hat, ist die sachliche (§§ 23 Nr. 1, 71 I GVG) und örtliche (§§ 12 ff. ZPO) Zuständigkeit nicht mehr zu prüfen.

14 **Hinweis:** § 513 II ZPO erfasst die örtliche, sachliche und instanzielle Zuständigkeit, nicht aber die internationale Zuständigkeit.[3]

2. Partei- und Prozessfähigkeit gem. §§ 50f. ZPO

15 Die Partei- und Prozessfähigkeit des B ist unproblematisch.

---

[3] BGHZ 157, 224, 227 f. = NJW 2004, 1456 f.

Die Parteifähigkeit der K als juristische Person ergibt sich aus § 1 AktG. Sie wird gesetzlich von ihrem Vorstand gem. § 78 I AktG vertreten.[4]

3. Weitere Sachurteilsvoraussetzungen

Von dem Vorliegen der weiteren Sachurteilsvoraussetzungen ist auszugehen, da im **16** Sachverhalt keine Anhaltspunkte für ihr Fehlen enthalten sind.

II. Begründetheit der Klage

Die Klage der K ist begründet, wenn der geltend gemachte Herausgabeanspruch **17** besteht und sich die Klage gegen den richtigen Beklagten richtet.

1. Anspruch gem. § 812 I 1, 1. Fall BGB

In Betracht kommt ein Anspruch der K gegen B aus § 812 I 1, 1. Fall BGB. Dann **18** müsste B etwas durch Leistung der K ohne Rechtsgrund erlangt haben.

a) Etwas erlangt

B hat Eigentum und Besitz an den 30.000 EUR erlangt. **19**

b) Durch Leistung der K

K müsste das Vermögen des B bewusst und zweckgerichtet vermehrt haben. K hat **20** die Versicherungssumme in Höhe von 30.000 EUR zum Zweck der Erfüllung der vermeintlichen Verbindlichkeit aus § 1 VVG bezahlt, so dass eine Leistung von K an B vorliegt.

c) Ohne Rechtsgrund

Diese Leistung müsste ohne Rechtsgrund erbracht worden sein. Der Rechtsgrund **21** für die Leistung würde fehlen, wenn K gem. § 81 VVG bezüglich der Klagesumme nicht zur Leistung verpflichtet war. Gem. § 81 I VVG ist der Versicherer nicht zur Leistung verpflichtet, wenn der Versicherungsnehmer den Versicherungsfall vorsätzlich herbeigeführt hat. Bei grober Fahrlässigkeit kann der Versicherer seine Leistung gem. § 81 II VVG in einem der Schwere des Verschuldens des Versicherungsnehmers entsprechenden Verhältnis kürzen. K hat die Versicherungsleistung voll ausbezahlt. Bei einer gem. § 81 II VVG gerechtfertigten Kürzung der Versicherungsleistung um die Hälfte wäre die Zahlung in Höhe von 30.000 EUR ohne Rechtsgrund erfolgt.

Da die unsachgemäße Installation durch B unstreitig ist, ist damit zunächst die **22** grob fahrlässige Herbeiführung des Versicherungsfalls nachgewiesen. B beruft sich aber auf die Einschaltung des Elektromeisters E bei der Installation und der Abschlussprüfung. Bei Unterstellung der Richtigkeit dieser Aussage hätte B die im Verkehr erforderliche Sorgfalt beachtet. Ihm könnte daher kein Vorwurf der (groben) Fahrlässigkeit gemacht werden, da ihm auch ein etwaiges Verschulden des E

---

[4] Die Prozessfähigkeit juristischer Personen ist umstritten, vgl. Zöller/*Vollkommer*, § 52 Rn. 2 m.w.N.; *Jauernig/Hess*, § 20 Rn. 5 m.w.N. Zu Recht weist MünchKomm-ZPO/*Lindacher*, § 52 Rn. 23 ff. auf die verfehlte Fragestellung hin.

nicht zuzurechnen wäre. Eine Zurechnung des Verhaltens Dritter erfolgt im Rahmen des § 81 VVG lediglich bei Repräsentanten,[5] nicht jedoch bei sonstigen Dritten gem. § 278 BGB.[6] Für die Frage, ob B zumindest grob fahrlässig den Versicherungsfall herbeigeführt hat, kommt es also auf die Einschaltung des E an. Da es sich hierbei um eine Einwendung, also um ein selbständiges Verteidigungsmittel gegen den Vorwurf der groben Fahrlässigkeit handelt, trägt B die Beweislast hierfür. Das Landgericht Bonn hat die Beweisangebote des B zurückgewiesen, so dass B beweisfällig geblieben ist. Somit ist der Nachweis grober Fahrlässigkeit des B erbracht worden. Fraglich ist, inwieweit das Berufungsgericht die der Entscheidung zugrunde zu legenden Tatsachen, also die Frage der groben Fahrlässigkeit, erneut überprüfen kann.

d) Prüfungsumfang des Berufungsgerichts

23 Das Oberlandesgericht Köln als Berufungsgericht überprüft nur, ob die Entscheidung des Landgerichts Bonn auf einer Rechtsverletzung beruht (§ 546 ZPO) oder nach § 529 ZPO zugrunde zu legende Tatsachen eine andere Entscheidung rechtfertigen (§ 513 I ZPO). Es findet also keine vollständige Überprüfung des erstinstanzlichen Urteils statt.

aa) Rechtsverletzung

24 Eine mögliche Rechtsverletzung, auf der die Entscheidung des Landgerichts Bonn beruht (§ 513 I Alt. 1 ZPO), könnte in einer fehlerhaften Zurückweisung der angebotenen Beweismittel liegen. Soweit jedoch durch eine Rechtsverletzung die Tatsachenfeststellung betroffen ist und neue Tatsachenfeststellung begehrt wird, sollte dies als ein Fall der 2. Alt. des § 513 I ZPO angesehen werden.[7]

bb) Rechtfertigung einer anderen Entscheidung

25 Zu prüfen ist deshalb, ob nach § 529 ZPO zugrunde zu legende Tatsachen eine andere Entscheidung rechtfertigen (§ 513 I Alt. 2 ZPO).

26 Legt man die vom Gericht des ersten Rechtszuges festgestellten Tatsachen (§ 529 I Nr. 1 HS 1 ZPO) – keine Beauftragung des Elektromeisters E – zugrunde, dann rechtfertigen diese die Entscheidung des Landgerichts Bonn. Das Berufungsgericht ist grundsätzlich an die Feststellung der Tatsachen durch das Gericht des ersten Rechtszuges gebunden.

Hinweis: § 529 ZPO selbst ist keine Präklusionsvorschrift.[8]

27 Eine neue Feststellung der Tatsachen durch das Berufungsgericht ist nur möglich, wenn konkrete Anhaltspunkte Zweifel an der Richtigkeit oder Vollständigkeit der entscheidungserheblichen Feststellung begründen und deshalb eine erneute Feststellung gebieten (§ 529 I Nr. 1 HS 2 ZPO).

28 Die festzustellende Tatsache ist die Beauftragung des Elektromeisters E.

---

[5] Zum Begriff des Repräsentanten vgl. *BGH* NJW-RR 2000, 397, 398.

[6] *BGH* r+s 2006, 458, 462f. (zu § 61 VVG a. F.); Schwintowski/Brömmelmeyer/*Kloth/Neuhaus,* Praxiskommentar zum Versicherungsvertragsrecht, 2. Auflage 2011, § 81 Rn. 39.

[7] Vgl. MünchKomm-ZPO/*Rimmelspacher,* § 513 Rn. 7.

[8] BT-Drucks. 14/4722 S. 160; BGHZ 161, 138, 145 = NJW 2005, 291, 293.

(1) Neue Feststellung wegen Verfahrensfehlern bei der Feststellung der Tatsachen gem. § 529 I Nr. 1 HS 2 ZPO

Anhaltspunkte für Zweifel an der Richtigkeit oder Vollständigkeit der entschei- **29** dungserheblichen Feststellungen können sich aus Verfahrensfehlern ergeben, die dem erstinstanzlichen Gericht bei der Feststellung des Sachverhalts unterlaufen sind. Dies gilt insbesondere dann, wenn es Beweise fehlerhaft erhoben oder gewürdigt oder wenn es einen Tatsachenvortrag der Parteien übergangen oder von den Parteien nicht vorgetragene Tatsachen verwertet hat.[9]

(a) Zeugenbeweis X

Fraglich ist, ob der diesbezügliche Beweisantritt des B zu Recht zurückgewiesen **30** worden ist, § 531 I ZPO.

(α) § 296 I ZPO

Das Vorbringen des B könnte gem. § 296 I ZPO verspätet gewesen sein.[10] Dann **31** müssten Angriffs- und Verteidigungsmittel nach Ablauf einer hierfür gesetzten Frist vorgebracht worden sein und ihre Zulassung den Rechtsstreit verzögern oder die Partei die Verzögerung nicht genügend entschuldigen.

Hier ist das Verteidigungsmittel „Zeugenaussage zur Geldübergabe" erst nach Ab- **32** lauf der Klageerwiderungsfrist vorgebracht worden. Damit ist die Frist des § 276 I 2 ZPO nicht eingehalten worden.

Eine genügende Entschuldigung gem. § 296 I, 2. Fall ZPO für die verspätete Nen- **33** nung des Zeugen X kann B nicht vorbringen. Es bestand Anlass, bereits in der Klageerwiderung auf die Geldübergabe einzugehen, weil diese ein hervorragendes Indiz für die Ausführung der Elektroarbeiten durch E ist.

Fraglich ist jedoch, ob der Rechtsstreit gem. § 296 I, 1. Fall ZPO durch das verspä- **34** tete Vorbringen verzögert werden würde. Wann von einer Verzögerung auszugehen ist, ist umstritten.

Zum Teil wird der absolute Verzögerungsbegriff vertreten.[11] Eine Verzögerung liegt **35** danach vor, wenn der Rechtsstreit bei Zulassung des verspäteten Sachvortrags länger dauern würde als bei Zurückweisung dieses Vortrags. Als Begründung wird hierfür angeführt, dass der Gesetzgeber die Gefahr der Nichtbeachtung verspäteten Vorbringens bewusst auch gerade für die Fälle in Kauf genommen habe, die nach dem relativen Verzögerungsbegriff zur Beachtlichkeit des Vorbringens führen würden. Nur so werde der Beschleunigungsgrundsatz der ZPO effizient befolgt. Außerdem lasse sich der Nachweis einer hypothetischen Verfahrensverzögerung nur schwer erbringen.

Nach dieser Ansicht würde hier eine Verzögerung vorliegen, weil ein neuer Termin **36** zur Vernehmung der Zeugin X erforderlich gewesen wäre.

---

[9] BGHZ 158, 295, 300f. = NJW 2004, 2152, 2153.
[10] Vgl. zur Zurückweisung verspäteten Vorbringens *Vietze*, JA 2003, 235ff.
[11] BGHZ 86, 31, 34ff. = NJW 1983, 575, 576f.; BGHZ 76, 133, 135 = NJW 1980, 945, 946f.; BGHZ 75, 138, 141f. = NJW 1979, 1988; Thomas/Putzo/*Reichold*, § 296 Rn. 14; *Deubner*, NJW 1979, 337, 339f.

37 Nach der Gegenansicht ist der relative (hypothetische/kausale) Verzögerungsbegriff zugrunde zu legen.[12] Danach ist eine Verzögerung zu verneinen, wenn der Prozess bei fristgerechtem Vortrag ebenso lang gedauert hätte. Ansonsten werde die Präklusion zur Prozessstrafe für Nachlässigkeit degradiert. Der absolute Verzögerungsbegriff führe zu einer Überbeschleunigung des Verfahrens. Der Anspruch auf rechtliches Gehör sei gefährdet, wenn man den absoluten Verzögerungsbegriff zugrunde legt.

38 Nach dieser Ansicht wäre eine Verzögerung zu verneinen, da laut Sachverhalt ein neuer Termin auch bei rechtzeitiger Nennung erforderlich gewesen wäre.

39 Da beide Ansichten zu unterschiedlichen Ergebnissen kommen, ist eine Entscheidung erforderlich. Es ist der 1. Ansicht zu folgen, da nur so die Parteien effektiv zur Prozessförderung angehalten werden können. Damit liegt eine Verzögerung vor.

40 **Hinweis:** Der *BGH* lässt es nicht zu, dass das Berufungsgericht im Rahmen des § 531 I ZPO die Präklusionsgründe des erstinstanzlichen Gerichts mit solchen austauscht, die es selbst für zutreffend erachtet.[13]

41 Gegenläufig zum absoluten Verzögerungsbegriff ist die strenge Rechtsprechung zur richterlichen Fürsorgepflicht, die die Gerichte anhält, auch verspätetes Vorbringen soweit wie möglich noch zu berücksichtigen, so dass es nicht zu einer Verzögerung kommen kann.[14]

(β) Zwischenergebnis

42 Die Zurückweisung des Beweisantritts bezüglich der Zeugin X war gem. § 296 I ZPO rechtmäßig. Damit darf die Zeugin X gem. § 531 I ZPO bei der Berufungsentscheidung nicht berücksichtigt werden.

(b) Zeugenbeweis Y

43 Fraglich ist, ob der Beweisantritt des B bezüglich des Zeugen Y zu Recht zurückgewiesen worden ist, § 531 I ZPO. Die Zurückweisung könnte darauf gestützt werden, dass die Beweisverwertung eines mitgehörten Telefongesprächs im Zivilprozess unzulässig ist.[15]

(α) Zurückweisung rechtswidrig erlangter Beweismittel

44 Es ist umstritten, inwieweit rechtswidrig erlangte Beweismittel einem Verwertungsverbot unterliegen und daher durch das Prozessgericht rechtmäßig zurückgewiesen werden können.[16]

Hier liegt wegen des fehlenden Einverständnisses des E eine Persönlichkeitsverletzung des E gem. Art. 2 I, 1 I GG (Recht am gesprochenen Wort) vor, und zwar unabhängig davon, ob sich das mitgehörte Gespräch auf persönliche Themen oder auf rein sachliche bzw. geschäftliche Themen bezog.

45 Nach einer Ansicht[17] sollten rechtswidrig erlangte Beweismittel dennoch generell verwertbar sein. Das Interesse an der materiellen Wahrheitsfindung müsse Vorrang vor den Persönlichkeitsrechten der betroffenen Parteien haben.

---

[12] *OLG Hamm* NJW 1979, 1717; *Rosenberg/Schwab/Gottwald,* § 68 Rn. 31; *Leipold,* ZZP 93 (1980), 237, 250.

[13] BGHZ 166, 227, 230 ff. = NJW 2006, 1741 f.; *BGH* NJW 1999, 2269, 2270.

[14] Vgl. *Zeiss/Schreiber,* Rn. 208.

[15] Zu den Beweisverwertungsverboten vgl. *Balthasar,* JuS 2008, 35 ff.

[16] Vgl. zur Zurückweisung Thomas/Putzo/*Reichold,* § 284 Rn. 5; *Foerste,* NJW 2004, 262 f.; *Balthasar,* JuS 2008, 35 ff.

Nach einer anderen Ansicht[18] sind solche Beweismittel nicht verwertbar. Nur durch **46** eine generelle Verneinung der Verwertbarkeit von rechtswidrig erlangten Beweismitteln lasse sich die Einheitlichkeit der Rechtsordnung ohne wertungsmäßigen Bruch durchhalten.

Die h.M.[19] vertritt die Abwägungstheorie. Insbesondere bei verfassungsmäßig ge- **47** schützten Rechtsgütern sei eine Abwägung vorzunehmen, da sonst jedermann rechtwidrig erlangte Beweismittel in den Prozess einführen könnte. Das einfache Beweisinteresse im Zivilprozess sei nicht genügend. Es müssten besondere Gesichtspunkte hinzutreten, die die Beweiserhebung und -verwertung trotz der Persönlichkeitsverletzung als schutzbedürftig erscheinen lassen, z.B. wenn sich der Beweisführer in einer Notwehrsituation oder einer notwehrähnlichen Lage befindet.[20] Hieran fehlt es in Bezug auf B.

(β) Zwischenergebnis

Die Ansichten kommen zu unterschiedlichen Ergebnissen, so dass eine Streitent- **48** scheidung erforderlich ist. Es ist der h.M. zu folgen, die die entgegenstehenden Interessen angemessen berücksichtigt. Danach ist die Zurückweisung rechtmäßig, so dass der Zeuge Y gem. § 531 I ZPO bei der Berufungsentscheidung nicht berücksichtigt werden darf.

(2) Neue Feststellung des Berufungsgerichts aufgrund neuer Verteidigungsmittel gem. § 529 I Nr. 1 HS 2, Nr. 2 ZPO i.V.m. § 531 II ZPO

Konkrete Anhaltspunkte, die Zweifel an der Richtigkeit und Vollständigkeit der **49** Feststellungen des erstinstanzlichen Gerichts gem. § 529 I Nr. 1 HS 2 ZPO begründen, können sich auch aus neuen Angriffs- und Verteidigungsmitteln i.S.d. § 529 I Nr. 2 i.V.m. § 531 II ZPO ergeben. Dies setzt voraus, dass diese in der Berufungsinstanz zu berücksichtigen sind, weil ihre Geltendmachung in erster Instanz wegen eines von dem Gericht zu vertretenden Umstands (§ 531 II 1 Nr. 1 und 2 ZPO) oder sonst ohne Verschulden der Partei (§ 531 II 1 Nr. 3 ZPO) unterblieben ist.[21] § 529 I Nr. 2 ZPO wirkt also in § 529 I Nr. 1 ZPO hinein.[22]

Hier wird die Richtigkeit der Tatsache – keine Beauftragung des Elektromeisters E – durch die Zeugenaussagen der Z und des Q zweifelhaft.

(a) Zeugenbeweis der Z

Fraglich ist, ob das neue Verteidigungsmittel – Zeugenaussage der Z – zugelassen **50** werden kann (§ 531 II ZPO).

(α) Zulassung gem. § 531 II Nr. 1 ZPO

Dann müsste ein Gesichtspunkt vom erstinstanzlichen Gericht übersehen oder für **51** unerheblich gehalten worden sein. Hier ist kein Gesichtspunkt betroffen, den das Landgericht Bonn erkennbar übersehen oder für unerheblich gehalten hat.

---

[17] *Werner,* NJW 1988, 993, 998 ff.

[18] *Baumgärtel,* ZZP 69 (1956), 89, 103 ff.

[19] BVerfGE 106, 28, 48 ff. = NJW 2002, 3619, 3624; *BGH* NJW 2003, 1727, 1728; *Rosenberg/ Schwab/Gottwald,* § 110 Rn. 24 f.

[20] Vgl. BVerfGE 106, 28, 50 = NJW 2002, 3619, 3624; BGHZ 27, 284, 289 f. = NJW 1958, 1344 f.

[21] BGHZ 158, 295, 301 f. = NJW 2004, 2152, 2153.

[22] *OLG Schleswig* OLGR 2005, 8, 9.

(β) Zulassung gem. § 531 II Nr. 2 ZPO

52 § 531 II Nr. 2 ZPO betrifft insbesondere den Fall, dass ein nach § 139 ZPO gebotener Hinweis des erstinstanzlichen Gerichts unterblieben ist, der Anlass zu einem entsprechenden Vorbringen in erster Instanz gegeben hätte.[23]

Hier ist kein Verfahrensmangel im ersten Rechtszug erkennbar, insbesondere keine Verletzung der Hinweispflicht.

(γ) Zulassung gem. § 531 II Nr. 3 ZPO

53 Gem. § 531 II Nr. 3 ZPO können neue Angriffs- und Verteidigungsmittel nur zugelassen werden, wenn sie im ersten Rechtszug nicht geltend gemacht worden sind, ohne dass dies auf Nachlässigkeit einer Partei beruht. Hat der Kläger jedoch entscheidungserhebliche tatsächliche Umstände in erster Instanz nicht vorgebracht, obwohl ihm diese Umstände und deren Bedeutung für den Ausgang des Rechtsstreits bis zum Schluss der mündlichen Verhandlung vor dem Landgericht bekannt waren oder hätten bekannt sein müssen, ist dies als nachlässig anzusehen.[24]

54 Es sind daher nur solche neuen Tatsachen in der Berufungsinstanz zu berücksichtigen, die erst nach Schluss der mündlichen Verhandlung entstanden oder der Partei bekannt geworden sind. Sorgfaltsmaßstab ist die einfache Fahrlässigkeit. War die Partei anwaltlich vertreten, steigen die Anforderungen an die Sorgfaltspflicht.

Hier beruht der Beweisantritt erst in der Berufungsinstanz auf der Nachlässigkeit des Rechtsanwalts des B, was diesem gem. § 85 II ZPO zuzurechnen ist.

55 **Hinweis:** Unstreitige Tatsachen, die erstmals im Berufungsrechtszug vorgetragen werden, sind hingegen stets zu berücksichtigen. § 531 II ZPO steht dem nicht entgegen, auch wenn keiner der in dieser Vorschrift genannten Zulassungsgründe gegeben ist, da die Vorschriften über die Behandlung verspäteter Angriffs- und Verteidigungsmittel nur streitiges und daher beweisbedürftiges Vorbringen betreffen.[25] Zwar hat ein Teil der Rechtsprechung diesen Grundsatz bisher auf Sachverhalte beschränkt, die ohne besondere Geltendmachung entscheidungserheblich sind. Danach konnte etwa die Verjährungseinrede selbst dann nicht in der Berufungsinstanz erhoben werden, wenn diese auf unstreitigem Tatsachenstoff beruhte.[26] Nach einer Entscheidung des Großen Senats in Zivilsachen[27] ist jedoch nicht zwischen Einreden und Einwendungen im materiellen Sinn zu differenzieren. Sofern ihnen unstreitige Tatsachen zugrunde liegen, sind daher auch Einreden stets zu berücksichtigen.

(δ) Zwischenergebnis

56 Das neue Beweismittel – Zeugin Z – kann nicht gem. § 531 II ZPO zugelassen werden.

(b) Zeugenbeweis des Q

57 Eine erstmalige Berücksichtigung neuer Verteidigungsmittel in der Berufung – Zeugenaussage des Q – ist nur möglich, wenn diese gem. § 531 II ZPO zuzulassen sind.

---

[23] BGHZ 158, 295, 302 = NJW 2004, 2152, 2153; zur richterlichen Hinweis- und Aufklärungspflicht gem. § 139 ZPO vgl. *Reiter,* JA 2004, 224 ff.

[24] Vgl. BGHZ 158, 295, 303 = NJW 2004, 2152, 2154.

[25] BGHZ 161, 138, 141 ff. = NJW 2005, 291, 292 f.; *BGH* NJW-RR 2005, 437; a. A. *Wieczorek/Schütze/Gerken,* § 531 Rn. 15.

[26] *BGH* GRUR 2006, 401, 404; anders *BGH* NJW-RR 2006, 630.

[27] BGHZ 177, 212 ff. = NJW 2008, 3434; vgl. auch *BGH* NJW 2009, 685, 687; *BGH* NJW 2012, 3087.

Der Rechtsanwalt des Bernd trägt erstmals im Rahmen der Berufungsbegründung **58** vor, dass Q den E bei Arbeiten im Hause des B gesehen habe und beruft sich hierfür auf das Zeugnis des Q. Dieser Beweisantritt ist neu, da er bis zum Schluss der mündlichen Verhandlung des ersten Rechtszuges nicht vorgebracht wurde.[28]

Gem. § 531 II Nr. 3 ZPO darf die Nichtgeltendmachung in der ersten Instanz **59** nicht auf Nachlässigkeit beruhen. Das Zeugnis des Q stand zwar objektiv als Beweismittel bereits vor Schluss der letzten mündlichen Verhandlung erster Instanz zur Verfügung. Hier hat B jedoch erst nach Schluss der mündlichen Verhandlung erster Instanz zufällig von den Beobachtungen des Q erfahren. B konnte sich mangels Kenntnis erstinstanzlich nicht auf das Zeugnis des Q berufen noch hätte er von den Beobachtungen des Q wissen können. B ist somit keine Nachlässigkeit vorzuwerfen.

Der neue Beweisantritt des B ist zuzulassen. Q ist als Zeuge von dem Berufungsge- **60** richt zu vernehmen.

Aufgrund der Beweisaufnahme des Berufungsgerichts gem. §§ 284 ff. ZPO wurde **61** Q gem. §§ 373 ff. ZPO als Zeuge vernommen. Dabei kam das Berufungsgericht im Rahmen seiner Beweiswürdigung gem. § 286 ZPO aufgrund des zu berücksichtigenden persönlichen Eindrucks zu dem Ergebnis, dass die Aussage des Q unglaubhaft ist und somit der neue Tatsachenvortrag nicht für wahr erachtet wird.

(3) Zwischenergebnis

Die hier nach § 529 ZPO zugrunde zu legenden Tatsachen rechtfertigen keine an- **62** dere Entscheidung (§ 513 I Alt. 2 ZPO). Damit hat B die Versicherungssumme ohne Rechtsgrund erlangt.

e) Rechtsfolge

Da B die Versicherungssumme in Höhe von 30.000 EUR durch Leistung der K **63** ohne Rechtsgrund erlangt hat, hat er 30.000 EUR an K herauszugeben (§§ 812 I 1, 1. Fall, 818 II BGB).

2. Ergebnis

Die Berufung ist deshalb unbegründet. Das Oberlandesgericht Köln wird die zuläs- **64** sige Berufung durch Urteil als unbegründet zurückweisen.

Hinweis: Sofern die zulässige Berufung kumulativ offensichtlich keine Aussicht auf Erfolg hat, die **65** Rechtssache keine grundsätzliche Bedeutung hat, die Fortbildung des Rechts oder die Sicherung einer einheitlichen Rechtsprechung eine Entscheidung des Berufungsgerichts nicht erfordert und eine mündliche Verhandlung nicht geboten ist, soll das Berufungsgericht die Berufung gem. § 522 II ZPO durch Beschluss zurückweisen, wenn es einstimmig von dem Vorliegen dieser Voraussetzungen überzeugt ist. Das Berufungsgericht muss eine Prognose darüber treffen, ob der Berufungskläger mit seinen Angriffen gegen die erstinstanzliche Entscheidung auch bei Durchführung einer mündlichen Verhandlung voraussichtlich nicht durchdringt.[29] Der Berufungskläger rügt hier Fehler bei den tatsächlichen Feststellungen, so dass das Berufungsgericht diese Angriffe nach den Maßstäben der §§ 529 bis 532 ZPO dar-

---

[28] Vgl. *BGH* NJW 2004, 2382.
[29] Musielak/*Ball,* § 522 Rn. 21; BT-Drucks. 14/4722 S. 97.

aufhin überprüft, ob sie die Richtigkeit oder Vollständigkeit der erstinstanzlichen Feststellungen mit zulässigem Vorbringen schlüssig in Frage stellen.[30]

66 Die Berufungsangriffe des B sind hier bezüglich der Zeugen X, Y und Z erkennbar unschlüssig, ohne dass es noch auf eine mündliche Verhandlung ankäme. Bezüglich des Q handelt es sich jedoch um ein zulässiges neues Beweismittel gem. § 531 II ZPO. Da der Beweisantritt erheblich ist, scheidet eine Zurückweisung durch Beschluss gem. § 522 II ZPO aus.[31]

---

[30] Vgl. MünchKomm-ZPO/*Rimmelspacher,* § 522 Rn. 21.
[31] Vgl. Musielak/*Ball,* § 522 Rn. 21a.

Fall 10. Nichts als Ärger mit dem Manne

Sachverhalt

Die Eheleute Manfred (M) und Berta (B) Weber aus Frankfurt am Main leben im gesetzlichen Güterstand. Manfred, der deutlich über seine Verhältnisse lebt, bestellt am 10.8.2012 bei Karl-Heinz Kroll (K), der einen Internetversandhandel betreibt, eine neue Waschmaschine für 800 EUR. Die Waschmaschine wird zwei Wochen später geliefert, eine ordnungsgemäße Belehrung über ein eventuelles Widerrufsrecht findet nicht statt. Nachdem Manfred auch nach mehrfacher Mahnung den Kaufpreis nicht bezahlt, wendet sich Karl-Heinz an Berta, die zusammen mit Manfred in seiner Kundenkartei aufgeführt ist, und verlangt von dieser den Kaufpreis. Berta fühlt sich für die Geschäfte ihres Mannes nicht verantwortlich und verweigert daher die Zahlung. Am 6.2.2013 erhebt Karl-Heinz Klage gegen Manfred und Berta auf Zahlung von 800 EUR als Gesamtschuldner vor dem zuständigen Amtsgericht Frankfurt.

Zum frühen ersten Termin erscheinen nur Manfred und Karl-Heinz, nicht hingegen Berta. Die Richterin erlässt daraufhin antragsgemäß ein stattgebendes Urteil gegen Manfred und ein Versäumnisurteil gegen Berta, jeweils zur Zahlung von 800 EUR als Gesamtschuldner. Den von Manfred erklärten Widerruf hält das Gericht – trotz fehlender Belehrung durch Karl-Heinz – für verspätet.

Gegen das Versäumnisurteil legt Berta, nunmehr vertreten durch Rechtsanwalt Schusel (S), Einspruch ein.

In dem darauf angesetzten Verhandlungstermin erscheint nur Karl-Heinz. Rechtsanwalt Schusel erscheint nicht, weil seine erst vor kurzem eingestellte Rechtsanwaltsfachangestellte Yvonne Neumann (Y), die mit der Organisation des Büros noch nicht so vertraut ist, versäumt hatte, ihn an den Termin zu erinnern.

Die Richterin erlässt gegen Berta erneut ein „Versäumnisurteil", dessen Tenor ebenfalls auf Verurteilung zur Zahlung von 800 EUR als Gesamtschuldner lautet. Das ursprüngliche Versäumnisurteil war ihr hierbei nicht mehr gegenwärtig.

Rechtsanwalt Schusel legt im Namen der Berta hiergegen Berufung ein. Zur Begründung trägt er vor, dass er das Nichterscheinen nicht zu vertreten habe, weil der Fehler nicht ihm, sondern seiner sorgfältig ausgewählten Rechtsanwaltsfachangestellten unterlaufen sei. Außerdem hätte auch im ersten Termin ein Versäumnisurteil nicht ergehen dürfen, weil Berta und Manfred gemeinschaftlich verklagt worden seien und es ausreiche, wenn einer von beiden vor Gericht erscheine. Schließlich hätte das Urteil schon deshalb nicht ergehen dürfen, weil Manfred rechtzeitig von seinem Widerrufsrecht Gebrauch gemacht habe.

Frage 1: Beurteilen Sie die Erfolgsaussichten der Berufung!

Frage 2: Wäre ein Einspruch von Berta zulässig?

Abwandlung 1: Im ersten Einspruchstermin erscheint Rechtsanwalt Schusel. Er beruft sich auf einen Widerruf der Berta. Als die Richterin ihm zu folgen scheint, nimmt Karl-Heinz die Klage gegen Berta mit Zustimmung des Rechtsanwalts Schusel wirksam zurück.

Frage 3: Wer muss die durch die Säumnis der Berta im ersten Termin entstandenen Mehrkosten tragen?

Abwandlung 2: Berta hat für die Gewährung eines Darlehens der Frankfurter Garst-Kreditgesellschaft mbH (G) an Manfred in Höhe von 200.000 EUR formwirksam eine selbstschuldnerische Bürgschaft in gleicher Höhe übernommen. Da sie nur verkürzt arbeitet, beträgt ihr monatliches Nettoeinkommen zu diesem Zeitpunkt lediglich 500 EUR. Weiteres Vermögen besitzt sie nicht.

Nachdem Manfred zwischenzeitlich mit der Tilgung der Raten in Verzug geraten ist, kündigt die Garst-Kreditgesellschaft mbH den Darlehensvertrag und nimmt Berta aus der Bürgschaft in Anspruch. Da Berta zur Zahlung nicht in der Lage ist, erwirkt die Garst-Kreditgesellschaft mbH aufgrund eines gerichtlichen Mahnverfahrens einen Vollstreckungsbescheid gegen Berta über den gesamten Betrag.

Dieser Vollstreckungsbescheid wird mangels Einspruchs der Berta rechtskräftig. Nachdem sich der Gerichtsvollzieher bei Berta angekündigt hat, wendet sie sich an ihren Rechtsanwalt Schusel und fragt, ob sie sich gegen die Zwangsvollstreckung wehren könne.

Frage 4: Erstellen Sie ein Gutachten für den Rechtsanwalt, indem Sie die Möglichkeiten der Berta, gegen die Zwangsvollstreckung vorzugehen, und deren Erfolgsaussichten erörtern!

Gliederung

Lösung

Frage 1

1 Die Berufung hat Aussicht auf Erfolg, wenn sie zulässig und begründet ist.

A. Zulässigkeit der Berufung

2 Es müssten die Zulässigkeitsvoraussetzungen für die Berufung vorliegen (§§ 511 ff. ZPO).

I. Statthaftigkeit der Berufung

3 Die Berufung findet grundsätzlich gegen die im ersten Rechtszug erlassenen Endurteile statt (§ 511 I ZPO). Hier besteht jedoch die Besonderheit, dass es sich bei dem Endurteil um ein Versäumnisurteil handelt.

1. Berufung gegen ein erstes Versäumnisurteil gem. § 514 I ZPO

4 Die Berufung ist grundsätzlich nicht gegen ein Versäumnisurteil statthaft, § 514 I ZPO. Statthafter Rechtsbehelf ist hier der Einspruch gem. § 338 ZPO.

2. Berufung gegen ein zweites Versäumnisurteil gem. § 514 II ZPO

5 Jedoch ist die Berufung gem. § 514 II ZPO gegen ein zweites Versäumnisurteil unter bestimmten Umständen statthaft, wenn hiergegen der Einspruch an sich nicht statthaft ist (§ 345 ZPO).

Fraglich ist, ob hier ein zweites Versäumnisurteil vorliegt.[1] Da B im Einspruchstermin gegen das erste Versäumnisurteil wiederum säumig war, hätte eigentlich ein zweites Versäumnisurteil wegen der zweimaligen aufeinander folgenden Säumnis erlassen werden müssen (§ 345 ZPO). Allerdings ist das hier vorliegende Urteil nicht als zweites Versäumnisurteil bezeichnet. Außerdem wird im Tenor nicht wie bei einem zweiten Versäumnisurteil der Einspruch verworfen (vgl. § 345 ZPO),

---

[1] Zum Versäumnisverfahren vgl. *Stadler/Jarsumbek,* JuS 2006, 34 ff. und 134 ff.

sondern B nochmals zur Zahlung verurteilt. Daraus folgt, dass das Amtsgericht fälschlich erneut ein technisch erstes Versäumnisurteil erlassen hat.

Dagegen wäre nicht die Berufung, sondern der Einspruch gem. § 338 ZPO statthaft.

3. Statthaftigkeit der Berufung wegen des Meistbegünstigungsgrundsatzes

Es handelt sich bei dem vom Amtsgericht erlassenen zweiten Urteil um eine formell **6** inkorrekte Entscheidung, da das Amtsgericht ein zweites und nicht ein erstes Versäumnisurteil hätte erlassen müssen. Wenn die Partei dadurch objektiv in Unsicherheit gerät, welcher Rechtsbehelf gegen diese Entscheidung statthaft ist, gilt der Grundsatz der Meistbegünstigung. Danach darf ein Fehler oder eine Unklarheit des Gerichts nicht zu Lasten der Parteien gehen. Daher ist, wenn ein Gericht für seine Entscheidung die falsche Form wählt, sowohl das Rechtsmittel gegen die gewählte falsche, als auch das Rechtsmittel gegen die eigentlich zu treffende richtige Entscheidung statthaft.[2] Bezeichnet das Gericht daher ein zweites Versäumnisurteil irrtümlich als erstes Versäumnisurteil, so ist sowohl der Einspruch als auch die Berufung statthaft.[3]

4. Unverschuldete Säumnis

Die Berufung ist jedoch gem. § 514 II ZPO nur insoweit statthaft, als sie darauf **7** gestützt wird, dass ein Fall der schuldhaften Versäumung nicht vorgelegen hat.

a) Säumnis im 2. Termin

Statthaft ist die Berufung zumindest insoweit, als Berta geltend macht, dass sie die **8** Säumnis im zweiten Termin nicht verschuldet habe.

b) Säumnis im 1. Termin

Denkbar wäre auch eine Berufung mit der Begründung, dass im ersten Termin ein **9** Fall der Säumnis nicht vorgelegen hat. Dies wäre dann der Fall, wenn Berta gem. § 62 ZPO als durch ihren Mann vertreten anzusehen ist.

Umstritten ist jedoch, ob die Berufung gegen ein zweites Versäumnisurteil darauf **10** gestützt werden kann, dass bei Erlass des ersten Versäumnisurteils ein Fall der Säumnis nicht vorgelegen hat.

Teilweise wird dies zugelassen.[4] Zur Begründung wird angeführt, dass es willkürlich **11** sei, die Zulassung der Berufung von dem eher zufälligen Umstand abhängig zu machen, ob der Fehler beim ersten oder beim zweiten Versäumnisurteil unterlaufen sei. Der Prozessverlust nach nur einmaliger verschuldeter Säumnis sei unverhältnismäßig.

Nach der h.M.[5] kann die Berufung nicht darauf gestützt werden. Die Verknüpfung **12** von Versäumnisurteil und Versäumung nach dem Wortlaut des § 514 II ZPO zeige,

---

[2] *BGH* NJW-RR 2012, 753, 754; *Musielak,* Grundkurs, Rn. 506 m.w.N.

[3] *BGH* NJW 1997, 1448; *OLG Brandenburg* NJW-RR 1998, 1286; vgl. zum umgekehrten Fall *OLG Frankfurt* NJW-RR 2011, 216.

[4] *Vollkommer,* ZZP 94 (1981), 91 ff.

[5] BGHZ 97, 341, 342 ff. = NJW 1986, 2113 f.; vgl. *Rosenberg/Schwab/Gottwald,* § 134 Rn. 3; *Musielak,* Grundkurs, Rn. 184, jeweils m.w.N.

dass es nur um die Säumnis bei Erlass des angefochtenen zweiten Versäumnisurteils geht. Beide Fälle seien nicht vergleichbar. Die prozessuale Nachlässigkeit der Partei wiege schwerer, wenn sie bereits durch – wenn auch ein zu Unrecht ergangenes – erstes Versäumnisurteil gewarnt war. Auch die Interessen der Gegenpartei müssten berücksichtigt werden. Für den Anspruch auf rechtliches Gehör (Art. 103 I GG) sei die einmalige Möglichkeit, sich zur Sache zu äußern, ausreichend.

13 Da beide Ansichten zu unterschiedlichen Ergebnissen kommen, ist der Streit zu entscheiden. Die h.M. hat die besseren Argumente für sich. Insbesondere ist der Säumige durch das erste Versäumnisurteil bereits gewarnt und deshalb nicht schützenswert.

Somit ist mit der h.M. die Statthaftigkeit der Berufung wegen fehlender Säumnis bei dem ersten Termin, aufgrund derer das erste Versäumnisurteil ergangen ist, zu verneinen.

14 **Hinweis:** Sollte man hier der Minderansicht folgen, scheitert die Berufung jedenfalls an der Begründetheit, weil B und M als Gesamtschuldner (wegen § 1357 BGB) in Anspruch genommen werden und in dieser Eigenschaft lediglich einfache Streitgenossen sind, so dass die Vertretungsfiktion des § 62 I ZPO nicht eingreift.

c) Schlüssigkeit der Klage

15 S macht weiterhin geltend, ein Versäumnisurteil hätte wegen des Widerrufs des Manfred nach §§ 312d I 1, 355 BGB mangels Schlüssigkeit der Klage nicht ergehen dürfen.

16 Ob die Berufung gem. § 514 II ZPO auf die Rüge gestützt werden kann, dass bereits das erste Versäumnisurteil nicht hätte erlassen werden dürfen, weil die Klage unschlüssig gewesen sei, ist umstritten.

17 **Hinweis:** Hiermit gleichzusetzen ist die Frage, ob vor Erlass des zweiten Versäumnisurteils erneut die Schlüssigkeit zu prüfen ist,[6] weil insoweit zwischen Prüfungsumfang und -pflicht des Einspruchsrichters einerseits und der Berufungsfähigkeit andererseits ein Gleichlauf besteht.[7]

18 Zum Teil wird die Ansicht vertreten, dass die Berufung auch auf die fehlende Schlüssigkeit gestützt werden kann.[8] Der Säumnisbegriff in den §§ 330 ff. ZPO sei von demjenigen in § 514 II ZPO zu unterscheiden. Die Versäumung in § 514 II ZPO sei funktional zu bestimmen und müsse mit der Aufgabe abgestimmt werden, die der Berufung gegen ein zweites Versäumnisurteil zukomme. Deshalb liege ein Fall fehlender Versäumung i.S.v. § 514 II ZPO sowohl dann vor, wenn das Einspruchsgericht aus seiner Sicht richtigerweise kein Versäumnisurteil hätte erlassen dürfen als auch dann, wenn die Partei ohne ihr Verschulden nicht erschienen ist.[9] Die Schlüssigkeit sei bis zur letzten Tatsacheninstanz in jeder Lage des Verfahrens zu prüfen. Den Beklagten treffe keine Erscheinenspflicht. Auch bei der Überprüfung eines „zweiten Versäumnisurteils" nach Erlass eines Vollstreckungsbescheids müsse

---

[6] BGHZ 141, 351, 353 = NJW 1999, 2599; a.A. *BAG* JZ 1995, 523, 524. Zu dem Streit bei § 345 ZPO MünchKomm-ZPO/*Prütting*, § 345 Rn. 9 ff.

[7] Gegen den Gleichlauf des Prüfungsumfangs bei einem 2. Versäumnisurteil bei einem vorangegangenen Vollstreckungsbescheid *Adolphsen*, ZZP 125 (2012), 463, 471 ff.

[8] *Braun*, JZ 1999, 1157 ff. m.w.N.; *Vollkommer*, ZZP 94 (1981), 91 ff.

[9] *Braun*, JZ 1999, 1157, 1158 f.

die Schlüssigkeit gem. § 700 VI ZPO untersucht werden. Zwischen einem solchen Versäumnisurteil und einem Versäumnisurteil nach einem ersten Versäumnisurteil bestehe jedoch kein Unterschied. Außerdem erfordere das Gebot eines effektiven Rechtsschutzes die Schlüssigkeitsprüfung.

Nach der h.M.[10] ist die Schlüssigkeit bei Erlass eines zweiten Versäumnisurteils **19** nicht zu prüfen, so dass auch die Berufung nicht darauf gestützt werden kann. Die Begriffe Versäumung und Säumnis seien identisch. § 700 VI ZPO stehe nicht entgegen, weil Besonderheiten des Mahnverfahrens, insbesondere die vor Erlass des Mahnbescheides fehlende Schlüssigkeitsprüfung, einen Unterschied rechtfertigen. Vielmehr spreche ein Umkehrschluss zu § 700 VI ZPO dafür, dass eine Schlüssigkeitsprüfung nur nach einem Mahnverfahren, nicht auch nach einem ersten Versäumnisurteil zu erfolgen hat. Als Argument wird auch der Sanktionscharakter der §§ 345, 514 II ZPO angeführt. Der Beklagte sei durch das erste Versäumnisurteil gewarnt und müsse daher größere Sorgfalt walten lassen.

Da beide Ansichten zu unterschiedlichen Ergebnissen kommen, muss der Streit **20** entschieden werden. Es ist der h.M. zu folgen. Insbesondere § 700 VI ZPO lässt sich im Wege eines Umkehrschlusses anführen. Müsste die Schlüssigkeitprüfung immer im Rahmen eines zweiten Versäumnisurteils geprüft werden, wäre ein gesonderter Hinweis in § 700 VI ZPO auf § 331 I, II HS 1 ZPO nicht erforderlich gewesen.

Mit der h.M. kann die Berufung deshalb nicht gem. § 514 II ZPO auf die fehlende Schlüssigkeit der Klage gestützt werden.

Hinweis: Folgt man der Minderansicht, kommt man zu dem Ergebnis, dass die Berufung Aussicht auf **21** Erfolg hätte. M hat im Termin zum 1. VU den Widerruf erklärt. Dieser wirkt auch für B.[11]

d) Zwischenergebnis

Die Berufung ist nur mit der Begründung, dass eine Säumnis im zweiten Termin **22** nicht vorgelegen habe, statthaft.

II. Beschwer des Berufungsklägers

B ist durch das Versäumnisurteil beschwert, da sie als Gesamtschuldnerin zur Zah- **23** lung von 800 EUR verurteilt worden ist.

III. Bestimmter Wert des Beschwerdegegenstandes oder Zulassung durch das Gericht

Auf den Wert des Beschwerdegegenstandes oder die Zulassung durch das Gericht **24** kommt es vorliegend nicht an, weil § 511 II ZPO bei der Berufung gegen ein Versäumnisurteil keine Anwendung findet (§ 514 II 2 ZPO).

IV. Form gem. § 519 ZPO

Die Berufung ist gem. § 519 I ZPO bei dem Berufungsgericht schriftlich einzurei- **25** chen.

---

[10] BGHZ 141, 351, 352 ff. = NJW 1999, 2599 f.; Wieczorek/Schütze/*Gerken,* § 514 Rn. 2; Musielak/ *Ball,* § 514 Rn. 9; *Musielak,* Grundkurs, Rn. 185.
[11] Vgl. Staudinger/*Voppel,* § 1357 Rn. 76 m. w. N.

Grundsätzlich ist für Berufungen gegen Endurteile des Amtsgerichts gem. § 72 I GVG das Landgericht zuständig, soweit nicht die Zuständigkeit des Oberlandesgerichts begründet ist. Eine Zuständigkeit des Oberlandesgerichts ist hier nicht gegeben. Damit ist Berufungsgericht das Landgericht Frankfurt am Main.

Die Berufungsschrift muss von einem Rechtsanwalt eingereicht worden sein, da vor dem Landgericht Anwaltszwang herrscht (§ 78 I ZPO). Dies ist hier geschehen.

V. Frist gem. § 517 ZPO

26 Die Berufung muss innerhalb der Berufungsfrist, also innerhalb eines Monats nach Urteilszustellung eingelegt werden (§ 517 ZPO). Davon ist mangels gegenteiliger Angaben im Sachverhalt auszugehen.

VI. Berufungsbegründung innerhalb der Frist gem. § 520 ZPO

27 Die Berufung muss innerhalb von zwei Monaten nach Urteilszustellung schriftlich mit den in § 520 III 2 ZPO geforderten Angaben begründet werden. Auch hiervon ist auszugehen.

VII. Zwischenergebnis

28 Die Berufung gegen das Versäumnisurteil ist zulässig, soweit sich B darauf stützt, dass ein Fall verschuldeter Versäumung bei dem Einspruchstermin nicht vorgelegen habe.

B. Begründetheit der Berufung

29 Die Berufung ist begründet, wenn ein Fall der schuldhaften Versäumung im zweiten Termin nicht vorgelegen hat.

Berta selbst trägt an der Versäumung keine Schuld. Jedoch ist Berta das Verschulden des Schusel, nicht dagegen das der Angestellten Y, gem. § 85 II ZPO zuzurechnen. Da Rechtsanwalt Schusel die neu eingestellte Rechtsanwaltsfachangestellte hätte überwachen müssen, ist ihm selbst ein Verschulden vorzuwerfen,[12] so dass kein Fall unverschuldeter Versäumung vorlag.

C. Ergebnis

30 Die Berufung hat keine Aussicht auf Erfolg. Sie ist zwar zulässig, aber unbegründet.

Frage 2

31 Der Einspruch ist unter den Voraussetzungen des § 341 ZPO zulässig.

A. Statthaftigkeit des Einspruchs gem. §§ 338, 345 ZPO

32 Dann müsste der Einspruch gem. § 338 ZPO statthaft sein. Gegen ein erstes Versäumnisurteil ist der Einspruch der richtige Rechtsbehelf.

---

[12] Vgl. *BGH* NJW 1996, 319.

I. § 345 ZPO

Der Einspruch könnte aber deshalb nicht statthaft sein, weil es sich hier eigentlich **33** um ein zweites Versäumnisurteil (siehe oben Rn. 5) handelt. Es gilt aber wieder der Grundsatz der Meistbegünstigung (Rn. 6), so dass auch der Rechtsbehelf statthaft ist, der gegen die inkorrekte Entscheidung statthaft wäre. Gegen ein erstes Versäumnisurteil wäre der Einspruch gem. § 338 ZPO statthaft.

II. Grenzen des Meistbegünstigungsgrundsatzes

Der Meistbegünstigungsgrundsatz soll nur die Nachteile durch eine inkorrekte Ent- **34** scheidung ausschließen, nicht aber dem Beklagten mehr geben, als er bei korrektem zweiten Versäumnisurteil hätte. Aus diesem Grund muss die Beschränkung des § 514 II ZPO auch hier gelten.[13]

Da die Berufung nach § 514 II ZPO nur mit der Begründung statthaft war, dass eine Säumnis im zweiten Termin nicht vorgelegen hat, ist auch der Einspruch nur insoweit statthaft.

Im zweiten Termin lag jedoch kein Fall der unverschuldeten Säumnis vor, so dass auch der Einspruch nicht zum Erfolg führen könnte.

B. Ergebnis

Der Einspruch hätte keine Aussicht auf Erfolg. **35**

Frage 3

Fraglich ist, wer die Kosten für die durch die Säumnis der B eventuell entstandenen Mehrkosten im Fall der Klagerücknahme zu tragen hat.

A. Wirksame Klagerücknahme gem. § 269 I, II ZPO

Hier ist von einer wirksamen Klagerücknahme auszugehen, da K die Klagerück- **36** nahme und B ihre Einwilligung (§ 269 I ZPO) gegenüber dem Gericht (§ 269 II 1 ZPO) erklärt haben.

B. Kostentragungspflicht gem. § 269 III 2 ZPO

Gem. § 269 III 2 ZPO ist der Kläger verpflichtet, die Kosten des Rechtsstreits zu **37** tragen, soweit nicht bereits rechtskräftig über sie erkannt ist oder sie dem Beklagten aus einem anderen Grund aufzuerlegen sind.

C. Kostentragungspflicht der B gem. § 344 ZPO

Möglicherweise sind die Versäumniskosten trotz der grundsätzlichen Kostentra- **38** gungspflicht des K (§ 269 III 2 ZPO) gem. § 344 ZPO der B aufzuerlegen. Dabei

---

[13] *OLG Brandenburg* NJW-RR 1998, 1286; Musielak/*Stadler*, § 345 Rn. 7; *Musielak,* Grundkurs, Rn. 186.

ist es im Rahmen der vom Gericht zu treffenden Kostengrundentscheidung unerheblich, ob durch den notwendig gewordenen zusätzlichen Termin tatsächlich weitere Kosten angefallen sind. Die Kostenauferlegung nach § 344 ZPO ist daher auch beim ungewissen Anfall von Mehrkosten stets erforderlich.[14]

39 **Hinweis:** Kosten der Säumnis sind mangels Kausalität nicht die Kosten, die im versäumten Termin entstanden sind, da diese auch ohne Säumnis angefallen wären. Vielmehr fallen unter die Versäumniskosten diejenigen Kosten, die infolge des notwendig gewordenen neuen Termins entstanden sind, etwa die Reisekosten des Rechtsanwalts zum Einspruchstermin oder der erneute Verdienstausfall von Zeugen.[15]

I. Direkte Anwendbarkeit des § 344 ZPO

40 Eine direkte Anwendung des § 344 ZPO scheidet aus, da infolge des Einspruchs keine ein Versäumnisurteil abändernde Entscheidung ergangen ist, sondern K die Klage zurückgenommen hat.

II. Analoge Anwendbarkeit des § 344 ZPO

41 Es kommt jedoch eine analoge Anwendung des § 344 ZPO in Betracht, wenn eine Regelungslücke besteht und die Sachverhalte vergleichbar sind. Von einer planwidrigen Regelungslücke kann ausgegangen werden. Fraglich ist jedoch die Vergleichbarkeit.

42 Eine Ansicht wendet § 344 ZPO bei einer Klagerücknahme entsprechend an.[16] Dies wird damit begründet, dass sowohl § 344 ZPO als auch § 269 III 2 ZPO Ausprägungen des Veranlassungsprinzips sind, die nebeneinander anwendbar seien. § 269 III 2 ZPO lasse ausdrücklich eine Auferlegung der Kosten auf den Beklagten aus anderen Gründen zu. Außerdem sei dies prozessökonomischer. Anderenfalls könne der Kläger wegen der Säumniskosten gehalten sein, von einer Klagerücknahme Abstand zu nehmen, da eine streitige Entscheidung für ihn unter Umständen kostengünstiger wäre.

43 Die Gegenansicht[17] verneint die analoge Anwendbarkeit des § 344 ZPO auf diese Konstellation. § 269 III 2 ZPO habe nach der gesetzlichen Systematik Vorrang, so dass eine analoge Anwendung des § 344 ZPO ausscheide. Der Wortlaut des § 344 ZPO verlange eine abändernde Entscheidung, die bei der Klagerücknahme nicht vorliegt. Mittelbar habe der Kläger auch die Säumniskosten durch seine nunmehr zurückgenommene Klage verursacht.

44 Beide Ansichten kommen zu unterschiedlichen Ergebnissen, so dass eine Streitentscheidung erforderlich ist. Es ist der ersten Meinung zu folgen, da die Säumniskosten durch die Beklagte veranlasst worden sind. Wäre sie bereits im ersten Termin erschienen, hätte K die Klage dort zurückgenommen, so dass die weiteren Kosten nicht entstanden wären.

45 Danach müsste B die durch ihre Säumnis verursachten Mehrkosten analog § 344 ZPO tragen.

---

[14] Zöller/*Herget,* § 344 Rn. 2.

[15] *Habel,* NJW 1997, 2357, 2358.

[16] BGHZ 159, 153, 155 ff. m.w.N. = NJW 2004, 2309 ff.; MünchKomm-ZPO/*Becker-Eberhard,* § 269 Rn. 41 f.; *Rosenberg/Schwab/Gottwald,* § 129 Rn. 28.

[17] *OLG Brandenburg* NJW-RR 1999, 871; *OLG Rostock* NJW-RR 1996, 832; *KG* NJW 1970, 1799.

Frage 4

In Betracht kommt zunächst eine Vollstreckungsabwehrklage gem. § 767 ZPO.[18] **46**
Daneben ist an die Wiederaufnahme des Verfahrens gem. §§ 578 ff. ZPO und
schließlich an einen Anspruch auf Unterlassung der Zwangsvollstreckung und Herausgabe des Titels gem. § 826 BGB zu denken.

A. Vollstreckungsabwehrklage gem. § 767 ZPO

Die Vollstreckungsabwehrklage gem. § 767 ZPO hat Aussicht auf Erfolg, wenn sie **47**
zulässig und begründet ist.

I. Zulässigkeit

Zunächst müssten die Sachurteilsvoraussetzungen vorliegen.   **48**

1. Statthaftigkeit

Die Vollstreckungsabwehrklage ist statthaft, wenn der Schuldner Einwendungen **49**
geltend macht, die den durch das Urteil festgestellten Anspruch selbst betreffen.

a) Anwendbarkeit auf den Vollstreckungsbescheid

Der Vollstreckungsbescheid ist gem. § 794 I Nr. 4 ZPO ein Vollstreckungstitel, auf **50**
den gem. § 795 ZPO auch § 767 I ZPO Anwendung findet.

b) Materielle Einwendung

Als materielle Einwendung gegen den titulierten Anspruch kommt die Nichtigkeit **51**
des Bürgschaftsvertrags gem. § 138 I BGB in Betracht, so dass die Statthaftigkeit zu
bejahen ist.

2. Zuständigkeit

Sachlich und örtlich zuständig ist gem. § 767 I ZPO grundsätzlich das Prozessge- **52**
richt erster Instanz. Da hier ein Vollstreckungsbescheid vorliegt, ist gem. § 796 III
ZPO das Gericht zuständig, das bei einer Entscheidung im Streitverfahren zuständig gewesen wäre.

Da der Streitwert über 5.000 EUR liegt, ist das Landgericht gem. §§ 71 I, 23 Nr. 1
GVG sachlich zuständig.

Die örtliche Zuständigkeit des Landgerichts Frankfurt am Main ergibt sich aus
§§ 12, 13 ZPO, da B ihren Wohnsitz (§ 7 BGB) und damit ihren allgemeinen Gerichtsstand in Frankfurt am Main hat. Außerdem kommt der besondere Gerichtsstand des Erfüllungsorts gem. § 29 I ZPO in Betracht. Bei der Forderung aus dem
Bürgschaftsvertrag handelt es sich um eine Streitigkeit aus einem Vertragsverhältnis,
so dass das Gericht des Erfüllungsorts zuständig ist. Erfüllungsort ist gem. § 269 I
BGB der Wohnort der Schuldnerin B, also Frankfurt am Main. Die örtliche Zu-

---

[18] Zu den Rechtsbehelfen in der Zwangsvollstreckung vgl. *Preuß,* Jura 2003, 181 ff. und 540 ff.

ständigkeit des Landgerichts Frankfurt am Main lässt sich also auch aus § 29 I ZPO herleiten.

Sowohl bei der sachlichen als auch bei der örtlichen Zuständigkeit handelt es sich gem. § 802 ZPO um eine ausschließliche Zuständigkeit.[19]

3. Partei- und Prozessfähigkeit gem. §§ 50 f. ZPO

53 B ist als natürliche Person gem. §§ 50 f. ZPO partei- und prozessfähig.

54 Die Parteifähigkeit der G ergibt sich aus § 13 I GmbHG.

Die GmbH wird gesetzlich vertreten durch ihren Geschäftsführer gem. § 35 I GmbHG.[20]

4. Ordnungsgemäße Klageerhebung

a) Ordnungsgemäßer Klageantrag gem. § 253 II Nr. 2 ZPO

55 Der Klageantrag müsste dahingehend formuliert werden, dass die Zwangsvollstreckung aus dem Vollstreckungsbescheid vom … für unzulässig erklärt wird.

b) Postulationsfähigkeit

56 Da die Klage vor dem Landgericht erhoben wird, herrscht Anwaltszwang (§ 78 ZPO). Die Klage muss deshalb von einem Rechtsanwalt eingereicht werden.

5. Rechtsschutzbedürfnis

57 Das Rechtsschutzbedürfnis für eine Vollstreckungsabwehrklage ist gegeben, wenn die Zwangsvollstreckung droht, also der Gläubiger einen Titel erwirkt hat, und die Zwangsvollstreckung noch nicht beendet ist. Hier droht die Zwangsvollstreckung, da sich der Gerichtsvollzieher bereits angemeldet hat.

58 Die Vollstreckungsabwehrklage gem. § 767 ZPO ist demnach zulässig.

II. Begründetheit

59 Die Vollstreckungsabwehrklage ist begründet, wenn die materiellrechtliche Einwendung gegen den titulierten Anspruch besteht und nicht gem. § 767 II ZPO präkludiert ist.

1. Nichtbestehen des titulierten Anspruchs

a) Nichtigkeit gem. § 138 II BGB

60 Der Bürgschaftsvertrag könnte gem. § 138 II BGB nichtig sein. Da die Bürgschaft jedoch ein einseitig verpflichtender Vertrag ist, findet § 138 II BGB keine Anwendung.[21]

---

[19] Stein/Jonas/*Münzberg*, § 796 Rn. 5; Thomas/Putzo/*Seiler*, § 796 Rn. 3.

[20] Die Prozessfähigkeit juristischer Personen ist umstritten, vgl. Zöller/*Vollkommer*, § 52 Rn. 2 m. w. N.; *Jauernig/Hess*, § 20 Rn. 5 m. w. N. Zu Recht weist MünchKomm-ZPO/*Lindacher*, § 52 Rn. 23 ff. auf die verfehlte Fragestellung hin.

[21] *BGH* NJW 1991, 2015, 2017.

b) Nichtigkeit gem. § 138 I BGB[22]

Nach der mittlerweile gefestigten Rechtsprechung[23] sind Bürgschaften gem. § 138 I **61** BGB sittenwidrig, wenn sie erkennbar Ausdruck einer strukturellen Unterlegenheit des Bürgen sind und für ihn eine nicht hinnehmbare, mit seinen Einkommens- und Vermögensverhältnissen unvereinbare Belastung begründen.

Insbesondere für Bürgschaften richtet sich die Prüfung der Sittenwidrigkeit nach folgendem Schema:

aa) Krasse finanzielle Überforderung des Bürgen

Hier kommt eine krasse finanzielle Überforderung des Bürgen in Betracht. Eine **62** krasse finanzielle Überforderung ist grundsätzlich erst dann zu bejahen, wenn der Betroffene von seinem pfändungsfreien Einkommen und Vermögen voraussichtlich nicht einmal die laufenden Zinsen der Hauptschuld aufzubringen vermag.[24] Dies ist hier der Fall, da das Jahreseinkommen der B (6.000 EUR) gerade einmal 3% der Hauptschuld ausmacht und in dieser Höhe vollständig unpfändbar ist (vgl. § 850c I ZPO).

bb) Ausnutzung der emotionalen Verbundenheit zwischen Bürgen und Darlehensnehmer durch die Bank in sittlich anstößiger Weise

Zur Annahme der Sittenwidrigkeit ist noch erforderlich, dass die Bank die emotio- **63** nale Verbundenheit zwischen Bürgen und Darlehensnehmer in sittlich anstößiger Weise ausgenutzt hat. Ein derartiges Ausnutzen wird beim Vorliegen einer krassen finanziellen Überforderung vermutet.

cc) Kein berechtigtes Interesse der Bank an der Bürgschaft

Hat die Bank ausnahmsweise ein berechtigtes Interesse an der Bürgschaft, liegt **64** dennoch keine Sittenwidrigkeit vor.

Als berechtigte Interessen werden beispielsweise die Verhinderung von Vermögensverschiebungen oder die Erwartung zukünftigen Vermögens angesehen.[25]

Hier käme allenfalls die Verhinderung von Vermögensverschiebungen unter Ehegatten in Betracht. Jedoch verlangt der *BGH*, dass die ein berechtigtes Interesse begründenden Umstände in den Bürgschaftsvertrag aufgenommen werden,[26] was hier mangels Angaben im Sachverhalt nicht geschehen ist. Deshalb kann ein berechtigtes Interesse der G nicht angenommen werden.

dd) Kenntnis/Kennenmüssen der die Sittenwidrigkeit begründenden Umstände

Zudem hatte G zumindest fahrlässige Unkenntnis (vgl. § 122 II BGB) der die Sit- **65** tenwidrigkeit begründenden Umstände – wobei die Kenntnis ihrer vertretungsbefugten Mitarbeiter maßgeblich ist –, da sie sich bei einer Bürgschaft in dieser Höhe jedenfalls über die wirtschaftliche Leistungsfähigkeit des Bürgen erkundigen muss.

---

[22] Vgl. hierzu Palandt/*Ellenberger,* § 138 Rn. 37 m. w. N.

[23] *BVerfG* NJW 1994, 36 ff.; *BVerfG* NJW 1994, 2749, 2750; *BGH* NJW 1994, 1278, 1279 ff.

[24] *BGH* NJW 2009, 2671, 2672; *BGH* NJW 2002, 2634 f.

[25] Vgl. *Emmerich,* JuS 2000, 494, 495.

[26] Vgl. die Darstellung in BGHZ 151, 34, 40 f. = NJW 2002, 2228, 2230.

Damit liegen die Voraussetzungen des § 138 I BGB vor, so dass der Bürgschaftsvertrag nichtig ist und der titulierte Anspruch nicht besteht.

2. Keine Präklusion gem. §§ 767 II, 796 II ZPO

66 Die materielle Einwendung ist gem. § 767 II ZPO nur insoweit zulässig, als die Gründe, auf denen sie beruht, erst nach dem Schluss der letzten mündlichen Verhandlung entstanden sind. Da bei einem Vollstreckungsbescheid noch keine mündliche Verhandlung stattgefunden hat, stellt § 796 II ZPO für den Vollstreckungsbescheid darauf ab, ob die Gründe, auf denen die Einwendungen beruhen, nach Zustellung des Vollstreckungsbescheids entstanden sind und durch Einspruch nicht mehr geltend gemacht werden können. Da der Bürgschaftsvertrag gem. § 138 I BGB von Anfang an nichtig ist und die Einwendung nicht erst nach Zustellung des Vollstreckungsbescheides entstanden ist (§ 796 II ZPO), ist B mit dieser Einwendung präkludiert.

Zum Teil wird die Rechtskraft von Vollstreckungsbescheiden verneint bzw. als von minderer Qualität angesehen und damit auch die Präklusion im Rahmen der Vollstreckungsabwehrklage abgelehnt.[27] Diese Ansicht widerspricht jedoch der eindeutigen Regelung des § 796 II ZPO.

67 Damit kann die Sittenwidrigkeit des Bürgschaftsvertrags von B nicht mehr mit der Vollstreckungsabwehrklage vorgebracht werden. Die Klage ist deshalb unbegründet.

III. Ergebnis

68 Die Vollstreckungsabwehrklage hat keine Aussicht auf Erfolg.

B. Wiederaufnahme des Verfahrens gem. §§ 578 ff. ZPO

69 Möglicherweise kann B gegen den Vollstreckungsbescheid mit der Restitutionsklage gem. §§ 578 ff. ZPO vorgehen. Dann müsste ein Restitutionsgrund vorliegen.

I. Restitutionsgrund gem. § 580 Nr. 4 ZPO

70 Als Restitutionsgrund kommt § 580 Nr. 4 ZPO in Betracht. Dann müsste das Urteil durch eine von dem Gegner oder dessen Vertreter verübte Straftat erwirkt worden sein. In dem Abschluss des Bürgschaftsvertrags liegt jedoch keine Straftat. Im Übrigen würde es auch an einer rechtskräftigen Verurteilung gem. § 581 I ZPO fehlen. Außerdem würde die Restitutionsklage an § 582 ZPO scheitern, da B die Sittenwidrigkeit bereits vorher hätte geltend machen können.

II. Sonstige Restitutionsgründe

71 Sonstige Restitutionsgründe sind nicht ersichtlich.

Damit scheidet eine Restitutionsklage gem. § 580 ZPO aus.

---

[27] Vgl. dazu Staudinger/*Oechsler,* § 826 Rn. 522 ff. m. w. N.

C. Anspruch der B gegen K auf Unterlassung der Zwangsvollstreckung und Herausgabe des Titels gem. § 826 BGB

I. Anwendbarkeit des § 826 BGB

Problematisch ist, ob über einen Anspruch gem. § 826 BGB eine Durchbrechung **72** der Rechtskraft möglich ist. Dies ist umstritten.[28]

Nach teilweise in der Literatur[29] vertretener Auffassung kommt eine Durchbre- **73** chung der Rechtskraft gem. § 826 BGB nicht in Betracht, weil die §§ 578 ff. ZPO insoweit leges speciales seien. Die sachliche Unrichtigkeit stelle an sich keinen Grund für die Durchbrechung der Rechtskraft dar. Vor allem § 582 ZPO zeige die Subsidiarität der Restitutionsklage. Außerdem würde es sich um eine Umgehung des § 581 ZPO handeln, der Evidenz und Liquidität der neuen Beweismittel fordert. Unbilligkeiten im Einzelfall ließen sich durch Einzelanalogie zu §§ 578 ff. ZPO lösen.

Nach der Rechtsprechung kann die Vollstreckung aus einem rechtskräftigen Titel **74** eine vorsätzliche sittenwidrige Schädigung darstellen. Danach muss die dem Rechtsfrieden und der Rechtssicherheit dienende Rechtskraft nur dann zurücktreten, „wenn es mit dem Gerechtigkeitsgedanken schlechthin unvereinbar wäre, dass der Titelgläubiger seine formelle Rechtsstellung unter Missachtung der materiellen Rechtslage zu Lasten des Schuldners ausnutzt."[30] Sind diese Voraussetzungen gegeben, kann der Schuldner Unterlassung der Zwangsvollstreckung, Herausgabe des Titels und Schadensersatz verlangen. Es müssten also folgende Voraussetzungen vorliegen.

II. Materielle Unrichtigkeit des Titels

Der Titel müsste materiell unrichtig sein. Dies ist hier der Fall, da der Anspruch aus **75** der Bürgschaft wegen deren Sittenwidrigkeit gem. § 138 I BGB nicht entstanden ist (Rn. 61 ff.).

III. Kenntnis von der Unrichtigkeit des Titels

Der Vollstreckungsgläubiger müsste Kenntnis von der Unrichtigkeit des Titels ge- **76** habt haben. Dies ist bereits dann zu bejahen, wenn dem Vollstreckungsgläubiger die Unrichtigkeit im gerichtlichen Verfahren über die Entscheidung zu § 826 BGB durch das Gericht mitgeteilt wird. Das wäre hier der Fall.

IV. Besondere Umstände

Außerdem müssten besondere Umstände hinzukommen, die das Verhalten des Voll- **77** streckungsgläubigers als sittenwidrig erscheinen lassen und aufgrund derer es ihm zugemutet werden kann, die mit dem rechtskräftigen Titel erlangte Rechtsposition wieder aufzugeben. Zwar genügen die Umstände, auf denen die materielle Unrich-

---

[28] Vgl. hierzu MünchKomm-ZPO/*Gottwald*, § 322 Rn. 217 ff.

[29] Vgl. *Rosenberg/Schwab/Gottwald,* § 162 Rn. 5; für eine strikt subsidiäre Ergänzung der §§ 579 f. ZPO *Jauernig/Hess,* § 64 Rn. 12 f. m. w. N.

[30] *BGH* NJW 1999, 1257, 1258 f. m. w. N.

tigkeit des Titels beruht, allein in aller Regel noch nicht, um zugleich auch die Sittenwidrigkeit der Vollstreckung zu begründen,[31] sondern es sind weitere Umstände erforderlich, die die Vollstreckung selbst als sittenwidrig erscheinen lassen.

78 Solche Umstände sind bei einem Vollstreckungsbescheid dann gegeben, wenn der Gläubiger erkennen konnte, dass bei einer klageweisen Geltendmachung des Anspruchs bereits die gerichtliche Schlüssigkeitsprüfung nach § 331 ZPO zu einer Ablehnung des Klagebegehrens führen müsste.[32]

Dies ist hier der Fall, da sich G als Kreditinstitut nach dem Stand der mittlerweile gefestigten höchstrichterlichen Rechtsprechung zur Sittenwidrigkeit von Bürgschaftsverträgen aufdrängen musste, dass die Schlüssigkeitsprüfung die Nichtigkeit des Bürgschaftsvertrags nach § 138 I BGB zutage gebracht hätte.[33]

Damit kann hier wohl von den geforderten besonderen Umständen ausgegangen werden.

V. Kenntnis von der Sittenwidrigkeit

79 Für die gem. § 826 BGB erforderliche Kenntnis der Sittenwidrigkeit ist nicht erforderlich, dass der Schädiger sein Verhalten selbst als sittenwidrig beurteilt, sondern er muss nur die tatsächlichen, das Sittenwidrigkeitsurteil prägenden Umstände kennen.[34] Hiervon ist vorliegend auszugehen.

Nach der Rechtsprechung wäre also eine Rechtskraftdurchbrechung gem. § 826 BGB möglich, so dass B die Vollstreckung mit einer Klage auf Unterlassung der Zwangsvollstreckung und Herausgabe des Titels gem. § 826 BGB verhindern könnte.

VI. Entscheidung

80 Beide Ansichten kommen zu unterschiedlichen Ergebnissen. Deshalb ist eine Entscheidung des Streits erforderlich. Es ist der Rechtsprechung zu folgen. Zwar besteht tatsächlich die Gefahr der Umgehung der §§ 578 ff. ZPO, jedoch ist der Rückgriff auf § 826 BGB als flexible Generalklausel erforderlich, um evidentes Unrecht zu verhindern und Rechtsmissbrauch abzuwehren. Die Klage aus § 826 BGB stellt richterliche Rechtsfortbildung dar, deren Voraussetzungen durch die Rechtsprechung bewusst eng gehalten und klar definiert wurden.

Demnach ist eine Rechtskraftdurchbrechung gem. § 826 BGB hier möglich.

B kann Unterlassung der Zwangsvollstreckung und Herausgabe des Titels gem. § 826 BGB verlangen und muss diesen Anspruch notfalls klageweise durchsetzen.

---

[31] *OLG Nürnberg* ZIP 1999, 918 f.; *OLG Köln* WM 1997, 1095, 1096.
[32] BGHZ 151, 316, 328 = NJW 2002, 2940, 2943; BGHZ 101, 380, 387 = NJW 1987, 3256, 3258.
[33] Vgl. *OLG Nürnberg* ZIP 1999, 918, 919.
[34] Staudinger/*Oechsler*, § 826 Rn. 61.

Fall 11. Trouble bei Frieda

Nach BGH NJW 2008, 3287.

Sachverhalt

Die Bildhauerin Frieda (F), die mit ihrem Ehegatten Martin (M) im gesetzlichen Güterstand in Potsdam lebt, bestellt im Mai 2012 bei ihrem langjährigen Geschäftspartner Volker (V) einen 10 Kilogramm schweren Naturstein für 4.000 EUR. Nach dessen Anlieferung geraten Frieda und Volker in Streit über die Qualität des Steines. Frieda verweigert daraufhin jegliche Zahlung. Schließlich erhebt Volker Klage vor dem Amtsgericht Potsdam und beantragt, Frieda zur Zahlung von 4.000 EUR zu verurteilen. In der Güteverhandlung kommen Volker und Frieda jedoch zu einer Einigung und schließen vor dem Amtsgericht einen Vergleich. Darin verpflichtet sich Frieda, an Volker 2.000 EUR zu zahlen und Volker verzichtet auf die Geltendmachung weitergehender Ansprüche.

Da Frieda trotz mehrfacher Aufforderung auch in den kommenden zwei Monaten nicht zahlt, will Volker nun aus dem Vergleich vollstrecken. Mit der vollstreckbaren Ausfertigung des Vergleichs in der Hand beauftragt er daher den Gerichtsvollzieher (G) mit der Zwangsvollstreckung. Dieser erscheint am nächsten Montagmorgen um sieben Uhr bei Frieda und Martin zu Hause und übergibt Frieda die Ausfertigung des Vergleichs. Frieda lässt ihn wegen ihres schlechten Gewissens bereitwillig in das Haus und erklärt, er könne sich dort umsehen. Martin hingegen, der hiervon geweckt wird, beschwert sich, dass er den Gerichtsvollzieher nicht in seinem Haus haben wolle. Außerdem sei es nicht zumutbar, dass der Gerichtsvollzieher zu so einer Unzeit erscheine. Der Gerichtsvollzieher zeigt sich hiervon unbeeindruckt und legt das Pfandsiegel an eine im Wohnzimmer stehende Skulptur im Wert von 600 EUR an. Zudem pfändet er den vor der Haustür stehenden VW Golf. Martin ist damit gar nicht einverstanden. Die Skulptur sei ein Geschenk von seiner Frieda zum Geburtstag gewesen und gehöre ihm allein. Dies könnten – was zutrifft – auch alle Freunde sofort bezeugen. Den Pkw benötige er dringend, um zur Arbeit zu gelangen. Der Pkw gehört zwar Frieda. Diese überlässt ihn jedoch Martin für die Fahrten zu seiner Arbeitsstelle, die er mit öffentlichen Verkehrsmitteln nicht erreicht. Ansonsten nutzen die Eheleute den Pkw aber überwiegend gemeinsam.

Frage 1: Wie kann sich Martin gegen die Pfändung des VW Golf und der Skulptur gerichtlich zur Wehr setzen?

Frage 2: Angenommen, die gepfändete Skulptur hat Frieda bei dem Bildhauer August (A) unter Eigentumsvorbehalt zu einem Preis von 600 EUR erworben, davon bereits 300 EUR abgezahlt und sie nicht Martin geschenkt. Wie kann Volker darauf zugreifen?

Abwandlung 1: Angestachelt durch Martin besinnt sich nun auch Frieda und will sich gegen die Zwangsvollstreckung wehren. Dabei fällt ihr ein, dass sie gegen Volker noch eine offene Kaufpreisforderung i. H. v. 2.000 EUR hat, die ihr wegen einer an Volker im April 2012 verkauften Statue zusteht. Daher teilt sie Volker telefonisch mit, dass sie mit dieser Forderung gegen seine Forderung aufrechne. Da die Forderung des Volker nun erloschen sei, müsse die Zwangsvollstreckung gegen sie für unzulässig erklärt werden, meint Frieda.

Frage 3: Mit welchem Rechtsbehelf kann Frieda gegen die Zwangsvollstreckung vorgehen? Hat dieser Aussicht auf Erfolg?

Frage 4: Wäre der Rechtsbehelf begründet, wenn Frieda und Volker vor dem Amtsgericht keinen Vergleich geschlossen hätten, sondern Frieda zur Zahlung von 4.000 EUR an Volker verurteilt worden wäre und sie noch eine offene Forderung gegen Volker in Höhe von 4.000 EUR hätte?

Abwandlung 2: Frieda hat ein Atelier im Potsdamer Stadtteil Babelsberg gemietet. Nachdem sie aufgrund wirtschaftlicher Schwierigkeiten mehrfach ihre Miete nicht zahlte, kündigt Vermieter Walter (W) den Mietvertrag mit Frieda und erwirkt einen rechtskräftigen Räumungstitel gegen sie. Auf Grund eines Vollstreckungsauftrags des Walter an den Gerichtsvollzieher (G) unter Vorlage einer vollstreckbaren Ausfertigung des Urteils wird Frieda die Räumung des Ateliers angekündigt. Kurz vor dem Räumungstermin schließt Frieda mit dem befreundeten Maler Ullrich (U) einen Untermietvertrag über die Atelierräume. Erfreut nimmt Ullrich die Räume sofort in Besitz.

Der Gerichtsvollzieher weigert sich nun, die Zwangsräumung des Ateliers durchzuführen, da Ullrich weder im Vollstreckungstitel noch in der beigefügten Vollstreckungsklausel genannt ist. Walter ist darüber erbost, da er nicht zu Unrecht vermutet, dass Frieda dem Ullrich die Räume nur überlassen hat, um die Zwangsräumung zu vereiteln.

Frage 5: Mit welchem Rechtsbehelf kann Walter gegen die Weigerung des Gerichtsvollziehers, die Zwangsräumung durchzuführen, vorgehen und hätte dieser Aussicht auf Erfolg?

Gliederung

Frage 2

Lösung

Frage 1

A. Vollstreckungserinnerung gem. § 766 ZPO

In Betracht kommt eine Vollstreckungserinnerung gem. § 766 ZPO. Diese hat Aussicht auf Erfolg, wenn sie zulässig und begründet ist. **1**

I. Zulässigkeit der Erinnerung

Es müssten die Zulässigkeitsvoraussetzungen der Vollstreckungserinnerung vorliegen. **2**

1. Statthaftigkeit gem. § 766 I ZPO

Die Vollstreckungserinnerung ist statthaft bei Erinnerungen, welche die Art und Weise der Zwangsvollstreckung oder das vom Gerichtsvollzieher bei ihr zu beachtende Verfahren betreffen, § 766 I ZPO. **3**

Hier wendet sich M gegen die Verfahrensweise des Gerichtsvollziehers. Er macht geltend, dass der Gerichtsvollzieher gegen seinen Willen das Haus betreten und zur Unzeit mit der Pfändung begonnen habe sowie die Skulptur nicht habe pfänden dürfen. Zudem habe der Gerichtsvollzieher den Pkw gepfändet, der möglicherweise einem Pfändungsverbot unterlag. Damit wendet sich M gegen die Art und Weise der Vollstreckung durch den Gerichtsvollzieher, so dass die Vollstreckungserinnerung statthaft ist. **4**

2. Zuständigkeit gem. §§ 766, 764, 802 ZPO

Ausschließlich zuständig zur Entscheidung über die Erinnerung ist gem. §§ 764 I, 766 ZPO das Amtsgericht als Vollstreckungsgericht, in dessen Bezirk die Vollstreckung stattgefunden hat oder stattfinden soll, §§ 764 II, 802 ZPO. Funktionell zuständig ist der Richter, § 20 Nr. 17 S. 2 RPflG. **5**

Da die Pfändung in Potsdam vorgenommen wurde, ist das Amtsgericht Potsdam zuständig.

3. Form gem. § 573 I 2 ZPO analog

§ 766 ZPO schreibt zwar keine Form vor. Entsprechend § 573 I 2 ZPO ist die Erinnerung jedoch schriftlich oder zu Protokoll der Geschäftsstelle einzureichen. **6**

Hinweis: Die h.M.[1] wendet hier die Vorschrift bezüglich der sofortigen Beschwerde, nämlich § 569 II, III ZPO, entsprechend an. Mit Einfügung des § 573 ZPO durch die ZPO-Reform, der die Erinnerung gegen die Entscheidungen des beauftragten oder ersuchten Richters oder des Urkundsbeamten enthält, ist jedoch § 573 I 2 ZPO für eine Analogie geeigneter. **7**

---

[1] *Brox/Walker*, Rn. 1185; *Gaul/Schilken/Becker-Eberhard*, § 37 Rn. 57; *Lackmann*, § 18 Rn. 199; Hk-ZPO/*Kindl*, § 766 Rn. 9; a.A. gegen ein Formerfordernis *Baur/Stürner/Bruns*, Rn. 43.12; *Jauernig/Berger*, § 11 Rn. 10; *Musielak*, Grundkurs, Rn. 726.

4. Frist

8 Die Vollstreckungserinnerung ist nicht fristgebunden.

5. Erinnerungsbefugnis

9 Erinnerungsbefugt ist nur derjenige, der nach seinem eigenen Vortrag durch die angefochtene Vollstreckungsmaßnahme in seinen Rechten möglicherweise beeinträchtigt worden ist.

M ist hier ein an der Zwangsvollstreckung nicht unmittelbar beteiligter Dritter. Dritte können aber nur die Verletzung einer ihrem Schutz dienenden Verfahrensbestimmung mit der Erinnerung rügen.[2] Fraglich ist daher, ob die von M jeweils als verletzt geltend gemachten Verfahrensvorschriften auch dem Schutz Dritter dienen.

a) Wohnungsdurchsuchung, § 758a I, III ZPO

10 Der Gerichtsvollzieher hat gegen den Willen des M die Wohnung durchsucht. Darin könnte ein Verstoß gegen § 758a I ZPO liegen. Durch § 758a I ZPO wird das Grundrecht auf die Unverletzlichkeit der Wohnung gem. Art. 13 GG geschützt. Die Vorschrift dient neben dem Schutz des Schuldners auch dem Schutz Dritter, die in der durchsuchten Wohnung wohnen (vgl. § 758a III ZPO).[3] Mithin kann sich M als Mitbewohner der F auf eine Verletzung von § 758a I, III ZPO berufen und ist insoweit erinnerungsbefugt.

b) § 758a IV ZPO

11 Aufgrund des Erscheinens des Gerichtsvollziehers in der Wohnung von M und F um sieben Uhr kommt ein Verstoß gegen § 758a IV ZPO in Betracht. Gem. § 758a IV ZPO wird ausdrücklich auch der Mitgewahrsamsinhaber der Wohnung davor geschützt, dass die Zwangsvollstreckungsmaßnahme für ihn eine unzumutbare Härte darstellt.[4] Auch er ist neben dem eigentlichen Schuldner durch die Zwangsvollstreckungsmaßnahme in seiner Wohnung in seinem Grundrecht aus Art. 13 GG betroffen. Folglich kann sich M als Mitbewohner der F auf den Schutz des § 758a IV ZPO berufen und ist insoweit erinnerungsbefugt.

c) § 809 ZPO

12 In der Pfändung der Skulptur und des Pkw könnte ein Verstoß gegen § 809 ZPO liegen. Gem. § 809 ZPO können Gegenstände, die sich im (Mit)Gewahrsam eines Dritten befinden, nur gepfändet werden, soweit dieser zur Herausgabe bereit ist. Die Vorschrift dient ausdrücklich dem Schutz des Dritten, der sich bei Verstößen hiergegen mit der Vollstreckungserinnerung nach § 766 ZPO wehren kann.[5] Mithin kann sich M sowohl bzgl. der Skulptur als auch bzgl. des Pkw auf eine Verletzung von § 809 ZPO berufen und ist auch insoweit erinnerungsbefugt.

---

[2] Zöller/*Stöber*, § 766 Rn. 12.
[3] MünchKomm-ZPO/*Heßler*, § 758a Rn. 15, 73.
[4] Zöller/*Stöber*, § 758a Rn. 35.
[5] Zöller/*Stöber*, § 766 Rn. 18; *Musielak*, Grundkurs, Rn. 655.

d) § 811 I Nr. 5 ZPO

Hinsichtlich der Pfändung des Pkw macht M die Verletzung eines Pfändungsverbo- 13
tes (§ 811 I Nr. 5 ZPO) geltend. Umstritten ist, ob § 811 I Nr. 5 ZPO auch für
Familienangehörige – vor allem für Ehegatten – gilt.[6]

Zum Teil wird die Meinung vertreten, dass § 811 I Nr. 5 ZPO nicht die Familien- 14
angehörigen schütze.[7] Dies wird damit begründet, dass § 811 I Nr. 5 ZPO bei sys-
tematischer Auslegung nur Gegenstände des Schuldners meine. Der Ehegatte sei
durch § 771 ZPO ausreichend geschützt. Im Übrigen erlaube § 739 ZPO ohne
Einschränkung die Pfändung derjenigen Sachen des Ehegatten, bei denen vermutet
wird, dass sie sich im Gewahrsam des schuldenden Ehegatten befinden.

Dagegen hält die h.M. den Schutz durch § 771 ZPO für nicht ausreichend.[8] Dies 15
gelte vor allem, wenn es sich – wie hier – um eine Sache im Eigentum des schuldenden Ehegatten handelt oder das Eigentum nicht beweisbar sei.[9] Auch ein Schutz
durch § 809 ZPO versagt wegen § 739 ZPO. § 811 I Nr. 5 ZPO schütze den Unterhalt der Familie.[10] Die Erwerbstätigkeit des Ehegatten soll auch dem anderen
zugute kommen. Deshalb greife dieser Schutzzweck ebenso, wenn die Sache dem
Erwerb des Ehegatten dient. Der Pfändungsschutz werde durch § 739 ZPO nicht
verdrängt.

Da beide Ansichten zu unterschiedlichen Ergebnissen kommen, ist der Streit zu 16
entscheiden. Die h.M. hat die besseren Argumente für sich. § 811 I Nr. 5 ZPO
schützt die Familie und deren Erwerbsmöglichkeit, so dass er auch zugunsten des
Ehegatten des Schuldners greift und damit zumindest auch dessen Schutz dient.

Damit besteht die Möglichkeit der Verletzung einer drittschützenden Norm, so dass 17
die Erinnerungsbefugnis des M zu bejahen ist.

6. Rechtsschutzbedürfnis

Das Rechtsschutzbedürfnis für eine Vollstreckungserinnerung besteht zwischen dem 18
Beginn und dem Ende der Zwangsvollstreckung. Hier hat die Zwangsvollstreckung
bereits begonnen, da der Gerichtsvollzieher verschiedene Gegenstände gepfändet
hat. Sie ist auch noch nicht beendet, so dass ein Rechtsschutzbedürfnis besteht.

7. Zwischenergebnis

Die Vollstreckungserinnerung ist zulässig.   19

II. Begründetheit der Erinnerung

Die Vollstreckungserinnerung ist begründet, wenn die Vollstreckungshandlungen 20
des Gerichtsvollziehers verfahrensfehlerhaft waren.[11]

---

[6] Zum Streitstand Stein/Jonas/*Münzberg,* § 811 Rn. 55 m.w.N.

[7] *OLG Stuttgart* FamRZ 1963, 297.

[8] *BGH* NJW-RR 2010, 642, 643; Stein/Jonas/*Münzberg,* § 811 Rn. 55 m.w.N.; Zöller/*Stöber,* § 811
Rn. 24.

[9] Stein/Jonas/*Münzberg,* § 811 Rn. 55 m.w.N.

[10] *BGH* NJW-RR 2010, 642, 643; Zöller/*Stöber,* § 811 Rn. 24.

[11] Vgl. zur Zwangsvollstreckung durch den Gerichtsvollzieher *Schreiber,* Jura 2006, 742 ff.

1. Vorliegen der allgemeine Verfahrensvoraussetzungen

21 Zunächst müssen die allgemeinen Verfahrensvoraussetzungen, insbesondere ein Antrag des Gläubigers an den Gerichtsvollzieher als zuständiges Vollstreckungsorgan (vgl. § 753 I ZPO), vorliegen. Hier hat V einen entsprechenden Antrag gestellt. Es handelt sich um eine Zwangsvollstreckung wegen einer Geldforderung in körperliche Sachen, so dass der Gerichtsvollzieher zuständig ist (§§ 808 ff. ZPO).

2. Vorliegen der allgemeinen Vollstreckungsvoraussetzungen (§ 750 ZPO)

a) Titel

22 Gem. § 794 I Nr. 1 ZPO findet die Zwangsvollstreckung auch aus gerichtlichen Vergleichen statt. Ein solcher gerichtlicher Vergleich wurde hier zwischen V und F geschlossen. Mithin liegt ein Vollstreckungstitel vor.

b) Klausel

23 Laut Sachverhalt wurde dem V eine vollstreckbare Ausfertigung des Vergleichs erteilt, §§ 795, 724 ZPO. § 795b ZPO ist nicht einschlägig, da die Wirksamkeit des Vergleichs nicht von dem Eintritt einer weiteren Tatsache abhängt.

c) Zustellung

24 Laut Sachverhalt hat der Gerichtsvollzieher F die Ausfertigung des Vergleichs bei Beginn der Zwangsvollstreckung übergeben. Die Voraussetzungen des § 750 I 1 ZPO liegen mithin vor.

3. Vorliegen der besonderen Vollstreckungsvoraussetzungen

25 Besondere Vollstreckungsvoraussetzungen sind vorliegend nicht zu beachten.

4. Keine Vollstreckungshindernisse

26 Es bestehen keine Vollstreckungshindernisse.

5. Rechtmäßigkeit der Durchführung der konkreten Maßnahme

27 Es handelt sich um eine Zwangsvollstreckung wegen einer Geldforderung in das bewegliche Vermögen, so dass neben den allgemeinen Vorschriften (§§ 750 ff. ZPO) die §§ 803 ff. ZPO einschlägig sind.

a) Verstoß gegen § 758a I, III ZPO

28 Möglicherweise liegt eine Verletzung von § 758a I ZPO vor, da der Gerichtsvollzieher das Haus entgegen dem Willen des M durchsucht hat. Bei dem Haus handelt es sich um eine Wohnung i. S. v. Art. 13 GG, an der M auch Mitgewahrsam hatte. Der Gerichtsvollzieher hat die Wohnung i. S. d. § 758a I ZPO nach pfändbaren Gegenständen durchsucht. Jedoch hat F als Schuldnerin ausdrücklich in die Durchsuchung i. S. v. § 758a I ZPO eingewilligt. Gem. § 758a III 1 ZPO hat damit der Mitgewahrsamsinhaber M die Durchsuchung zu dulden, soweit sie keine unbillige

Härte nach § 758a III 2 ZPO darstellt. Eine unbillige Härte für M ist vorliegend jedoch nicht ersichtlich.

Somit liegt kein Verstoß gegen § 758a I, III ZPO vor.

b) Verstoß gegen § 758a IV ZPO

In Betracht kommt ein Verstoß gegen § 758a IV ZPO. M macht geltend, der Ge- **29** richtsvollzieher habe die Zwangsvollstreckungsmaßnahme zu einer Unzeit vorgenommen. Gem. § 758a IV ZPO darf eine Zwangsvollstreckungsmaßnahme zur Nachtzeit oder an Sonn- oder Feiertagen in Wohnungen nur auf Grund einer besonderen Anordnung des Richters beim Amtsgericht vorgenommen werden. Die Nachtzeit umfasst gem. § 758a IV 2 ZPO die Stunden zwischen 21 und 6 Uhr. Vorliegend fand die Pfändung an einem Montagmorgen um 7 Uhr statt, so dass eine richterliche Anordnung nicht erforderlich war. Eine Verletzung des § 758a IV ZPO scheidet daher aus.

c) Verstoß gegen § 809 ZPO wegen Pfändung des Pkw und der Skulptur

Durch die Pfändung des Pkw und der Skulptur könnte der Gerichtsvollzieher gegen **30** § 809 ZPO verstoßen haben. § 809 ZPO erweitert die Möglichkeit der Pfändung körperlicher Sachen um die Fälle, in denen sich die Sachen im (Mit)Gewahrsam eines zur Herausgabe bereiten Dritten befinden.[12] Mitgewahrsam des Dritten genügt, sofern er nach außen erkennbar ist.[13]

M war ein an der Zwangsvollstreckung unmittelbar nicht beteiligter Dritter. Er hat auch deutlich gemacht, dass er nicht zur Herausgabe des Pkw oder der Skulptur bereit war. An beiden Gegenständen bestand wegen der gemeinsamen Zugriffsmöglichkeit erkennbarer Mitgewahrsam von M und F gem. §§ 808, 809 ZPO.

Allerdings greift bei Ehegatten die Vermutung des § 739 ZPO, wonach allein der **31** Schuldner als Gewahrsamsinhaber gilt, wenn er nach § 1362 BGB zugunsten des Gläubigers als Eigentümer einer beweglichen Sache vermutet wird. Voraussetzung ist, dass die Eigentumsvermutung des § 1362 BGB besteht. M und F sind Ehegatten und leben nicht getrennt, § 1362 I 2 BGB. Der Pkw und die Skulptur stellen bewegliche Sachen dar, die sich im Besitz der Ehegatten befinden. Sowohl der Pkw, der von M und F überwiegend gemeinsam genutzt wird, als auch die Skulptur als Wohnungseinrichtung sind nicht ausschließlich zum persönlichen Gebrauch eines der Ehegatten i.S.v. § 1362 II BGB bestimmt. Folglich liegen die Voraussetzungen der Eigentumsvermutung des § 1362 BGB sowohl für den Pkw als auch für die Skulptur vor. Somit greift auch die Gewahrsamsvermutung des § 739 ZPO, so dass für die Durchführung der Zwangsvollstreckung nur die Schuldnerin F als Gewahrsamsinhaberin gilt.

Fraglich ist, ob M hiergegen vorbringen kann, er könne sein Eigentum zumindest **32** an der Skulptur durch Zeugen beweisen. Zwar kann die Vermutung des § 1362 BGB durch den Nachweis des Eigentums widerlegt werden,[14] jedoch erschüttert

---

[12] MünchKomm-ZPO/*Gruber*, § 809 Rn. 1.
[13] Zöller/*Stöber*, § 809 Rn. 4.
[14] Palandt/*Brudermüller*, § 1362 Rn. 7.

dies nicht die Vermutung des § 739 ZPO. Letztere ist unwiderlegbar.[15] Es kommt nur darauf an, dass die Voraussetzungen des § 1362 BGB vorliegen.[16] Der Gerichtsvollzieher prüft lediglich den Gewahrsam, nicht hingegen das Eigentum. Damit greift die Gewahrsamsvermutung des § 739 ZPO hier ein, so dass F zugunsten von V als Alleingewahrsamsinhaberin anzusehen ist.

33 Ein Verstoß gegen § 809 ZPO liegt daher nicht vor.

d) Verstoß gegen das Pfändungsverbot gem. § 811 I Nr. 5 ZPO

34 In Betracht kommt ein Verstoß gegen § 811 I Nr. 5 ZPO wegen der Pfändung einer unpfändbaren Sache. Vorliegend hat der Gerichtsvollzieher den Pkw der F gepfändet, obwohl M ihn benötigt, um damit zur Arbeit zu fahren.

35 § 811 I Nr. 5 ZPO dient dem Schutz der persönlichen Arbeitsleistung.[17] Problematisch ist jedoch, dass vorliegend nicht die Schuldnerin F, sondern ihr Ehemann M den Pkw benötigt, um zur Arbeit zu gelangen. Nach der überwiegenden Auffassung in Rechtsprechung und Literatur greift § 811 I Nr. 5 ZPO jedoch auch dann ein, wenn der beim Schuldner zu pfändende Gegenstand von seinem Ehegatten für eine eigene Erwerbstätigkeit benötigt wird[18] (vgl. oben Rn. 13 ff.). Dies ist vorliegend der Fall. Zur Fortsetzung der Erwerbstätigkeit im Sinne des § 811 I Nr. 5 ZPO können auch Kraftfahrzeuge erforderliche Gegenstände sein, die ein Arbeitnehmer für die täglichen Fahrten von seiner Wohnung zu seinem Arbeitsplatz und zurück benötigt.[19] Voraussetzung ist jedoch, dass das Kraftfahrzeug für die Beförderung erforderlich ist. Das ist hier der Fall, da M nicht in zumutbarer Weise öffentliche Verkehrsmittel benutzen kann. Der Pkw ist daher zur Fortsetzung seiner Tätigkeit unerlässlich und von der Pfändung nach § 811 I Nr. 5 ZPO ausgeschlossen.

e) Zwischenergebnis

36 Hinsichtlich des Pkw besteht ein Pfändungsverbot gem. § 811 I Nr. 5 ZPO, gegen das der Gerichtsvollzieher verstoßen hat.

III. Ergebnis

37 Die Erinnerung ist zulässig und hinsichtlich der Pfändung des Pkw auch begründet, im Übrigen aber unbegründet.

B. Drittwiderspruchsklage gem. § 771 ZPO

38 Hinsichtlich der Pfändung der Skulptur kommt eine Drittwiderspruchsklage des M gem. § 771 ZPO in Betracht. Diese hat Aussicht auf Erfolg, wenn sie zulässig und begründet ist.

---

[15] Thomas/Putzo/*Seiler,* § 739 Rn. 9.
[16] Musielak/*Lackmann,* § 739 Rn. 6 f.
[17] Zöller/*Stöber,* § 811 Rn. 24.
[18] *BGH* NJW-RR 2010, 642 ff.; Zöller/*Stöber,* § 811 Rn. 24; Musielak/*Becker,* § 811 Rn. 17a; *Musielak,* Grundkurs, Rn. 656.
[19] *BGH* NJW-RR 2010, 642, 643.

I. Zulässigkeit der Drittwiderspruchsklage

Es müssten die Sachurteilsvoraussetzungen der Drittwiderspruchsklage vorliegen. **39**

1. Statthaftigkeit

Die Drittwiderspruchsklage ist gem. § 771 I ZPO statthaft, wenn ein Dritter be- **40** hauptet, dass ihm an dem Gegenstand der Zwangsvollstreckung ein die Veräuße- rung hinderndes Recht zusteht. Hier macht M als ein nicht an der Zwangsvollstre- ckung beteiligter Dritter ein eigenes materielles Recht, sein Eigentum an der Skulptur, geltend und will aus diesem die Vollstreckung für unzulässig erklären las- sen. Damit ist die Drittwiderspruchsklage statthaft.

2. Zuständigkeit

a) Sachliche Zuständigkeit gem. §§ 23, 71 GVG

Die sachliche Zuständigkeit richtet sich nach §§ 23, 71 GVG i.V.m. § 1 ZPO, hier **41** nach dem Streitwert. Gem. § 6 S. 1 ZPO bestimmt sich der Streitwert grundsätz- lich nach dem Wert der Forderung. Wenn der Gegenstand des Pfandrechts jedoch einen geringeren Wert hat, so ist dieser maßgebend, § 6 S. 2 ZPO.

Hier beträgt der Wert der Skulptur 600 EUR. Somit ist nach § 23 Nr. 1 GVG das Amtsgericht sachlich zuständig.

b) Örtliche Zuständigkeit gem. §§ 771, 802 ZPO

Gem. § 771 I ZPO ist örtlich das Gericht zuständig, in dessen Bezirk die Zwangs- **42** vollstreckung erfolgt, hier also das Amtsgericht Potsdam. Die örtliche Zuständigkeit ist ausschließlich, § 802 ZPO.

3. Ordnungsgemäße Klageerhebung

Es muss ein bestimmter Antrag dahingehend gestellt werden, die Zwangsvollstre- **43** ckung in die genau bezeichnete Skulptur für unzulässig zu erklären.

4. Partei- und Prozessfähigkeit gem. §§ 50f. ZPO

Bezüglich der Partei- und Prozessfähigkeit der Parteien (§§ 50f. ZPO) bestehen **44** keine Bedenken.

5. Rechtsschutzbedürfnis

Das Rechtsschutzbedürfnis für eine Drittwiderspruchsklage besteht vom Beginn bis **45** zur Beendigung der Zwangsvollstreckung. Die Zwangsvollstreckung hat bereits be- gonnen, da der Gerichtsvollzieher die Skulptur gepfändet hat. Sie ist auch noch nicht beendet. Damit besteht das Rechtsschutzbedürfnis.

6. Zwischenergebnis

Die Drittwiderspruchsklage ist zulässig. **46**

II. Begründetheit der Drittwiderspruchsklage

47 Die Drittwiderspruchsklage ist begründet, wenn M an der Skulptur ein „die Veräußerung hinderndes Recht" zusteht und sich V nicht auf ein besseres Recht berufen kann.

1. Ein die „Veräußerung hinderndes Recht" des Klägers

48 Ein die „Veräußerung hinderndes Recht" liegt dann vor, wenn die Veräußerung der Skulptur durch den Schuldner (hier F) dem Dritten (hier M) gegenüber rechtswidrig wäre.[20] Hier macht M sein Eigentum an der Skulptur geltend, das er auch durch Zeugenbeweis nachweisen kann. Das Eigentum stellt ein die Veräußerung hinderndes Recht dar.

2. Keine Einwendungen des beklagten Gläubigers

49 V als Gläubiger kann auch kein besseres Recht an der Skulptur einwenden.

3. Zwischenergebnis

50 Die Drittwiderspruchsklage ist begründet.

III. Ergebnis

51 Die Drittwiderspruchsklage des M hinsichtlich der Skulptur ist zulässig und begründet. Sie hat daher Aussicht auf Erfolg.

Frage 2

52 Möglicherweise könnte V das Anwartschaftsrecht der F an der Skulptur gem. §§ 857, 828 ff. ZPO pfänden, um sich auf diesem Weg für den Fall des Erstarkens des Anwartschaftsrechts zum Vollrecht ein rangwahrendes Pfandrecht an der Sache selbst zu sichern. Die Möglichkeit einer solchen Pfändung ist anerkannt, jedoch ist die Form umstritten.

A. Theorie der reinen Rechtspfändung

53 Mit der wirksamen Pfändung des Anwartschaftsrechts gem. §§ 857, 828 ff. ZPO wird dem Schuldner verboten, anderweitig über das Anwartschaftsrecht zu verfügen. Allerdings wäre die Pfändung des Anwartschaftsrechts allein nicht sinnvoll, weil das Anwartschaftsrecht praktisch kaum verwertbar ist,[21] da der Schuldner das Recht hat, den restlichen Kaufpreis zu bezahlen. Damit tritt die Bedingung ein, der Schuldner wird Eigentümer und das Anwartschaftsrecht erlischt. Dies hätte zur Folge, dass auch das Pfändungspfandrecht des Vollstreckungsgläubigers am Anwartschaftsrecht erlöschen würde. Deshalb muss sich für die Theorie von der reinen Rechtspfändung[22] das Pfandrecht am Anwartschaftsrecht an der Sache fortsetzen. Dies soll nach dieser Theorie durch eine analoge Anwendung der § 1287 BGB,

---

[20] RGZ 116, 363, 365.
[21] Vgl. Musielak/*Becker*, § 857 Rn. 7.
[22] *Baur/Stürner/Bruns*, Rn. 32.17; *Medicus/Petersen*, Rn. 486.

§ 847 ZPO erreicht werden.[23] Dieser Lösung steht aber das Publizitätsprinzip entgegen. Die Begründung eines Pfändungspfandrechts an der Sache setzt einen Publizitätsakt voraus. Dieser fehlt aber, wenn das Anwartschaftsrecht wie ein Recht durch Beschluss des Vollstreckungsgerichts gepfändet worden ist.

B. Theorie der Rechtspfändung in Form der Sachpfändung

Aus diesem Grund soll nach der Theorie von der Rechtspfändung in Form der **54** Sachpfändung[24] das Anwartschaftsrecht gepfändet werden, allerdings nicht in der Form der Rechtspfändung gem. §§ 857, 828 ff. ZPO, sondern in der Form der Sachpfändung gem. § 808 ZPO durch Inbesitznahme der Sache und Kenntlichmachung der Pfändung durch den Gerichtsvollzieher. Damit wäre dem Publizitätsprinzip Rechnung getragen. Eine Drittwiderspruchsklage durch den Vorbehaltsverkäufer sei nicht möglich, weil die Pfändung des Anwartschaftsrechts nicht in seine Eigentümerstellung eingreife. Kritik an dieser Theorie wird dahingehend geübt, dass sie die Formen der Rechts- und Sachpfändung vermische und die Vollstreckung in Rechte durch das Vollstreckungsgericht und nicht durch den Gerichtsvollzieher erfolgen müsse.[25]

C. Doppelpfändungstheorie

Deshalb vertritt die h. M. die Doppelpfändungstheorie.[26] Da mit der Erstarkung **55** des Anwartschaftsrechts zum Vollrecht das Anwartschaftsrecht und damit auch das Pfändungspfandrecht am Anwartschaftsrecht untergeht, muss zusätzlich die Sache selbst gepfändet werden. Diese Sachpfändung kann bereits im Zeitpunkt der Anwartschaftspfändung veranlasst werden, damit verhindert wird, dass dem Pfändungspfandrecht des Gläubigers eventuelle Pfändungspfandrechte anderer Gläubiger, die in der Zwischenzeit entstanden sind, vorgehen. Dem Vorbehaltsverkäufer steht in diesem Fall keine Drittwiderspruchsklage zu, weil die Pfändung der Sache nur für die erforderliche Publizität zur Umwandlung des Pfändungspfandrechts an der Sache erfolgt. Es soll dem Pfändungspfandgläubiger lediglich der Rang des später an der Sache entstehenden Pfändungspfandrechts im Zeitpunkt der Anwartschaftspfändung gesichert werden. Weil sich mit Bedingungseintritt nur der belastete Gegenstand ändert, bleibt der Rang des Pfändungspfandrechts bestehen.

D. Ergebnis

V ist deshalb zur Doppelpfändung des Anwartschaftsrechts der F und der Skulptur **56** des A zu raten.

---

[23] *Baur/Stürner/Bruns,* Rn. 32.17.
[24] *Brox/Walker,* Rn. 812 ff.
[25] *Lackmann,* Rn. 371.
[26] *BGH* NJW 1954, 1325 ff.; MünchKomm-ZPO/*Smid,* § 857 Rn. 18 ff., 22; *Gaul/Schilken/Becker-Eberhard,* § 58 Rn. 42; *Jauernig/Berger,* § 20 Rn. 24 ff., 27, 34.

Frage 3

57 Als Rechtsbehelf kommt die Vollstreckungsabwehrklage gem. § 767 ZPO in Betracht. Die Vollstreckungsabwehrklage hat Aussicht auf Erfolg, wenn sie zulässig und begründet ist.

A. Zulässigkeit der Vollstreckungsabwehrklage

58 Die Vollstreckungsabwehrklage ist zulässig, wenn die Sachurteilsvoraussetzungen vorliegen.

I. Statthaftigkeit

59 Die Vollstreckungsabwehrklage ist statthaft, wenn der Schuldner Einwendungen vorbringt, die sich gegen den durch das Urteil festgestellten Anspruch selbst richten, § 767 I ZPO. Gem. § 795 S. 1 ZPO ist § 767 ZPO entsprechend auch für die Zwangsvollstreckung aus einem Vergleich nach § 794 I Nr. 1 ZPO anzuwenden, wie er hier vorliegt.

Hier macht F die Aufrechnung nach § 389 BGB geltend. Dabei handelt es sich um eine materiellrechtliche Einwendung gegen den titulierten Anspruch, die im Wege der Vollstreckungsabwehrklage geltend gemacht werden kann. Die Vollstreckungsabwehrklage ist demnach statthaft.

II. Zuständigkeit

60 Zuständig ist gem. § 767 I ZPO das Gericht des ersten Rechtszuges, also das Amtsgericht Potsdam. Es handelt sich gem. §§ 767 I, 802 ZPO um eine ausschließliche sachliche und örtliche Zuständigkeit.

III. Ordnungsgemäße Klageerhebung

61 Eine ordnungsgemäße Klageerhebung setzt die Stellung eines bestimmten Antrags voraus (§ 253 II Nr. 2 ZPO). Der Klageantrag ist dahingehend zu formulieren, dass die Zwangsvollstreckung aus dem Titel für unzulässig erklärt wird.

IV. Rechtsschutzbedürfnis

62 Ein Rechtsschutzbedürfnis für eine Vollstreckungsabwehrklage besteht, sobald die Zwangsvollstreckung droht und solange sie noch nicht beendet ist. Der Gerichtsvollzieher hat bereits mehrere Gegenstände gepfändet, so dass die Zwangsvollstreckung bereits begonnen hat. Mangels Verwertung und Auskehr des Erlöses ist sie auch noch nicht beendet. Mithin besteht das Rechtsschutzbedürfnis der F.

V. Zwischenergebnis

63 Die Vollstreckungsabwehrklage ist zulässig.

B. Begründetheit

64 Die Vollstreckungsabwehrklage ist begründet, wenn die materiellrechtlichen Einwendungen bestehen und nicht gem. § 767 II, III ZPO präkludiert sind. Aktivlegitimiert ist der Schuldner aus dem Titel, hier also die Schuldnerin F.

I. Materiellrechtliche Einwendung gegen den titulierten Anspruch

Es müssten die Voraussetzungen für eine Aufrechnung nach §§ 387 ff. BGB vorlie- **65**
gen.

1. Aufrechnungslage

Dies setzt eine Aufrechnungslage voraus, § 387 BGB. **66**

a) Gegenseitigkeit

Zwischen F und V müssten gegenseitige Forderungen bestanden haben. **67**

F hat gegen V gem. § 433 II BGB einen fälligen und durchsetzbaren Anspruch auf **68**
Zahlung von 2.000 EUR aus dem Kaufvertrag über die Statue.

Fraglich ist, in welcher Höhe V gegen F ein Anspruch zusteht. Ursprünglich hatten **69**
V und F einen Kaufvertrag geschlossen, wonach F an V 4.000 EUR gem. § 433 II
BGB zahlen sollte. Im Folgenden war zwischen den Vertragspartnern streitig, ob der
Anspruch in dieser Höhe entstanden und durchsetzbar war, oder ob eine Minde-
rung in Betracht kam. Die Forderung des V könnte durch den vor dem Amtsge-
richt Potsdam geschlossenen Vergleich nur noch in Höhe von 2.000 EUR bestehen.
Der Prozessvergleich zeichnet sich durch seine Doppelnatur aus. Zum einen ist er
Prozessvertrag, zum anderen aber auch materiellrechtlicher Vergleich i.S.v. § 779
BGB.[27] In materiellrechtlicher Hinsicht wird das Ausgangsverhältnis nur in den
streitigen oder ungewissen Fragen neu geregelt[28] und die Rechte und Pflichten aus
dem Rechtsverhältnis bindend festgestellt.[29] Folglich gilt mit dem Vergleich die
bindende Feststellung, dass V gegen F einen fälligen und durchsetzbaren Anspruch
i.H.v. 2.000 EUR hat.

Zwischen F und V bestanden damit gegenseitige Forderungen. **70**

b) Gleichartigkeit

Die Ansprüche sind zudem gleichartig, da es sich jeweils um Geldforderungen han- **71**
delt.

c) Erfüllbarkeit der Hauptforderung

Die Hauptforderung des V ist auch erfüllbar. **72**

d) Fälligkeit und Durchsetzbarkeit der Gegenforderung der F

Es bestehen keine Bedenken hinsichtlich der Fälligkeit und Durchsetzbarkeit der **73**
Gegenforderung der F.

2. Aufrechnungserklärung, § 388 BGB

F hat die Aufrechnung außerprozessual gegenüber V wirksam i.S.v. § 388 BGB **74**
erklärt.

---

[27] Thomas/Putzo/*Seiler,* § 794 Rn. 3.
[28] *BGH* NJW 2010, 2652, 2653; Palandt/*Sprau,* § 779 Rn. 11.
[29] Vgl. MünchKomm-BGB/*Habersack,* § 779 Rn. 31.

3. Kein Ausschluss der Aufrechnung

75 Ein Ausschlussgrund für die Aufrechnung ist nicht ersichtlich.

4. Rechtsfolge gem. § 389 BGB

76 Durch die wirksame Aufrechnung wäre die Forderung des V gem. § 389 BGB erloschen.

II. Keine Präklusion der Einwendung nach § 767 II ZPO

77 Fraglich ist jedoch, ob die Aufrechnung mit der Vollstreckungsabwehrklage noch geltend gemacht werden kann. Einwendungen sind gem. § 767 II ZPO nur zulässig, wenn die Gründe, auf denen sie beruhen, erst nach Schluss der letzten mündlichen Verhandlung entstanden sind. Entscheidend ist dabei die objektive Möglichkeit, die Einwendung im Vorprozess geltend zu machen. Hingegen kommt es nicht auf eine etwaige Kenntnis an.[30]

Vorliegend standen sich die gegenseitigen Forderungen von F und V erstmalig im Mai 2012 gegenüber. Ab diesem Zeitpunkt bestand somit die Aufrechnungslage. Die Aufrechnungserklärung der F erfolgte hingegen erst nach Abschluss des Gerichtsverfahrens durch den Vergleich.

78 Auf den Streit, ob bei § 767 II ZPO der Zeitpunkt der Aufrechnungslage oder derjenige der Aufrechnungserklärung maßgeblich ist, kommt es indes hier nicht an. Denn bei der Vollstreckungsabwehrklage gegen die Vollstreckung aus einem Prozessvergleich findet § 767 II ZPO keine Anwendung. Vielmehr können auch solche Einwendungen erhoben werden, die sich auf zeitlich vor dem Vergleich liegende Tatsachen stützen.[31] § 767 II ZPO dient der Absicherung der materiellen Rechtskraft. Der Prozessvergleich entfaltet jedoch keine materielle Rechtskraftwirkung, so dass es zu keiner Präklusion von Einwendungen nach § 767 II ZPO kommen kann.[32]

79 **Hinweis:** Das Gleiche gilt beispielsweise auch für vollstreckbare Urkunden, vgl. § 797 IV ZPO.

III. Keine Präklusion gem. § 767 III ZPO

80 Da F den Aufrechnungseinwand bei Klageerhebung geltend macht, besteht keine Präklusion gem. § 767 III ZPO.

IV. Zwischenergebnis

81 Die Vollstreckungsabwehrklage ist begründet.

C. Ergebnis

82 Die Vollstreckungsabwehrklage ist zulässig und begründet und hat daher Aussicht auf Erfolg.

---

[30] *BGH* NJW 1961, 1067, 1068; *Zöller/Herget*, § 767 Rn. 14.
[31] *Musielak*, Grundkurs, Rn. 740.
[32] *BGH* NJW-RR 1987, 1022, 1023; MünchKomm-ZPO/*Schmidt/Brinkmann*, § 767 Rn. 75 m. w. N.

Frage 4

Die Vollstreckungsabwehrklage gem. § 767 ZPO ist begründet, wenn die materiell- **83** rechtlichen Einwendungen bestehen und nicht gem. § 767 II, III ZPO präkludiert sind.

A. Materiellrechtliche Einwendung gegen den titulierten Anspruch

Es müssten die Voraussetzungen für eine Aufrechnung nach §§ 387 ff. BGB vorlie- **84** gen. Dies ist hier der Fall (siehe Rn. 66 ff.).

B. Keine Präklusion der Einwendung nach § 767 II ZPO

Fraglich ist jedoch, ob die Aufrechnung mit der Vollstreckungsabwehrklage noch **85** geltend gemacht werden kann. Einwendungen sind gem. § 767 II ZPO nur zuläs-sig, wenn die Gründe, auf denen sie beruhen, erst nach dem Schluss der letzten mündlichen Verhandlung entstanden sind. Entscheidend ist die objektive Möglich-keit, die Einwendung im Vorprozess geltend zu machen; die Kenntnis ist unerheb-lich.[33]

Bezüglich der Aufrechnung besteht das Problem, auf welchen Zeitpunkt es an- **86** kommt, auf den Zeitpunkt der Aufrechnungslage oder den der Aufrechnungserklä-rung.

Nach einer Ansicht[34] ist der Zeitpunkt der Aufrechnungslage maßgebend. Danach **87** wäre F mit der Einwendung der Aufrechnung präkludiert, da sich die beiden Forde-rungen bereits vor Klageerhebung aufrechenbar gegenüber standen (siehe Rn. 77).

Als Argument für diese Auffassung wird die Prozessbeschleunigung angeführt. Die Parteien sollen Einwendungen möglichst frühzeitig vorbringen. Die Vollstreckung soll zügig durchgeführt werden und Verzögerungen dieser Art vermieden werden. Bei der Abwägung zwischen dem Normzweck des § 767 II ZPO und der materiel-len Gestaltungsfreiheit sei ersterer zu bevorzugen.

Nach der Gegenansicht (h. L.)[35] ist der Zeitpunkt der Aufrechnungserklärung ent- **88** scheidend. Danach wäre F mit ihrer Einwendung nicht präkludiert.

Die Rechtsänderung und damit der „Grund" i. S. d. § 767 II ZPO träten erst mit der Aufrechnungserklärung ein. Eine Befristung der Aufrechnung ist im materiellen Recht nicht vorgesehen; wenn Fristen bestehen (z. B. § 124 BGB), dann müsse de-ren Ausschöpfung auch möglich sein. Einem Missbrauch lasse sich z. B. durch Prü-fung der Sachdienlichkeit vorbeugen (§ 533 ZPO analog). Außerdem sei ein sol-cher kaum denkbar, da der Schuldner ansonsten die Prozesskosten des Vorprozesses tragen muss und daher ein eigenes Interesse an der Aufrechnung hat.

Beide Ansichten kommen zu unterschiedlichen Ergebnissen, so dass der Streit zu **89** entscheiden ist. Die h. L. hat die besseren Argumente für sich und trennt zutreffend

---

[33] *BGH* NJW 1961, 1067, 1068; Zöller/*Herget*, § 767 Rn. 14.

[34] Vgl. BGHZ 34, 274, 279 f.; BGHZ 155, 392, 396 = NJW 2003, 3134, 3135; MünchKomm-ZPO/ *K. Schmidt/Brinkmann,* § 767 Rn. 80 ff.

[35] Vgl. *Brox/Walker,* Rn. 1346; *Musielak,* Grundkurs, Rn. 736 ff.

zwischen materiellem und prozessualem Recht.[36] Da Anhaltspunkte für einen Missbrauch der Ausübung des Gestaltungsrechts seitens F nicht vorliegen, ist mit der h.L. die Präklusion zu verneinen.

90 **Hinweis:** Die Problematik taucht bei allen Gestaltungsrechten auf, wird jedoch nicht überall gleich beurteilt. Zum Teil wird nach der Art des Gestaltungsrechts bzw. nach dem Inhalt des Gestaltungsgrundes differenziert. So will der *BGH* darauf abstellen, ob die Freiheit des Berechtigten, den Zeitpunkt der Abgabe seiner Gestaltungserklärung zu wählen, lediglich eine Nebenfolge, nicht aber Zweck des Gestaltungsrechts sei (so bei der Aufrechnung oder Anfechtung).[37] Anders soll dies z.B. bei bestimmten vertraglich eingeräumten Options-, Rücktritts- und Kündigungsrechten sein.[38]
Nach dem *BGH*[39] ist anders als bei der Präklusion i.S.d. § 767 II ZPO für den Zeitpunkt des Erledigungseintritts bei der einseitigen Erledigungserklärung dagegen nicht die Aufrechnungslage, sondern die Aufrechnungserklärung entscheidend (vgl. Fall 6 Rn. 65).[40]

91 Durch die wirksame Aufrechnung ist der Anspruch des V gem. § 389 BGB erloschen.

C. Ergebnis

92 Die Vollstreckungsabwehrklage ist begründet.

Frage 5

93 Als Rechtsbehelf des W kommt die Vollstreckungserinnerung gem. § 766 ZPO in Betracht. Diese hat Erfolg, wenn sie zulässig und begründet ist.

A. Zulässigkeit der Vollstreckungserinnerung

94 Die Vollstreckungserinnerung müsste zulässig sein.

I. Statthaftigkeit

95 Die Vollstreckungserinnerung ist statthaft, wenn sich der Gerichtsvollzieher weigert, den Vollstreckungsauftrag zu übernehmen (§ 766 II ZPO). Hier hat der Gerichtsvollzieher die Zwangsräumung der Atelierräume verweigert, so dass die Statthaftigkeit zu bejahen ist.

II. Zuständigkeit gem. §§ 766, 764, 802 ZPO

96 Ausschließlich zuständig zur Entscheidung über die Erinnerung ist gem. §§ 764 I, 766 ZPO das Amtsgericht als Vollstreckungsgericht, in dessen Bezirk die Vollstreckung stattgefunden hat oder stattfinden soll (§§ 764 II, 802 ZPO). Da die Zwangsräumung in Potsdam vorgenommen werden sollte, ist das Amtsgericht Potsdam ausschließlich zuständig. Funktionell zuständig ist der Richter (§ 20 Nr. 17 S. 2 RPflG).

---

[36] Vgl. *Brox/Walker*, Rn. 1346.
[37] Vgl. BGHZ 94, 29, 33 ff.
[38] *BGH* NJW-RR 2006, 229, 231.
[39] BGHZ 155, 392, 398 ff. = NJW 2003, 3134, 3135 f.; vgl. Fall 6 Rn. 65.
[40] Hierzu auch *Billing*, JuS 2004, 186.

III. Form und Frist

1. Form gem. § 573 I 2 ZPO analog

§ 766 ZPO schreibt zwar keine Form vor. Entsprechend § 573 I 2 ZPO (vgl. **97** Rn. 6 f.) ist jedoch die Erinnerung schriftlich oder zu Protokoll der Geschäftsstelle einzureichen.

2. Frist

Die Vollstreckungserinnerung ist nicht fristgebunden.   **98**

IV. Erinnerungsbefugnis

Erinnerungsbefugt ist nur derjenige, der nach seinem eigenen Vortrag durch die **99** angefochtene bzw. verweigerte Vollstreckungsmaßnahme in seinen Rechten möglicherweise beeinträchtigt worden ist. W wird als Titelgläubiger durch die verweigerte Zwangsräumung möglicherweise unmittelbar in seinen Rechten verletzt. Die Erinnerungsbefugnis des W ist zu bejahen.

V. Rechtsschutzbedürfnis

Das Rechtsschutzbedürfnis besteht seitens des Gläubigers bei Verweigerung der **100** Durchführung der Zwangsvollstreckung, sobald und solange ihm – wie hier – eine vollstreckbare Ausfertigung erteilt wurde.[41]

VI. Ergebnis

Die Vollstreckungserinnerung ist zulässig.   **101**

B. Begründetheit

Die Vollstreckungserinnerung ist begründet, wenn die Verweigerung der Zwangs- **102** räumung durch den Gerichtsvollzieher verfahrensfehlerhaft ist.

I. Vorliegen der allgemeinen Verfahrensvoraussetzungen

Zunächst müssen die allgemeinen Verfahrensvoraussetzungen, insbesondere ein An- **103** trag des Gläubigers an den Gerichtsvollzieher als zuständiges Vollstreckungsorgan (vgl. § 753 I ZPO), vorliegen. Hier hat W einen entsprechenden Antrag gestellt. Die Zuständigkeit des Gerichtsvollziehers für die Räumungsvollstreckung folgt aus § 885 I ZPO.

II. Vorliegen der allgemeinen Vollstreckungsvoraussetzungen

Die allgemeinen Vollstreckungsvoraussetzungen (Titel, Klausel, Zustellung) müss- **104** ten vorliegen.

---

[41] Thomas/Putzo/*Seiler*, § 766 Rn. 22.

1. Verstoß gegen § 750 I 1 ZPO

105 Die Zwangsvollstreckung darf gem. § 750 I 1 ZPO nur beginnen, wenn die Personen, gegen die sie stattfinden soll, in dem Urteil oder der beigefügten Vollstreckungsklausel namentlich bezeichnet sind.[42] Dies ist hier nicht der Fall, da die Zwangsvollstreckung gegen U stattfinden soll, während in dem Titel sowie in der Klausel nur F benannt ist.

2. Ausnahme nach dem Grundsatz von Treu und Glauben (§ 242 BGB)

106 Hier haben F und U den Untermietvertrag jedoch erst nach Androhung der Räumungsvollstreckung geschlossen. U hat den Besitz an den zu räumenden Räumen ebenfalls erst nach diesem Zeitpunkt erlangt. Zudem besteht der Verdacht des kollusiven Zusammenwirkens zur Vereitelung der Zwangsvollstreckung; zumindest ist das hier die Absicht von F.

107 Es ist daher fraglich, ob der auch im Zwangsvollstreckungsrecht geltende Grundsatz von Treu und Glauben[43] gem. § 242 BGB hier eine abweichende Beurteilung rechtfertigt. Hier ist das Berufen auf ein Besitzrecht des U materiellrechtlich rechtsmissbräuchlich, da U die Räume gem. § 546 II BGB dem W herauszugeben hat. Zudem erfolgte die Überlassung des tatsächlichen Besitzes zur Verhinderung der Zwangsräumung, was ebenfalls dem Grundsatz von Treu und Glauben gem. § 242 BGB widerspricht.

108 In Fällen einer solchen Treuwidrigkeit wurde es in der Rechtsprechung teilweise als rechtsmissbräuchlich angesehen, wenn sich der Besitzer auf das Fehlen der Voraussetzungen des § 750 ZPO berufen könne.[44] Eine Räumungsvollstreckung soll deshalb auch gegen einen nicht namentlich genannten Besitzer ausnahmsweise möglich sein.[45]

109 Nach Auffassung des *BGH*[46] könnte sich der Gerichtsvollzieher bei Beachtung dieser Argumente jedoch nicht mehr auf den ihm vorliegenden Titel verlassen und müsste umfangreiche materiellrechtliche Erwägungen anstellen. Dies ist zum einen dem Erkenntnisverfahren vorbehalten und würde zum anderen den Gerichtsvollzieher überfordern.[47] Gleiches gilt für das Argument der Vollstreckungsvereitelung wegen des Verdachts des kollusiven Zusammenwirkens. Diese Fragen könnten nicht im streng formalisierten Zwangsvollstreckungsverfahren geklärt werden.[48]

110 Die letztgenannte Auffassung ist vorzugswürdig, da die Anstellung materiellrechtlicher Erwägungen durch den Gerichtsvollzieher im streng formalisierten Zwangsvollstreckungsverfahren systemwidrig ist. Der Gerichtsvollzieher hat allein die tatsächlichen Besitzverhältnisse zu prüfen.

Zudem ist W nicht schutzlos, da er die Möglichkeit hat, eine Titelumschreibung gem. § 727 ZPO zu beantragen bzw. eine Klauselerteilungsklage gem. § 731 ZPO zu erheben.

---

[42] *BGH* NJW 2008, 3287.
[43] *BGH* NJW 2008, 1959, 1960.
[44] *LG Lübeck* DGVZ 2008, 172, 173; *AG Hamburg-St. Georg* DGVZ 2007, 63.
[45] So auch *LG Lübeck* DGVZ 2008, 172, 173; *AG Hamburg-St. Georg* DGVZ 2007, 63.
[46] *BGH* NJW 2008, 3287, 3288.
[47] *BGH* NJW 2008, 3287, 3288.
[48] *BGH* NJW 2008, 3287, 3288; *LG Memmingen* DGVZ 2007, 126.

3. Zwischenergebnis

Da die allgemeinen Vorraussetzungen der Zwangsvollstreckung gem. § 750 ZPO **111**
nicht vorliegen, erfolgte die Verweigerung der Räumungsvollstreckung durch G zu
Recht.

C. Ergebnis

Die Vollstreckungserinnerung des W ist zulässig, aber unbegründet. **112**

Fall 12. Ein Förster in Not

Nach RGZ 55, 207 und BGHZ 155, 63 = NJW 2003, 2673.

Sachverhalt

Der Waldbesitzer Emil Fischer (F) möchte seinen Forstbetrieb in Bamberg erweitern und erwirbt hierzu das Nachbargrundstück des verarmten Holzfällers Kurt Habenicht (H) im Rahmen einer Zwangsversteigerung. Eine für das Grundstück im Grundbuch stehende nach § 800 ZPO vollstreckbare Grundschuld in Höhe von 100.000 EUR der Adlerbank AG (A), die gem. §§ 10 ff., 44 ZVG Teil des geringsten Gebots war, lässt Fischer bei seinen Erwägungen außer Betracht, da Habenicht auf seine durch die Grundschuld gesicherte Darlehensforderung bereits 70.000 EUR an die Adlerbank AG gezahlt hat. Habenicht unterlässt es, die gegen ihn gerichtete Forderung der Adlerbank im Rahmen des Zwangsversteigerungsverfahrens gem. § 53 II ZVG anzumelden und bleibt damit Schuldner der Darlehensforderung.

Außerdem besorgt sich Fischer zur forstwirtschaftlichen Nutzung seines neuen Grundstücks bei der Bamberger Forsthandel GmbH (B) eine wertvolle Holzerntemaschine vom Typ Harvester. Wegen sinkender Holzpreise ist der Gewinn weit hinter den Erwartungen des Fischer zurückgeblieben. Deshalb fragt Fischer einige Zeit später bei der Bamberger Forsthandel GmbH um Kredit nach. Diese gewährt ihm diesen und lässt sich dafür die Holzerntemaschine zur Sicherheit (rück-)übereignen.

Bald darauf beabsichtigt die Adlerbank AG, von Fischer unerwartet, sich durch Zwangsvollstreckung aus dem ehemals Habenicht gehörenden Grundstück zu befriedigen. Zu allem Überfluss will nun auch der ehemalige Mitarbeiter des Fischer, Claus Cöster (C), der ein Urteil gegen Fischer auf Zahlung von 2.200 EUR wegen ausstehender Lohnforderungen in Händen hat, sein Geld und lässt die Holzerntemaschine bei Emil Fischer durch den Gerichtsvollzieher Gustav Grassner (G) pfänden.

Frage 1: Wie können die Adlerbank AG und die Bamberger Forsthandel GmbH gegen die Pfändung der Holzerntemaschine vorgehen?

Frage 2: Hat Emil Fischer mit seiner gegen die Zwangsvollstreckung der Adlerbank AG eingereichten Klage Aussicht auf Erfolg? Er bringt wahrheitsgemäß vor, es sei weder der Sicherungsfall eingetreten noch valutiere die Grundschuld in voller Höhe, da das Darlehen von Kurt Habenicht inzwischen auf einen Betrag von 30.000 EUR zurückgeführt worden sei. Die Adlerbank AG meint, solche Einwände könnten bei einer abstrakten Grundschuld nicht angeführt werden. – Gehen Sie davon aus, dass die Eintragung gem. § 800 I 2 ZPO erfolgt ist.

Bearbeitervermerk: Bamberg ist Sitz eines Amts-, Land- und Oberlandesgerichts.

Gliederung

Lösung

Frage 1

A. Rechtsbehelfe der A

1 Als Rechtsbehelfe der A kommen die Vollstreckungserinnerung gem. § 766 ZPO und die Drittwiderspruchsklage gem. § 771 ZPO in Betracht.

I. Vollstreckungserinnerung gem. § 766 ZPO

2 Die Vollstreckungserinnerung hat Aussicht auf Erfolg, wenn sie zulässig und begründet ist.

1. Zulässigkeit

Die Vollstreckungserinnerung müsste zulässig sein.

a) Statthaftigkeit

Die Vollstreckungserinnerung ist statthaft bei Erinnerungen, die die Art und Weise **4**
der Zwangsvollstreckung oder das vom Gerichtsvollzieher bei ihr zu beobachtende
Verfahren betreffen, § 766 I 1 ZPO.

Hier könnte sich A gegen die Verfahrensweise des Gerichtsvollziehers wenden mit **5**
der Begründung, dass dieser die Holzerntemaschine nicht hätte pfänden dürfen. Die Holzerntemaschine unterlag möglicherweise dem Pfändungsverbot gem.
§ 811 I Nr. 4 ZPO. Außerdem könnte die Pfändung gegen § 865 II 1 ZPO verstoßen, wenn es sich bei der Holzerntemaschine um Zubehör des Grundstücks handelt.

Diese Einwendungen betreffen das Verhalten des Gerichtsvollziehers, so dass die **6**
Vollstreckungserinnerung statthaft ist.

b) Zuständigkeit gem. §§ 766, 764, 802 ZPO

Ausschließlich zuständig zur Entscheidung über die Erinnerung ist gem. §§ 764 I, **7**
766 ZPO das Amtsgericht als Vollstreckungsgericht, in dessen Bezirk die Vollstreckung stattgefunden hat oder stattfinden soll (§§ 764 II, 802 ZPO). Funktionell
zuständig ist der Richter (§ 20 Nr. 17 S. 2 RPflG).

Da die Pfändung hier in Bamberg vorgenommen wurde, ist das Amtsgericht Bam- **8**
berg ausschließlich zuständig.

c) Form und Frist

aa) Form gem. § 573 I 2 ZPO analog

§ 766 ZPO schreibt zwar keine Form vor. Entsprechend § 573 I 2 ZPO ist jedoch **9**
die Erinnerung schriftlich oder zu Protokoll der Geschäftsstelle einzureichen.

Hinweis: Die h. M.[1] wendet hier die Vorschrift bezüglich der sofortigen Beschwerde, nämlich § 569 II, **10**
III ZPO, entsprechend an. Mit Einfügung des § 573 ZPO durch die ZPO-Reform, der die Erinnerung
gegen die Entscheidungen des beauftragten oder ersuchten Richters oder des Urkundsbeamten enthält,
ist jedoch § 573 I 2 ZPO für eine Analogie geeigneter.

bb) Frist

Die Vollstreckungserinnerung ist nicht fristgebunden. **11**

d) Partei- und Prozessfähigkeit gem. §§ 50f. ZPO

Bezüglich der Partei- und Prozessfähigkeit des C bestehen keine Bedenken. **12**

Die Adlerbank AG ist als juristische Person rechts- und damit parteifähig (§ 1 I 1
AktG). Sie wird durch ihren Vorstand gerichtlich vertreten (§ 78 I AktG).[2]

---

[1] *Brox/Walker*, Rn. 1185; *Gaul/Schilken/Becker-Eberhard*, § 37 Rn. 57; *Lackmann*, § 18 Rn. 199; Hk-ZPO/*Kindl*, § 766 Rn. 9; a.A. gegen ein Formerfordernis *Baur/Stürner/Bruns*, Rn. 43.12; *Jauernig/Berger*, § 11 Rn. 10; *Musielak*, Grundkurs, Rn. 726.

[2] Die Prozessfähigkeit juristischer Personen ist umstritten, vgl. Zöller/*Vollkommer*, § 52 Rn. 2 m. w. N.; *Jauernig/Hess*, § 20 Rn. 5 m. w. N. Zu Recht weist MünchKomm-ZPO/*Lindacher*, § 52 Rn. 23 ff. auf die verfehlte Fragestellung hin.

e) Erinnerungsbefugnis

13 Erinnerungsbefugt ist nur derjenige, der nach seinem eigenen Vortrag durch die angefochtene Vollstreckungsmaßnahme in seinen Rechten möglicherweise beeinträchtigt worden ist.

14 A ist hier eine an der Zwangsvollstreckung des C nicht unmittelbar beteiligte Dritte. Dritte können aber nur die Verletzung einer ihrem Schutz dienenden Verfahrensbestimmung mit der Erinnerung rügen.[3]

Hier kann A die Verletzung verschiedener Bestimmungen geltend machen.

aa) Verstoß gegen § 811 I Nr. 4 ZPO

15 Zunächst kommt ein Verstoß gegen § 811 I Nr. 4 ZPO in Betracht, der auch forstwirtschaftliche Betriebe erfasst.[4] Dann müsste es sich bei § 811 I Nr. 4 ZPO um eine drittschützende Norm handeln. § 811 I Nr. 4 ZPO schützt jedoch lediglich das Interesse des Schuldners an einem Funktionieren seines forstwirtschaftlichen Betriebes für seinen Erwerb. Da es sich bei § 811 I Nr. 4 ZPO um keine drittschützende Norm handelt, kann sich A auf einen diesbezüglichen Verstoß nicht stützen.

bb) Verstoß gegen § 865 II 1 ZPO

16 Dagegen kann sich A möglicherweise auf einen Verstoß gegen die Vorschrift des § 865 II 1 ZPO berufen. § 865 ZPO dient der Erhaltung des wirtschaftlichen Zusammenhangs zwischen Grundstück und mithaftenden Gegenständen.[5] Diese Vorschrift schützt damit auch den Grundpfandgläubiger, so dass sich A als Grundschuldgläubigerin auf einen Verstoß berufen kann.

17 Die Erinnerungsbefugnis der A ist deshalb bezüglich eines möglichen Verstoßes gegen § 865 II 1 ZPO zu bejahen.

f) Rechtsschutzbedürfnis

18 Das Rechtsschutzbedürfnis für eine Vollstreckungserinnerung besteht zwischen dem Beginn und dem Ende der Zwangsvollstreckung. Hier hat die Zwangsvollstreckung bereits begonnen, da der Gerichtsvollzieher die Holzerntemaschine bereits gepfändet hat. Sie ist auch noch nicht beendet, so dass ein Rechtsschutzbedürfnis besteht.

19 Gegen das Rechtsschutzbedürfnis spricht nicht, dass ein etwaiger Verstoß gegen das Pfändungsverbot des § 865 II ZPO die Pfändung eventuell nichtig macht.[6] Die Erinnerung kann sich auch gegen nichtige Vollstreckungsakte richten.[7]

g) Ergebnis

20 Die Vollstreckungserinnerung ist zulässig.

---

[3] Zöller/*Stöber*, § 766 Rn. 12.
[4] MünchKomm-ZPO/*Gruber*, § 811 Rn. 30.
[5] Zöller/*Stöber*, § 865 Rn. 1.
[6] RGZ 153, 257, 259; anders die h.M., vgl. Musielak/*Becker*, § 865 Rn. 10 m.w.N. (nur Anfechtbarkeit).
[7] *Brox/Walker*, Rn. 1194.

2. Begründetheit

Die Vollstreckungserinnerung ist begründet, wenn die Pfändung der Holzerntema- **21** schine durch den Gerichtsvollzieher verfahrensfehlerhaft ist.

a) Vorliegen der allgemeinen Verfahrensvoraussetzungen

Zunächst müssen die allgemeinen Verfahrensvoraussetzungen, insbesondere ein An- **22** trag des Gläubigers an den Gerichtsvollzieher als zuständiges Vollstreckungsorgan (vgl. § 753 I ZPO), vorliegen. Hier ist mangels weiterer Angaben im Sachverhalt von einem Antrag des C auszugehen.

b) Vorliegen der allgemeinen und besonderen Vollstreckungsvoraussetzungen

Vom Vorliegen der allgemeinen Vollstreckungsvoraussetzungen (Titel, Klausel, Zu- **23** stellung) ist mangels gegenteiliger Angaben auszugehen. Ein Titel liegt laut Sachverhalt vor. Besondere Vollstreckungsvoraussetzungen (vgl. z.B. §§ 751, 756, 765 ZPO) sind nicht erforderlich.

c) Keine Vollstreckungshindernisse

Vollstreckungshindernisse sind nicht ersichtlich. **24**

d) Rechtmäßigkeit der Durchführung der konkreten Maßnahme

Es handelt sich um eine Zwangsvollstreckung in das bewegliche Vermögen wegen **25** einer Geldforderung, so dass §§ 803 ff. ZPO einschlägig sind.

In Betracht kommt hier ein Verstoß gegen § 865 II 1 ZPO durch Pfändung von haftendem Zubehör.

aa) Zubehör gem. §§ 97 I 1, 98 Nr. 2 BGB

Dann müsste es sich bei der Holzerntemaschine um Zubehör des Grundstücks **26** handeln. Gem. § 97 I 1 BGB sind bewegliche Sachen Zubehör, wenn sie, ohne Bestandteil der Hauptsache zu sein, dem wirtschaftlichen Zweck der Hauptsache zu dienen bestimmt sind und zu ihr in einem räumlichen Verhältnis stehen. Gem. § 98 Nr. 2 BGB ist insbesondere bei einem Landgut das zum Wirtschaftsbetrieb bestimmte Gerät dem wirtschaftlichen Zweck der Hauptsache zu dienen bestimmt. Die Holzerntemaschine ist eine bewegliche Sache, die als zum Forstwirtschaftsbetrieb bestimmtes Gerät dem wirtschaftlichen Zweck des Forstguts zu dienen bestimmt ist und in einem räumlichen Verhältnis zum Grundstück steht, so dass es sich um Zubehör des Grundstücks handelt (§§ 97 I 1, 98 Nr. 2 BGB).

bb) Haftung des Zubehörs gem. § 1120 BGB

Zubehör, das gem. § 865 I ZPO der Zwangsvollstreckung in das unbewegliche **27** Vermögen unterliegt, darf nicht im Wege der Mobiliarzwangsvollstreckung gepfändet werden. Dies setzt voraus, dass sich die Hypothekenhaftung auf das Zubehör gem. § 1120 BGB erstrecken würde.

Dann müsste das Zubehör irgendwann einmal in den Haftungsverband des Grund- **28** stücks gelangt sein. Das bedeutet, wenn der Grundstückseigentümer zu irgendeinem Zeitpunkt auch Eigentümer des Zubehörs war, unterliegt dieses der Immo-

biliarvollstreckung, es sei denn, dass Enthaftung (§§ 1121 f. BGB) eingetreten ist.[8]
Hier hat F das Eigentum an der Holzerntemaschine zunächst erst einmal erlangt
und dieses erst später an die B gem. §§ 929 S. 1, 930 BGB zurück übereignet. Damit ist die Holzerntemaschine in den Haftungsverband gem. § 1120 BGB gelangt.
Fraglich ist jedoch, ob durch die Veräußerung an B eine Enthaftung gem.
§§ 1121 ff. BGB eingetreten ist. In Betracht kommt lediglich eine Enthaftung gem.
§ 1121 I BGB. F hat die Holzerntemaschine an B zur Sicherheit gem. §§ 929 S. 1,
930 BGB zurück übereignet. Jedoch ist die Holzerntemaschine nicht vom Grundstück entfernt worden. Damit ist keine Enthaftung eingetreten. Weitere Enthaf-
tungstatbestände sind nicht ersichtlich. Die Holzerntemaschine unterliegt also noch
der Hypothekenhaftung, so dass die Mobiliarvollstreckung gegen § 865 II 1 ZPO
verstößt.

3. Ergebnis

29 Deshalb ist die Vollstreckungserinnerung der A begründet.

II. Drittwiderspruchsklage gem. § 771 ZPO

30 In Betracht kommt außerdem die Drittwiderspruchsklage gem. § 771 ZPO.

1. Zulässigkeit

31 Die Drittwiderspruchsklage müsste zulässig sein.

a) Statthaftigkeit

32 Die Drittwiderspruchsklage ist gem. § 771 ZPO statthaft, wenn ein Dritter behauptet, dass ihm ein die Veräußerung hinderndes Recht zustehe.

Hier macht A als nicht an der Zwangsvollstreckung beteiligte Dritte als eigenes materielles Recht ihr Grundpfandrecht geltend und will aus diesem die Vollstreckung
für unzulässig erklären lassen, so dass die Drittwiderspruchsklage statthaft ist.

b) Zuständigkeit

33 Zu prüfen ist, welches Gericht sachlich und örtlich zuständig ist.

aa) Sachliche Zuständigkeit gem. §§ 23, 71 GVG

34 Die sachliche Zuständigkeit richtet sich nach den allgemeinen Vorschriften, also
dem Streitwert. Gem. § 6 S. 1 ZPO bestimmt sich der Streitwert grundsätzlich
nach dem Wert der titulierten Forderung. Wenn der Gegenstand des Pfandrechts
jedoch einen geringeren Wert hat, so ist dieser maßgebend, § 6 S. 2 ZPO.

Hier beträgt der Wert der Forderung des C 2.200 EUR, so dass auch dann, wenn
die Holzerntemaschine weniger wert ist, in jedem Fall das Amtsgericht gem. § 23
Nr. 1 GVG zuständig ist.

---

[8] Musielak/*Becker,* § 865 Rn. 4.

bb) Örtliche Zuständigkeit

Örtlich zuständig ist gem. § 771 I ZPO das Gericht, in dessen Bezirk die Zwangs- **35** vollstreckung erfolgt, hier also das Amtsgericht Bamberg. Die örtliche Zuständigkeit ist ausschließlich (§ 802 ZPO).

c) Ordnungsgemäße Klageerhebung

Es muss ein bestimmter Antrag dahingehend gestellt werden, die Zwangsvollstre- **36** ckung in die genau bezeichnete Holzerntemaschine für unzulässig zu erklären.

d) Partei- und Prozessfähigkeit der Parteien gem. §§ 50 f. ZPO

Bezüglich der Partei- und Prozessfähigkeit des C bestehen keine Bedenken. **37**

Die Adlerbank AG ist als juristische Person rechts- und damit parteifähig (§ 1 I 1 AktG). Sie wird durch ihren Vorstand gerichtlich vertreten (§ 78 I AktG).

e) Rechtsschutzbedürfnis

Das Rechtsschutzbedürfnis für eine Drittwiderspruchsklage besteht vom Beginn bis **38** zur Beendigung der Zwangsvollstreckung. Die Zwangsvollstreckung hat bereits begonnen, da der Gerichtsvollzieher die Holzerntemaschine gepfändet hat. Sie ist auch noch nicht beendet.

Das Rechtsschutzbedürfnis für die Drittwiderspruchsklage könnte jedoch fehlen, **39** weil ein einfacherer und billigerer Weg, die Vollstreckungserinnerung gem. § 766 ZPO, zur Verfügung steht. Jedoch bleibt die Drittwiderspruchsklage neben der Erinnerung zulässig, weil die beiden Rechtsbehelfe unterschiedliche Ziele verfolgen.[9] Während gem. § 766 ZPO die Unzulässigkeit der Zwangsvollstreckung wegen Verfahrensfehlern festgestellt wird, betrifft die Klage gem. § 771 ZPO die Unzulässigkeit der Zwangsvollstreckung in den konkreten, dem Vermögen des Klägers zuzuordnenden Gegenstand. Allenfalls bei erfolgreicher Erinnerung könnte das Rechtsschutzbedürfnis für eine Drittwiderspruchsklage fehlen.[10]

Damit ist die Drittwiderspruchsklage zulässig. **40**

2. Begründetheit der Drittwiderspruchsklage

Die Drittwiderspruchsklage ist begründet, wenn A ein die Veräußerung hinderndes **41** Recht zusteht und sich C nicht auf ein besseres Recht berufen kann.[11] Hier könnte A ihr Grundpfandrecht geltend machen, wenn sich die Grundschuld auf die Holzerntemaschine als Zubehör erstreckt. Ein die Veräußerung hinderndes Recht liegt vor, wenn der Schuldner, würde er den Vollstreckungsgegenstand selbst veräußern, in den Rechtskreis des Dritten eingreifen würde und deshalb der Dritte dies verhindern könnte.[12]

---

[9] *Baur/Stürner/Bruns,* Rn. 43.20.
[10] MünchKomm-ZPO/*K. Schmidt/Brinkmann,* § 771 Rn. 9.
[11] Vgl. *Musielak,* Grundkurs, Rn. 745.
[12] BGHZ 55, 20, 26 = NJW 1971, 799, 800.

a) Grundpfandrecht als ein die Veräußerung hinderndes Recht

42 Ob ein Grundpfandrecht, das sich auf Zubehör des Grundstücks erstreckt, grundsätzlich ein Recht nach § 771 ZPO sein kann, ist umstritten.

43 Zum Teil wird dies verneint.[13] Dies wird damit begründet, dass der Eigentümer das jeweilige Zubehör gem. §§ 1192 I, 1121 I BGB frei veräußern kann, soweit keine Beschlagnahme gem. § 23 ZVG erfolgt ist. Deshalb sei die Grundschuld kein die Veräußerung hinderndes Recht i.S.d. § 771 ZPO.

44 Nach der h.M. stellt die Grundschuld grundsätzlich ein die Veräußerung hinderndes Recht dar.[14] Es komme nicht auf die freie Veräußerungsmöglichkeit des Eigentümers an. Maßgebend sei allein die davon zu unterscheidende Tatsache, dass die Grundschuld eine Veräußerung im Wege der Zwangsvollstreckung nicht zulässt. Für diese Auffassung spreche ferner § 810 II ZPO, der auch ohne eine Beschlagnahme eingreift.

45 Beide Ansichten kommen zu unterschiedlichen Ergebnissen, so dass der Streit zu entscheiden ist. Die Grundschuld ist mit der h.M. als ein die Veräußerung hinderndes Recht anzusehen, soweit sie sich auf Zubehör erstreckt, da eine Verwertung von Zubehör im Wege der Mobiliarvollstreckung in den Rechtskreis des Grundschuldgläubigers eingreifen würde.

b) Zubehörhaftung der Holzerntemaschine

46 Allerdings müsste sich die Grundschuldhaftung auf die Holzerntemaschine erstrecken (§§ 1192 I, 1120 ff. BGB).

aa) Zubehöreigenschaft der Holzerntemaschine

47 Die Holzerntemaschine ist Zubehör gem. §§ 97 I 1, 98 Nr. 2 BGB (Rn. 26).

bb) Grundschuldhaftung gem. §§ 1192 I, 1120 ff. BGB

48 Die Grundschuldhaftung müsste sich noch auf die Holzerntemaschine erstrecken (§§ 1192 I, 1120 ff. BGB).

49 Nach Entstehung der Grundschuld ist die Holzerntemaschine als Zubehör in das Eigentum des F gelangt, so dass sich die Grundschuld auf sie erstreckt (§ 1120 BGB). Fraglich ist, ob mittlerweile gem. §§ 1121 ff. BGB Enthaftung eingetreten ist. Dies ist nicht der Fall, da allein die Veräußerung an B gem. §§ 929, 930 BGB ohne Entfernung der Maschine vom Grundstück nicht genügt (vgl. Rn. 28).

Die Holzerntemaschine unterliegt also noch der Grundschuldhaftung.

50 Damit stellt die Grundschuld der A nach der hier vertretenen Ansicht ein die Veräußerung hinderndes Recht i.S.d. § 771 I ZPO dar.

51 Die Drittwiderspruchsklage ist begründet.

---

[13] Vgl. RGZ 55, 207, 208; MünchKomm-ZPO/*Eickmann*, § 865 Rn. 65; *Baumbach/Lauterbach/Albers/Hartmann*, § 865 Rn. 14.

[14] Z.B. RGZ 55, 207, 208 ff. (für die Hypothek); Musielak/*Lackmann*, § 771 Rn. 22; *Gaul/Schilken/Becker-Eberhard*, § 41 Rn. 90 f.

3. Ergebnis

Die Drittwiderspruchsklage der A hat Aussicht auf Erfolg, da sie zulässig und be- 52
gründet ist.

B. Rechtsbehelfe der B

Als Rechtsbehelfe der B kommen die Vollstreckungserinnerung und die Drittwider- 53
spruchsklage in Betracht.

I. Vollstreckungserinnerung gem. § 766 ZPO

Bezüglich der Zulässigkeitsvoraussetzungen kann im Wesentlichen auf die Ausfüh- 54
rungen zu Rn. 3 ff. verwiesen werden, da B lediglich dieselben Verfahrensfehler wie
A geltend machen kann.

Ein Unterschied ergibt sich jedoch bei der Erinnerungsbefugnis. Hier kommt es 55
darauf an, ob die Norm, deren Verstoß gerügt wird, gerade den Dritten schützt, der
die Vollstreckungserinnerung einlegt.

Den Verstoß gegen § 811 I Nr. 4 ZPO kann B ebenso wenig geltend machen wie 56
A, da § 811 I Nr. 4 ZPO lediglich das Interesse des Schuldners an einem Funktionieren seines forstwirtschaftlichen Betriebes für seinen Erwerb schützt.

B könnte sich allenfalls auf einen Verstoß gegen § 865 II 1 ZPO stützen. Diese Vor- 57
schrift dient jedoch nur dem Schutz des Eigentümers des Grundstücks und der
Grundpfandgläubiger.

Da B keine Grundpfandgläubigerin ist, kann sie sich nicht auf die Verletzung einer
drittschützenden Norm berufen. Ihr fehlt deshalb die Erinnerungsbefugnis.

Eine Vollstreckungserinnerung der B wäre unzulässig. 58

II. Drittwiderspruchsklage gem. § 771 ZPO

In Betracht kommt jedoch die Drittwiderspruchsklage gem. § 771 I ZPO. 59

1. Zulässigkeit

Die Drittwiderspruchsklage ist zulässig, wenn ihre Sachurteilsvoraussetzungen vor- 60
liegen.

a) Statthaftigkeit

Die Drittwiderspruchsklage ist gem. § 771 ZPO statthaft, wenn ein Dritter be- 61
hauptet, dass ihm an dem Gegenstand der Zwangsvollstreckung ein die Veräußerung hinderndes Recht zusteht. Hier macht B als nicht an der Zwangsvollstreckung
beteiligte Dritte ihr Eigentum an der Holzerntemaschine und damit ein eigenes
materielles Recht geltend und will aus diesem die Vollstreckung für unzulässig erklären lassen. Somit ist die Drittwiderspruchsklage statthaft.

b) Zuständigkeit

Zu prüfen ist, welches Gericht sachlich und örtlich zuständig ist. 62

aa) Sachliche Zuständigkeit gem. §§ 23, 71 GVG

63 Die sachliche Zuständigkeit des Amtsgerichts ergibt sich aus § 23 Nr. 1 GVG (vgl. Rn. 34).

bb) Örtliche Zuständigkeit

64 Örtlich zuständig ist gem. § 771 I ZPO das Gericht, in dessen Bezirk die Zwangsvollstreckung erfolgt, hier also das Amtsgericht Bamberg. Die örtliche Zuständigkeit ist ausschließlich (§ 802 ZPO).

c) Ordnungsgemäße Klageerhebung

65 Es muss ein bestimmter Antrag dahingehend gestellt werden, die Zwangsvollstreckung in die genau bezeichnete Holzerntemaschine für unzulässig zu erklären.

d) Partei- und Prozessfähigkeit der Parteien gem. §§ 50 f. ZPO

66 Bezüglich der Partei- und Prozessfähigkeit des C bestehen keine Bedenken.

Die B ist als GmbH gem. § 13 I GmbHG parteifähig. Sie wird vor Gericht durch ihren Geschäftsführer vertreten (§ 35 I GmbHG).

e) Rechtsschutzbedürfnis

67 Das Rechtsschutzbedürfnis für eine Drittwiderspruchsklage besteht vom Beginn bis zur Beendigung der Zwangsvollstreckung. Die Zwangsvollstreckung hat bereits begonnen, da der Gerichtsvollzieher die Holzerntemaschine gepfändet hat. Sie ist auch noch nicht beendet.

68 Damit ist die Drittwiderspruchsklage zulässig.

2. Begründetheit der Drittwiderspruchsklage

69 Die Drittwiderspruchsklage ist begründet, wenn der GmbH ein die Veräußerung hinderndes Recht zusteht und sich C nicht auf ein besseres Recht berufen kann.[15] B könnte sich auf ihr Sicherungseigentum stützen. Dieses stellt ein die Veräußerung hinderndes Recht dann dar, wenn die Veräußerung der Holzerntemaschine durch den Schuldner (hier F) dem Dritten (hier B) gegenüber rechtswidrig wäre.[16]

a) Sicherungseigentum der B

aa) Sicherungseigentum als ein die Veräußerung hinderndes Recht

70 Fraglich ist, ob das Sicherungseigentum ein die Veräußerung hinderndes Recht darstellt. Dies ist umstritten.

71 Zum Teil wird dies verneint.[17] Sicherungseigentum sei nur fiduziarisches Eigentum und dem Pfandrecht ähnlich. Daher stehe dem Sicherungseigentümer lediglich ein Recht auf vorzugsweise Befriedigung gem. § 805 ZPO zu. Es müsse ein Gleichlauf mit dem Insolvenzverfahren hergestellt werden, bei dem gem. § 51 Nr. 1 InsO dem

---

[15] Vgl. *Musielak,* Grundkurs, Rn. 745.
[16] RGZ 116, 363, 366; BGHZ 55, 20, 26 = NJW 1971, 799, 800.
[17] MünchKomm-ZPO/*K. Schmidt/Brinkmann,* § 771 Rn. 29 m. w. N.

Sicherungseigentümer nur ein Absonderungsrecht gewährt wird. Dadurch könne die Nichtakzessorietät des Sicherungseigentums kompensiert und eine Intervention ohne Forderung verhindert werden.

Nach der h.M.[18] stellt das Sicherungseigentum ein die Veräußerung hinderndes **72** Recht dar. Das Sicherungseigentum sei ein, wenn auch treuhänderisch gebundenes, Volleigentum. Der Sicherungsgeber ist durch seinen Besitz vor der Pfändung hinreichend geschützt. Der Sicherungseigentümer ist dadurch geschützt, dass er im Außenverhältnis Volleigentümer ist. Der Unterschied zur Behandlung des Sicherungseigentums in der Insolvenz sei gerechtfertigt, weil dort „Kassensturz" gemacht werde, der eine sofortige Abwicklung erforderlich macht. Würde man dem Sicherungsnehmer nur ein Recht auf vorzugsweise Befriedigung gem. § 805 ZPO gewähren, würde sich die Kreditbereitschaft der Banken erheblich vermindern.

Beide Ansichten kommen zu unterschiedlichen Ergebnissen. Der Streit muss deshalb **73** entschieden werden. Die h.M. hat die besseren Argumente für sich. Insbesondere darf das Recht des Sicherungsnehmers, den Sicherungsgegenstand selbst zu verwerten, nicht beschränkt werden. Deshalb stellt das Sicherungseigentum ein die Veräußerung hinderndes Recht dar.

Hinweis: Eine vergleichbare Problematik besteht beim Eigentumsvorbehalt. Das Vorbehaltseigentum **74** wird zum Teil unter Verweis auf seinen fiduziarischen Charakter und auf die Klage nach § 805 ZPO nicht als ein die Veräußerung hinderndes Recht angesehen.[19] Das Anwartschaftsrecht ergreife als ein Eigentumsfragment die Sache selbst und weise sie dem Vermögen des Anwärters zu.[20] Nach anderer Ansicht[21] wird dem Vorbehaltseigentümer ein Widerspruchsrecht entsprechend § 772 S. 2 ZPO zugebilligt, weil der Vollstreckungsgläubiger für den Fall des Eintritts der Bedingung und damit des Eigentumserwerbs des Schuldners ein Interesse daran habe, dass seine Pfändung rangwahrende Wirkungen zeitigt. Der Vorbehaltseigentümer kann deshalb nach dieser Meinung nicht der Sachpfändung selbst, sondern nur der Verwertung widersprechen. Die h.M.[22] sieht das Vorbehaltseigentum als vollwertiges Eigentum und damit als ein die Veräußerung hinderndes Recht an. Der Vorbehaltseigentümer sei nur dadurch geschützt, dass er im Außenverhältnis Volleigentümer ist. Auch in der Insolvenz ist der Vorbehaltseigentümer aussonderungsberechtigt, vgl. § 47 S. 1 InsO.[23] Wenn dem Vorbehaltseigentümer die Drittwiderspruchsklage als Rechtsbehelf nicht zustehen würde, wäre die Vorleistungsbereitschaft der Händler erheblich vermindert. Das Recht des Vorbehaltseigentümers, den Gegenstand nach Rücktritt (§ 449 II BGB) in Natur herauszuverlangen, müsse unangetastet bleiben.

bb) Erwerb von Sicherungseigentum gem. §§ 929 S. 1, 930 BGB

B hat das Eigentum an der Holzerntemaschine durch die Rückübereignung von F **75** gem. §§ 929 S. 1, 930 BGB zur Sicherung der Darlehensforderung erlangt.

Soweit sich B auf ihr Sicherungseigentum stützt, ist die Drittwiderspruchsklage begründet. **76**

---

[18] BGHZ 80, 296, 299 = NJW 1981, 1835; *Musielak*, Grundkurs, Rn. 748; *Jauernig/Berger*, § 13 Rn. 12 ff.

[19] *Raiser*, Dingliche Anwartschaften, S. 91 ff.; *Hübner*, NJW 1980, 729, 733; z.T. *Marotzke*, Das Anwartschaftsrecht – ein Beispiel sinnvoller Rechtsfortbildung?, 1977, S. 94 ff.

[20] *Raiser*, Dingliche Anwartschaften, S. 91 ff.

[21] *Marotzke*, Das Anwartschaftsrecht – ein Beispiel sinnvoller Rechtsfortbildung?, 1977, S. 94 ff.

[22] Z.B. BGHZ 54, 214, 218; MünchKomm-ZPO/*K. Schmidt/Brinkmann*, § 771 Rn. 20; *Prütting/Weth*, JuS 1988, 505, 509 f.

[23] Vgl. MünchKomm-InsO/*Ganter*, § 47 Rn. 62.

b) Mittelbarer Besitz der B als ein die Veräußerung hinderndes Recht

77 B ist im Rahmen der Sicherungsübereignung gem. § 930 BGB mittelbare Besitzerin geworden (§ 868 BGB). Nach h. M. stellt auch ohne nähere Ausgestaltung bereits die Sicherungsabrede das hierfür erforderliche konkrete Besitzmittlungsverhältnis dar.[24]

78 Fraglich ist jedoch, ob der mittelbare Besitz für sich ein die Veräußerung hinderndes Recht ist. Dies ist umstritten.

79 Zum Teil wird dies mit der Begründung verneint,[25] dass allein der mittelbare Besitz über die Vermögenszugehörigkeit einer Sache nichts aussage.

80 Nach der wohl noch h. M.[26] ist der mittelbare Besitz als ein die Veräußerung hinderndes Recht anzusehen. § 771 ZPO sei in diesem Falle die Entsprechung des § 1007 BGB.[27]

81 Der Streit hat jedenfalls im Hinblick auf den mittelbaren Besitz keine praktische Bedeutung, da der mittelbare Besitzer einen Herausgabeanspruch hat, der ein die Veräußerung hinderndes Recht darstellt (vgl. Rn. 82). Letztendlich ergibt sich aus diesem obligatorischen Herausgabeanspruch die Nichtvermögenszugehörigkeit der Sache zum Schuldnervermögen,[28] so dass man nicht auf den mittelbaren Besitz zurückgreifen muss. Es ist deshalb der ersten Ansicht zu folgen und der mittelbare Besitz nicht als ein die Veräußerung hinderndes Recht anzusehen.

c) Schuldrechtlicher Herausgabeanspruch als ein die Veräußerung hinderndes Recht

82 Fraglich ist, ob der schuldrechtliche Herausgabeanspruch der B als ein die Veräußerung hinderndes Recht angesehen werden kann.

Schuldrechtliche Herausgabeansprüche begründen grundsätzlich nach allgemeiner Ansicht ein die Veräußerung hinderndes Recht.[29] Bloße schuldrechtliche Verschaffungsansprüche, etwa des Käufers aus § 433 I BGB, können hingegen nicht nach § 771 ZPO geltend gemacht werden, da es vor der Verschaffung an einer Zuordnung des Gegenstandes zum Vermögen des Dritten fehlt. Im Gegensatz dazu ist bei einem durch ein Besitzmittlungsverhältnis begründeten Herausgabeanspruch der Vollstreckungsgegenstand dem Dritten zugeordnet, weshalb in diesem Fall die Möglichkeit der Drittwiderspruchsklage gerechtfertigt erscheint. Beim Sicherungseigentum ist der Sicherungsnehmer mittelbarer Eigenbesitzer und der Sicherungsgeber unmittelbarer Fremdbesitzer. Zwischen beiden besteht daher ein Besitzmittlungsverhältnis. Dem Sicherungsnehmer steht ein schuldrechtlicher, allerdings vom Eintritt des Sicherungsfalles abhängiger Herausgabeanspruch zu. Dieser stellt folglich ein die Veräußerung hinderndes Recht dar.[30]

---

[24] *BGH* NJW-RR 2005, 280, 281; Palandt/*Bassenge*, § 930 Rn. 9.

[25] *Gaul/Schilken/Becker-Eberhard*, § 41 Rn. 92, 96; *Brox/Walker*, Rn. 1420.

[26] BGHZ 2, 164, 168; *Baumbach/Lauterbach/Albers/Hartmann*, § 771 Rn. 15; Zöller/*Herget*, § 771 Rn. 14 – Besitz; zum unmittelbaren Besitz: *OLG Rostock* NJOZ 2005, 253, 254f.

[27] Vgl. *Baur/Stürner/Bruns*, Rn. 46.11 Fn. 43.

[28] *Gaul/Schilken/Becker-Eberhard*, § 41 Rn. 96; *Jauernig/Berger*, § 13 Rn. 21.

[29] Vgl. *Brox/Walker*, Rn. 1421; *Baur/Stürner/Bruns*, Rn. 46.12.

[30] *Baur/Stürner/Bruns*, Rn. 46.12; vgl. Stein/Jonas/*Münzberg*, § 771 Rn. 36 zum noch nicht fälligen Herausgabeanspruch.

3. Ergebnis

Die Drittwiderspruchsklage der B ist jedenfalls aufgrund ihres Sicherungseigentums **83**
an der Holzerntemaschine begründet und hat demnach Aussicht auf Erfolg.

Frage 2

Als Rechtsbehelf gegen die Zwangsvollstreckung der A kommt die Vollstreckungs- **84**
abwehrklage gem. § 767 ZPO in Betracht. Diese hat Erfolg, wenn sie zulässig und
begründet ist.

A. Zulässigkeit der Vollstreckungsabwehrklage

Die Vollstreckungsabwehrklage ist zulässig, wenn die Sachurteilsvoraussetzungen **85**
vorliegen.

I. Statthaftigkeit

Die Vollstreckungsabwehrklage ist statthaft, wenn der Schuldner Einwendungen **86**
vorbringt, die sich gegen den durch das Urteil festgestellten Anspruch selbst richten
(§ 767 I ZPO).

Das Vorbringen des F, der Sicherungsfall sei noch nicht eingetreten und die Grundschuld valutiere nicht mehr, stellt eine materiellrechtliche Einrede aus der Sicherungsabrede zur Grundschuld dar, die den titulierten Anspruch selbst betrifft. Darüber ist im Wege der Vollstreckungsabwehrklage zu entscheiden.

II. Zuständigkeit

Zuständig ist gem. § 767 I ZPO grundsätzlich das Prozessgericht des ersten Rechts- **87**
zuges. Hier handelt es sich jedoch um eine Zwangsvollstreckung aus einer vollstreckbaren Urkunde, so dass die Sonderregelungen in §§ 800 III, 797 V ZPO zur
Anwendung kommen.

1. Sachliche Zuständigkeit

Die sachliche Zuständigkeit richtet sich nach den allgemeinen Vorschriften, also **88**
nach §§ 23, 71 GVG. Der Streitwert liegt hier in jedem Fall über 5.000 EUR, da
die Grundschuld in Höhe von 100.000 EUR besteht, so dass das Landgericht zuständig ist (§§ 23 Nr. 1, 71 GVG).

2. Örtliche Zuständigkeit

Gem. §§ 800 III, 797 V ZPO ist das Gericht örtlich zuständig, in dessen Bezirk das **89**
Grundstück belegen ist, also das Landgericht Bamberg. Dabei handelt es sich gem.
§ 802 ZPO um eine ausschließliche Zuständigkeit.

III. Ordnungsgemäße Klageerhebung

1. Antrag

Eine ordnungsgemäße Klageerhebung setzt die Stellung eines bestimmten Antrags **90**
voraus (§ 253 II Nr. 2 ZPO). Der Klageantrag ist dahingehend zu formulieren, dass
die Zwangsvollstreckung aus dem Titel für unzulässig erklärt wird.

2. Postulationsfähigkeit

91 Bei dem Landgericht herrscht Anwaltszwang (§ 78 I ZPO), so dass die Klage von einem Rechtsanwalt eingereicht werden muss.

IV. Partei- und Prozessfähigkeit

92 Bezüglich der Partei- und Prozessfähigkeit des F bestehen keine Bedenken. Die Adlerbank AG ist als juristische Person rechts- und damit parteifähig (§ 1 I 1 AktG). Sie wird durch ihren Vorstand gerichtlich vertreten (§ 78 I AktG).

V. Rechtsschutzbedürfnis

93 Ein Rechtsschutzbedürfnis für eine Vollstreckungsabwehrklage besteht, sobald die Zwangsvollstreckung droht, also der Gläubiger einen Titel erwirkt hat, und solange sie noch nicht beendet ist. Hier droht die Zwangsvollstreckung, da die vollstreckbare Urkunde einen Titel gem. § 794 I Nr. 5 ZPO darstellt. Die Zwangsvollstreckung ist auch noch nicht beendet. Damit besteht das Rechtsschutzbedürfnis.

94 Die Vollstreckungsabwehrklage ist zulässig.

B. Begründetheit der Vollstreckungsabwehrklage

95 Die Vollstreckungsabwehrklage ist begründet, wenn die materiellrechtlichen Einwendungen gegen den titulierten Anspruch bestehen. Eine Präklusion der Einwendungen kommt nicht in Betracht, da § 767 II ZPO gem. § 797 IV ZPO auf vollstreckbare Urkunden keine Anwendung findet.

I. Einwendungen aus dem Sicherungsvertrag

96 Hier besteht das Problem, dass der Eigentümer, der das Grundstück im Wege der Zwangsversteigerung erworben hat, Einreden aus dem Sicherungsvertrag erhebt, obwohl er nicht Partei dieses Vertrags ist. Ob er sich auf diese Einreden stützen kann, ist umstritten.

97 Nach einer Ansicht kann der Eigentümer die Einreden aus dem Sicherungsvertrag geltend machen.[31] Die Vorschriften der §§ 1192 Ia, 1157 BGB würden zeigen, dass Einreden gegen die Grundschuld dinglichen Charakter haben, indem diese mit der Übertragung der Grundschuld übergehen, unabhängig davon, wer Vertragspartner des obligatorischen Grundgeschäfts war.

98 Nach der Gegenansicht kann der Eigentümer Einreden aus dem Sicherungsvertrag nicht erheben.[32] Der Sicherungsvertrag wurde nur vom Voreigentümer mit dem Grundschuldgläubiger geschlossen. Der Sicherungsvertrag ist aber genauso wenig wie die schuldrechtliche Verpflichtung des Voreigentümers auf den Erwerber im Wege der Zwangsversteigerung übergegangen, weil die Voraussetzungen des § 53 II ZVG nicht vorliegen. Eine (entsprechende) Anwendung der §§ 1192 Ia, 1157 BGB

---

[31] MünchKomm-BGB/*Eickmann,* § 1157 Rn. 5; vgl. auch BGHZ 56, 22, 25; BGHZ 64, 170, 171.
[32] BGHZ 155, 63, 64 ff. = NJW 2003, 2673 f.; Staudinger/*Wolfsteiner,* Vorbem zu §§ 1191 ff. Rn. 256; *Löhning/Schärtl,* JuS 2003, 375, 377.

scheide aus, da es vorliegend zu einem Wechsel des Grundeigentümers und nicht des Grundschuldgläubigers kommt, so dass die Interessenlage eine andere ist.

Beide Ansichten kommen zu unterschiedlichen Ergebnissen, so dass der Streit zu **99** entscheiden ist. Jedenfalls in diesem speziellen Fall des Eigentumserwerbs im Wege der Zwangsversteigerung ist der zweiten Ansicht zu folgen. Hier besteht die Sonderregelung des § 53 II ZVG, wonach der Übergang der Schuld von der Anmeldung des Schuldners abhängig gemacht wird. Aus diesem Grund ist bei fehlender Anmeldung davon auszugehen, dass der Erwerber weder die Einreden aus der schuldrechtlichen Verpflichtung noch aus dem Sicherungsvertrag geltend machen kann.

II. Ergebnis

F kann gegen A die Einreden aus dem Sicherungsvertrag zwischen A und H nicht **100** geltend machen. Die Klage ist deshalb unbegründet und wird keinen Erfolg haben.

Fall 13. Saubere Sachen

Nach BGH NJW 2008, 2125 und BGHZ 142, 253 = NJW 1999, 2903.

Sachverhalt

Der alleinstehende 32-jährige Hartmut Hoffmann (H) aus Potsdam sah beim Durchblättern einer Illustrierten eine Anzeige der Sauber-GmbH & Co. KG (S) aus Nürnberg, in der sie ihr neuestes Staubsaugermodell, den „Sauber-Blitz", anpreist. Hartmut war begeistert von der innovativen Technik und bestellte am 27.9.2011 bei der Sauber-GmbH & Co. KG einen „Sauber-Blitz" zum Preis von 630 EUR. Nach zwei Wochen wurde ihm der Staubsauger geliefert. Als Hartmut damit saugen wollte, stellte er jedoch fest, dass das Gerät nicht funktioniert. Sofort meldete er sich bei der Sauber-GmbH & Co. KG und verlangte die Lieferung eines funktionierenden Staubsaugers oder Reparatur. Daraufhin teilte ihm Geschäftsführer Günther Grün (G) durch Schreiben vom 28.10.2011 mit, dass das Gerät einwandfrei sei und eine Nachlieferung oder Reparatur nicht in Frage käme. Das Schreiben erhielt Hartmut am Folgetag. Da Hartmut noch einen funktionierenden Staubsauger hatte, interessierte er sich nicht mehr für den Sauber-Blitz und stellte das Gerät in den Keller seiner Wohnung.

Seit Ende November 2011 leidet Hartmut an einer äußerlich nicht erkennbaren, schwerwiegenden psychischen Erkrankung. Daraufhin wurde durch das Amtsgericht Potsdam, Vormundschaftsgericht, mit sofort wirksamem Beschluss vom 15.12.2011 für Hartmut als Betreuerin Beate Braun (B) bestellt und ein Einwilligungsvorbehalt für die Aufgabenkreise Vermögenssorge und Vertretung gegenüber Behörden und Gerichten angeordnet.

Da Hartmut weder zahlte noch auf Mahnungen reagierte, beantragte die Sauber-GmbH & Co. KG, in Unkenntnis der zwischenzeitlich für Hartmut erfolgten Betreuerbestellung, am 25.1.2012 beim Amtsgericht Coburg den Erlass eines Mahnbescheids über 630 EUR gegen ihn, der am 7.2.2012 im automatisierten Verfahren erlassen wurde. Als zuständiges Gericht für das streitige Verfahren war von der Sauber-GmbH & Co. KG das Amtsgericht Potsdam angegeben worden. Der Mahnbescheid wurde Hartmut am 13.2.2012 zugestellt. Da der Mahnbescheid von Hartmut ignoriert wurde, beantragte die Sauber-GmbH am 5.3.2012 auf der Grundlage des Mahnbescheids einen Vollstreckungsbescheid, den das Amtsgericht Coburg am 9.3.2012 erließ. Der Vollstreckungsbescheid wurde Hartmut am Dienstag, den 13.3.2012, zugestellt.

Bei einem Besuch am Dienstag, den 9.4.2013, fand die Betreuerin zufällig den Vollstreckungsbescheid. Hartmut erinnerte sich daraufhin an die Bestellung des Staubsaugers und übergab Beate die ungeöffneten Briefe der Sauber-GmbH & Co. KG und des Gerichts. Gleich am nächsten Tag teilte Beate der Sauber-GmbH & Co. KG per Fax mit, dass sie mit der Verfahrensweise nicht einverstanden sei. Schließlich sei allein sie die gesetzliche Vertreterin des Hartmut, der gar nicht vor Gericht auftreten könne. Zudem habe – was der Wahrheit entspricht – der Staubsauger von Anfang an nicht richtig funktioniert. Dies habe Hartmut seinerzeit auch gleich gemeldet.

In der Antwort der Sauber-GmbH & Co. KG vom 12.4.2013 erklärte Günther, dass die Betreuung und der Einwilligungsvorbehalt bislang dort nicht bekannt waren. Hartmut war bei Bestellung geschäftsfähig und habe ein einwandfreies Gerät erhalten; seine Firma sehe daher keinen Handlungsbedarf. Auch wurden alle Formalien eingehalten. Zudem liege ein nunmehr rechtskräftiger Vollstreckungsbescheid gegen Hartmut vor, so dass er in jedem Fall zahlen müsse. Beate könne ja dagegen klagen.

Beate ist empört und teilt Günther mit, Hartmut werde auf keinen Fall zahlen. Den defekten Staubsauger könne sich die Firma wieder bei ihm abholen. Wegen des Vollstreckungsbescheids ist Beate jedoch verunsichert, so dass sie sich am 15.4.2013 an Rechtsanwalt Dr. Kluge wendet und ihn um Rat bittet.

Frage 1: Was wird Rechtsanwalt Dr. Kluge Beate raten?

Nachdem Beate im September 2012 für sich neue Geschäftsräume in der Potsdamer Innenstadt angemietet hatte, kam es nachfolgend zum Streit mit dem Makler Matthias Müller (M) aus Berlin. Matthias verklagte daraufhin Beate vor dem Landgericht Potsdam auf Zahlung von 9.000 EUR Maklerprovision. In der Folge schlossen die Parteien am 21.3.2013 vor der Zivilkammer des Landgerichts Potsdam einen Vergleich, in dem sich Beate verpflichtete, an Matthias 7.000 EUR zur Abgeltung der Klageforderung zu zahlen. Kurze Zeit später erfuhr Beate, dass sie bei Abschluss des Vergleichs von Matthias arglistig getäuscht wurde. Beates Rechtsanwalt Dr. Kluge erklärte daraufhin gegenüber Matthias sofort die Anfechtung des Vergleichs. Dennoch betrieb Matthias die Zwangsvollstreckung aus dem Vergleich.

Ohne Wissen ihres Rechtsanwalts zahlte Beate am 31.5.2013 zur Abwendung der Zwangsvollstreckung die Vergleichssumme in Höhe von 7.000 EUR an Matthias, was sie aber kurz darauf bereute. Rechtsanwalt Dr. Kluge erhob am 6.6.2013 für Beate Klage gegen Matthias vor dem Landgericht Berlin und beantragte die Rückzahlung der 7.000 EUR an Beate. In der Klagebegründung berief er sich darauf, dass der Vergleich unwirksam sei und die Zahlung somit rechtsgrundlos erfolgte.

Frage 2: Ist die Klage zulässig?

Bearbeitervermerk: Das Amtsgericht Coburg ist das zentrale Mahngericht des Freistaates Bayern.

Gliederung

Lösung

Frage 1

Rechtsanwalt Dr. Kluge wird prüfen, welche Rechtsbehelfe gegen den Vollstre- **1**
ckungsbescheid in Betracht kommen.

A. Einspruch gegen den Vollstreckungsbescheid

Der gesetzlich vorgesehene Rechtsbehelf gegen einen Vollstreckungsbescheid ist der **2**
Einspruch (§§ 700 I, 338 ZPO). Es ist daher zu untersuchen, ob dieser zulässig ist.

Hinweis: Gem. § 700 III 1 ZPO gibt das Gericht, das den Vollstreckungsbescheid erlassen hat, ohne **3**
Prüfung der Zulässigkeit allein aufgrund des Einspruchs den Rechtsstreit von Amts wegen in das streitige Verfahren an das Gericht ab, das im Mahnverfahren gem. § 692 I Nr. 1 ZPO bezeichnet worden ist.
Dies ist entsprechend dem Antrag der S (§ 690 I Nr. 5 ZPO) das Amtsgericht Potsdam. Dieses prüft
dann die Zulässigkeit des Einspruchs gem. § 341 I 1 ZPO. Ist der Einspruch zulässig, wird gem. § 700
IV ZPO nach Eingang der Anspruchsbegründung ein normales Klageverfahren durchgeführt, so dass
anschließend die Zulässigkeit und Begründetheit der Klage zu prüfen wären.

I. Zulässigkeit

4 Der Einspruch ist zulässig, wenn seine Voraussetzungen vorliegen.

1. Statthaftigkeit

5 Gem. § 700 I ZPO steht der Vollstreckungsbescheid einem vorläufig vollstreckbaren Versäumnisurteil (§§ 330 ff. ZPO) gleich. Gegen ein Versäumnisurteil steht der Partei, gegen die es erlassen worden ist, der Einspruch zu (§ 338 ZPO). Dementsprechend ist der Einspruch der statthafte Rechtsbehelf gegen einen Vollstreckungsbescheid.[1]

2. Form und Adressat

6 Der Einspruch ist bei dem Gericht einzulegen, das den Vollstreckungsbescheid erlassen hat (vgl. § 700 III 1 ZPO),[2] also beim Amtsgericht Coburg.

Gem. § 340 I ZPO kann der Einspruch schriftlich oder gem. § 702 ZPO zur Niederschrift des Urkundsbeamten der Geschäftsstelle eingelegt werden. Dabei muss der Vollstreckungsbescheid bezeichnet sowie erklärt werden, dass gegen diesen Einspruch eingelegt wird (§ 340 II ZPO).

Eine Begründung des Einspruchs gem. § 340 III ZPO ist nicht erforderlich, da § 700 III 3 ZPO anordnet, dass § 340 III ZPO keine Anwendung findet.[3] Zu diesem Zeitpunkt liegt auch noch keine Anspruchsbegründung vor.

3. Frist

7 Die Einspruchsfrist ist eine Notfrist und beträgt gem. §§ 700 I, 339 I ZPO zwei Wochen. Die Frist beginnt gem. § 339 I ZPO mit der Zustellung[4] des Vollstreckungsbescheids (§ 699 IV ZPO) zu laufen.

Fraglich ist, ob eine wirksame Zustellung vorliegt und die Frist des § 339 I ZPO zu laufen begonnen hat.

8 Hier besteht das Problem, dass H eventuell prozessunfähig ist und die Zustellung deshalb gem. § 170 I ZPO an den gesetzlichen Vertreter zu erfolgen hat.

Gem. § 1896 I BGB hat das Amtsgericht Potsdam für H eine Betreuerin bestellt und gem. § 1903 I BGB einen Einwilligungsvorbehalt für den Aufgabenkreis gerichtliche Vertretung angeordnet. Deshalb ist H insoweit, auch bei unter Umständen sonst vorhandener Geschäftsfähigkeit, nicht als geschäftsfähig und damit gem. § 51 I ZPO auch nicht als prozessfähig anzusehen.[5] Der insoweit nicht prozessfähige H wird gem. § 1902 BGB durch B gesetzlich vertreten. B ist deshalb gem. § 170 I 1 ZPO die richtige Zustellungsadressatin.

9 Der Vollstreckungsbescheid wurde jedoch dem H zugestellt. Gem. § 170 I 2 ZPO ist die Zustellung an eine prozessunfähige Person grundsätzlich unwirksam.

---

[1] Vgl. zum Einspruch gegen einen Vollstreckungsbescheid auch *Herr*, JuS 2002, 1010 ff.
[2] MünchKomm-ZPO/*Schüler*, § 700 Rn. 16.
[3] MünchKomm-ZPO/*Schüler*, § 700 Rn. 20.
[4] Zur Zustellung vgl. auch *Stackmann*, JuS 2007, 634 ff.
[5] Palandt/*Götz*, § 1903 Rn. 7.

Deshalb stellt sich die Frage, ob auch eine unwirksame Zustellung die Notfrist des **10** § 339 I ZPO in Gang setzt. Dies ist umstritten.

Nach Ansicht der h. M.[6] beginnt bei Zustellung von Urteilen und Vollstreckungsbe- **11** scheiden der Fristlauf auch bei einer Zustellung an – aus dem zuzustellenden Titel nicht erkennbare – Prozessunfähige. Dies wird damit begründet, dass durch die speziellere Möglichkeit der Nichtigkeitsklage wegen mangelhafter Vertretung gem. §§ 578 I, 579 I Nr. 4, 586 III ZPO das Interesse des Prozessunfähigen ausreichend gewahrt ist. § 586 III ZPO gehe offenbar davon aus, dass die Zustellung an den Prozessunfähigen einer Rechtskraft des Titels nicht entgegensteht. Im Interesse des Rechtsverkehrs an Rechtssicherheit und Rechtsfrieden sei es geboten, Rechtsstreitigkeiten möglichst bald durch den Eintritt der formellen Rechtskraft der Entscheidung zu beenden.[7] Diese Ansicht entspricht der früheren Auffassung zu § 171 ZPO a. F. Die Rechtslage sollte sich durch den neuen § 170 I ZPO nicht ändern.

Nach dieser Meinung hätte die Frist trotz unwirksamer Zustellung zu laufen begonnen mit der Folge, dass der Einspruch verspätet eingelegt worden und damit als unzulässig zu verwerfen ist (§ 341 I 2 ZPO).

Nach der Gegenansicht[8] beginnt die Notfrist bei unwirksamer Zustellung eines **12** Vollstreckungsbescheids nicht zu laufen. Die Besonderheiten des Mahnverfahrens sprechen gegen den Lauf der Frist, da durch die reduzierte Prüfung die Gefahr besteht, dass die Prozessunfähigkeit nicht erkannt wird. Außerdem würde der Missbrauchsgefahr Tür und Tor geöffnet. Es könnten Vollstreckungstitel gegen Geschäftsunfähige leicht erlangt werden. Geschäftsunfähige würden hier im Vergleich zur öffentlichen Zustellung[9] benachteiligt. Die Nichtigkeitsklage erlaube ebenfalls eine Durchbrechung der Rechtskraft, so dass auch hier keine Rechtssicherheit gegeben sei. Der Lauf der Notfrist trotz unwirksamer Zustellung stelle einen Widerspruch zum Grundgedanken des Schutzes Geschäftsunfähiger/beschränkt Geschäftsfähiger dar. Die Nichtigkeitsklage biete nur nachträglichen Schutz. Die Ausgestaltung der Nichtigkeitsklage gem. § 579 I Nr. 4 ZPO zwinge nicht zu dem Schluss, dass die Einspruchsfrist zu laufen beginnt, wenn an eine prozessunfähige Person zugestellt wird, da der eigentliche Anwendungsbereich Entscheidungen betreffe, die mit Verkündung rechtskräftig werden. Eine unwirksame Zustellung könne keine Rechtsfolgen auslösen.

Nach dieser Ansicht hat die Frist des § 339 I ZPO nicht zu laufen begonnen, so dass ein Einspruch noch eingelegt werden kann.

Da beide Ansichten zu unterschiedlichen Ergebnissen kommen, ist ein Streitent- **13** scheid erforderlich. Gegen die h. M. spricht insbesondere die Gefährdung des Schutzes Prozessunfähiger. Allerdings wird der Schutz durch die Möglichkeit der

---

6 *BGH* NJW 2008, 2125 f.; BGHZ 104, 109, 111 f. = NJW 1988, 2049 m. w. N.; RGZ 121, 63, 64 f.;
   Wieczorek/Schütze/*Rohe*, § 170 Rn. 17.
7 *BGH* NJW 2008, 2125; ebenso Stein/Jonas/*Roth*, § 170 Rn. 5.
8 *Sujecki*, NJW 2008, 2126; ebenso *Jacoby*, ZMR 2007, 327, 330; zu § 171 I ZPO a. F.: *AG Hamburg-
   Harburg* NJW-RR 1998, 791 f.; *LG Berlin* MDR 1988, 588 f. (für Versäumnisurteil); *LG Frankfurt
   a. M.* NJW 1976, 757 f.; *Niemeyer*, NJW 1976, 742 ff.; zweifelnd MünchKomm-ZPO/*Häublein*,
   § 170 Rn. 5.
9 Vgl. *BGH* NJW 2007, 303.

Nichtigkeitsklage gewährleistet. Das Interesse des Rechtsverkehrs an Rechtssicherheit ist ausschlaggebend.

Es ist deshalb mit der h. M. vom Fristbeginn ab (unwirksamer) Zustellung auszugehen.

14 Die Frist begann gem. §§ 700 I, 339 ZPO mit Zustellung, also gem. § 222 ZPO, § 187 I BGB am 14.3.2012 zu laufen und endet nach zwei Wochen, also gem. § 222 ZPO, § 188 II BGB mit Ablauf des übernächsten Dienstags, am 27.3.2012.

Die Frist ist somit zum Zeitpunkt des 15.4.2013 (vgl. Fallfrage) versäumt.

II. Ergebnis

15 Da die Frist des § 339 I ZPO versäumt ist, wird das Amtsgericht Potsdam den Einspruch gem. § 341 I 2 ZPO als unzulässig verwerfen.

B. Wiedereinsetzung in den vorigen Stand in Verbindung mit dem Einspruch

16 Bei Versäumung einer Frist kommt eventuell die Wiedereinsetzung in den vorigen Stand gem. §§ 233 ff. ZPO in Betracht. Der Wiedereinsetzungsantrag hätte Aussicht auf Erfolg, wenn er zulässig und begründet ist.

I. Zulässigkeit

17 Der Wiedereinsetzungsantrag ist zulässig, wenn seine Voraussetzungen vorliegen.

1. Statthaftigkeit

18 Die Wiedereinsetzung in den vorigen Stand ist nur statthaft, wenn der Antragsteller eine Notfrist oder eine der anderen in § 233 ZPO genannten Fristen versäumt hat. Notfristen sind diejenigen Fristen, die im Gesetz als solche bezeichnet sind (§ 224 I 2 ZPO).

19 Die Einspruchsfrist gem. §§ 700, 339 I ZPO ist eine solche Notfrist von zwei Wochen, die von H versäumt wurde.

Damit ist der Antrag auf Wiedereinsetzung in den vorigen Stand statthaft.

2. Zuständigkeit

20 Gem. § 237 ZPO entscheidet das Gericht über den Antrag, dem die Entscheidung über die nachgeholte Prozesshandlung zusteht. Die hier nachzuholende Prozesshandlung ist die Einlegung des Einspruchs. Zuständig für die Entscheidung über die Zulässigkeit des Einspruchs ist nicht das Mahngericht, sondern das Empfangsgericht i. S. d. §§ 700 III, 692 I Nr. 1 ZPO, also das Amtsgericht Potsdam.

3. Form

21 Gem. § 236 ZPO richtet sich die Form des Wiedereinsetzungsantrags nach der Form der nachzuholenden Prozesshandlung, also nach der Form des Einspruchs. Er ist also schriftlich oder zur Niederschrift der Geschäftsstelle zu stellen.

Gem. § 236 II ZPO muss er die Angabe der die Wiedereinsetzung begründenden Tatsachen enthalten; diese sind bei der Antragstellung oder im Verfahren über den Antrag glaubhaft zu machen (§ 294 ZPO).

Außerdem muss die versäumte Prozesshandlung, also der Einspruch, innerhalb der **22** Antragsfrist nachgeholt werden (§ 236 II 2 ZPO).

4. Frist

Die Wiedereinsetzungsfrist beträgt zwei Wochen (§ 234 I 1 ZPO). Sie beginnt gem. **23** § 234 II ZPO mit Wegfall des Hindernisses. Das Hindernis für die Einlegung des Einspruchs war die fehlende Kenntnis der B als gesetzliche Vertreterin des H vom Vollstreckungsbescheid. Dieses Hindernis wurde mit Kenntniserlangung der B am Dienstag, den 9.4.2013, behoben.

Die Frist endet gem. § 222 ZPO, § 188 II BGB mit Ablauf des übernächsten **24** Dienstags, am 23.4.2013. Die Wiedereinsetzungsfrist ist also am 15.4.2013 (vgl. Fallfrage) noch nicht abgelaufen, so dass ein Wiedereinsetzungsantrag gestellt werden könnte.

Jedoch besteht gem. § 234 III ZPO zum Schutz der formellen Rechtskraft und des **25** Antragsgegners[10] eine Ausschlussfrist von einem Jahr. Sie beginnt unabhängig von der Kenntnis des Vollstreckungsbescheids am Ende der versäumten Frist, also am 28.3.2012, da der Tag, in den das Ereignis (das Fristende) fällt, gem. § 222 ZPO, § 187 I BGB nicht mitgerechnet wird. Sie endet gem. § 222 ZPO, § 188 II BGB mit Ablauf des 27.3.2013.

Damit ist die Ausschlussfrist am 15.4.2013 (vgl. Fallfrage) bereits abgelaufen, so dass die Wiedereinsetzung zu diesem Zeitpunkt ausgeschlossen ist.

II. Ergebnis

Das Amtsgericht Potsdam müsste den Wiedereinsetzungsantrag wegen Ablaufs der **26** Ausschlussfrist als unzulässig verwerfen. Eine Wiedereinsetzung bei Versäumung der Ausschlussfrist kommt nicht in Betracht.[11]

C. Rechtspflegererinnerung gem. § 11 RPflG

Der Vollstreckungsbescheid ist von dem Rechtspfleger erlassen worden (vgl. § 20 **27** Nr. 1 RPflG). Deshalb kommt als Rechtsbehelf auch eine Erinnerung gem. § 11 RPflG in Betracht. Diese ist jedoch gem. § 11 III 2 RPflG im Fall des § 700 ZPO ausgeschlossen.

D. Vollstreckungsabwehrklage gem. § 767 ZPO

Außerdem kommt eine Vollstreckungsabwehrklage gem. § 767 ZPO in Betracht. **28**

---

[10] Zöller/*Greger,* § 234 Rn. 12.
[11] *BGH* VersR 1987, 256.

I. Zulässigkeit

29 Die Vollstreckungsabwehrklage ist zulässig, wenn ihre Sachurteilsvoraussetzungen gem. § 767 ZPO vorliegen.

1. Statthaftigkeit

30 Die Vollstreckungsabwehrklage ist statthaft, wenn der Schuldner Einwendungen geltend macht, die den durch das Urteil festgestellten Anspruch selbst betreffen (§ 767 I ZPO).

a) Anwendbarkeit auf den Vollstreckungsbescheid

31 Der Vollstreckungsbescheid ist gem. § 794 I Nr. 4 ZPO ein Vollstreckungstitel, auf den gem. § 795 ZPO auch § 767 I ZPO Anwendung findet.

b) Materielle Einwendung

32 Als materielle Einwendung kommt hier der Rücktritt vom Kaufvertrag in Betracht. Danach sind die empfangenen Leistungen zurückzugewähren (§ 346 I BGB). S hätte folglich keinen Anspruch auf die Kaufpreiszahlung. Die Statthaftigkeit ist zu bejahen.

2. Zuständigkeit

33 Sachlich und örtlich zuständig ist gem. § 767 I ZPO grundsätzlich das Prozessgericht erster Instanz. Da hier ein Vollstreckungsbescheid vorliegt, ist gem. § 796 III ZPO das Gericht zuständig, das bei einer Entscheidung im Streitverfahren zuständig gewesen wäre.

a) Sachliche Zuständigkeit

34 Der Streitwert liegt unter 5.000 EUR, so dass das Amtsgericht gem. §§ 23 Nr. 1, 71 GVG sachlich zuständig ist. Hierbei handelt es sich um eine ausschließliche Zuständigkeit, weil letztendlich § 796 III ZPO das zuständige Gericht – das Gericht, das für das Streitverfahren zuständig gewesen wäre – bestimmt.[12]

b) Örtliche Zuständigkeit

35 Da ein ausschließlicher Gerichtsstand für die Streitigkeit wegen der Kaufpreiszahlung nicht besteht, kommt als örtlich zuständiges Gericht das Gericht in Betracht, bei dem der Beklagte seinen allgemeinen Gerichtsstand hat (§ 12 ZPO). Der allgemeine Gerichtsstand wird durch den Wohnsitz bestimmt (§ 13 ZPO). Im Streitverfahren über den Kaufpreis wäre H Beklagter gewesen, so dass das Gericht am allgemeinen Gerichtsstand das Amtsgericht Potsdam gewesen wäre, da H dort seinen Wohnsitz (§ 7 BGB) hat.

36 Außerdem käme noch der besondere Gerichtsstand des Erfüllungsorts gem. § 29 I ZPO in Betracht, da es sich um eine Rechtsstreitigkeit aus einem Vertragsverhältnis, dem Kaufvertrag, handelt. Der Erfüllungsort bestimmt sich nach materiellem

---

[12] Stein/Jonas/*Münzberg*, § 796 Rn. 5; Thomas/Putzo/*Seiler*, § 796 Rn. 3.

Recht. Gem. §§ 269 I, 270 IV BGB ist hier ebenfalls der Wohnort des Schuldners Erfüllungsort für die Kaufpreiszahlung, so dass das Amtsgericht Potsdam auch gem. § 29 I ZPO örtlich zuständig ist.

Die örtliche Zuständigkeit des Amtsgerichts Potsdam ergibt sich demnach aus §§ 12, 13 ZPO und § 29 I ZPO. Auch hierbei handelt es sich gem. § 802 ZPO um eine ausschließliche Zuständigkeit (siehe Rn. 34).

3. Partei- und Prozessfähigkeit gem. §§ 50 f. ZPO

H ist als natürliche Person gem. § 50 I ZPO parteifähig. Im Rahmen der Betreuung **37** ist für H ein Einwilligungsvorbehalt für den Aufgabenkreis Vertretung vor Gerichten angeordnet, so dass er nicht prozessfähig ist (§ 51 ZPO). Er wird durch B gesetzlich vertreten (§ 1902 BGB).

S ist als Kommanditgesellschaft gem. § 50 I ZPO, §§ 161 II, 124 II HGB parteifä- **38** hig. Sie wird gem. § 170 HGB vertreten durch die Komplementär-GmbH, diese gem. § 35 I GmbHG durch den Geschäftsführer G.

4. Ordnungsgemäße Klageerhebung gem. § 253 II ZPO

Der Klageantrag müsste dahingehend formuliert werden, dass die Zwangsvollstre- **39** ckung aus dem Vollstreckungsbescheid vom 9.3.2012 für unzulässig erklärt wird.

5. Rechtsschutzbedürfnis

Das Rechtsschutzbedürfnis für eine Vollstreckungsabwehrklage ist gegeben, wenn **40** die Zwangsvollstreckung droht. Hierfür genügt das Vorliegen eines vollstreckbaren Titels.[13] Hier liegt ein Vollstreckungsbescheid gegen H vor, wobei sich S bei ihrem Zahlungsverlangen ausdrücklich auf den Vollstreckungsbescheid bezieht. Zudem ist ein Vollstreckungsbescheid ohne Klausel vollstreckbar (§ 796 I ZPO).

Die Vollstreckungsabwehrklage gem. § 767 ZPO ist demnach zulässig.

II. Begründetheit

Die Klage ist begründet, wenn die materiellrechtliche Einwendung gegen den titu- **41** lierten Anspruch besteht und nicht gem. § 796 II ZPO präkludiert ist.

1. Nichtbestehen des titulierten Anspruchs

H könnte, vertreten durch B – beim Rücktritt handelt es sich um eine Angelegen- **42** heit der Vermögenssorge; für diesen Aufgabenkreis ist B als Betreuerin des H bestellt worden (§ 1896 BGB) –, gem. §§ 437 Nr. 3, 323 BGB vom Kaufvertrag zurückgetreten sein mit der Folge, dass der Anspruch des S auf Kaufpreiszahlung erloschen ist.[14]

---

[13] MünchKomm-ZPO/*K. Schmidt/Brinkmann*, § 767 Rn. 43; *Musielak*, Grundkurs, Rn. 733.
[14] MünchKomm-BGB/*Gaier*, Vorb § 346 Rn. 36.

a) Rücktrittsrecht

43 Dies setzt zunächst ein Rücktrittsrecht des H voraus. Der Staubsauger war nach dem Vortrag der B bereits bei Gefahrübergang mangelhaft i.S.d. § 434 I 2 Nr. 1 bzw. Nr. 2 BGB.

Der Anspruch auf Lieferung eines neuen mangelfreien Gerätes (§ 439 I BGB) war auch fällig.

44 Zwar muss der Gläubiger dem Schuldner gem. § 323 I BGB grundsätzlich eine angemessene Frist zur Nacherfüllung setzen. Ob die Aufforderung des H an S zur Lieferung eines neuen Staubsaugers diesem Erfordernis genügt, kann vorliegend dahinstehen. Denn S hat durch den Geschäftsführer G zu verstehen gegeben, dass sie keinerlei Handlungsbedarf sehe, und damit zum Ausdruck gebracht, dass sie kein neues Gerät liefern werde (vgl. § 439 I BGB). Sie war jedoch zur Nacherfüllung verpflichtet. Die Weigerung der S stellt damit eine unberechtigte, ernsthafte und endgültige Verweigerung der Nacherfüllung dar, so dass eine Fristsetzung gem. § 323 II Nr. 1 BGB entbehrlich war.

b) Rücktrittserklärung gem. § 349 BGB

45 Eine ausdrückliche Rücktrittserklärung durch B als gesetzliche Vertreterin des H liegt nicht vor. Im Angebot der B an S, diese könne sich das Gerät abholen, liegt jedoch eine (konkludente) Rücktrittserklärung gem. § 349 BGB.

c) Kein Ausschluss des Rücktritts

46 Die Lieferung eines nicht funktionierenden Gerätes stellt auch keine nur unerhebliche Pflichtverletzung dar, so dass der Rücktritt gem. § 323 V 2 BGB nicht ausgeschlossen ist. Die Voraussetzungen des Rücktritts liegen vor, so dass S daher kein Anspruch auf Kaufpreiszahlung zustünde.

d) Unwirksamkeit des Rücktritts

47 Der Rücktritt wegen einer nicht vertragsgemäß erbrachten Leistung wäre gem. § 218 BGB unwirksam, wenn der Anspruch auf Nacherfüllung verjährt ist und sich der Schuldner darauf beruft. Der Nacherfüllungsanspruch verjährt gem. § 438 I Nr. 3 BGB in zwei Jahren. Die Verjährung beginnt gem. § 438 II BGB mit Ablieferung der Sache, also am 11.10.2011. Dementsprechend ist der Anspruch am 15.4.2013 noch nicht verjährt, der Rücktritt demnach wirksam.

48 Mit dem wirksamen Rücktritt ist der Kaufpreisanspruch der S gegen H erloschen, so dass eine materiellrechtliche Einwendung gegen den titulierten Anspruch besteht.

2. Keine Präklusion gem. § 796 II ZPO

49 Die materielle Einwendung ist jedoch nur insoweit zulässig, als die Gründe, auf denen sie beruht, erst nach Zustellung des Vollstreckungsbescheids entstanden sind und durch Einspruch nicht mehr geltend gemacht werden können (§ 796 II ZPO). Umstritten ist in diesem Zusammenhang, ob der maßgebende Zeitpunkt für die

Entstehung der Einwendung die Zustellung des Vollstreckungsbescheids[15] oder der Ablauf der Einspruchsfrist[16] ist. Im letzteren Fall wären Einwendungen, die nach der Zustellung des Vollstreckungsbescheids entstanden sind, aber noch mit dem Einspruch hätten geltend gemacht werden können, präkludiert. Hier ist dieser Streit ohne Bedeutung, da der Rücktrittsgrund bereits vor der Zustellung des Vollstreckungsbescheids vorlag und die Rücktrittserklärung erst nach Ablauf der Einspruchsfrist abgegeben wurde.

Problematisch ist, auf welchen Zeitpunkt für die Entstehung des Rücktrittsrechts **50** abzustellen ist, auf den Zeitpunkt, zu dem die Voraussetzungen für das Rücktrittsrecht vorlagen, oder denjenigen der Rücktrittserklärung. Dies ist umstritten.[17]

Bei der nachträglichen Ausübung von Gestaltungsrechten wie dem Rücktritt **51** kommt es nach h. M.[18] auf den Zeitpunkt an, zu dem die Voraussetzungen des Gestaltungsrechts vorlagen und nicht auf den Zeitpunkt der Ausübung des Gestaltungsrechts. Der Gestaltungsgrund und nicht die Rechtsfolge gebe die materielle Einwendung. Bestand also das Rücktrittsrecht bereits vor dem maßgebenden Zeitpunkt, ist der Schuldner mit den Einwendungen aus diesem Gestaltungsrecht präkludiert.

Die Voraussetzungen des Rücktritts entstehen bereits mit erfolglosem Ablauf der **52** Frist zur Nacherfüllung bzw. im Fall der Entbehrlichkeit der Fristsetzung mit endgültiger Verweigerung der Nacherfüllung. Ab diesem Zeitpunkt kann der Käufer vom Vertrag zurücktreten. Die Voraussetzungen des Rücktritts lagen daher bereits am 28.10.2011 und damit vor Zustellung des Vollstreckungsbescheids am 13.3.2012 (Rn. 49) vor. Folglich wäre H nach der h. M. mit dieser Einwendung präkludiert.

Die Gegenansicht[19] hält den Zeitpunkt der Gestaltungserklärung für maßgebend, **53** so dass die Einwendung nicht präkludiert ist, wenn das Gestaltungsrecht erst nach dem maßgeblichen Zeitpunkt ausgeübt worden ist, denn die Einwendung entsteht nach dieser Ansicht erst mit Ausübung des Gestaltungsrechts. Diese Meinung wird hauptsächlich damit begründet, dass sich die Entstehung der Einwendung nach materiellem Recht richtet und dieses setzt neben der Gestaltungslage eine entsprechende Erklärung voraus. Die Rechtzeitigkeit der Erklärung bestimme sich allein nach materiellem Recht, das nicht durch die Vorschrift des § 767 II ZPO eingeschränkt werden könne. Nach dieser Ansicht wäre die materielle Einwendung nicht gem. § 796 II ZPO präkludiert, da der Rücktritt erst nach Zustellung des Vollstreckungsbescheids und nach Ablauf der Einspruchsfrist (vgl. Rn. 14) erklärt worden ist.

Zum Teil wird auch die Rechtskraft von Vollstreckungsbescheiden verneint bzw. als **54** von minderer Qualität angesehen und damit die Präklusion im Rahmen der Voll-

---

[15] MünchKomm-ZPO/*Wolfsteiner*, § 796 Rn. 6; vgl. Stein/Jonas/*Münzberg*, § 767 Rn. 40.

[16] *BGH* NJW 1982, 1812; MünchKomm-ZPO/*K. Schmidt/Brinkmann*, § 767 Rn. 76, 15; Musielak/*Lackmann*, § 767 Rn. 38 und § 796 Rn. 3; vgl. auch *BerlVerfGH* NJOZ 2012, 1539 f.

[17] Zur Einordnung von Gestaltungsrechten unter § 767 Abs. 2 vgl. *Thole*, ZZP 124 (2011), 45, 51 ff.

[18] BGHZ 34, 274, 278 ff.; *BGH* NJW 1980, 2527, 2528 m. w. N.; MünchKomm-ZPO/*K. Schmidt/Brinkmann*, § 767 Rn. 80; *Ernst*, NJW 1986, 401, 405.

[19] Stein/Jonas/*Münzberg*, § 767 Rn. 32 ff.; *Baur/Stürner/Bruns*, Rn. 45.14; *Lüke*, Rn. 591.

streckungsabwehrklage abgelehnt.[20] Danach wäre die Einwendung nicht präkludiert.

55 Die Ansichten kommen zu unterschiedlichen Ergebnissen, so dass eine Streitentscheidung erforderlich ist. Die letzte Ansicht ist abzulehnen, da sie der eindeutigen Regelung des § 796 II ZPO widerspricht. Für die h. M. spricht, dass dadurch vor allem Prozessverschleppung und Schikanen des Schuldners verhindert werden können.

56 Damit kann der Rücktritt vom Kaufvertrag von H nicht mehr mit der Vollstreckungsabwehrklage vorgebracht werden. Die Klage ist deshalb unbegründet.

III. Ergebnis

57 Eine Vollstreckungsabwehrklage hätte keine Aussicht auf Erfolg, da die Einwendung des Rücktritts nach der h. M. präkludiert ist.

Hinweis: Hier wird aus klausurtaktischen Gründen der h. M. gefolgt, damit die in Betracht kommende Nichtigkeitsklage noch geprüft werden kann.

E. Nichtigkeitsklage gem. § 579 ZPO

58 Außerdem kommt eine Wiederaufnahme des Verfahrens durch eine Nichtigkeitsklage gem. § 579 ZPO in Betracht. Diese hat Aussicht auf Erfolg, wenn sie zulässig und begründet ist.

I. Zulässigkeit

59 Es müssten die Voraussetzungen für eine Nichtigkeitsklage gem. § 579 ZPO vorliegen. Diese sind von Amts wegen zu prüfen (§ 589 I ZPO).

1. Statthaftigkeit

60 Die Wiederaufnahme setzt gem. § 578 I ZPO ein durch rechtskräftiges Endurteil geschlossenes Verfahren voraus. Die ZPO geht, wie sich aus § 584 II ZPO ergibt, von der Möglichkeit der Nichtigkeitsklage gegen einen Vollstreckungsbescheid aus.[21] Im Übrigen spricht auch § 700 I ZPO dafür, der den Vollstreckungsbescheid einem für vorläufig vollstreckbaren Versäumnisurteil gleichstellt. Damit ist die Nichtigkeitsklage auch gegen einen Vollstreckungsbescheid statthaft.

61 Der angegriffene Titel müsste formell rechtskräftig sein. Hier richtet sich die Nichtigkeitsklage gegen einen formell rechtkräftigen Vollstreckungsbescheid, da die Einspruchsfrist abgelaufen ist.

2. Zuständigkeit

62 Gem. § 584 II ZPO ist für Nichtigkeitsklagen gegen einen Vollstreckungsbescheid das Gericht ausschließlich zuständig, das für die Entscheidung im Streitverfahren zuständig gewesen wäre, also das Amtsgericht Potsdam (vgl. Rn. 33 ff.).

---

[20] Vgl. dazu Staudinger/*Oechsler,* § 826 Rn. 522 ff. m. w. N.
[21] BGHZ 104, 109, 112 = NJW 1988, 2049; MünchKomm-ZPO/*Braun,* § 578 Rn. 19.

3. Beschwer

Nach h. M. ist wegen der Ähnlichkeit der Wiederaufnahme zu den Rechtsmitteln **63** eine Beschwer erforderlich.[22] Hier ist H durch den Vollstreckungsbescheid beschwert, da er dadurch zur Zahlung an S verpflichtet wird.

4. Partei- und Prozessfähigkeit

Hier kann auf oben (Rn. 37 f.) verwiesen werden. **64**

5. Form und Inhalt der Klageschrift gem. §§ 587, 588 ZPO

Die Wiederaufnahmeklage ist schriftlich einzureichen. In der Klageschrift muss der **65** Vollstreckungsbescheid bezeichnet sein. Zudem muss erklärt werden, dass gegen diesen Nichtigkeitsklage erhoben wird (§ 587 ZPO). Weiterhin sollen die Angaben gem. § 588 I ZPO enthalten sein.

6. Klagefrist gem. §§ 586, 589 II ZPO

Die Klage ist innerhalb einer Notfrist von einem Monat zu erheben (§ 586 I ZPO). **66** Die Frist beginnt gem. § 586 III ZPO bei Prozessunfähigen mit der Zustellung an den gesetzlichen Vertreter. Hier wäre also für den Fristbeginn die Zustellung des Vollstreckungsbescheids an B als gesetzliche Vertreterin des Prozessunfähigen H erforderlich.

Der Vollstreckungsbescheid ist hier nicht B, sondern H zugestellt worden. B war **67** nicht Zustellungsadressatin gem. §§ 166 I, 182 II Nr. 1 ZPO, so dass eine wirksame Zustellung gem. § 170 I ZPO an B nicht vorliegt. Allerdings erhält B am 9.4.2013 zufällig Kenntnis von der Existenz des Vollstreckungsbescheids gegen H. Darin könnte eine Heilung des Zustellungsmangels gem. § 189 ZPO gesehen werden. § 189 ZPO findet Anwendung, da durch die Zustellung an den Prozessunfähigen statt an den gesetzlichen Vertreter eine Verletzung zwingender Zustellungsvorschriften vorliegt. Dagegen spricht nicht, dass das Gericht die Zustellung nicht an B veranlasst hat. Eine Heilung gem. § 189 ZPO setzt lediglich den Zustellungswillen und den Zugang des zuzustellenden Schriftstücks bei der Person voraus, an die die Zustellung dem Gesetz gemäß gerichtet war oder „gerichtet werden konnte".[23] Hier hat B als gesetzliche Vertreterin den Vollstreckungsbescheid am 9.4.2013 tatsächlich erhalten. Die Zustellung wird gem. § 189 ZPO für den Zeitpunkt des tatsächlichen Zugangs, also am 9.4.2013, fingiert.

Damit beginnt die Notfrist von einem Monat gem. § 586 I ZPO am 10.4.2013 zu **68** laufen und endet gem. § 222 ZPO, § 188 II BGB mit Ablauf des 9.5.2013.[24] Die Erhebung der Nichtigkeitsklage wäre somit noch fristgerecht, da die Beratung durch den Rechtsanwalt am 15.4.2013 erfolgt.

Hinweis: Sofern eine Heilung abgelehnt werden würde, wäre die Erhebung der Nichtigkeitsklage auch **69** bei fehlender wirksamer Zustellung möglich, da dann die Frist gem. § 586 III ZPO noch nicht zu lau-

---

[22] BGHZ 39, 179, 180 f. = NJW 1963, 1353, 1354 (zur Restitutionsklage); Thomas/Putzo/*Reichold*, Vor § 578 Rn. 7.
[23] *BGH* NJW 1984, 926 f.; Stein/Jonas/*Roth*, § 189 Rn. 8; *Jacoby*, ZMR 2007, 327, 328.
[24] Vgl. dazu Wieczorek/Schütze/*Borck*, § 586 Rn. 65 ff.

fen begonnen hätte und die 5-Jahresfrist des § 586 II 2 ZPO bei Nichtigkeitsklagen wegen mangelnder Vertretung nicht gilt.[25]

7. Behauptung eines zulässigen Nichtigkeitsgrundes

70 Außerdem muss ein in § 579 ZPO genannter Nichtigkeitsgrund schlüssig behauptet werden.[26] Hier kann H, vertreten durch B, schlüssig vorbringen, dass er in dem Mahnverfahren nicht nach Vorschrift der Gesetze vertreten war (§ 579 I Nr. 4 ZPO).

8. Keine Subsidiarität gem. §§ 579 II, 582 ZPO

a) § 579 II ZPO

71 § 579 II ZPO findet auf § 579 I Nr. 4 ZPO keine Anwendung.

b) § 582 ZPO

72 Auch eine Subsidiarität gem. § 582 ZPO ist zu verneinen, da H wegen seiner Prozessunfähigkeit ohne sein Verschulden außerstande war, den Restitutionsgrund in dem früheren Verfahren geltend zu machen. Auch B als gesetzliche Vertreterin trifft kein Verschulden, das H gem. § 51 II ZPO zugerechnet werden könnte, da sie erst am 9.4.2013 zufällig Kenntnis von dem Vollstreckungsbescheid erlangt hat und die Geltendmachung des Restitutionsgrundes im früheren Verfahren wegen des Ablaufs der Rechtsbehelfsfristen nicht mehr möglich war.

II. Begründetheit

73 Die Wiederaufnahmeklage ist begründet, wenn der geltend gemachte Wiederaufnahmegrund vorliegt.

1. Aktiv- und Passivlegitimation

74 Aktiv- bzw. passivlegitimiert für die Wiederaufnahmeklage sind nur die Parteien des Vorprozesses.[27] Hier erhebt H als Antragsgegner im Mahnverfahren, gesetzlich vertreten durch B, die Wiederaufnahmeklage gegen S als Antragsteller im Mahnverfahren, so dass Aktiv- und Passivlegitimation vorliegen.

2. Vorliegen eines Nichtigkeitsgrundes gem. § 579 I Nr. 4 ZPO

75 Die Wiederaufnahmeklage ist auf den Nichtigkeitsgrund des § 579 I Nr. 4 ZPO gestützt. Da für H seit 15.12.2011 ein Einwilligungsvorbehalt besteht, war er im Mahnverfahren prozessunfähig (vgl. Rn. 37) und hätte durch B gesetzlich vertreten werden müssen. Da dies nicht geschehen ist, war H in dem Mahnverfahren nicht nach Vorschrift der Gesetze vertreten.

Die Nichtigkeitsklage ist begründet.

---

[25] *KG* NJW-RR 1990, 8.
[26] Zöller/*Greger*, § 589 Rn. 2.
[27] Thomas/Putzo/*Reichold*, § 578 Rn. 4.

III. Zwischenergebnis

Die Nichtigkeitsklage gem. §§ 578, 579 ZPO ist zulässig und begründet. Dies hat **76** zur Folge, dass die Hauptsache bezüglich des geltend gemachten Anspruchs der S gegen H verhandelt wird (§ 590 I ZPO).

IV. Zulässigkeit und Begründetheit der Klage der S gegen H

Die Klage der S gegen H wird nunmehr verhandelt und hat Aussicht auf Erfolg, **77** wenn sie zulässig und begründet ist.

1. Zulässigkeit

Die Klage ist zulässig, wenn die Sachurteilsvoraussetzungen vorliegen. **78**

a) Zuständigkeit des Amtsgerichts Potsdam

Das Amtsgericht Potsdam ist sachlich gem. § 23 Nr. 1 GVG zuständig, da der Wert **79** des Streitgegenstands 600 EUR beträgt und somit 5.000 EUR nicht übersteigt.

Die örtliche Zuständigkeit des Amtsgerichts könnte sich aus §§ 12, 13 ZPO und § 29 I ZPO ergeben, da ein ausschließlicher Gerichtsstand nicht ersichtlich ist. H hat seinen Wohnsitz in Potsdam (§ 7 BGB), so dass das Amtsgericht Potsdam als Gericht am allgemeinen Gerichtsstand örtlich zuständig ist. Der Erfüllungsort bezüglich des Kaufpreises aufgrund des Kaufvertrags zwischen S und H befindet sich ebenfalls in Potsdam, dem Wohnort des Schuldners (§ 269 I BGB), so dass das Amtsgericht Potsdam auch gem. § 29 I ZPO örtlich zuständig ist.

b) Partei- und Prozessfähigkeit

Hier kann auf die Ausführungen zu Rn. 37 f. verwiesen werden. Insbesondere ist **80** der prozessunfähige H nunmehr ordnungsgemäß durch seine gesetzliche Vertreterin B gem. §§ 1896, 1902 BGB vertreten.

c) Weitere Sachurteilsvoraussetzungen

Mangels entgegenstehender Angaben im Sachverhalt ist von dem Vorliegen der wei- **81** teren Sachurteilsvoraussetzungen auszugehen.

2. Begründetheit

Die Klage der S ist unbegründet, da B als gesetzliche Vertreterin des H wirksam **82** vom Vertrag zurückgetreten und damit der Kaufpreisanspruch des S erloschen ist (vgl. Rn. 48).

V. Ergebnis

Das Amtsgericht Potsdam wird die Klage deshalb als unbegründet abweisen und **83** den Vollstreckungsbescheid, wenn dieser nicht schon vorher durch Zwischenurteil aufgehoben worden ist, aufheben.[28]

---

[28] Vgl. Zöller/*Greger*, § 590 Rn. 4 u. 16.

84 **Hinweis:** Sofern S trotz Erhebung der Nichtigkeitsklage mit der Zwangsvollstreckung aus dem Vollstreckungsbescheid beginnt, könnte H, vertreten durch B, sich mit einem Antrag auf einstweilige Einstellung der Zwangsvollstreckung gem. § 707 I 1 Alt. 2 ZPO hiergegen wehren. Zuständig ist das Gericht, das über die Nichtigkeitsklage entscheidet,[29] wobei gem. § 707 II ZPO die Entscheidung durch nicht anfechtbaren Beschluss getroffen wird.

Frage 2

85 Die Klage der B gegen M ist zulässig, wenn die Sachurteilsvoraussetzungen vorliegen.

A. Zuständigkeit des Landgerichts Berlin

86 Da die Klage bei dem Landgericht Berlin eingereicht worden ist, ist dessen sachliche und örtliche Zuständigkeit zu prüfen.

I. Sachliche Zuständigkeit

87 Die sachliche Zuständigkeit der Landgerichte besteht gem. § 71 I GVG für alle bürgerlichrechtlichen Streitigkeiten, soweit sie nicht den Amtsgerichten zugewiesen sind. Für Streitigkeiten über Ansprüche, deren Gegenstand an Geld oder Geldeswert die Summe von 5.000 EUR übersteigt (vgl. § 23 Nr. 1 GVG), sind die Landgerichte zuständig. Hier beträgt der Streitwert 7.000 EUR, so dass das Landgericht sachlich zuständig ist.

II. Örtliche Zuständigkeit

1. Ausschließlicher Gerichtsstand

88 Ein ausschließlicher Gerichtsstand ist nicht ersichtlich, insbesondere nicht gem. § 29a ZPO, da es sich um einen Bereicherungsanspruch handelt.

2. Allgemeiner Gerichtsstand gem. §§ 12 ff. ZPO

89 Die örtliche Zuständigkeit des Landgerichts Berlin könnte sich aus §§ 12, 13 ZPO ergeben. M hat seinen Wohnsitz (§ 7 I BGB) und damit seinen allgemeinen Gerichtsstand in Berlin (§ 13 ZPO), so dass das Landgericht Berlin örtlich zuständig ist.

3. Besonderer Gerichtsstand des Erfüllungsorts gem. § 29 I ZPO

90 Außerdem kommt der Gerichtsstand des Erfüllungsorts gem. § 29 I ZPO in Betracht. B stützt ihren Klageantrag auf § 812 I 1 BGB, nachdem sie den Vergleich wirksam angefochten hat (§§ 123, 142 I BGB).

91 Grundsätzlich findet § 29 I ZPO keine Anwendung bei Ansprüchen aus ungerechtfertigter Bereicherung, da es sich um ein gesetzliches Schuldverhältnis handelt.[30] Ob § 29 ZPO ausnahmsweise bei der Rückabwicklung angefochtener Verträge Anwendung findet, ist hingegen streitig.

---

[29] Vgl. Thomas/Putzo/*Seiler*, § 707 Rn. 5.
[30] Vgl. BGHZ 132, 105, 109 = NJW 1996, 1411, 1412.

Die Literatur[31] spricht sich für die Anwendung des § 29 ZPO in diesen Fällen aus. **92**
Sie führt zur Begründung an, dass der Kläger besonders schutzbedürftig sei, da der
Unwirksamkeitsgrund im Verhalten des Beklagten begründet ist. Außerdem spreche
für die Anwendung des § 29 ZPO die funktionelle Verwandtschaft zum Rücktritts-
recht gem. §§ 346 ff. BGB und das Fortwirken vertragsrechtlicher Wertungen im
Bereicherungsrecht über die Saldotheorie.

Bei Anwendung des § 29 I ZPO wird der Erfüllungsort für die streitige Verpflichtung nach ganz überwiegender Ansicht nach § 269 BGB bestimmt.[32]

Im Rahmen der Leistungskondiktion hat M an H, nach schlüssigem Klägervortrag,
die 7.000 EUR zurückzuzahlen. Leistungsort (Erfüllungsort) für diese Geldschuld
ist gem. §§ 269, 270 IV BGB der Wohnsitz des Schuldners zum Zeitpunkt der
Entstehung des Schuldverhältnisses. Zum Zeitpunkt der Anfechtung hatte M seinen Wohnsitz in Berlin, so dass sich der Leistungsort dort befindet.

Die Rechtsprechung[33] ist gegen die Anwendung des § 29 I ZPO, da dieser nach **93**
dem Wortlaut nur für Streitigkeiten aus einem Vertragsverhältnis gelte. Ansprüche
aus ungerechtfertiger Bereicherung stellen aber ein gesetzliches Schuldverhältnis
dar.

Ein Streitentscheid ist hier nicht erforderlich, da sich die Zuständigkeit des Landge- **94**
richts Berlin bereits aus §§ 12, 13 ZPO ergibt.

Das Landgericht Berlin ist auch örtlich zuständig.

III. Partei- und Prozessfähigkeit

Sowohl B als auch M sind als geschäftsfähige, natürliche Personen partei- und pro- **95**
zessfähig gem. §§ 50 f. ZPO.

IV. Keine anderweitige Rechtshängigkeit gem. § 261 III Nr. 1 ZPO

Der Bereicherungsklage der B gegen M könnte die anderweitige Rechtshängigkeit **96**
des ursprünglichen Verfahrens des M gegen B gem. § 261 III Nr. 1 ZPO entgegenstehen, wenn der ursprüngliche Prozess durch den Prozessvergleich[34] nicht beendet
worden ist und der Streitgegenstand in den beiden Prozessen derselbe ist.

1. Beendigung des ursprünglichen Verfahrens durch Prozessvergleich

Der Prozessvergleich hat nach h. M.[35] sowohl prozessrechtliche als auch materiell- **97**
rechtliche Wirkungen (vgl. § 779 BGB). Er ist Prozesshandlung, weil er den
Rechtsstreit beendet, und privatrechtliches Rechtsgeschäft, weil er sachlichrechtlich

---

31 Stein/Jonas/*Roth,* § 29 Rn. 6; Zöller/*Vollkommer,* § 29 Rn. 6; Musielak/*Heinrich,* § 29 Rn. 7; *Spick-hoff,* ZZP 109 (1996), 493, 509 f.
32 Vgl. BGHZ 157, 20, 22 f. = NJW 2004, 54 f.; *Coester-Waltjen,* Jura 2011, 821, 822; a. A. *Schack,* Der Erfüllungsort im deutschen, ausländischen und internationalen Privat- und Zivilprozeßrecht, 1985, S. 195 ff. (prozessualer Erfüllungsort).
33 *BGH* NJW 1962, 739 (LS); RGZ 49, 421, 423 f.; *BayObLG* BB 1990, 2442.
34 Vgl. zum Prozessvergleich auch *Rensen,* JA 2004, 556 ff.; *Fischer,* JuS 2006, 140 ff.
35 Vgl. BGHZ 164, 190 = NJW 2005, 3576, 3577; BGHZ 86, 184, 186 = NJW 1983, 996, 997; BGHZ 28, 171, 172 = NJW 1958, 1970.

die Ansprüche und Verbindlichkeiten der Parteien regelt (nach ganz h. M. Doppelnatur des Prozessvergleichs). In seiner prozessualen Eigenschaft hat er vor allem verfahrensbeendigende Wirkung, d. h. er beendet den Rechtsstreit und die Rechtshängigkeit.

98 Wenn B den Prozessvergleich wirksam wegen arglistiger Täuschung (§ 123 I BGB) angefochten hat, wäre das ursprüngliche Verfahren des M gegen B wegen der Maklerprovision aufgrund der Nichtigkeit des Vergleichs nicht beendet und damit noch rechtshängig.

2. Nichtigkeit des Prozessvergleichs gem. § 142 BGB

99 Möglicherweise ist der Prozessvergleich jedoch infolge Anfechtung gem. § 142 I BGB nichtig und hat damit nicht zur Beendigung des Verfahrens geführt.

a) Wirksame Anfechtung gem. § 123 I BGB

100 Die wirksame Anfechtung der B setzt voraus, dass ein Anfechtungsgrund besteht und sie die Anfechtung innerhalb der Anfechtungsfrist gegenüber dem Vertragspartner erklärt hat. M hat B arglistig getäuscht und diese dadurch zum Abschluss eines Prozessvergleichs bestimmt, so dass ein Anfechtungsgrund gem. § 123 BGB besteht. B hat die Anfechtung auch gegenüber M (§ 143 I BGB) innerhalb der Anfechtungsfrist erklärt (§ 124 I BGB), so dass der Prozessvergleich als von Anfang an nichtig anzusehen ist (§ 142 I BGB).

b) Auswirkungen der materiellrechtlichen Nichtigkeit

101 Fraglich ist allerdings, wie sich die Anfechtung als materiellrechtlicher Mangel auf den Prozessvergleich auswirkt. Dies ist abhängig von der Rechtsnatur des Prozessvergleichs. Aus der Doppelnatur des Prozessvergleichs (Rn. 97) folgt, dass bei einer Nichtigkeit des Vergleichs keine prozessbeendende Wirkung eintritt. Der ursprüngliche Rechtsstreit ist deshalb fortzuführen. In diesem Rahmen ist auch die (Un-) Wirksamkeit des Prozessvergleichs zu klären.[36]

3. Identischer Streitgegenstand

102 Die entgegenstehende Rechtshängigkeit gem. § 261 III Nr. 1 ZPO setzt voraus, dass die Streitgegenstände der beiden Prozesse identisch sind. Dies ist hier jedoch nicht der Fall. Im Ursprungsverfahren verlangt M von B eine Maklerprovision in Höhe von 9.000 EUR aus dem Maklervertrag. Im jetzigen Verfahren macht B gegen M einen Rückforderungsanspruch in Höhe von 7.000 EUR gem. § 812 BGB aufgrund des unwirksamen Prozessvergleichs geltend. Weder die Klageanträge noch die Lebenssachverhalte sind hier identisch, so dass § 261 III Nr. 1 ZPO der Klage der B nicht entgegensteht.

V. Keine entgegenstehende Rechtskraft gem. § 322 ZPO

103 In dem Prozessvergleich hat B die Verpflichtung übernommen, an M 7.000 EUR zu zahlen. Dies könnte der jetzigen Klage entgegenstehen, wenn der Prozessver-

---

[36] H.M., vgl. BGHZ 142, 253, 254 ff. = NJW 1999, 2903; BGHZ 28, 171, 172 ff. = NJW 1958, 1970 ff.; Zöller/*Stöber*, § 794 Rn. 15a m. w. N.

gleich rechtskräftig geworden wäre. Ein Prozessvergleich erwächst jedoch mangels gerichtlicher Entscheidung nicht in Rechtskraft gem. § 322 ZPO.[37]

VI. Allgemeines Rechtsschutzbedürfnis

104 B könnte jedoch für die Bereicherungsklage gegen M das allgemeine Rechtsschutzbedürfnis fehlen.

Ein Rechtsschutzbedürfnis ist nur für solche Klagen bzw. Anträge anzuerkennen, die zur Rechtsdurchsetzung nötig sind.[38] Es fehlt, wenn ein einfacherer, für die Rechtspflege und den Prozessgegner weniger belastender Weg vorhanden ist.

Hier bestünde die Möglichkeit, die Rückzahlung im ursprünglichen Verfahren des M gegen B, das wegen der Nichtigkeit des Vergleichs nicht beendet und deshalb auf Antrag fortzusetzen ist, im Wege der Widerklage geltend zu machen.[39]

105 Fraglich ist, ob diese Alternative einen einfacheren Weg darstellt, so dass B das Rechtsschutzbedürfnis für die erhobene Klage abzusprechen ist. Dies ist umstritten.

106 Die eine Ansicht verneint für Rückforderungsklagen aufgrund eines nichtigen Prozessvergleichs das Rechtsschutzbedürfnis.[40] Zur Begründung wird angeführt, dass wegen der Doppelnatur des Prozessvergleichs bei Nichtigkeit des materiellrechtlichen Vertrags der Ursprungsprozess nicht (mehr) beendet ist und bei einem Streit über die Nichtigkeit dieser daher im Ursprungsverfahren zu klären ist. Bei der Rückforderungsklage handle es sich zwar formal um einen anderen Streitgegenstand. Jedoch wäre der neue Prozess nur das „Spiegelbild" des ursprünglichen Prozesses. Die Fortsetzung im Ausgangsprozess sei prozessökonomischer, da ein zweiter Prozess vermieden werde, derselbe Richter mit der Sache wieder befasst wäre, die Verwertung bisheriger Prozessergebnisse möglich wäre und Prozesskosten eingespart werden könnten. Würde man einen neuen Prozess zulassen, bestünde wegen der weitgehenden inhaltlichen Überschneidung des Ausgangs- und des Zweitprozesses die Gefahr der doppelten Befassung der Gerichte, da über dieselbe Ausgangsfrage, die Wirksamkeit des Vergleichs, in beiden Verfahren entschieden werden müsste. Dem Kläger des Ausgangsverfahrens würde im Zweitprozess die Möglichkeit genommen, hilfsweise mit der Klageforderung aus dem Ausgangsverfahren im Wege der Widerklage aufzurechnen, denn diese würde an der entgegenstehenden Rechtshängigkeit des Ausgangsverfahrens scheitern.

107 Eine Analogie zu § 717 II ZPO, bei dem anerkannt ist, dass der Schadensersatzanspruch wahlweise auch in einem neuen Prozess geltend gemacht werden kann, sei nicht möglich. Es bestehe nur eine scheinbare Ähnlichkeit, da bei § 717 II ZPO der Titel bereits beseitigt sein muss.

Nach dieser Ansicht würde es hier am Rechtsschutzbedürfnis für die Rückforderungsklage fehlen, so dass die Klage als unzulässig abzuweisen wäre.

---

[37] Vgl. BGHZ 28, 171, 175f. = NJW 1958, 1970, 1971; Hk-ZPO/*Saenger*, § 322 Rn. 7.
[38] *Grunsky*, Rn. 98.
[39] Vgl. *Becker-Eberhard*, ZZP 113 (2000), 366ff., 372.
[40] BGHZ 142, 253, 255ff. = NJW 1999, 2903f.; *Becker-Eberhard*, ZZP 113 (2000), 366ff.; einschränkend *Probst*, JR 2000, 373f.; vgl. auch *BGH* NJW 2011, 2141, 2142 sowie *K. Schmidt*, JuS 2000, 94; *Heinrich*, WuB VII A. § 794 ZPO 1.00 gibt dem Kläger ein Wahlrecht, den Rückforderungsanspruch im ursprünglichen oder in einem neuen Verfahren geltend zu machen.

108 Die Gegenansicht[41] spricht sich für ein neues Verfahren aus. Das Rückforderungsbegehren bilde einen neuen Streitgegenstand gegenüber dem des Ausgangsprozesses und könnte somit im Ausgangsprozess nur durch Klageänderung bzw. Widerklage eingeführt werden. Auch darin würden „erneute Klagen" liegen. Zudem könnte der Kläger der Rückforderungsklage Schadensersatzansprüche wegen unzulässiger Vollstreckung aus dem Vergleich gem. § 717 II ZPO auch mit einer neuen Klage geltend machen. Eine Parallele zu § 717 II ZPO bestehe, da der Streit hier nur nicht in der Rechtsmittelinstanz, sondern in der unteren Instanz ausgetragen wird.

Außerdem hat die andere Ansicht Probleme, wenn der Vergleich erst in der Rechtsmittelinstanz geschlossen wurde, da Widerklagen dort nur eingeschränkt möglich sind (§§ 525, 533 ZPO bzw. § 559 I ZPO). Die Gefahr sich widersprechender Entscheidungen könne bei Verfahrensverdoppelung durch Aussetzung wegen Vorgreiflichkeit gem. § 148 ZPO bzw. durch Verbindung gem. § 147 ZPO umgangen werden.

Nach der Gegenansicht wäre das Rechtsschutzbedürfnis zu bejahen, die Klage wäre zulässig.

109 Da beide Ansichten zu verschiedenen Ergebnissen kommen, muss der Streit entschieden werden. Aufgrund der vom *BGH* aufgezeigten prozessökonomischen Erwägungen ist der ersten Ansicht zu folgen und B das Rechtsschutzbedürfnis für eine erneute Klage abzusprechen.

B. Ergebnis

110 Die von B vor dem Landgericht Berlin gegen M erhobene Rückzahlungsklage ist wegen fehlenden Rechtsschutzbedürfnisses unzulässig.

---

[41] MünchKomm-ZPO/*Wolfsteiner*, § 794 Rn. 74; *Münzberg*, JZ 2000, 422, 424.

Fall 14. Landwirtschaft

Nach BGH NJW 2007, 1753 und BGH NJW 2008, 1803.

Sachverhalt

Reinhold Müller (R) ist ein junger Einzelkaufmann, der einen Großhandel mit Agrarmaschinen an seinem Wohnort in Werder (Havel) betreibt. Mit seiner Klage begehrt er vor dem Amtsgericht Potsdam aus abgetretenem Recht seines Vaters Volker Müller (V) Schadensersatz wegen eines Unfalls in Höhe von 2.000 EUR. Am 26.4.2013 ist Volker, der ebenfalls in Werder (Havel) wohnt und seinem Sohn Reinhold in dessen Unternehmen behilflich ist, bei der Auslieferung eines Traktors auf einem Feld der GmbH in Potsdam von Gustav Wimmer (G), dem Geschäftsführer der Gustav-Wimmer-Landwirtschaft-GmbH (G-GmbH) mit Sitz in Potsdam, mit einem Mähdrescher angefahren und verletzt worden. Reinhold verklagt sowohl die GmbH als auch Gustav persönlich beim Amtsgericht Potsdam.

Gustav, der vor Gericht auch die G-GmbH vertritt, macht geltend, dass der G-GmbH gegen den Reinhold noch ein Geldanspruch in Höhe von 4.000 EUR zustehe, der aus der langjährigen Geschäftsbeziehung zwischen Reinhold und der G-GmbH offen ist. Er wendet sich daher mit einer Widerklage der G-GmbH in dieser Höhe gegen die Klage des Reinhold. Außerdem erhebt Gustav auch gegen den Volker im Namen der G-GmbH Widerklage, mit der er Ersatz des der G-GmbH bei dem Unfall entstandenen Sachschadens in Höhe von 1.500 EUR begehrt. Dies tut er auch deshalb, um zu verhindern, dass Volker im Prozess des Reinhold gegen ihn und die G-GmbH als Zeuge aussagt.

Frage 1: Ist die Widerklage der G-GmbH gegen Reinhold zulässig?

Frage 2: Ist die Widerklage der G-GmbH gegen Volker zulässig?

Frage 3: Kann, wenn es um die Restforderung der G-GmbH geht, Gustav als Zeuge im Prozess gegen Reinhold gehört werden?

Abwandlung: Die Gustav-Wimmer-Landwirtschaft-GmbH schloss im Dezember 2013 mit der Fritsche AG (F-AG) einen Kaufvertrag über ein Kraftfahrzeug im Wert von 25.000 EUR. Gemäß den Regelungen des Vertrags behielt sich die Fritsche AG bis zur Bezahlung des Kaufpreises das Eigentum an dem an die GmbH gelieferten Fahrzeug vor. Die Bayernbank eG (B) finanzierte den Erwerb für die GmbH in der Weise, dass sie mit der Zahlung an die Fritsche AG die Kaufpreisforderung nicht zum Erlöschen brachte, sondern sich den Kaufpreisanspruch der Fritsche AG und das vorbehaltene Eigentum zur Sicherheit übertragen ließ. Über das Vermögen der Gustav-Wimmer-Landwirtschaft-GmbH wurde auf Eigenantrag vom 17.5.2013 vom zuständigen Amtsgericht Potsdam, Insolvenzgericht, am 28.5.2013 das Insolvenzverfahren eröffnet und ein Insolvenzverwalter bestellt. Die Bayernbank eG verlangt nun vom Insolvenzverwalter Dr. Ihlenfeld (I) das Fahrzeug heraus. Dieser wendet ein, dass der Bayernbank eG allenfalls ein Absonderungsrecht zustehe.

Frage 4: Hat die Klage der Bayernbank eG gegen den Insolvenzverwalter auf Herausgabe des an sie übertragenen Fahrzeugs Erfolg?

Bearbeitervermerk: Werder (Havel) liegt im Bezirk des Amts- und Landgerichts Potsdam.

Gliederung

Frage 3

Frage 4

Lösung

Frage 1

G und die G-GmbH bilden lediglich eine einfache Streitgenossenschaft[1] (§§ 59, 60 **1** ZPO). Da die Widerklage hier nur von G im Namen der G-GmbH und nicht auch im eigenen Namen erhoben wird, ist nur die Zulässigkeit der Widerklage der G-GmbH zu beurteilen.

A. Zulässigkeit der Widerklage

Die Widerklage der G-GmbH gegen R ist zulässig, wenn die allgemeinen und die **2** besonderen Sachurteilsvoraussetzungen vorliegen.[2]

---

[1] Zur einfachen Streitgenossenschaft vgl. *Gehrlein,* § 7 Rn. 9 ff.
[2] Vgl. zur Widerklage *Koch,* JA 2013, 95 ff.; *Korte,* JA 2005, 534 ff.

I. Rechtshängigkeit der Klage

3　Die Erhebung einer Widerklage setzt voraus, dass bereits eine Klage mit einem anderen Streitgegenstand rechtshängig ist.[3] Eine solche Klage hat R gegen die G-GmbH erhoben.

II. Dieselbe Prozessart für Klage und Widerklage

4　Klage und Widerklage müssen in derselben Prozessart erhoben worden sein. Beide sind im ordentlichen Verfahren erhoben worden.

III. Allgemeine Sachurteilsvoraussetzungen

1. Zuständigkeit

5　Die Widerklage ist beim Amtsgericht Potsdam erhoben worden, so dass dessen Zuständigkeit zu prüfen ist.

a) Sachliche Zuständigkeit

6　Die sachliche Zuständigkeit der Amtsgerichte richtet sich nach § 23 GVG. Danach umfasst die Zuständigkeit der Amtsgerichte, soweit sie nicht ohne Rücksicht auf den Wert des Streitgegenstands den Landgerichten zugewiesen sind, Streitigkeiten über Ansprüche, deren Gegenstand an Geld oder Geldeswert die Summe von fünftausend Euro nicht übersteigt (§ 23 Nr. 1 GVG). Die G-GmbH macht einen Geldanspruch in Höhe von 4.000 EUR geltend, so dass das Amtsgericht sachlich zuständig ist.

7　Hier handelt es sich aber um eine Widerklage, so dass möglicherweise die Streitwerte der Klage und der Widerklage zu addieren sind. Gem. § 5 HS 2 ZPO werden die Streitwerte der Klage und der Widerklage jedoch nicht zusammengerechnet.

b) Örtliche Zuständigkeit

aa) Ausschließlicher Gerichtsstand

8　Ein ausschließlicher Gerichtsstand ist nicht ersichtlich.

bb) Allgemeiner Gerichtsstand gem. §§ 12, 13 ZPO

9　Der allgemeine Gerichtsstand gem. § 12 ZPO wird durch den Wohnsitz des Beklagten bestimmt (§ 13 ZPO). R wohnt in Potsdam, so dass das Amtsgericht Potsdam örtlich zuständig ist.

cc) Besonderer Gerichtsstand der Niederlassung gem. § 21 I ZPO

10　In Betracht kommt außerdem der besondere Gerichtsstand der Niederlassung gem. § 21 I ZPO. R betreibt einen Großhandel in Werder (Havel), von dem aus Geschäfte geschlossen werden. Der Ort der Niederlassung liegt damit in Werder (Havel). Da Werder (Havel) zum Gerichtsbezirk Potsdam gehört, ist das Amtsgerichts Potsdam auch gem. § 21 I ZPO örtlich zuständig.

---

[3] Zöller/*Vollkommer*, § 33 Rn. 17; *Schilken*, Rn. 735.

dd) Besonderer Gerichtsstand des Erfüllungsorts gem. § 29 I ZPO

Die Zuständigkeit des Amtsgerichts Potsdam könnte sich auch aus § 29 I ZPO er- **11** geben. Es handelt sich hier um eine Streitigkeit aus einem Vertragsverhältnis aus der langjährigen Geschäftsbeziehung zwischen der G-GmbH und R, so dass das Gericht des Erfüllungsorts zuständig ist. Erfüllungsort ist gem. § 269 II BGB grundsätzlich der Ort der gewerblichen Niederlassung des Schuldners, also wieder Werder (Havel), so dass das Amtsgericht Potsdam auch gem. § 29 I ZPO örtlich zuständig ist.

ee) Besonderer Gerichtsstand der Widerklage gem. § 33 ZPO

§ 33 ZPO eröffnet für die Widerklage einen besonderen Gerichtsstand, unabhängig **12** davon, ob die Vorschrift daneben noch eine besondere Zulässigkeitsvoraussetzung für die Widerklage darstellt.[4] Voraussetzung für die Anwendung des § 33 ZPO ist jedoch, dass der Gegenanspruch mit dem in der Klage geltend gemachten Anspruch oder mit den gegen ihn vorgebrachten Verteidigungsmitteln in rechtlichem Zusammenhang steht.[5] Dies ist der Fall, wenn Anspruch und Gegenanspruch aus demselben Lebenssachverhalt hergeleitet werden, oder, soweit sie sich aus verschiedenen Lebenssachverhalten ergeben, diese in einem Bedingungsverhältnis zueinander stehen, oder, wenn sie verschiedenen Rechtsverhältnissen entspringen, diese nach ihrem Zweck und nach der Verkehrsanschauung wirtschaftlich als ein Ganzes, als ein innerlich zusammengehöriges Lebensverhältnis erscheinen.[6] Bei der Klageforderung handelt es sich um eine an R abgetretene Schadensersatzforderung des Vaters des R wegen eines Unfalls, der sich zwar bei der Auslieferung eines Traktors ereignete, jedoch in keinem rechtlichen Zusammenhang mit der Gegenforderung der G-GmbH gegen R steht.

Aus diesem Grund ergibt sich die örtliche Zuständigkeit des Amtsgerichts Potsdam nicht aus § 33 ZPO.

Allerdings ist das Amtsgericht Potsdam gem. §§ 12, 13, 21 I ZPO und § 29 I ZPO **13** örtlich zuständig.

2. Partei- und Prozessfähigkeit gem. §§ 50 f. ZPO

R ist als natürliche Person partei- und prozessfähig (§§ 50 f. ZPO). **14**

Die G-GmbH ist gem. § 13 I GmbHG parteifähig. Sie wird vor Gericht durch ih- **15** ren Geschäftsführer vertreten (§ 35 I GmbHG).[7]

3. Weitere allgemeine Sachurteilsvoraussetzungen

Bezüglich des Vorliegens der weiteren allgemeinen Sachurteilsvoraussetzungen, wie **16** z. B. ordnungsgemäße Klageerhebung (§ 253 ZPO), Rechtsschutzbedürfnis usw., bestehen mangels gegenteiliger Angaben im Sachverhalt keine Bedenken.

---

[4] Vgl. hierzu *Huber*, JuS 2007, 1079, 1080.

[5] Zöller/*Vollkommer*, § 33 Rn. 15.

[6] So *BGH* NJW 1975, 1228; *BGH* BB 1953, 485.

[7] Die Prozessfähigkeit juristischer Personen ist umstritten, vgl. Zöller/*Vollkommer*, § 52 Rn. 2 m. w. N.; *Jauernig/Hess*, § 20 Rn. 5 m. w. N. Zu Recht weist MünchKomm-ZPO/*Lindacher*, § 52 Rn. 23 ff. auf die verfehlte Fragestellung hin.

IV. Identität der Parteien

17 Außerdem müssen die Parteien der Klage und der Widerklage grundsätzlich identisch sein. Dies ist der Fall. Hier erhebt der Beklagte der Hauptklage gegen den Kläger der Hauptklage die Widerklage.

V. Konnexität

18 Umstritten ist, ob § 33 ZPO neben dem Gerichtsstand auch die Zulässigkeitsvoraussetzungen für eine Widerklage oder lediglich einen besonderen Gerichtsstand regelt.

19 Der *BGH*[8] geht davon aus, dass der rechtliche Zusammenhang von dem Gegenanspruch mit dem in der Klage geltend gemachten Anspruch eine Zulässigkeitsvoraussetzung der Widerklage darstellt, und würde dementsprechend die Widerklage der G-GmbH als unzulässig ansehen. Als Argument wird angeführt, dass der Kläger vor inkonnexen Klagen geschützt werden müsse und ein ausreichender Schutz nicht gem. § 145 II ZPO erreicht werden könne. Auch der Wortlaut, wonach eine Widerklage erhoben werden „kann", „wenn" der Gegenanspruch mit dem in der Klage geltend gemachten in Zusammenhang steht, wird als Argument herangezogen. Allerdings lässt der *BGH* eine Heilung gem. § 295 ZPO zu, wenn der Kläger auf die Befolgung der Vorschrift verzichtet oder den Mangel bei der nächsten mündlichen Verhandlung nicht gerügt hat.[9]

20 Nach der Gegenansicht[10] handelt es sich bei § 33 ZPO nur um die Regelung eines Gerichtsstands. Dafür spreche der Wortlaut des § 33 ZPO. Wäre die Konnexität auch Voraussetzung für die Zulässigkeit der Widerklage, hätte dies im Gesetz dadurch zum Ausdruck gebracht werden müssen, dass eine Widerklage „nur" dann erhoben werden kann; das Wörtchen „nur" fehle aber. Ein weiteres Argument ist die Stellung der Regelung im Gesetz bei den Gerichtsstandsbestimmungen. Zudem spreche für diese Ansicht die Bezugnahme auf die Zuständigkeit in Absatz 2.[11] Auch die Überschrift deute darauf hin. Zudem kann auch der Kläger im Rahmen einer objektiven Klagenhäufung nicht zusammenhängende Ansprüche geltend machen, so dass man dies auch dem Beklagten im Rahmen seines Gegenangriffs gestatten müsse. Nach dieser Ansicht wäre die Widerklage zulässig.

21 Da beide Ansichten zu unterschiedlichen Ergebnissen kommen, ist der Streit zu entscheiden. Es ist der h. L. zu folgen. § 145 II ZPO regelt, dass eine Trennung von Klage und Widerklage möglich ist, wenn sie nicht in einem rechtlichen Zusammenhang stehen. Da das Gericht die Klagen nicht trennen muss, wird damit gleichzeitig zum Ausdruck gebracht, dass die Widerklage in solchen Fällen zulässig ist.

B. Ergebnis

22 Die Widerklage der G-GmbH gegen R ist zulässig.

---

[8] *BGH* NJW 1975, 1228; BGHZ 40, 185, 187 = NJW 1964, 44 f.

[9] *BGH* LM Nr. 7 zu § 1025 ZPO.

[10] So die h. L.: Zöller/*Vollkommer*, § 33 Rn. 1 m. w. N.; *Rosenberg/Schwab/Gottwald*, § 96 Rn. 21; *Schilken*, Rn. 738.

[11] Musielak/*Heinrich*, § 33 Rn. 3 m. w. N.

Frage 2

A. Zulässigkeit der Widerklage

Die Widerklage der G-GmbH gegen V ist zulässig, wenn die allgemeinen und die **23** besonderen Sachurteilsvoraussetzungen vorliegen.

I. Rechtshängigkeit der Klage

Die Erhebung einer Widerklage setzt voraus, dass bereits eine Klage rechtshängig **24** ist.[12] Hier ist lediglich die Klage zwischen R und der G-GmbH rechtshängig, nicht aber eine Klage zwischen V und der G-GmbH. Damit hängt eng die weitere Voraussetzung der Identität der Parteien zusammen (siehe Rn. 36 ff.).

II. Dieselbe Prozessart für Klage und Widerklage

Klage und Widerklage müssen in derselben Prozessart erhoben worden sein. Beide **25** sind im ordentlichen Verfahren erhoben worden.

III. Allgemeine Sachurteilsvoraussetzungen

1. Zuständigkeit

Die Widerklage ist beim Amtsgericht Potsdam erhoben worden, so dass dessen Zu- **26** ständigkeit zu prüfen ist.

a) Sachliche Zuständigkeit

Die sachliche Zuständigkeit der Amtsgerichte richtet sich nach § 23 GVG. Danach **27** umfasst die Zuständigkeit der Amtsgerichte, soweit sie nicht ohne Rücksicht auf den Wert des Streitgegenstandes den Landgerichten zugewiesen sind, Streitigkeiten über Ansprüche, deren Gegenstand an Geld oder Geldeswert die Summe von fünftausend Euro nicht übersteigt (§ 23 Nr. 1 GVG). Hier macht die G-GmbH einen Geldanspruch in Höhe von 1.500 EUR geltend, so dass das Amtsgericht sachlich zuständig ist. Gem. § 5 HS 2 ZPO werden die Streitwerte der Klage und der Widerklage nicht zusammengerechnet.

b) Örtliche Zuständigkeit

aa) Ausschließlicher Gerichtsstand

Ein ausschließlicher Gerichtsstand ist nicht ersichtlich. **28**

bb) Allgemeiner Gerichtsstand gem. §§ 12, 13 ZPO

Der allgemeine Gerichtsstand gem. § 12 ZPO wird durch den Wohnsitz des Be- **29** klagten bestimmt (§ 13 ZPO). V wohnt in Werder, das zum Amtsgerichtsbezirk Potsdam gehört, so dass das Amtsgericht Potsdam danach örtlich zuständig ist.

cc) Besonderer Gerichtsstand der unerlaubten Handlung gem. § 32 ZPO

Es kommt außerdem der besondere Gerichtsstand der unerlaubten Handlung gem. **30** § 32 ZPO in Betracht. Der Unfall ereignete sich in Potsdam, so dass das Amtsgericht Potsdam auch nach dieser Vorschrift örtlich zuständig ist.

---

[12] Zöller/*Vollkommer,* § 33 Rn. 17.

dd) Besonderer Gerichtsstand der Widerklage gem. § 33 ZPO

31 Nach der früheren Ansicht des *BGH*[13] fand § 33 ZPO keine Anwendung bei der Drittwiderklage. Danach war das Gericht der Klage für eine Widerklage, die gegen einen Dritten erhoben wurde, örtlich nur zuständig, wenn ein allgemeiner oder besonderer Gerichtsstand bei diesem für den Dritten bestand. Nunmehr wendet der *BGH*[14] § 33 ZPO auch auf die isolierte Drittwiderklage analog an, jedenfalls wenn sie sich gegen den bisher am Verfahren nicht beteiligten Zedenten der Klageforderung richtet. Damit soll die Verfahrenskonzentration gefördert und ein prozessuales Gleichgewicht hergestellt werden.[15]

32 Das Amtsgericht Potsdam ist für die Widerklage sachlich und örtlich zuständig.

2. Partei- und Prozessfähigkeit gem. §§ 50 f. ZPO

33 V ist als natürliche Person partei- und prozessfähig (§§ 50 f. ZPO).

34 Die G-GmbH ist gem. § 13 I GmbHG parteifähig. Sie wird vor Gericht durch ihren Geschäftsführer vertreten (§ 35 I GmbHG).

3. Weitere allgemeine Sachurteilsvoraussetzungen

35 Bezüglich des Vorliegens der weiteren allgemeinen Sachurteilsvoraussetzungen, wie z. B. ordnungsgemäße Klageerhebung (§ 253 ZPO), Rechtsschutzbedürfnis usw., bestehen mangels gegenteiliger Angaben im Sachverhalt keine Bedenken.

IV. Identität der Parteien

36 Außerdem müssen die Parteien der Klage und der Widerklage grundsätzlich identisch sein.

Hier erhebt zwar der Beklagte der Hauptklage die Widerklage, jedoch ist nicht der Kläger der Hauptklage Widerbeklagter, sondern ein Dritter. Fraglich ist, ob dies zulässig ist. Grundsätzlich ist die Widerklage nur zulässig, wenn sie vorher oder zumindest zugleich auch gegen den Kläger erhoben wird, dieser also auch Widerbeklagter ist.[16] In diesen Fällen hat der Widerkläger durch die zulässige Widerklage gegen den Kläger der ursprünglichen Klage die Rechtsstellung wie bei einer selbständigen Klage erlangt, so dass er wie bei einer selbständigen Klage bei Vorliegen der Voraussetzungen einer Parteierweiterung auch einen am Prozess nicht beteiligten Dritten verklagen kann.[17]

37 Deshalb wendet der *BGH* bei einer parteierweiternden Drittwiderklage ebenso wie beim Parteibeitritt in erster Instanz die Vorschriften über die Klageänderung analog an.[18] Sie ist deshalb zulässig, wenn der Widerbeklagte zustimmt oder das Gericht die Drittwiderklage als sachdienlich erachtet (§ 263 ZPO). Außerdem müssten für

---

[13] *BGH* NJW 1993, 2120.

[14] *BGH* NJW 2011, 460, 461 m. Anm. *Vossler;* zustimmend Musielak/*Heinrich,* § 33 Rn. 27.

[15] *BGH* NJW 2011, 460, 461 f.

[16] *BGH* NJW 1993, 2120; *BGH* NJW-RR 1992, 383; *BGH* NJW 1975, 1228 f.; *BGH* NJW 1971, 466 f. = MDR 1971, 290; BGHZ 40, 185 ff. = NJW 1964, 44 f.

[17] BGHZ 40, 185, 189 = NJW 1964, 44, 45.

[18] BGHZ 40, 185, 189 = NJW 1964, 44, 45; zustimmend Stein/Jonas/*Roth,* § 33 Rn. 42.

den widerbeklagten Kläger und die übrigen Widerbeklagten die Voraussetzungen der Streitgenossenschaft vorliegen (§§ 59, 60 ZPO).[19]

Die Gegenansicht wendet dagegen nur die Vorschriften der §§ 59, 60 ZPO an.[20] **38** Auf eine Streitentscheidung wird es jedoch selten ankommen, da bei Vorliegen der Voraussetzungen der §§ 59, 60 ZPO meistens Sachdienlichkeit gegeben ist.[21]

Zwar erhebt die G-GmbH sowohl eine Widerklage gegen den Kläger R als auch **39** gegen den Dritten V. Jedoch ist die gegen V gerichtete Widerklage nicht auch gegen den R erhoben. Es handelt sich vielmehr um zwei völlig unterschiedliche Streitgegenstände und deshalb um zwei selbständig zu betrachtende Widerklagen. Die Widerklage der G-GmbH bezüglich des Schadensersatzanspruchs richtet sich ausschließlich gegen die neue Partei (V). Damit liegt nicht die oben genannte Konstellation der parteierweiternden Drittwiderklage, sondern der Sonderfall einer isolierten Drittwiderklage vor.

Zwar ist nach der Rechtsprechung des Bundesgerichtshofs eine Drittwiderklage **40** grundsätzlich unzulässig, wenn sie ausschließlich gegen einen am Prozess bislang nicht beteiligten Dritten erhoben wird. Jedoch müssen in besonders gelagerten Fällen Ausnahmen von diesem Grundsatz gemacht werden.[22] Ein solcher Ausnahmefall könnte dann vorliegen, wenn wie hier der vom Zessionar auf Zahlung verklagte Schuldner wegen seiner auf demselben Lebenssachverhalt beruhenden Ansprüche allein gegen den Zedenten eine Drittwiderklage erhebt.

Für die Zulässigkeit der isolierten Drittwiderklage in diesem Fall spricht zum einen **41** der Sinn und Zweck der Widerklage. Sie soll die Vervielfältigung und Zersplitterung von Prozessen vermeiden.[23] Deshalb muss die Möglichkeit bestehen, dass tatsächlich und rechtlich zusammenhängende Ansprüche auch dann einheitlich verhandelt und entschieden werden können, wenn dieses Ziel nur mit einer Widerklage gegen einen bisher am Rechtsstreit nicht beteiligten Dritten erreicht werden kann[24] und keine schutzwürdigen Interessen des Widerbeklagten entgegenstehen.[25]

Hier ist V nur deshalb nicht Kläger, weil er seine Schadensersatzforderung gegen die **42** G-GmbH an seinen Sohn abgetreten hat. Hätte er selbst die Klage erhoben, wäre die Widerklage zulässig gewesen. In diesem Fall hätte der Beklagte ebenfalls von den Vorteilen der Widerklage profitiert. V wäre von Anfang an nicht als Zeuge in Betracht gekommen. Durch die Abtretung des Anspruchs darf der Schuldner nicht schlechter gestellt werden. Die Tatsachen bezüglich des Unfalls, die für Klage und Widerklage in gleichem Maße erheblich sind, sind rechtlich und sachlich so eng miteinander verknüpft, dass es die Prozesswirtschaftlichkeit gebietet, darüber in einem Prozess zu entscheiden.

---

[19] *BGH* NJW 1975, 1228; vgl. auch Stein/Jonas/*Roth*, § 33 Rn. 42.

[20] Wieczorek/Schütze/*Assmann*, § 263 Rn. 112; Thomas/Putzo/*Hüßtege*, § 33 Rn. 12.

[21] Wieczorek/Schütze/*Assmann*, § 263 Rn. 113; vgl. Stein/Jonas/*Roth*, § 263 Rn. 71.

[22] Wegen nicht gerechtfertigter Privilegierung des Beklagten in der Rolle des Widerklägers gegenüber einem am Prozess Unbeteiligten äußert *Lüke*, Rn. 239 hiergegen Bedenken.

[23] *BGH* NJW 2011, 460, 461; *BGH* NJW 2007, 1753; BGHZ 147, 220, 222 = NJW 2001, 2094.

[24] *BGH* NJW 2007, 1753; vgl. BGHZ 91, 132, 135 = NJW 1984, 2104, 2105.

[25] *BGH* NJW 2007, 1753; vgl. BGHZ 40, 185, 190 = NJW 1964, 44, 45.

43 Schutzwürdige Belange des Widerbeklagten stehen nicht entgegen. Ein Missbrauch durch Ausschaltung eines Zeugen liegt fern, da V, wenn er nicht den Anspruch abgetreten hätte, Partei gewesen wäre und nicht als Zeuge hätte vernommen werden können. Wenn man dem Inhaber des Anspruchs zugesteht, sich durch Abtretung des Anspruchs die Zeugenstellung zu verschaffen, kann einem gleichfalls zulässigen Vorgehen, ihm diese Stellung wieder zu nehmen, nicht der Einwand des Rechtsmissbrauchs entgegen gehalten werden. Durch dieses Vorgehen wird hinsichtlich der Möglichkeiten der Beweisführung der Parteien lediglich der Zustand hergestellt, der bestünde, wenn der eigentliche Rechtsinhaber die Klage erhoben hätte.

44 Aus diesem Grund und unter dem Gesichtspunkt der Waffengleichheit, ist die isolierte Drittwiderspruchsklage in dem hier vorliegenden Fall ausnahmsweise als zulässig anzusehen.

V. Konnexität

45 Eine Streitentscheidung bezüglich des oben genannten Streits (Rn. 18ff.) ist hier nicht erforderlich, da ein rechtlicher Zusammenhang von Gegenanspruch und dem in der Klage geltend gemachten Anspruch besteht. Dies folgt aus dem Umstand, dass beide Ansprüche aufgrund desselben Unfalls entstanden sind.

B. Ergebnis

46 Die Widerklage der G-GmbH gegen V ist zulässig.

Frage 3

47 Fraglich ist, ob G als Zeuge im Prozess der G-GmbH gegen R gehört werden kann. Als Zeuge gem. §§ 373ff. ZPO kann derjenige nicht vernommen werden, der im Prozess als Partei zu vernehmen ist.[26] Da G als Geschäftsführer der G-GmbH die GmbH im Prozess gesetzlich vertritt (§ 35 I GmbHG), muss G als Partei gem. §§ 445ff. ZPO vernommen werden (vgl. § 455 I ZPO).[27] Im Rahmen der Parteivernehmung ist G jedoch, anders als ein Zeuge, nicht zu einer Aussage verpflichtet.[28] Wird G verfahrensfehlerhaft dennoch als Zeuge vernommen, kann dieser Verstoß gem. § 295 ZPO geheilt werden.[29]

Frage 4

48 In Betracht kommt eine Aussonderungsklage der B gegen I, nachdem dieser das betroffene Fahrzeug gem. § 148 I InsO in Besitz genommen hat. Diese hat ihre Grundlage außerhalb des Insolvenzverfahrens (§ 47 S. 2 InsO) und stellt deshalb eine Leistungsklage dar. Sie hat Aussicht auf Erfolg, wenn sie zulässig und begründet ist.

---

[26] Thomas/Putzo/*Reichold,* Vorbem § 373 Rn. 6; *Musielak,* Grundkurs, Rn. 430.

[27] MünchKomm-ZPO/*Schreiber,* § 455 Rn. 1; Musielak/*Huber,* § 373 Rn. 7.

[28] *Grunsky,* Rn. 185, Verweigerung ist aber in der Beweiswürdigung zu berücksichtigen (§§ 446, 453 II, 454 ZPO).

[29] *BGH* VersR 1967, 755, 756 (Vernehmung eines geschäftsführenden Gesellschafters der Beklagten); Wieczorek/Schütze/*Assmann,* § 295 Rn. 18; Thomas/Putzo/*Reichold,* Vorbem § 373 Rn. 9.

A. Zulässigkeit

Die Klage ist zulässig, wenn die Sachurteilsvoraussetzungen vorliegen.   **49**

I. Zuständigkeit

1. Sachliche Zuständigkeit

Die sachliche Zuständigkeit richtet sich nach dem Streitwert. Der Wert des auszu- **50** sondernden Kraftfahrzeugs (§ 6 S. 1 ZPO) beträgt 25.000 EUR. Dieser liegt über 5.000 EUR, so dass das Landgericht zuständig ist (§§ 23, 71 I GVG).

2. Örtliche Zuständigkeit

a) Ausschließlicher Gerichtsstand

Ein ausschließlicher Gerichtsstand ist nicht ersichtlich.   **51**

b) Allgemeiner Gerichtsstand gem. § 19a ZPO

Die Klage richtet sich gegen den Insolvenzverwalter als Partei kraft Amtes. Der all- **52** gemeine Gerichtsstand eines Insolvenzverwalters für Klagen, die sich auf die Insolvenzmasse beziehen, wird durch den Sitz des Insolvenzgerichts bestimmt (§ 19a ZPO). Das zuständige Insolvenzgericht hat seinen Sitz in Potsdam (§ 3 I InsO).

3. Funktionelle Zuständigkeit

Funktionell zuständig könnte die Kammer für Handelssachen sein (§ 95 I Nr. 1 **53** GVG). Dann müsste die Klage gegen einen eingetragenen Kaufmann gerichtet sein aus Geschäften, die für beide Teile ein Handelsgeschäft sind. Der Insolvenzverwalter ist als Kaufmann anzusehen, wenn er aus einem Handelsgeschäft verklagt wird, das der Gemeinschuldner als eingetragener Kaufmann abgeschlossen hat, also an dessen Stelle tritt.[30] Als GmbH ist die G-GmbH Formkaufmann gem. § 6 HGB, § 13 III GmbHG. Die Privilegierung landwirtschaftlicher Betriebe durch § 3 HGB findet bei Formkaufleuten keine Anwendung.[31] I ist daher als Kaufmann anzusehen.

B ist als eingetragene Genossenschaft gem. § 6 II HGB, § 17 II GenG ebenfalls **54** Formkaufmann.

Fraglich ist, ob ein beiderseitiges Handelsgeschäft zwischen B und der G-GmbH **55** vorliegt (§ 343 HGB). Das ist der Fall, wenn das Geschäft dem jeweiligen Interesse des Handelsgewerbes, der Erhaltung seiner Substanz und der Erzielung von Gewinn dienen soll.[32] Im Zweifel gelten die von einem Kaufmann vorgenommenen Geschäfte als Handelsgeschäfte (§ 344 HGB), so dass hier ein Handelsgeschäft anzunehmen ist.

---

[30] *LG Köln* ZIP 1980, 1071; *LG Hamburg* MDR 1973, 507; *LG Tübingen* MDR 1954, 302; MünchKomm-ZPO/*Zimmermann,* § 95 GVG Rn. 6; Musielak/*Wittschier,* § 95 GVG Rn. 6; vgl. Thomas/Putzo/*Hüßtege,* § 95 GVG Rn. 2.

[31] MünchKomm-HGB/*K. Schmidt,* § 3 Rn. 5.

[32] Vgl. Baumbach/Hopt/*Hopt,* § 343 HGB Rn. 3.

56 Die Zuständigkeit der Kammer für Handelssachen ist somit gegeben. Der Rechtsstreit wird jedoch nur dann vor der Kammer für Handelssachen verhandelt, wenn entweder der Kläger gem. § 96 I GVG dies in der Klageschrift beantragt hat oder der Beklagte gem. § 98 I 1 GVG einen Verweisungsantrag stellt.

II. Prozessführungsbefugnis des I

57 I ist als Insolvenzverwalter Partei kraft Amtes und deshalb prozessführungsbefugt (§ 80 I InsO).[33] Es handelt sich um einen Fall der gesetzlichen Prozessstandschaft.[34]

III. Sonstige Sachurteilsvoraussetzungen

58 Bezüglich der weiteren Sachurteilsvoraussetzungen bestehen mangels gegenteiliger Anhaltspunkte im Sachverhalt keine Bedenken.

Die Aussonderungsklage ist deshalb zulässig.

B. Begründetheit

59 Die Klage ist begründet, wenn B ein Aussonderungsrecht zusteht. Eine Aussonderung gem. § 47 S. 1 InsO kommt aufgrund des Eigentums der B in Betracht.[35] Sie könnte einen dinglichen Herausgabeanspruch aus § 985 BGB geltend machen. Der Anspruch richtet sich gegen den Insolvenzverwalter, der gem. § 80 I InsO das Verwaltungs- und Verfügungsrecht über das zur Insolvenzmasse gehörende Vermögen hat. I ist also passiv legitimiert.

60 Es müssten die Voraussetzungen des § 985 BGB vorliegen, d. h. B müsste Eigentümerin und I Besitzer ohne Recht zum Besitz sein.

I. Eigentum der B

61 Fraglich ist, ob die F-AG das Eigentum an dem Fahrzeug wirksam gem. §§ 929, 931 BGB an die B übertragen hat.

1. Einigung

62 Die F-AG und B haben sich über den Eigentumsübergang geeinigt.

2. Übergabe bzw. Übergabeersatz

63 Die Übergabe ist durch die Abtretung des Herausgabeanspruchs der F-AG gegen die G-GmbH aus dem zwischen den beiden bestehenden Besitzmittlungsverhältnis (§ 868 BGB) ersetzt worden. Bei dem Herausgabeanspruch handelt es sich um einen künftigen Rückgabeanspruch gem. § 346 I BGB, der bei Nichtzahlung des Kaufpreises und Rücktritt der F-AG entsteht. Die Abtretung künftiger Herausgabeansprüche genügt den Voraussetzungen des § 931 BGB.[36]

---

[33] Vgl. MünchKomm-InsO/*Ott/Vuia*, § 80 Rn. 74.

[34] *BGH* NJW 1984, 739; Zöller/*Vollkommer*, Vor § 50 Rn. 21; Musielak/*Weth*, § 51 Rn. 19 f.

[35] Vgl. *Jauernig/Berger*, § 44 Rn. 3 ff.

[36] MünchKomm-BGB/*Oechsler*, § 931 Rn. 16.

3. Berechtigung der F-AG

Die F-AG war auch noch Berechtigte, da sie ihr Eigentum nicht an die G-GmbH **64** gem. § 929 BGB verloren hat. Sie hatte sich das Eigentum bis zur vollständigen Kaufpreiszahlung vorbehalten (§ 449 BGB), so dass die Einigung über den Eigentumsübergang aufschiebend bedingt war (§ 158 I BGB). Zwar ist der Kaufpreis von B gezahlt worden. Jedoch sollte nach den Vereinbarungen dadurch nicht gem. §§ 267, 362 BGB die Kaufpreisforderung erlöschen, so dass die Bedingung – vollständige Zahlung des Kaufpreises – noch nicht eingetreten ist. Vielmehr ist die Kaufpreisforderung an die B zur Sicherheit abgetreten worden (§ 398 BGB).

Damit ist die B Eigentümerin des Fahrzeugs gem. §§ 929, 931 BGB geworden.

II. Recht i. S. d. § 47 S. 1 InsO

B ist zwar Eigentümerin des Fahrzeugs. Fraglich ist aber, ob dieses ein Recht zur **65** Aussonderung gewährt.

Grundsätzlich hat der Eigentumsvorbehaltsverkäufer ein Aussonderungsrecht gem. **66** § 47 S. 1 InsO. Hier besteht jedoch die Besonderheit, dass B das Eigentum zur Sicherung des Darlehensanspruchs übertragen worden ist. Deshalb kann sie ihr Eigentum möglicherweise nicht aussondern, sondern nur abgesonderte Befriedigung wie ein Sicherungseigentümer in der Insolvenz gem. § 51 Nr. 1 InsO verlangen.[37]

Der Eigentumsvorbehalt könnte durch die oben beschriebene Art der Übertragung **67** einen Bedeutungswandel erfahren haben.

Solange das vorbehaltene Eigentum noch der Verkäuferin (F-AG) gehörte, sicherte es ausschließlich deren durch den Rücktritt vom Kfz-Kaufvertrag aufschiebend bedingten Herausgabeanspruch, also den Warenkredit.[38] Diesen Anspruch sichert es nach dem Eigentumsübergang auf B nicht mehr.

Hinweis: Entgegen der Ansicht des *BGH*[39] kann es allerdings weiterhin zum Rücktritt vom Kaufver- **68** trag kommen. Das Schuldverhältnis zwischen der F-AG und der G-GmbH besteht weiterhin, da der Kaufpreisanspruch noch nicht erloschen ist. Dieser ist an B neben dem künftigen Herausgabeanspruch gem. § 346 BGB zur Sicherheit abgetreten worden. Das Sicherungseigentum und der Herausgabeanspruch gem. § 346 BGB hätten in den Händen der B keinen Wert, wenn ihr das Rücktrittsrecht nicht zustehen würde. Der Herausgabeanspruch gem. § 346 BGB entsteht erst mit Ausübung des Rücktrittsrechts, das wiederum von der Nichtzahlung des Kaufpreises abhängt. Solange das Rücktrittsrecht nicht ausgeübt wird, hat die G-GmbH ein Recht zum Besitz, das dem Herausgabeanspruch der B gem. § 986 BGB entgegenstehen würde. Da die F-AG keine offene Forderung mehr hat, deren Nichterfüllung als Leistungsstörung gem. §§ 323 ff. BGB angesehen werden könnte, steht ihr kein Rücktrittsrecht mehr zu. Würde man dem *BGH* folgen, der auch B das Rücktrittsrecht abspricht, weil sie nicht in den Vertrag zwischen der F-AG und der G-GmbH eingetreten ist, dann würde die ganze Sicherungskonstruktion in sich zusammenfallen. Der Vertrag enthält deshalb eine Lücke, was die Berechtigung bezüglich des Gestaltungsrechts angeht. Im Wege der ergänzenden Vertragsauslegung (§§ 133, 157 BGB) ist jedoch davon auszugehen, dass die F-AG, für die das Gestaltungsrecht wertlos ist, dieses auf die B übertragen hat.[40]

---

[37] Vgl. auch *Foerste,* Rn. 347 ff.
[38] *BGH* NJW 2008, 1803, 1806.
[39] *BGH* NJW 2008, 1803, 1806.
[40] Vgl. auch *Jacoby,* JZ 2008, 1053, 1055.

69 Der Eigentumsvorbehalt in den Händen der B dient nur der Sicherung des Geldkredits, nicht jedoch der Kaufpreisforderung.[41] Der Kaufpreisanspruch ist hier nur selbst Sicherungsmittel.

B ist hier anders als der typische Vorbehaltseigentümer nur Geldkreditgeberin, nicht Warenkreditgeberin. Sie hat als Geldkreditgeberin ungleich mehr Sicherungsmöglichkeiten als der Warenkreditgeber. Sie unterscheidet sich deshalb nicht von den anderen Finanzierungsbanken, die den Erwerb einer Sache finanzieren und sich dafür zur Sicherheit das Anwartschaftsrecht an der Sache übertragen lassen. Sie ist daher wie ein Sicherungseigentümer zu behandeln.[42]

Damit steht B nur ein Absonderungsrecht gem. § 51 Nr. 1 InsO zu mit der Rechtsfolge, dass I die Herausgabe verweigern kann und nach §§ 166 ff. InsO[43] vorgehen muss.

C. Ergebnis

70 Die Klage der B auf Herausgabe ist unbegründet und hat somit keine Aussicht auf Erfolg.

---

[41] *BGH* NJW 2008, 1803, 1806.

[42] *BGH* NJW 2008, 1803, 1806; zustimmend *Jacoby,* JZ 2008, 1053, 1056; *Grundlach/Frenzel,* BGHR 2008, 664 f.; *Lux,* MDR 2008, 895, 899; ablehnend *Mitlehner,* EWiR 2008, 439, 440.

[43] Vgl. *Foerste,* Rn. 384 ff.

Fall 15. Der voreilige Vermieter

Nach OLG Celle MDR 2008, 445 und OLG Rostock OLGR 2001, 560.

Sachverhalt

Der in Cottbus ansässige Volker Venz (V) hat im September 2007 die Geschäfts-räume seines bisherigen Betriebes, den er aufgegeben hat, an den nicht rechtsfähi-gen Verein „Skatspieler in Cottbus" (SC) vermietet, der diese Räumlichkeiten in guter Lage ausschließlich für Vereinszwecke nutzt. Nachdem sich der Verein seit längerem mit über zwei Monatsmieten, insgesamt 4.000 EUR, in Zahlungsrück-stand befand, kündigte Volker das Mietverhältnis am 22.2.2008 fristlos aus wichti-gem Grund. Er erwirkte ein am 28.7.2012 rechtskräftig gewordenes Räumungsur-teil gegen den Verein. Als der Verein im Spätsommer 2012 die Räumlichkeiten noch nicht verlassen hatte und alle Vereinsmitglieder ihren Sommerurlaub genos-sen, baute Volker das Schloss zu den Räumlichkeiten in der Nacht zum 31.8.2012 aus. Am 2.9.2012 übergab er die Schlüssel des neuen Schlosses seinem Sohn Benno (B), der wegen eines mehrmonatigen Auslandsaufenthalts seine Möbel dort unter-stellte, bis sein Vater die Räume wieder selbst benötigt. Der Sohn war mit der Ver-fahrensweise seines Vaters eigentlich nicht einverstanden und hatte ihm zu einer Räumungsvollstreckung geraten. Zur Herausgabe der Räume an den Verein ist er jetzt jedoch nicht mehr bereit.

Als der Vorstand des Vereins Mike Milbrandt (M) am 8.9.2012 aus dem Urlaub zurückkehrte, verlangte dieser sofortige Wiedereinräumung des Besitzes von Volker. Da dieser dem nicht nachkam und Benno wegen seines Auslandsaufenthalts nicht erreichbar war, richtete sich Mike für den Verein an das Landgericht Cottbus mit einem Antrag auf Erlass einer einstweiligen Verfügung und dem Begehren, Volker einstweilen zu verpflichten, dem Verein sofortige Wiedereinräumung des Besitzes an den Räumen zu verschaffen. Die einstweilige Verfügung wurde nach mündlicher Verhandlung antragsgemäß erlassen.

Frage 1: Kann sich Volker gegen die Entscheidung des Gerichts mit Erfolg wehren?

Abwandlung 1: Bevor Volker gegen die einstweilige Verfügung vorgeht, will der Verein diese auch gegen Benno vollstrecken.

Frage 2: Kann der Verein aus der Entscheidung erster Instanz auch gegen Benno vollstrecken?

Abwandlung 2: Volker hat noch kein rechtskräftiges Räumungsurteil und droht dem Verein lediglich damit, das Schloss ausbauen zu lassen, wenn einmal keines der Vereinsmitglieder zugegen sei. Wegen dieser Drohung richtet sich Mike für den Verein vorbeugend mit einem Antrag auf Erlass einer einstweiligen Verfügung an das Landgericht Cottbus. Dagegen wendet sich Volker mit einem Gegenantrag auf einstweilige Herausgabe der Geschäftsräume durch den Verein. Er trägt vor, dass er zur Vermeidung wesentlicher Nachteile dringend auf die Räume angewiesen sei, was der Wahrheit entspricht.

Frage 3: Wird der Verein mit seinem Antrag Erfolg haben?

Gliederung

Lösung

Frage 1

Als Rechtsbehelfe gegen die einstweilige Verfügung kommen die Berufung (§ 511 **1**
ZPO) oder ein Widerspruch (§ 924 I ZPO) in Betracht. Welcher Rechtsbehelf
statthaft ist, richtet sich nach der Art der Entscheidung (vgl. § 936 i. V. m. § 922 I 1
ZPO). Wird über den Antrag auf einstweilige Verfügung aufgrund einer mündlichen Verhandlung durch Urteil entschieden, kann dagegen Berufung eingelegt werden.[1] Ergeht die Entscheidung durch Beschluss, ist der Widerspruch gem. § 924 I
ZPO der richtige Rechtsbehelf.

Da das Landgericht Cottbus nach mündlicher Verhandlung durch Urteil entschieden hat, ist das Rechtsmittel der Berufung zu prüfen.

---

[1] *Lüke,* Rn. 719, 726.

A. Zulässigkeit der Berufung

2 Es müssten die Zulässigkeitsvoraussetzungen für die Berufung vorliegen (§§ 511 ff. ZPO).

I. Statthaftigkeit

3 Die Berufung findet gem. § 511 I ZPO gegen die im ersten Rechtszug erlassenen Endurteile statt. Die Entscheidung des Landgerichts Cottbus ist nach mündlicher Verhandlung und daher in der Entscheidungsform des Endurteils ergangen (§§ 936, 922 I 1 ZPO). Damit ist die Berufung statthaft.

II. Beschwer des Berufungsklägers

4 Die Beschwer als Zulässigkeitsvoraussetzung jedes Rechtsmittels wird für den Kläger und den Beklagten der ersten Instanz unterschiedlich festgestellt (vgl. zur Beschwer des Berufungsklägers Fall 5 Rn. 40 ff.).[2]

Für den Beklagten gilt der Grundsatz der materiellen Beschwer.[3] Entscheidend ist, inwieweit das Urteil für den Verfügungsbeklagten nachteilig ist.[4]

Die einstweilige Verfügung bringt für V Nachteile, da er die Räume herausgeben muss. Damit ist er durch die Entscheidung beschwert.

III. Bestimmter Wert des Beschwerdegegenstandes oder Zulassung durch das Gericht

5 Gem. § 511 II ZPO ist die Berufung nur zulässig, wenn der Wert des Beschwerdegegenstandes 600 EUR übersteigt oder das Gericht des ersten Rechtszuges die Berufung im Urteil zugelassen hat. Da eine Zulassung durch das Landgericht im Urteil nicht erfolgt ist, muss der Wert des Beschwerdegegenstandes 600 EUR übersteigen.

6 Der Antrag des V in der Berufungsinstanz legt den Wert des Beschwerdegegenstandes in den Grenzen der Beschwer fest (§ 528 ZPO). V begehrt die vollständige Aufhebung der einstweiligen Verfügung. Deshalb liegt hier der Wert des Beschwerdegegenstandes jedenfalls über 600 EUR.

7 Es handelt sich damit um eine Streitwertberufung gem. § 511 II Nr. 1 ZPO.

IV. Form gem. § 519 ZPO

8 Die Berufungsschrift ist mit dem Inhalt des § 519 II ZPO durch einen Rechtsanwalt (§ 78 I 1 ZPO) beim zuständigen Berufungsgericht gem. § 519 I ZPO einzulegen. Für die Entscheidung über die Berufung gegen die Entscheidung des Landgerichts Cottbus ist das Oberlandesgericht Brandenburg gemäß § 119 I Nr. 2 GVG zuständig.

---

[2] *Schumann/Kramer*, Rn. 253 ff.
[3] *BGH* NJW 1955, 545, 546; *OLG Koblenz* NJW-RR 1993, 462.
[4] *Schumann/Kramer*, Rn. 275 ff.

V. Berufungsfrist gem. § 517 ZPO

Die Berufung ist gem. § 517 ZPO innerhalb eines Monats ab Zustellung des Ur- **9** teils einzulegen.

VI. Berufungsbegründung innerhalb der Frist gem. § 520 ZPO

Die Berufung muss innerhalb von zwei Monaten ab Zustellung des Urteils gem. **10** § 520 II ZPO ordnungsgemäß mit dem Inhalt des § 520 III ZPO begründet werden.

VII. Zwischenergebnis

Die Berufung wäre zulässig. **11**

B. Begründetheit der Berufung

Die Berufung ist begründet, wenn die Entscheidung auf einer Rechtsverletzung **12** (§ 546 ZPO) beruht oder die nach § 529 ZPO zugrunde zu legenden Tatsachen eine andere Entscheidung rechtfertigen (§ 513 ZPO). Es ist deshalb zu prüfen, ob der Antrag auf Erlass der einstweiligen Verfügung zulässig und begründet war.[5]

I. Zulässigkeit des Antrags auf Erlass einer einstweiligen Verfügung

Der Antrag ist zulässig, wenn er formgerecht beim zuständigen Gericht eingereicht **13** worden ist.

Dabei ist jedoch die Zuständigkeit wegen § 513 II ZPO nicht zu prüfen.

1. Partei- und Prozessfähigkeit, Postulationsfähigkeit

Bei dem Antrag handelt es sich um eine Prozesshandlung, so dass die Prozesshand- **14** lungsvoraussetzungen vorliegen müssen.

Der SC ist als nicht rechtsfähiger Verein gem. § 50 II ZPO parteifähig.[6] Er wird **15** entsprechend § 26 I 2 BGB durch den Vorstand vertreten.[7]

Zwar herrscht vor dem Landgericht Anwaltszwang gem. § 78 I ZPO. Da der Verfü- **16** gungsantrag aber zu Protokoll der Geschäftsstelle erklärt werden kann (§ 920 III ZPO), besteht gem. § 78 III ZPO kein Anwaltszwang.

2. Form und Inhalt des Verfügungsantrags

Gem. §§ 936, 920 III ZPO ist der Antrag entweder schriftlich einzureichen oder zu **17** Protokoll der Geschäftsstelle zu erklären.

---

[5] Vgl. zum vorläufigen Rechtsschutz *Heuer/Schubert*, JA 2005, 202 ff. und *Keller*, Jura 2007, 241 ff., 327 ff.

[6] Die Parteifähigkeit vor der Änderung des § 50 II ZPO schon bejahend *BGH* NJW 2008, 69, 73 f.

[7] Vgl. MünchKomm-BGB/*Reuter*, § 54 Rn. 35.

3. Behauptung eines Verfügungsanspruchs

18 Es muss das Vorliegen eines durch einstweilige Verfügung sicherbaren Anspruchs in Abgrenzung zum Arrest behauptet werden.[8] Sicherbar gemäß § 935 ZPO sind Ansprüche auf Individualleistungen, wie Ansprüche auf Handlungen, Duldungen und Unterlassungen.[9] Der im Streit stehende Herausgabeanspruch ist daher sicherbar i.S.d. § 935 ZPO.

4. Rechtsschutzbedürfnis

19 Das Rechtsschutzbedürfnis für den Erlass einer einstweiligen Verfügung besteht nur vor oder während eines Hauptsacheverfahrens. Hier ist eine Hauptsache noch nicht anhängig.

20 Möglicherweise fehlt das Rechtsschutzbedürfnis deshalb, weil der Verein mit der einstweiligen Verfügung gegen den mittelbaren Besitzer sein Ziel, die Räume wieder zu bekommen, nicht erreichen kann, wenn der unmittelbare Besitzer gegenüber dem mittelbaren Besitzer ein Recht zum Besitz hat.

Es ist umstritten, ob sich die sofortige Wiederherstellung des Besitzes in solchen Fällen mit einer einstweiligen Verfügung durchsetzen lässt.

21 Nach einer Ansicht[10] fehlt in solchen Fällen das erforderliche Rechtsschutzbedürfnis, wenn der nunmehrige unmittelbare Besitzer den Besitz berechtigt ausübt und nicht zur Herausgabe bereit ist. Dann sei die einstweilige Verfügung nicht geeignet, den erstrebten und ihren Erlass rechtfertigenden Erfolg – die sofortige Wiederherstellung des Besitzes des Verfügungsklägers – herbeizuführen. Eine solche Herausgabeverfügung ließe sich nicht durch eine Herausgabevollstreckung gem. § 885 ZPO vollstrecken, da sich diese nur gegen den unmittelbaren Besitzer richte. Eine Pfändung des Herausgabeanspruchs gem. § 886 ZPO käme ebenfalls nicht in Betracht, da dem Verfügungsbeklagten ein solcher Herausgabeanspruch nicht zustehe, wenn der unmittelbare Besitzer den Besitz berechtigt ausübe. Umgekehrt müsste eine einstweilige Verfügung gegen den mittelbaren Besitzer dann zulässig sein, wenn der unmittelbare Besitzer kein Recht zum Besitz gegenüber dem mittelbaren Besitzer hat.

Nach dieser Ansicht käme es also darauf an, ob B gegenüber V zum Besitz der Räume berechtigt ist. V hat seinem Sohn B aus Gefälligkeit die Räume zur Lagerung seiner Möbel überlassen. Deshalb kann er jederzeit die Räume herausverlangen. Selbst wenn man zwischen B und V einen Leihvertrag gem. § 598 BGB annimmt, stünde V ein jederzeitiger Rückforderungsanspruch gem. § 604 III BGB gegen B zu, so dass er dessen Recht zum Besitz sofort beseitigen kann. In diesem Fall führt eine Vollstreckung gem. § 886 ZPO zum Erfolg, so dass die einstweilige Verfügung ihren Zweck, die Wiederherstellung des Besitzes des SC, erreichen kann. Nach dieser Ansicht ist deshalb eine einstweilige Verfügung zulässig.

22 Die andere Ansicht[11] nimmt an, dass auch bei weiterer Überlassung des Gegenstandes an einen Dritten eine einstweilige Verfügung ergehen kann. Der Anspruch aus

---

[8] Thomas/Putzo/*Seiler*, § 935 Rn. 1; zum Arrest vgl. *Mertins*, JuS 2008, 692 ff.

[9] MünchKomm-ZPO/*Drescher*, § 935 Rn. 6 f.

[10] *KG* MDR 1999, 927.

[11] *OLG Celle* MDR 2008, 445.

§ 861 BGB gegen den mittelbaren Besitzer gehe wahlweise auf Abtretung des Herausgabeanspruchs oder aber auf Herausgabe der Sache.[12] Letzterem Anspruch auf Herausgabe stehe es nicht entgegen, wenn der Verfügungsbeklagte selbst nicht zur Herausgabe imstande sei, denn in diesem Fall richte sich der Anspruch auf Verschaffung des mittelbaren Besitzes gem. § 870 BGB.[13] Dieser Anspruch könne dann gem. § 886 ZPO vollstreckt werden. Der Verfügungskläger könne den Herausgabeanspruch des Verfügungsbeklagten gegen den unmittelbaren Besitzer pfänden und sich überweisen lassen. Im Übrigen geht diese Ansicht[14] davon aus, dass die oben genannte Gegenansicht auch dann eine einstweilige Verfügung zulassen müsste, wenn der unmittelbare Besitzer gewusst hat, dass der Verfügungskläger seinen Besitz an den Räumen nicht freiwillig aufgegeben hat, so dass der Besitz des jetzigen unmittelbaren Besitzers dem Verfügungskläger gegenüber fehlerhaft ist.

Nach dieser Ansicht ist eine einstweilige Verfügung zur Wiederherstellung des Besitzes auch gegen den mittelbaren Besitzer immer zulässig.

Hinweis: Die letzte Ansicht ist nicht überzeugend. Ist der mittelbare Besitzer zur Herausgabe nicht **23** imstande, geht sie davon aus, dass dann der Anspruch auf Verschaffung des mittelbaren Besitzes gem. § 870 BGB gerichtet sei. Der Anspruch auf Übertragung des mittelbaren Besitzes verpflichtet den mittelbaren Besitzer zur Abtretung seines Herausgabeanspruchs, der jedoch gem. § 894 ZPO[15] und nicht gem. § 886 ZPO zu vollstrecken wäre. Im Übrigen ließe sich dieser gem. § 870 BGB abgetretene oder gem. § 886 ZPO überwiesene Herausgabeanspruch nicht durchsetzen, wenn der unmittelbare Besitzer dem mittelbaren Besitzer gegenüber ein Recht zum Besitz hat und dem mittelbaren Besitzer kein Recht zur Beendigung des Besitzmittlungsverhältnisses zusteht. In diesem Fall würde die einstweilige Verfügung nicht zum Erfolg führen. Es müsste mit der ersten Ansicht das Rechtsschutzbedürfnis verneint werden. Dass der unmittelbare Besitzer dem Verfügungskläger gegenüber gem. § 858 II 2 BGB fehlerhaft besitzt, gibt dem Verfügungskläger einen direkten Anspruch gem. § 861 I BGB gegen ihn, nicht aber die Möglichkeit, den abgetretenen durch die Beendigung des Besitzmittlungsverhältnisses bedingten Herausgabeanspruch des mittelbaren Besitzers gegen den unmittelbaren Besitzer durchzusetzen.

Beide Ansichten kommen zu demselben Ergebnis, so dass ein Streitentscheid nicht **24** erforderlich ist. Dieser Anspruch ist mit einer einstweiligen Verfügung demnach durchsetzbar. Die einstweilige Verfügung ist zulässig.

Hinweis: Zum Teil wird das Rechtsschutzbedürfnis nur bejaht, wenn ein Verfügungsgrund besteht.[16] **25** Nach der h. M. gehört das Vorliegen eines Verfügungsgrundes zur Begründetheit.[17] Allerdings ist der Streit nicht von praktischer Bedeutung,[18] so dass nach der h. M. der Verfügungsgrund bei der Begründetheit zu prüfen ist.

5. Ergebnis

Der Verfügungsantrag ist zulässig. **26**

---

[12] Palandt/*Bassenge*, § 861 Rn. 8; a. A. *Lehmann-Richter*, NZM 2009, 177, 180.

[13] *OLG Celle* MDR 2008, 445.

[14] *OLG Celle* MDR 2008, 445.

[15] Palandt/*Bassenge*, § 861 Rn. 8; *Baur/Stürner*, Sachenrecht, § 11 Rn. 42.

[16] *OLG Stuttgart* WRP 1997, 355, 357; *Jauernig/Berger*, § 35 Rn. 6, § 37 Rn. 4; vgl. aber MünchKomm-ZPO/*Drescher*, § 917 Rn. 2, der den Arrestgrund zwar als eine besondere Form des Rechtsschutzbedürfnisses ansieht, ihn dennoch nicht als eine Sachurteilsvoraussetzung oder Zulässigkeitsvoraussetzung einstuft.

[17] Zöller/*Vollkommer*, § 917 Rn. 3; Thomas/Putzo/*Seiler*, § 916 Rn. 3; *OLG Frankfurt a. M.* NJW 2002, 903.

[18] *Kannowski*, JuS 2001, 482, 484 f. m. w. N.

II. Begründetheit

27 Der Antrag auf Erlass der einstweiligen Verfügung ist begründet, wenn der SC glaubhaft macht, dass ihm gegen V ein Verfügungsanspruch zusteht und ein Verfügungsgrund besteht (§§ 936, 920 I, II, 294 ZPO).

1. Leistungsverfügung

28 Es handelt sich hier um den besonderen Fall der gesetzlich nicht geregelten Leistungsverfügung, da die erstrebte einstweilige Verfügung den Gläubiger bereits bezüglich seines Anspruchs befriedigt. Mit der Wiedereinräumung des Besitzes durch V ist der Besitzverschaffungsanspruch des SC gem. § 861 BGB erfüllt. Solche Leistungsverfügungen sind über die in §§ 935, 940 ZPO getroffene Regelung hinaus in Ausnahmefällen allgemein anerkannt.[19] Dies gilt insbesondere für den Besitzschutz.[20] Insoweit sind die Anforderungen an die Leistungsverfügung strenger als bei der Sicherungs- und der Regelungsverfügung.

2. Verfügungsanspruch

29 Hier kommt ein Anspruch des SC gegen V aus § 861 BGB in Betracht.

a) Aktivlegitimation des nicht rechtsfähigen Vereins

30 Problematisch ist die Aktivlegitimation des nicht rechtsfähigen Vereins. Nachdem der *BGH*[21] die Rechtsfähigkeit der GbR anerkannt hat, deren Regelungen gem. § 54 S. 1 BGB ergänzend für den nicht rechtsfähigen Verein gelten, könnte auch diesem die Rechtsfähigkeit zuzusprechen sein.[22] Für die aktive Parteifähigkeit hat der *BGH* diese Gleichstellung bereits vor der Änderung des § 50 II ZPO, wonach ein nicht rechtsfähiger Verein aktiv parteifähig ist, ausdrücklich bestätigt.[23] Wegen des Verweises in § 54 S. 1 BGB auf das Recht der GbR muss dies auch hinsichtlich der Rechtsfähigkeit des nichtrechtsfähigen Vereins gelten.[24] Die Anerkennung der aktiven Parteifähigkeit ist unmittelbare Konsequenz aus der Fähigkeit, Träger von Rechten und Pflichten zu sein (§ 50 I ZPO), und korrespondiert daher mit der Rechtsfähigkeit,[25] so dass der nicht rechtsfähige Verein auch aktivlegitimiert ist.

b) Voraussetzungen des § 861 BGB

31 Zunächst müsste dem SC der unmittelbare Besitz durch verbotene Eigenmacht entzogen worden sein. Indem V das Schloss austauschte, hat V dem SC den Besitz an den Räumen gegen dessen Willen entzogen (§ 858 I BGB). Auch wenn V bereits ein rechtskräftiges Räumungsurteil in Händen hat, ist es ihm nicht gesetzlich gestattet, den SC selbst aus den Räumen zu setzen. Er hätte eine Räumungsvollstreckung durch den Gerichtsvollzieher durchführen lassen müssen. Der SC kann deshalb

---

[19] *Brox/Walker,* Rn. 1608; *Musielak,* Grundkurs, Rn. 777.

[20] *OLG Hamm* NJW-RR 1991, 1526; vgl. Zöller/*Vollkommer,* § 940 Rn. 8 „Heraugabe und Sequestration, Räumung und Besitzschutz".

[21] BGHZ 146, 341 ff. = NJW 2001, 1056 ff.

[22] Vgl. MünchKomm-BGB/*Reuter,* § 54 Rn. 16 f.; a. A. *Wagner,* ZZP 117 (2004), 305, 359 ff.

[23] *BGH* NJW 2008, 69, 74 f.; hierzu *Terner,* NJW 2008, 16 ff.

[24] *Jauernig,* NJW 2001, 2231, 2232; *K. Schmidt,* NJW 2001, 993, 1002 f.

[25] BGHZ 146, 341, 347 ff. = NJW 2001, 1056, 1058.

Wiedereinräumung des Besitzes von demjenigen verlangen, der ihm gegenüber fehlerhaft besitzt. Da V die verbotene Eigenmacht verübt hat, besitzt er dem SC gegenüber gem. § 858 II 1 BGB fehlerhaft, so dass der Anspruch aus § 861 BGB grundsätzlich gegeben ist.

c) Passivlegitimation

Problematisch ist, dass V nur noch mittelbarer und kein unmittelbarer Besitzer **32** mehr ist. Grundsätzlich besteht der Besitzschutzanspruch auch gegenüber dem mittelbaren Besitzer, wenn er den unmittelbaren Besitz fehlerhaft erworben hat und diesen dann auf den jetzigen unmittelbaren Besitzer übertragen hat.[26] Eine solche Konstellation liegt hier vor. Der Anspruch kann dann auf Verschaffung des mittelbaren Besitzes, also auf Abtretung des Herausgabeanspruchs des Schuldners gegen den unmittelbaren Besitzer (§ 870 BGB), oder auf Herausgabe des Besitzes gerichtet sein.[27]

d) Erlöschen des Anspruchs

Ein weiteres Problem besteht darin, dass bereits ein rechtskräftiges Räumungsurteil **33** gegen den Verein vorliegt. Dies könnte zu einem Erlöschen des Herausgabeanspruchs führen (§ 864 II BGB).

§ 864 II BGB kann allerdings nicht direkt angewendet werden, weil dieses Urteil **34** bereits vor Verübung der verbotenen Eigenmacht rechtskräftig geworden ist. In Betracht kommt jedoch eine analoge Anwendung des § 864 II BGB. Dies ist umstritten.

Die Befürworter[28] einer analogen Anwendung betonen die Berücksichtigung der **35** tatsächlichen Rechtslage und die Gefahr der Schlechterstellung desjenigen Gläubigers, der ein rechtskräftiges Urteil abwarte. Die Vorschrift des § 864 II BGB stehe nach ihrem Sinn und Zweck der Sanktionierung der verbotenen Eigenmacht immer dann entgegen, wenn die Wiederherstellung des ursprünglichen Besitzes aufgrund bereits erfolgter rechtskräftiger Feststellung keinen Sinn macht. Dies gilt auch bei rechtskräftiger Feststellung vor Verübung der verbotenen Eigenmacht.

Die Gegenmeinung[29] argumentiert vor allem mit der Gefahr der privaten Selbst- **36** vollstreckung des Urteils und mit der Möglichkeit, dass nach dem Urteil neue Umstände eintreten können.

Die letzte Ansicht ist vorzugswürdig. Ansonsten würden der eigenen Vollstreckung **37** rechtskräftiger Urteile Tür und Tor geöffnet, wenn die Sanktion des § 861 BGB nicht eingreift. Der Anspruch ist danach nicht analog § 864 II BGB erloschen.

---

[26] *OLG Köln* WoM 1998, 602; *OLG Schleswig* SchlHA 1975, 47, 48; MünchKomm-BGB/*Joost*, § 861 Rn. 6; Erman/*A. Lorenz*, § 861 Rn. 4.

[27] Palandt/*Bassenge*, § 861 Rn. 8.

[28] RGZ 107, 258 f.; Erman/*A. Lorenz*, § 864 Rn. 4.

[29] Staudinger/*Bund*, § 864 Rn. 11; Bamberger/Roth/*Fritzsche*, § 864 Rn. 10.

3. Verfügungsgrund gem. § 940 ZPO

38 Das BGB hat in der Regelung der Besitzschutzansprüche erkennen lassen, dass es deren Befriedigung als besonders eilbedürftig ansieht.[30] Deshalb bedarf es zur Geltendmachung des nach dem Gesetz auf zügige Befriedigung angelegten Besitzschutzanspruchs im Verfügungsverfahren keines besonderen Nachweises der Eilbedürftigkeit.[31]

4. Glaubhaftmachung des Verfügungsanspruchs

39 Der Verein muss den Verfügungsanspruch glaubhaft machen (§§ 936, 920 II, 294 ZPO). Davon ist hier auszugehen.

III. Ergebnis

40 Die einstweilige Verfügung war somit zulässig und begründet. Die Berufung hätte daher keine Aussicht auf Erfolg.

Frage 2

41 Die Vollziehung richtet sich gem. §§ 936, 928 ZPO nach den Vorschriften über die Zwangsvollstreckung. Dann müssten die Voraussetzungen der Zwangsvollstreckung vorliegen.

A. Vollstreckung gem. § 885 ZPO

I. Allgemeine Verfahrensvoraussetzungen

1. Antrag des Vereins an das zuständige Vollstreckungsorgan gem. §§ 753 I, 754 ZPO

42 Hier hat der SC einen Titel auf Wiedereinräumung des Besitzes gegen V. Dabei handelt es sich um die Vollstreckung zur Erwirkung der Herausgabe von Räumen, so dass die §§ 885 f. ZPO einschlägig sind. Für die Herausgabevollstreckung ist grundsätzlich der Gerichtsvollzieher zuständig (§ 885 ZPO).

2. Partei- und Prozessfähigkeit gem. §§ 50 f. ZPO

43 An der Partei- und Prozessfähigkeit des nicht rechtsfähigen Vereins bestehen keine Bedenken (vgl. Rn. 15). Zudem hat der nicht rechtsfähige Verein einen Titel erwirkt, so dass der Gerichtsvollzieher auch deshalb von der Partei- und Prozessfähigkeit des SC auszugehen hat, wenn nicht nach Erlass der einstweiligen Verfügung Veränderungen eingetreten sind. Letzteres ist nicht der Fall.

II. Allgemeine Voraussetzungen der Zwangsvollstreckung

44 Es müssen die allgemeinen Voraussetzungen der Zwangsvollstreckung, allerdings mit Abweichungen vorliegen (vgl. § 929 ZPO).

---

[30] *OLG Celle* MDR 2008, 445.

[31] *OLG Celle* MDR 2008, 445; *OLG Saarbrücken* MDR 2003, 1198; *OLG Stuttgart* NJW-RR 1996, 1516; Zöller/*Vollkommer*, § 940 Rn. 8 – Herausgabe und Sequestration, Räumung und Besitzschutz; MünchKomm-BGB/*Joost*, § 862 Rn. 11 und § 861 Rn. 16; Staudinger/*Bund*, § 859 Rn. 24.

1. Titel

Der SC müsste einen Titel gegen B haben. Dies ist hier nicht der Fall. **45**

2. Titelergänzende Vollstreckungsklausel

Gem. §§ 936, 929 I ZPO bedarf die Vollziehung einer einstweiligen Verfügung der **46** Vollstreckungsklausel nur, wenn die Vollziehung gegen einen anderen als den in der Verfügung bezeichneten Schuldner erfolgen soll. Hier will der Verein gegen B vollstrecken, der nicht in dem Titel als Schuldner bezeichnet ist.

Möglicherweise kommt eine Titelumschreibung auf B gem. § 727 I ZPO in Be- **47** tracht.

Der Sohn ist Rechtsnachfolger des V im Besitz. Weiterhin müsste das Urteil gegen V gem. § 325 ZPO auch gegen den Sohn des V wirksam sein. § 325 I ZPO setzt aber eine Besitznachfolge nach Rechtshängigkeit voraus, so dass die Anwendung dieser Norm ausscheidet.

Da eine Titelumschreibung nicht möglich ist, scheidet eine Vollstreckung gem. **48** § 885 ZPO aus.

B. Vollstreckung gem. § 886 ZPO

§ 886 ZPO bietet keine direkte vollstreckungsrechtliche Handhabe gegen B, son- **49** dern lediglich die Rechtsgrundlage für eine Pfändung und Überweisung des Herausgabeanspruchs des V gegen B. Dabei kann auch der durch das Ende des Leihverhältnisses bedingte Herausgabeanspruch gepfändet werden. Da B nicht zur Herausgabe bereit ist, muss der Verein gegen diesen mittels des überwiesenen Anspruchs einen Titel erwirken und kann erst dann gegen B gem. § 885 ZPO vollstrecken.

C. Ergebnis

Der SC kann nicht aus dem Titel erster Instanz gegen B vollstrecken. **50**

Frage 3

Der Antrag des SC auf Erlass einer einstweiligen Verfügung hat Aussicht auf Erfolg, **51** wenn er zulässig und begründet ist.

A. Zulässigkeit des Antrags auf Erlass einer einstweiligen Verfügung

Der Antrag ist zulässig, wenn er formgerecht beim zuständigen Gericht eingereicht **52** worden ist.

I. Zuständigkeit des Landgerichts Cottbus

Gem. § 937 I ZPO ist für den Erlass einstweiliger Verfügungen das Gericht der **53** Hauptsache zuständig. Das Gericht der Hauptsache ist gem. § 943 I ZPO das Gericht des ersten Rechtszuges. Deshalb ist zu prüfen, ob das Landgericht Cottbus erstinstanzlich für das Hauptsacheverfahren zuständig wäre.

54 Die sachliche Zuständigkeit für den Rechtsstreit wegen drohender Besitzentziehung richtet sich nach §§ 71 I, 23 Nr. 1 GVG. Eine ausschließliche Zuständigkeit gem. § 23 Nr. 2a GVG kommt nicht in Betracht, da diese Vorschrift nur für Wohnraummietverhältnisse gilt und ein solches hier nicht vorliegt. Der Zuständigkeitsstreitwert bemisst sich nicht nach § 8 ZPO, da nicht der Bestand oder die Dauer des Mietverhältnisses streitig ist, sondern der SC die drohende Besitzentziehung verhindern will. Für die Folgen der Auflösung eines unstreitig beendeten Mietverhältnisses findet § 8 ZPO gerade keine Anwendung.[32] Daher bemisst sich der Streitwert nach § 6 S. 1, 1. Alt. ZPO. Angesichts der Tatsache, dass der Mieter auch nach Beendigung des Mietverhältnisses die Räumung u.U. mehrere Monate hinauszögern kann (vgl. § 721 V ZPO), und die monatliche Miete knapp 2.000 EUR beträgt, ist von einem Streitwert von über 5.000 EUR auszugehen, so dass in der Hauptsache die sachliche Zuständigkeit des Landgerichts begründet ist.

55 Die örtliche Zuständigkeit könnte sich aus dem ausschließlichen Gerichtsstand gem. § 29a I ZPO ergeben. Danach ist für Streitigkeiten aus einem Mietverhältnis über Räume das Gericht ausschließlich zuständig, in dessen Bezirk sich die Räume befinden. Die Vorschrift ist weit auszulegen und erfasst auch Streitigkeiten im Zusammenhang mit der Abwicklung eines Mietverhältnisses.[33] Hier geht es um den Schutz des SC vor der eigenmächtigen Durchsetzung der Räumung durch den V im Rahmen der Abwicklung des Mietverhältnisses, so dass gem. § 29a I ZPO das Landgericht Cottbus in der Hauptsache ausschließlich zuständig ist.

II. Behauptung eines Verfügungsanspruchs

56 Es muss das Vorliegen eines durch einstweilige Verfügung sicherbaren Anspruchs in Abgrenzung zum Arrest behauptet werden.[34] Sicherbar gemäß § 935 ZPO sind Ansprüche auf Individualleistungen, wie Ansprüche auf Handlungen, Duldungen und Unterlassungen.[35] Der im Streit stehende Unterlassungsanspruch ist daher sicherbar i.S.d. § 935 ZPO.

III. Rechtsschutzbedürfnis

57 Das Rechtsschutzbedürfnis für den Erlass einer einstweiligen Verfügung besteht nur vor oder während eines Hauptsacheverfahrens. Hier ist eine Hauptsache noch nicht anhängig.

IV. Weitere Zulässigkeitsvoraussetzungen

58 Bezüglich der Partei- und Prozessfähigkeit sowie der Form und des Inhalts des Antrags kann auf Frage 1 (Rn. 14 ff.) verwiesen werden.

---

[32] Vgl. Zöller/*Herget*, § 8 Rn. 4.
[33] Vgl. MünchKomm-ZPO/*Patzina*, § 29a Rn. 24; Zöller/*Vollkommer*, § 29a Rn. 9.
[34] Thomas/Putzo/*Seiler*, § 935 Rn. 1.
[35] MünchKomm-ZPO/*Drescher*, § 935 Rn. 6 f.

B. Begründetheit des Antrags auf Erlass einer einstweiligen Verfügung

Der Antrag auf Erlass der einstweiligen Verfügung ist begründet, wenn der SC **59** glaubhaft macht, dass ihm gegen V ein Verfügungsanspruch und ein Verfügungsgrund zusteht (§§ 936, 920 I, II, 294 ZPO). Es handelt sich um den besonderen Fall einer Leistungsverfügung, die vor allem in Besitzschutzfällen anerkannt ist (siehe Rn. 28).

I. Verfügungsgrund gem. § 940 ZPO

Bei dieser Fallkonstellation hat V dem SC den Besitz noch nicht entzogen, sondern **60** den Austausch des Schlosses lediglich angedroht. Aber auch bei lediglich drohender Besitzentziehung ist bereits eine einstweilige Unterlassungsverfügung möglich.[36] Es muss nicht abgewartet werden, bis sich die drohende Besitzstörung verwirklicht hat.

II. Verfügungsanspruch

Hier kommt ein Anspruch des SC gegen V aus § 861 BGB in Betracht. Die Besitz- **61** entziehung ist zwar noch nicht erfolgt, steht aber unmittelbar bevor. Der Verein kann vorbeugende Unterlassung verlangen, wenn solche Störungen in der Vergangenheit bereits vorkamen oder von dem Störer angekündigt werden.[37] Letzteres ist hier der Fall.

III. Erlöschen des Anspruchs gem. § 864 II BGB wegen des Gegenantrags des V

Möglicherweise hat jedoch der Gegenantrag des V auf einstweilige Herausgabe der **62** Räume gem. § 864 II BGB Auswirkungen auf den Verfügungsanspruch des Verfügungsklägers.

1. § 864 II BGB

Zwar ist der Besitzstörer gegenüber possessorischen Besitzschutzansprüchen grund- **63** sätzlich mit petitorischen, auf sein Recht zum Besitz gestützten Einwendungen gem. § 863 BGB ausgeschlossen. Eine Ausnahme ist in § 864 II BGB geregelt, wenn nach der Verübung der verbotenen Eigenmacht durch rechtskräftiges Urteil festgestellt wird, dass dem Täter ein Besitzrecht zusteht. Dann erlischt der Besitzschutzanspruch. Die Voraussetzungen des § 864 II BGB liegen hier nicht vor.

Jedoch lässt der *BGH*[38] im Hauptsacheverfahren petitorische Einwendungen im **64** Wege der Widerklage auch gegen die Klage des possessorischen Anspruchs zu. In diesen Fällen unterliegt die Besitzschutzklage der Abweisung, wenn gleichzeitig – auch nur vorläufig vollstreckbar – über den petitorischen Anspruch entschieden wird. § 864 II BGB billige für seinen Anwendungsbereich ausdrücklich den Vorrang der petitorischen Rechtslage vor dem Besitzschutz zu. Dann könne die Anwendung dieser Vorschrift hier aber nicht von einer „logischen Sekunde" abhängen, in dem Sinne, dass das entscheidende Gericht gezwungen sein sollte, sowohl Klage

---

36 *OLG Rostock* OLGR 2001, 560, 561 f.; Zöller/*Vollkommer,* § 940 Rn. 1.
37 *OLG Rostock* OLGR 2001, 560, 562; Staudinger/*Bund,* § 862 Rn. 6.
38 BGHZ 73, 355 = NJW 1979, 1358; *BGH* NJW 1979, 1359, 1360.

als auch Widerklage zuzusprechen. Das wäre ein formaljuristisches Ergebnis, das mit Sinn und Zweck der Besitzschutzregelung nicht im Einklang stehe.

65 Die Gegenansicht betont dagegen, dass die nicht rechtskräftige Widerklageentscheidung noch aufgehoben werden könne und daher die BGH-Rechtsprechung gegen § 864 II BGB verstoße.[39]

66 Schließt man sich dem *BGH* an, dann muss dasselbe auch für das Verhältnis von einem Antrag auf Erlass einer einstweiligen Verfügung und einem Gegenantrag gelten.[40]

Wenn der Gegenantrag zulässig und begründet ist und beide Anträge gleichzeitig zur Entscheidung reif sind, muss der Antrag des SC als unbegründet abgewiesen werden.

2. Zulässigkeit des Gegenantrags

67 Ein Gegenantrag nach Art einer Widerklage ist auch im einstweiligen Verfügungsverfahren grundsätzlich zulässig.[41] Hierfür sprechen vor allem prozessökonomische Erwägungen und die Tatsache, dass bei andernfalls getrennten Verfahren ohne Bedenken die mündlichen Verhandlungen verbunden werden könnten. Dann wäre aber die Geltendmachung in einem gesonderten Verfahren unnötige Formalität.[42]

a) Zuständigkeit des Landgerichts Cottbus

68 Gem. § 937 I ZPO ist für den Erlass einstweiliger Verfügungen das Gericht der Hauptsache zuständig. Das Gericht der Hauptsache ist gem. § 943 I ZPO das Gericht des ersten Rechtszuges. Deshalb ist zu prüfen, ob das Landgericht Cottbus erstinstanzlich für das Hauptsacheverfahren zuständig wäre.

69 Die sachliche Zuständigkeit des Landgerichts für den Rechtsstreit auf Wiedereinräumung des Besitzes ergibt sich aus §§ 71 I, 23 Nr. 1 GVG, da sich der Streitwert nach § 6 S. 1, 1. Alt. ZPO bemisst und hier über 5.000 EUR liegt (siehe Rn. 54).

70 Die örtliche Zuständigkeit könnte sich aus dem ausschließlichen Gerichtsstand gem. § 29a I ZPO ergeben. Danach ist für Streitigkeiten aus einem Mietverhältnis über Räume das Gericht ausschließlich zuständig, in dessen Bezirk sich die Räume befinden. Hier geht es um die Rückgabepflicht nach Beendigung des Mietverhältnisses, so dass § 29a I ZPO Anwendung findet.

71 Der ausschließliche Gerichtsstand verdrängt den besonderen Gerichtsstand der Widerklage gem. § 33 ZPO.

b) Form und Inhalt des Antrags

72 Gem. §§ 936, 920 III ZPO ist der Antrag entweder schriftlich einzureichen oder zu Protokoll der Geschäftsstelle zu erklären.

---

[39] MünchKomm-BGB/*Joost*, § 863 Rn. 10.

[40] *OLG Rostock* OLGR 2001, 560, 562; *Lehmann-Richter,* NJW 2003, 1717, 1718; a.A. Münch-Komm-BGB/*Joost*, § 863 Rn. 12.

[41] *OLG Rostock* OLGR 2001, 560, 562; Zöller/*Vollkommer*, § 935 Rn. 4.

[42] Vgl. *OLG Celle* NJW 1959, 1833.

c) Rechtsschutzbedürfnis

Bezüglich des Rechtsschutzbedürfnisses bestehen keine Bedenken. **73**

3. Begründetheit des Gegenantrags auf Erlass einer einstweiligen Verfügung

a) Verfügungsanspruch

Als Verfügungsanspruch kommen hier der Rückgabeanspruch gem. § 546 BGB **74** und der Eigentumsherausgabeanspruch gem. § 985 BGB in Betracht.

Laut Sachverhalt ist das Mietverhältnis gem. § 543 II 1 Nr. 3b BGB aus wichtigem Grund beendet worden, so dass ein Rückgabeanspruch des V gegen den Verein gem. § 546 BGB besteht.

Da V Eigentümer der Räume ist und der SC wegen der Beendigung des Mietver- **75** hältnisses Besitzer ohne Recht zum Besitz ist, hat V auch einen Herausgabeanspruch gem. § 985 BGB.

b) Verfügungsgrund gem. § 940 ZPO

Bei der Herausgabeverfügung handelt es sich um eine Leistungsverfügung, die nur **76** in Ausnahmefällen zulässig ist, da der Verfügungskläger dadurch bereits befriedigt wird. Sie ist nur dann zulässig, wenn dies zur Abwendung wesentlicher Nachteile für den Gläubiger erforderlich ist. Hier trägt V wahrheitsgemäß vor, dass er auf die Räume dringend angewiesen sei.

c) Glaubhaftmachung des Verfügungsanspruchs und des Verfügungsgrundes

V muss den Verfügungsanspruch und den Verfügungsgrund glaubhaft machen **77** (§§ 936, 920 II, 294 ZPO). Davon ist hier auszugehen.

C. Ergebnis

Da der Gegenantrag des V zulässig und begründet sowie gleichzeitig entscheidungs- **78** reif ist, ist der Antrag des Vereins auf einstweilige Verfügung unbegründet, weil der Unterlassungsanspruch analog § 864 II BGB erloschen ist.

Sachverzeichnis

Die *kursiv* gesetzten Zahlen verweisen auf die Fälle, die anderen auf deren Randnummern. Hauptfundstellen sind **fett** gesetzt.